编委会成员

（排名不分先后）

王创业　付晓静　刘晓丽

汪　蓓　张钢花　张德胜

赵露娜　赵　靖　童　铸

坚守本色与彰显特色

——武体新闻传播教育20年的改革与创新

主　编　**张德胜　童　铸**
副主编　**张钢花　赵露娜**

華中科技大學出版社
http://www.hustp.com
中国·武汉

主编简介

张德胜　武汉体育学院新闻传播学院院长、省级“楚天学者”特聘教授、二级教授、博士生导师，湖北省首届“最美社科人”、湖北省有突出贡献的中青年专家、省级教学名师和省级重点学科负责人，国家级一流课程和国家级一流专业负责人，国家社会科学基金重点项目负责人和国家体育总局决策咨询专家，教育部人文社会科学成果奖三等奖、全国教育科学研究优秀成果奖三等奖和省级教学成果奖一等奖获得者，全程策划采访并出镜主持的抗疫专题片《城市摆渡人》助力视频节目《是这个理》获2021年度第31届中国新闻奖二等奖。

童　铸　1965年10月生，回族。武汉体育学院新闻传播学院党委书记。历任武汉体育学院党委武装部部长、保卫处处长、后勤总支书记，2018年10月任新闻传播学院党委书记至今。

◆学校党委书记徐雁冰（中）为“体育解说评论”国家级线下一流本科课程教学团队颁发证书　洪家乐 / 摄　2021

◆湖北省社会科学界联合会党组书记、常务副主席喻立平（左三）2021 年 9 月 10 日来我院调研，学校党委书记徐雁冰（左四）陪同观看我院“崛起的新传”办学成就展　王思 / 摄

◆吕万刚校长在武汉体育学院与华视传媒集团战略合作研讨会上致辞
刘博深 / 摄　2014

◆湖北省委宣传部副部长向培凤（左五）来我院调研，我校党委副书记兼副校长漆昌柱（右四）、副校长刘彦博（左四）等出席调研座谈会
孙萌 / 摄　2020

◆ 2021 年 7 月 6 日，湖北省委宣传部与武汉体育学院宣布共建新闻传播学院。图为省委宣传部新闻处涂博文副处长（右三）与我校刘彦博副校长（左三）共同为“部校共建新闻传播学院”揭牌　朱妍珏 / 摄　2021

◆学校时任党委书记黄浩军（右一）陪同时任湖北省副省长张通（中）视察我院融媒体实验中心演播大厅　喻宇 / 摄　2013

◆学校时任党委书记彭道海（左一）为我院肖宁副教授颁发“2017年湖北省师德先进个人”荣誉证书 罗霈/摄 2017

◆时任正校级领导、校工会主席黄签名（前排左五）出席在我校召开的省级实习实训示范基地联系会议 刘博深/摄 2015

◆张飙副校长（左五）为宋世雄（左六）、向培凤（左四）等校外导师颁发聘书　姜欣／摄　2015

◆我院2013年获批湖北省首批高校改革试点学院，图为向培凤、方向荣、吴廷俊、强月新等领导和专家为试点学院人才培养方案修订建言献策　窦光华／摄　2013

◆ 2015 年湖北省首批“湖北名师工作室”落户我院，我校副校长张飙（前排右四）、省教育厅教师管理处程少波主任（前排左五）出席工作室启动仪式　赵紫涵 / 摄　2016

◆ 由华中科技大学张昆教授主编、我院积极参编的《中国新闻传播教育年鉴（2016）》荣获 2020 年第八届高等学校科学研究优秀成果奖（人文社会科学）三等奖，填补了学校空白　王创业 / 供图　2021

◆我院“新闻传播类专业‘三双式’实践教学体系的构建与实施”荣获2018年度第八届湖北省高校教学成果奖一等奖，图为该成果的省级鉴定会现场　罗霈/摄　2018

◆我院新闻学专业获批2020年度国家级一流本科专业建设点，图为新闻系教师召开一流专业建设研讨会　曹欣怡/摄　2021

◆我院新闻传播学省级教学团队建设的线上通识教育课程“体育与社会”2019 年底在学堂在线平台上线，两年来选课用户高达近 50 万人次，该课已向海外同步推出英文字母版

◆ 2000 年疫情期间，我院张德胜教授应邀策划与出镜主持的武汉抗疫志愿服务专题片《〈是这个理〉：城市摆渡人》线上点击率超过 2000 万人次，助力湖北广播电视台长江云客户端荣获 2021 年度第三十一届中国新闻奖二等奖

◆我院张德胜教授荣膺湖北省首届“最美社科人”荣誉称号，湖北省委常委、宣传部部长许正中为其颁发奖杯　朱妍珏/摄　2020

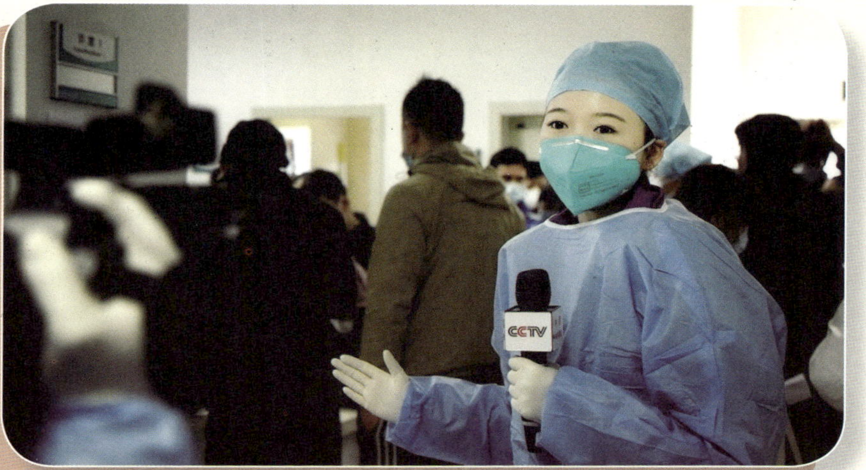

◆我院 2009 届校友、中央广播电视总台记者倪晶依荣获中共中央、国务院、中央军委授予的 2020 年“全国抗击新冠肺炎疫情先进个人”荣誉称号

◆我院2014级学生李明子（中）荣获凤凰卫视2017年度“中华小姐”环球大赛总决赛冠军

◆我院2016级研究生张希祉陪母抗癌的摄影组照《妈妈》荣获2018年度亚洲大学生摄影大赛首次设立的特等奖，央视新闻频道《24小时》栏目为此专门报道了15分钟

◆我院与阳新县融媒体中心联合开展“红色阳新红土地·十个党员十面旗”大型主题采访暨“三下乡”社会实践活动，刘彦博副校长（前排左九）为采访团授旗　孙萌/摄　2021

◆我院从2018年起推出“东湖读吧”读书会，营造师生共读氛围。图为我校“楚天学者”讲座教授、美国密苏里大学美籍华裔学者周树华教授（右一）领读第3期读书会　章鑫元/摄　2018

◆我院经常举办各种学术论坛，探讨体育传播的前沿问题，图为我院承办的 2020 年第十六届全国体育新闻传播研讨会　肖泽昊 / 摄　2020

◆我院充分发挥体育传播优势，与新华社等单位合作，积极承担各种大型赛事的媒体运行服务任务。图为我院 24 名师生出征 2013 年南京亚青会前在校内合影　吴明 / 摄　2013

序一

FOREWORD

中国体育新闻传播教育的武体模式

作为一个史学爱好者，我对时间一直比较敏感。3个月前，举国欢庆中国共产党成立100周年，中国共产党提出的第一个百年奋斗目标圆满达成。上个月，四川大学文学与新闻学院举行了新闻传播教育40年系列讲座。按照计划，11月12—14日，在河北大学新闻学专业创办40周年之际，《中国新闻传播教育年鉴2021》首发仪式与首届中国新闻传播教育年鉴奖颁奖典礼将在河北省保定市联袂举行。在中国共产党成立100周年之际，新闻教育界好戏连台，令人目不暇接。

国庆期间，武汉体育学院新闻传播学院院长张德胜教授送我一部待出的书稿《坚守本色与彰显特色——武体新闻传播教育20年的改革与创新》，嘱我作序。拜读之后，才知武汉体育学院的新闻学专业教育也到了弱冠之年。在武汉这个中国新闻教育的重镇，武汉体育学院是一个不可忽视的存在，它不仅在学科专业建设方面另辟蹊径，特色鲜明，而且在整体实力上，亦有赶超新闻教育界诸强之势。联系到当下中国新闻教育发展的趋势，我浮想联翩，确实有些话要说。

时间不过是物质永恒运动持续性、顺序性的表现，是人类描述物质运动过程的一个参数而已。20年说长不长，说短不短，在常态演绎的历史情景下，不过是漫漫长夜的一个瞬间，深水静流，波澜不兴，可能不会发生重大的历史事变。但是在非常态的历史情景下，20年却足以带来颠覆性的历史变革，催生从无到有、由弱到强、化腐朽为神奇的变化。

20年前，世纪之交，随着经济发展、社会转型，高等教育面临着严峻的挑战。持续多年的高校扩招政策引起了舆论界广泛的质疑，质量工程呼之欲出。就是在这个背景下，武汉体育学院新闻学专业(体育新闻方向)在2001年秋正式招生。对于武汉体育学院而言，这是一个新的学科的破土萌芽，自然受到学院的高度重视。但是在高校林立、竞争激烈的武汉市，这并没有引起教育界同行过多的关注。很少有人能够想到，在短短的20年间，武汉体育学院这个不起眼的学科生发开来，发展成了一个充满活力的学科，不仅改变了武汉新闻教育界的整体格局，而且还大大地推动了国家体育传播人才的培养。

20世纪80年代中期以来，我一直在武汉从事新闻教育工作，先后在武汉大学、华中科技大学任职，是武汉地区新闻教育史的亲历者和见证者。在我的印象中，武汉体育学院新闻传播学学科点子多，事情多，变化多，每年都有新的花样，每年都有新的突破。尤其是在2012年独立建院以后，其变化与发展令人眼花缭乱。2012年，新闻学专业获省级综合改革试点项目；2013年，新闻传播学院成为湖北省首批试点学院；2014年，成功增设新闻与传播专业硕士学位授权点，同时与湖北广播电视台合作共建省级示范实习实训基地；2015年，成功设置新闻传播学"湖北名师工作室"（首批）；2017年，成功增设新闻传播学一级学科硕士学位授权点；2019年，新闻学专业实践教学团队成为省级教学团队；2020年，新闻学专业成为国家级一流专业，同年申报新闻传播学一级学科博士学位授权点；2021年，中共湖北省委宣传部与武汉体育学院共建新闻传播学院。

截至目前，武汉体育学院新闻传播学院的专业师资规模已达40多人，拥有1名湖北省"最美社科人"（张德胜，2020）、2支省级中青年科技创新团队（张德胜团队和王相飞团队），先后有5人入选省级"楚天学者计划"，8人入选校级"东湖学者计划"。在科研方面，近10年来学院教师先后主持了10多项国家社科基金课题。这些亮丽的数据，在武汉地区乃至整个中南地区的新闻传播院系中，都是十分突出的。

武汉体育学院新闻传播学院的发展，首先得益于我们这个伟大的时代。经济发展，文化繁荣，社会转型，民族复兴，使其成为不可阻挡的历史潮流。正是这个日新月异的时代对新闻传播人才，尤其是对体育传播人才的强烈需求，成了当代中国体育传播教育发展的不竭动力。其次得益于有一个团结、高效的管理团队。新闻教育史证明，一个学院、一个学科的发展，关键在人，尤其是学科、学院的负责人，他们的见识、他们的规划、他们的执行力和人格魅力，不仅决定了学科、学院发展的速度，而且还制约着学科、学院平台的高度。

根据我的观察，武汉体育学院新闻传播学院以张德胜教授为核心的领导团队思想统一，思路明确，勇于创新，敢于担当。他们富有激情和坚强的意志，知道在什么时候做什么事情，不仅能做好规定动作，自选动作也十分出彩，这在国内同类高校中实属罕见。难能可贵的是，学校领导对这个管理团队的信任和支持,在一个较长的时间里维持了团队的稳定,因而保证了学院政策的连续性和持续发展。

如今,武汉体育学院新闻传播学院迎来了建院20周年这个重要的节点。根据中国传统文化,年二十者曰弱冠。唐代孔颖达疏《礼记・曲礼》曰:"二十成人,初加冠,体犹未壮,故曰弱也。"刚入弱冠之年的武汉体育学院新闻传播学院,已经打下了很坚实的发展基础。当然,与同城的华中科技大学、武汉大学同类院系相比,无论是在人才培养、科学研究方面,还是在社会服务方面,均有较大的提升空间,要缩小与强者的差距,还需要加倍努力。

为了梳理20年的发展历史,总结经验与教训,建设学院文化,增强学院的凝聚力和认同感,武汉体育学院新闻传播学院组织编写了《坚守本色与彰显特色——武体新闻传播教育20年的改革与创新》一书。全书内容主要来自校园媒体和大众媒体如《新传人》《外新人》《光明日报》等的相关报道,同时也有该书编者基于报道的概述性撰述。全书由8个板块组成,即发展沿革、师资建设、人才培养、科学研究、社会服务、文化传承、国际交流、党的建设,比较全面、立体地呈现了武汉体育学院新闻传播学院20年的发展脉络、专业特色、人才培养及学科发展的整体水平。

粗略拜读之后,我觉得这本书具有出版和推广的重要价值。首先,这本书虽然写的是一个专业性大学二级学院发展的历史,但是通过一滴水,可以照见大海。伴随着中国作为负责任大国的崛起、高等教育的普及、体育传播教育的发展,武汉体育学院新闻传播学院的诞生及蝶变实际是国家整体腾飞的一个侧影,是我们的伟大时代的一个注脚。从这里,可以解读我们置身其间的这个时代,揭示时代风潮及其变迁的密码。其次,这本书内容丰富,涉及新闻教育的方方面面,它不仅专注于体育新闻教育本身,而且涉及体育新闻教育与教育环境、社会环境的互动关联。在轰轰烈烈的教育事业背后,是思想、理念的支撑和引领。这一连串的综述、报道,也体现了一份重要的文化传承。最后,本书介绍了新闻传播教育、体育传播教育的一个成功个案,为国内外体育新闻传播教育同行提供了一个不可或缺的参照系。在中国新闻教育界,体育院校的新闻教育是一支重要的生力军,其虽然数量不多、历史不长,但是在推行体育强国战略和全民健身运动的背景下,具有不可或缺、不可替代的重要价值。武汉体育学院新闻传播学院虽然比较年轻,但是思路清晰,步履稳健,独辟蹊径,成就斐然,为中国体育新闻传播教育提供了武体方案、武体模式,值得同行借鉴。

2021年,注定是当代中国历史上的重要节点。在高等教育领域,这一时间点也具有重要的意义。第二批国家一流大学、一流学科的出炉，新一轮新增博士学位授权点的公布，第五轮一级学科评估结果的出台，第二批新增一流专业和一流课程的加冕，以及新文科建设的起步，将推动中国高等教育在新的起点上继续攀升。当此之际，武汉体育学院推出《坚守本色与彰显特色——武体新闻传播教育20年的改革与创新》，在新闻传播教育领域是一个重要的标志。期待新闻传播教育新的突破性发展，祝福武汉体育学院新闻传播学学科更上一层楼，祝贺《坚守本色与彰显特色——武体新闻传播教育20年的改革与创新》的正式出版。

是为序。

华中科技大学学术委员会副主任

中央民族大学新闻与传播学院特聘院长

張昆

2021年10月7日

行年二十　值得纪念

人生难满百，二十行冠礼。

2021年，是武汉体育学院新闻传播学院“弱冠之年”。我们为此准备了三大“成人礼”：一是全媒体时代的新闻传播学院院长论坛，二是运动与健康传播研究生论坛，三是新闻传播学院二十年二十人评选活动暨第五届新青年论坛。

唐人孔颖达有云：“二十成人，初加冠，体犹未壮，故曰弱也。”一如当下的武汉体育学院新闻传播学院，虽然“成人”，但“体犹未壮”，值得大书特书的东西似乎并不多。

不过，有两件事情慢慢改变了我们的主意：一是学界的肯定，二是社会的期待。

2020年10月29日，学校举办新闻学专业申报国家级一流本科专业建设点专家论证会，邀请华中科技大学新闻与信息传播学院原院长、博士生导师张昆教授和武汉大学新闻与传播学院院长、博士生导师强月新教授等专家莅临指导。会前，两位专家受邀到小球馆三楼文化长廊参观了新鲜出炉的“崛起的新传”办学成就展。张昆、强月新等专家一边聆听介绍，一边连声赞叹这个展览“有点文化”。

这给了我们莫大的鼓励。一直以来，筹办新闻传播学院“成人礼”都只是构想。现如今为什么要办，我们的底气是什么？静而思之，底气的来源至少有“三点”。

首先，我们有点历史。从当初只有1个教学组，到设立独立建制的二级学院，整整花了11年，仅所在院系的名称，就前后使用了7个，其间变更了6次；从起步1个只有50人的本科专业，发展到今天4个本科专业和4个硕士点，在校本科生1200人和在校研究生200人，这种“一生二、二生三、三生万物”的成长叙事，一叙就是19年。

从名不见经传，到获批首批省级试点学院、首批“湖北名师工作室”，获得学校首个全国教育科学研究优秀成果奖、学校首个非体育类省级教学成果奖一等奖、湖北省首届“最美社科人”，获评首批国家级一流本科课程、国家级一流本科专业建设点，再到申请增设新闻传播学博士学位授权点，武体新闻传播学院逐渐为学界与业界所熟知。但这些成绩的背后，究竟经历了多少讨论与争论、汗水与泪水、奋斗与牺牲，或许只有亲历者才知道。

其次，我们有点特色。体育高校办新闻传播学院，既要坚守本色，又要彰显特色，我们做到了。本色，就是教育部本科专业类教学质量国家标准，这是我们制定人才培养方案必须遵守的不二指南；特色，就是我们的科学研究、校本课程、社会实践、创新创业等无不依托体育学院的学科与专业优势，彰显体育特色。

在我们所承担的近20个国家级课题中，大部分为体育类社科基金项目。在我们所打造的一流课程中，“体育解说评论”和“体育与社会”首屈一指。我们参与得最多的社会实践项目，是各种大型赛事的媒体运行与新闻服务。我们在校生获奖最多的竞赛项目，一般离不开体育元素，比如2018年海峡两岸电视主持新人大赛金奖获得者张琛，就是因为临场的体育评论取胜；2017年凤凰卫视中华小姐环球大赛总冠军得主李明子，之所以能在“智与美”的国际竞争舞台处变不惊，得益于她在校期间踢过足球，打过台球，主持过自办节目《健康跟我来》。

体育人，不服输。带着这种精神走向工作岗位，同样成就了湖北广播电视台记者张益恒和央视记者倪晶依。前者与同事一道下沉基层，践行“四力”，历时半个月，走访10多个社区，所采写的广播评论《警惕“指尖上”的形式主义》，荣获2020年第30届中国新闻奖一等奖，这是湖北之声时隔18年之后再获一等奖；后者因逆行一线、抗疫报道有功，荣获中共中央、国务院、中央军委颁授的“全国抗击新冠肺炎疫情先进个人”国家级荣誉称号，要知道全国只有52名新闻工作者分享这一殊荣。

最后，我们有点文化。文化离不开主观宣示和客观显示。主观上，我们较为认同百度CEO李彦宏所倡导的企业文化——“简单可依赖”，即平常的人际关系要简单，关键时刻的攻关协作可依赖。客观上，我们过往的一切奋斗，无不体现了“爱拼才会赢”的体育精神，因为拼了不一定赢，不拼则肯定输。过去20年，特别是过去10年，我们既是这么说的，也是这么做的。可以说，“简单可依赖，爱拼才会赢”，就是我们的学院文化。

2020年12月15日，中共湖北省委宣传部副部长向培凤一行来校调研我院建设情况。在座谈会上，向培凤希望我院能抓住全省文旅融合、媒体融合、县级融媒体升级改造等方面的发展机遇，着力面向基层，以便更好地出作品、出精品、出人才，服务湖北区域经济发展。

2021 年 7 月 6 日，中共湖北省委宣传部与武汉体育学院共建新闻传播学院信息发布会召开。省委宣传部认为，经过 20 年的建设与发展，武汉体育学院新闻传播学院目标定位清晰，学科实力雄厚，具备良好的共建基础。省委宣传部希望我们重点抓好四个方面的工作：一是要抓好课程建设，二是抓好课堂创新，三是抓好社会实践，四是抓好理论研究。

为了不辜负省委宣传部的期望和社会各界的期待，我们的确需要全面总结过去，以启新征程，而此时恰逢中国新闻史学会新闻传播教育史研究委员会隆重推出“中国新闻传播教育年鉴”书系，一向关心本院建设与发展的张昆主编力荐本书纳入书系，进入主流平台。

于是，今年春节过后，我们就成立了“武汉体育学院新闻传播教育 20 年纪念文集编撰小组”，由学院领导班子成员牵头，遴选几位骨干教师担纲，开展编撰工作。以“崛起的新传”办学成就展的 8 大板块作为文集骨架，搜集与整理材料。这 8 大板块分别是发展沿革、师资建设、人才培养、科学研究、社会服务、文化传承、国际交流、党的建设。

我们先对每一板块做一个数千字的概述，是为“撰”；再从 42 期院报以及相关媒体报道中遴选与各板块主题相关的报道，是为“编”。编与撰合成一个个完整的主题单元，既有宏观概述，又有微观叙述，有点有面，有血有肉，虽不能说有正史的严谨，但一定不会让读者感到乏味，因为本书呈现给诸君的内容，一定契合“重要而有趣”的新闻理念。

这本纪念文集的主题是“坚守本色与彰显特色”。从时态上说，它貌似过去时，实为进行时，更是将来时，因为我们想要的就是“不忘本来、吸收外来、面向未来”。眺望未来，我们责任在肩，任重而道远，要以党建做引领，努力建设一流课程、一流专业、一流学科，为党育人，为国育才。

待到年将三十后，再看校头新绿时。

武汉体育学院新闻传播学院院长、二级教授、博士生导师

2021 年 9 月 30 日

目录

CONTENTS

第一章　发展沿革

第二章　师资建设

第三章　人才培养

第四章　科学研究

第五章　社会服务

第六章 文化传承

第七章　国际交流

第八章　党的建设

第一章 发展沿革

DIYIZHANG FAZHANYANGE

前半程开枝散叶　后十年异军突起

张德胜

从2001年开办新闻学教育，到2020年申请增设新闻传播学一级学科博士学位授权点，再到2021年部校共建新闻传播学院，武汉体育学院新闻传播教育走过了整整20年的发展历程。这20年，是极不平凡的20年。

一、2001至2005年：从白手起家到走上正轨

新千年，体育热悄然兴起。2001年，继北京荣获2008年第二十九届夏季奥运会的举办权之后，中国国家男子足球队又首次打进世界杯，获得2002年韩日世界杯决赛圈参赛资格。

也是在这一年，为了适应新千年中国体育传播事业的发展要求，经教育部批准，武汉体育学院正式开办了新闻学专业，开始招收首届本科生。

由于2000年学校是以“新闻学专业（体育新闻方向）”向教育部申请增设新专业的，故习惯上把该专业称为“体育新闻专业”。这两种机缘，让我们与体育结下了“姻缘”，这也是我们专业特色的由来。

开办伊始，办学条件较为简陋，师资力量薄弱，可谓白手起家，但上下齐心，一步一个脚印，逐步走上正轨。

（一）头几年新闻学专业所属院系名称几乎一年一变

新闻学专业2001年共招收了31名学生，加上校内其他专业转入学生19名，组成了首届50人的班级，纳入体育管理、运动心理与保健康复系管理，在管理学教研室下设新闻学教学组。当时，高雪峰任系主任，任建生、王亚华任系副主任，吕玲任系党总支副书记。

2002年，为了重新整合教育资源，按照创办综合性体育大学的格局，学校对教学单位进行了较大幅度调整。其中，原体育管理、运动心理与保健康复系一分为二，重新设置了体育社会科学系、运动人体科学和运动心理学系，新闻学专业设在体育社会科学系。

时任体育社会科学系领导班子为：高雪峰任系主任，张江南任系党总支书记，王亚华、陈林祥任系副主任。2003年7月，学校将原体育社会科学系改为系级建制的体育社会科学学院，原领导班子成员不变。2003年10月，张江南转任体育科技学院党支部书记，徐京放接任体育社会科学学院党总支书记。2005年6月，体育社会科学学院更名为体育经济与管理学院，院领导不变。

（二）通过校内整合与校外招聘，逐步形成教师队伍基本盘

2001年9月，新闻学专业正式成立。当时，新闻教学组仅有教师5人，分别为"双肩挑"人员张江南，原中文教学组教师蔡莉、肖宁，当年7月新进教师付晓静、王雪莲。

2002年7月，新进教师张钢花、田智会加盟新闻学教学组。8月，万晓红从外单位调入，此前一年在新闻学专业代课。9月，新闻专业教研室成立，肖宁任第一届教研室主任。紧接着，丁中林从教务处教材科调入，高立从原电教中心调入，新闻专业教研室教师人数增加到10人。同年，蔡莉退休。2003年7月，新进教师刘晓丽、刘娟加盟新闻专业教研室。至此，新闻学专业教师总人数达11人。

本专业从一开始就注意与媒体接轨。聘请武汉晨报时任编委、体育部主任海胜华做顾问，指导制定专业规划、课程计划以及建设多媒体实验室等。

2005年，首届毕业生一次性就业率就超过了90%。随着"奥运热"不断升温，新闻学专业越来越受到年轻人的青睐，加之当时有较为宽松的专业互转条件，像运动训练专业等其他专业学生纷纷转入新闻学专业学习。

至2005年，新闻学专业在校生已达到255人，渐渐成为校内热门专业，从体育经济与管理学院剥离、单独建系的呼声越来越高。

二、2006至2012年：从联合建系到独立建院

（一）配合学校"更大"需要联合建系

2006年9月，新闻学专业从体育经济与管理学院析出，与独立设置的外语系共同组建体育新闻与外语系，这正好符合学校更名体育大学之需。此前，2004年12月，原外语教研室从体育社会科学学院析出，升格为外语课部；2005年4月，外语课部更名为外语系。

体育新闻与外语系下设新闻教研室、英语专业教研室、大学语文教研

室、大学英语教研室4个基层教学组织。张江南任系主任，徐京放任系党总支书记，杨梅任系副主任。

至此，全系教师已达40人，其中教授1人、副教授5人。在校生达400人左右，其中，新闻学专业学生超过300人，英语专业学生78人。全系全面修订人才培养方案，提出了“1＋1＞2”的人才培养模式，即“新闻＋外语＞单一外语或单一新闻学专业”的人才培养模式，强调新闻学、外语与体育三者互相融合，突显特色。不少毕业生被主流媒体录用，或进入重点大学攻读硕士研究生，如央视记者倪晶依就是新闻学专业2009届毕业生。

随着师资队伍的逐步增强和办学经验的不断积累，同时为了适应社会需求，配合学校建设“体育学科优势明显、相关学科协调发展”的多科性体育大学，体育新闻与外语系决定走多学科与多专业发展之路。

经教育部批准，体育新闻与外语系成功增设播音与主持艺术（简称播主）专业，2009年开始招生，当年招收29人；成功增设广告学专业，2010年开始招生，当年招收30人，该专业2014年停止招生，改设视觉传达设计（简称视传）专业；成功增设广播电视编导（简称编导）专业，2012年开始招生，当年招收30人。

至此，全系已拥有英语、新闻学、播音与主持艺术、广播电视编导、广告学（视觉传达设计）等5个本科专业，涵盖文学和艺术学2个学科门类。学院下设新闻教研室、播音与主持艺术教研室、专业英语教研室、大学英语教研室等4个基层教学组织和1个体育文学研究中心。

其间，学校对系领导班子做了微调。2009年7月，徐京放调任运动训练学院党总支书记，夏方智接任党总支副书记，次年升任党总支书记。

（二）独立建院当年即获省级重点培育学科

2011年12月，体育新闻与外语系更名为新闻传播与外语学院。原系主任张江南教授退居二线。同年底，学校首次面向全球公开招聘新闻传播与外语学院院长，共有6名来自校内外的专家学者竞聘。这是学校历史上第一次面向全球公开招聘二级学院院长，最终来自广州体育学院的张德胜教授获聘。

2012年3月，新闻传播与外语学院首届领导班子组成：张德胜任院长兼党总支副书记，夏方智任党总支书记，杨梅任副院长。

2012年6月，新闻传播与外语学院再次开枝散叶，分设为新闻传播学院和国际教育学院，杨梅任国际教育学院院长。其后，新闻传播学院首届领导班子逐步配齐：张德胜任院长兼党总支副书记，夏方智任党总支书记，叶涛任党总支副书记兼副院长，万晓红任副院长。2016年9月，经学校党委批准，新闻传播学院党总支改名为新闻传播学院党委，领导班子成员及分工不变。2016 年 11 月，万晓红调任学校发展规划处副处长，主持工作，张钢花接任副院长。

2012 年 6 月 1 日，院报《外新人》创刊，2013 年 4 月更名为《新传人》，不定期出版，忠实记录了“新传人的成长足迹”，时任学校党委书记黄浩军题写报名。为了锻炼教师队伍，该报实行主编轮换制，即每期的主编由不同教师担任，而编辑部主任一直由刘晓丽博士担任。

2012 年底，我校新闻传播学学科获批“十二五”省属高校省级重点培育学科，实现了我校新兴学科的历史性突破。以此为里程碑，新闻传播学院开始步入高质量发展的“快车道”。

2012 年 12 月，我院新闻学专业获立省级综合改革试点项目，开启了我院各专业省级品牌建设的帷幕。

三、2013 至 2021 年：从试点改革到异军突起

从 2013 年开始，新闻传播学院在院系治理、人才培养、科学研究、社会服务、文化传承、国际交流与合作等方面都取得了长足进步。

（一）试点学院改革为探索“学院办大学”积累了宝贵经验

在院系治理方面，以试点改革为契机，探索校院两级管理的“先行先试”模式。2013 年 5 月，包括本院在内的来自全省不同高校的 16 所学院获批湖北省首批省级试点学院，试点学院是省教育厅为探索人才培养新模式、着力培育学科专业新优势而遴选出来的教育教学改革“特区”，周期为 4 年。试点学院改革内容涉及学生招录与选拔方式、人才培养模式、教师遴选考核与评价制度以及学院的治理结构等方面，为探索“学院办大学”积累了宝贵经验，极大地促进了新闻传播学院的建设与发展。

2017 年 10 月，学院领导班子再次调整。张德胜任院长兼党委副书记，童铸任党委书记，叶涛任党委副书记兼副院长，张钢花任副院长。原党委书记夏方智调任武汉体育学院体育科技学院党委常务副书记。学院每周召开一次党政联席会，每月召开一次党委会和中心组学习会。学院重要事务由党委会讨论决定。2018 年 10 月，叶涛升任后勤党总支书记，赵露娜接任党委副书记兼副院长。

学院下设新闻学、播音与主持艺术、广播电视编导、视觉传达设计 4 个系，每个系分设教师党支部和学生党支部。学生管理以专业为单位配备辅

导员。各系定期召开系务会,决定系级重要事务。

2021年春,中共湖北省委宣传部与武汉体育学院共建新闻传播学院。省委宣传部希望部校双方在今后的工作中要不断探索、总结和创新,重点抓好课程建设、课堂创新、社会实践、理论研究等四方面的工作。

(二)人才培养是过去十年的中心工作

在人才培养方面,本院全面落实立德树人根本任务,坚持马克思主义新闻观,用中国特色社会主义新闻理论和艺术理论教书育人,培养造就了一大批具有家国情怀、国际视野、体育专长的高水平应用型传媒与艺术后备人才。

教学以学生为本。本院新闻学专业是国家级一流专业建设点(2020),也是学校唯一的本科第一批录取专业。播音与主持艺术、广播电视编导、视觉传达设计3个专业均从本科第一批招生。播音与主持艺术专业2021年获准申报国家级一流专业建设点。学生多次荣获全国大学生广告艺术大赛、中国大学生计算机设计大赛(微电影类)金奖,优秀学生层出不穷,如2015年全国优秀共青团员秦天、2017年凤凰卫视中华小姐环球大赛总决赛冠军李明子、2018年海峡两岸电视主持新人大赛金奖获得者张琛等都是本院学生。2014级一班团支部被团中央授予2016年全国高校"活力团支部"荣誉称号。

办学以教师为本。本院专任教师队伍学缘广泛、结构合理、业务精湛、充满活力,多数教师拥有或在读博士学位,形成了一种"比学赶超"的良性氛围。新闻传播学"湖北名师工作室"是全省高校同类专业首个省级名师工作室(2015),也填补了学校省级教学名师的空白;肖宁副教授是省级师德先进个人(2017),张德胜教授荣膺湖北省首届"最美社科人"荣誉称号(2020);新闻学专业实践教学团队是省级教学团队(2019),播音与主持艺术系是省级优秀基层教学组织(2020),播音与主持艺术系教师党支部是优秀基层党支部(2021)。

本院一向注重利用"外脑"促进发展。从2013年开始,一大批业界专家,如中央广播电视台宋世雄、洪钢、沙桐、贺炜、童可欣、张德宏等,新华社徐济成、陈越、周杰,湖北广播电视台向培凤(现为中共湖北省委宣传部副部长)、吴江、刘征、苏晓琼等,湖北日报报业集团陈力峰、黄磊等,腾讯研究院舒展,华视传媒集团李利民,唐山劳动日报社王佐臣,受聘我院客座教授;一大批知名学者,如华中科技大学吴廷俊、张昆、钟瑛、何志武、张明新、唐海江、李华君等,武汉大学罗以澄、强月新、单波、周茂君、管家庆等,上海体育学院肖焕禹,长期不遗余力地指导与支持本院的学科、专业与课程建设。

本院一向重视实践教学和开门办学,并取得令人瞩目的成绩。2014年10月,学校与华视传媒集团共建新闻传播学院。同年,与湖北广播电视台合作共建的"湖北广播电视台实习实训基地"获批省级示范基地。张德胜等人主持完成的"新闻传播类专业'三双式'实践教学环节的构建与实施"项目,荣获2018年第八届省级教学成果奖一等奖。此前,万晓红团队先后荣获省级教学成果奖二、三等奖。2019年,与湖北省广播电视台合作,开通了湖北之声《我爱运动+》武体直播室,开创了校媒合作、校内直播、协同育人的先河;2021年,与国际篮联中国区合作,在校内开通了"国际篮联中国区篮球直播室",直播解说各种高水平篮球赛事。

(三)科学研究既有特色又成效显著

在科学研究方面,本院坚持以学位点建设和研究生教育为抓手,夯实基础研究,突出应用研究。建院以来,先后主持承担了近20项国家社科基金项目,走在全国体育高校同类院系前列。作为项目主持单位,荣获2016年第五届全国教育科学研究优秀成果奖三等奖1项,填补学校空白;先后荣获湖北省社会科学优秀成果奖三等奖2项(2018,2020);作为项目参与单位,荣获第八届高等学校科学研究优秀成果奖(人文社会科学)2项(2020)。

有了科研作为保障,本院的学位点建设实现了跨越式发展。第一,在原体育人文社会学(体育新闻传播方向)的基础上,2013年自主设置二级学科体育新闻传播学;第二,2014年成功增设新闻与传播硕士专业学位培养点,次年正式招生;第三,2017年成功增设新闻传播学一级学科硕士学位授权点和艺术硕士专业学位培养点,随后正式招生;第四,2020年获准申报新闻传播学一级学科博士学位授权点,此前已于2015年正式招收体育学一级学科体育人文社会学专业(媒体体育方向)博士研究生。

科研要创新,人才是保障。我院现有2支省级中青年科技创新团队(张德胜,2014;王相飞,2017),先后有5人入选省级"楚天学者计划",分别是特聘教授张德胜,讲座教授周树华,楚天学子王创业、滕姗姗、吕永峰;先后有8人入选校级"东湖学者计划",分别是特聘教授万晓红、付晓静,东湖学子王相飞、张钢花、刘静、王雪莲、周榕、窦光华。

关注现实,做"经世致用"之学。先后主办或承办多项大型学术会议和高峰论坛,如2012年全国体育新闻传播学术年会(又名"大型赛事媒体运行服务暨体育解说评论论坛”),2013年第二届大型赛事媒体运行服务暨体育解说评论论坛,2014年武网传播与武汉城市形象建构高峰论坛,2015年“互联网+”时代的体育与媒体高峰论坛,2018年第二届中国体育传播青年学者论坛,2020年第十六届全国体育新闻传播研讨会,2020年首届全国体育影视学术研讨会,等等。

教学带动科研,科研反过来促进教学。2020年,我院特色课程“体育解说评论”被评为首批国家级线下一流本科课程;2021年,我院特色课程“体育与社会”被评为省级线上一流本科课程,该课自2019年底上线以来,两年内选课人数近40万,2021年该课被推荐参评国家级线上一流本科课程。这两门一流课程的建设,都离不开科研的支撑。

(四)社会服务有声有色

在社会服务方面,主要是做好四种服务:一是媒体服务,积极参与奥运会、世界杯、军运会、武汉网球公开赛、武汉马拉松等大型赛事的媒体运行与新闻服务;二是老区扶贫,通过绘制文化墙、推广普通话、拍摄纪录片等形式,积极参加学校扶贫点——湖北省大悟县丰店镇方岗村的文化建设工作,其中,黄海教授带领学生拍摄的微电影《智扶》,以武汉体育学院驻村工作队员为原型,荣获2019年湖北省委组织部评选的全省党员教育电视片一等奖;三是暑期支教,为大别山区蕲春县檀林中学的留守儿童“送课上门”;四是参政咨政,为国家和地方决策献计献策,其中,张德胜教授多次通过新华社内参,就体育外交问题向国家有关方面建言献策,湖北省人大常委会委员万晓红教授就体育小镇建设等提出了合理化建议。

此外,应湖北省社科联邀请,张德胜教授作为社科专家下基层,策划并主持的抗疫志愿服务电视专题片《城市摆渡人》公开播出,并登上了中宣部“学习强国”平台,全网点击量超过了2000万人次。

(五)文化传承不断走向深入

在文化传承方面,读书、实践、创新,是极富本院特色的三大文化形式。一是广泛读书,通过开办“东湖读吧”读书会,营造读书氛围,打造学术“校中校”;二是深入实践,通过体育实践、专业实践、社会实践等多种形式,实现实践育人;三是勇于创新,通过学科竞赛、学术研究、开放办学等途径,体现创新思维,其中,始于2017年、一年一度的新青年论坛,就是一种采用现身说法形式的创新经验交流会,深受广大师生欢迎。

2021年夏天,与阳新县融媒体中心合作,圆满完成的“红色阳新红土地·十个党员十面旗”大型主题采访暨社会实践，用“知行合一、言传身教”的方式，首次将社会实践与专业实践完美融合。10个党员的融合报道全部在湖北日报客户端发表，学习强国转发了《红土地的召唤》视频报道，引发较大的社会反响，进一步印证了2020年10月15日《光明日报》对本院新闻学专业办学特色的报道，那就是“讲政治、下基层、懂体育、会传播”。

（六）国际合作与交流渐成气候

在国际合作与交流方面，本院一直在朝三个方面努力：一是走出去，选派教师到美国、英国、澳大利亚、加拿大、韩国等国家访学研修，或参加国际学术会议；二是请进来，积极邀请国外知名学者来校讲学；三是国际合作，通过“2＋2”或读研读博等形式，派遣学生出国留学，同时吸引来自北美、亚洲、非洲留学生来校就读，还与来自阿拉伯地区的青年学者开展博士后合作研究。

以上，我们对新闻传播学院的发展历程做了“三段式”勾勒，挂一漏万，在所难免。如果以2012年独立建院为标志，我们的院史也可以分为前后两个阶段，即2001至2011年前10年和2012至2021年后10年。前10年从无到有，从小到大，奠定坚实基础；后10年目标明确，坚守本色，彰显特色，实现了跨越式发展。

若按上述发展节奏笃行，那么，我们有充分理由相信，未来10年，值得期待。

体育新闻与外语系改院，特聘教授张德胜出任院长

新外新班子搭起来

晓 江

张江南（右二）、张德胜（左二）、夏方智（左一）、杨梅（右一）等新闻传播与外语学院新老班子成员愉快交谈　摄影/姜欣

3月31日上午，学校领导在新闻传播与外语学院调研过程中，正式宣布聘任张德胜教授为我院院长。

副校级调研员、学校党委组织部部长叶成万同志宣布了学校党委和行政方面的决定，学校党委任命张德胜同志为新闻传播与外语学院党总支副书记，学校聘任张德胜同志为新闻传播与外语学院院长。

新闻传播与外语学院（简称新外学院）是2011年12月由原体育新闻与外语系更名而来。同年12月13日，学校面向海内外公开招聘该院院长一职。经公开报名、资格审查、面试答辩、综合考察、党委全委会票决、公示等一系列程序后，学校最终决定聘任张德胜教授出任我院院长。

学校党委书记黄浩军说："此次面向国内外公开招聘二级学院院长，是武体历史上第一次，也是学校深化干部人事制度改革的一次有益尝试，将会对学校发展产生积极而深远的影响。今后我们将进一步加大学校干部人事制度的改革力度，以更加开放的视野和心态，面向社会广纳贤才。"

与会的黄浩军、黄签名、吕万刚等校领导均充分肯定了新外学院前任班子在学科专业建设方面做出的成绩。校党委和行政方面对新外学院新的领导班子寄予了厚望，希望新任班子及其成员认真落实院党政联席会议等议事制度，凝聚力量、民主决策、理清思路、锐意进取，紧紧围绕内涵建设这个重点，处理好学科间的关系，努力把新外学院建设成为勇于开拓、特色明显、在业内享有广泛声誉的一流学院。

张江南、张德胜、夏方智、杨梅等新外学院新老班子成员分别在会上做了发言，一致表达了精诚团结、服务师生、争创一流的决心和信心。

（原载于《外新人》第1期，2012年6月1日）

校领导黄浩军黄签名吕万刚叶成万在我院调研时指出，希望我院争创一流

目标:全国同类院系前两名

晓 江

3月31日上午，校领导黄浩军、黄签名、吕万刚、叶成万等到我院调研。在听取了我院党政班子的工作汇报之后，校领导希望我院加强内涵建设，把追赶上海体育学院体育人文学院、争创国内一流院系作为奋斗目标。

当天的调研会由学校党委书记黄浩军主持。我院党总支书记夏方智汇报了学院新学期的招生工作、党建工作、学生工作、制度建设、目标管理等方面情况。副院长杨梅重点汇报了我院教学与科研工作情况。据悉，我院现有英语、新闻学、播音与主持艺术、广告学、广播电视编导5个专业，在校生逾千人，是学校专业最多的院系，其专业数量占学校专业总数的四分之一。

黄浩军指出，学校党委和行政领导一起来新外学院调研，表明学校高度重视新外学院的建设与发展。新外学院的发展要与学校的发展同步，围绕学校的重点工作，实现自身内涵建设的突破，打造特色，形成在武体有影响的新学科，为学校的长远发展做出新的贡献。当了解到上海体育学院体育人文学院是全国体育学院最好的新闻与外语类院系时，黄浩军说，希望新外学院的建设目标不低于全国体院同类院系的前两名水平。

学校党委副书记、新外学院联系人黄签名要求我院在搞好本科教学的同时，新专业建设的定位要准，特色要鲜明，每个专业都要有人牵头，全面开展校内自办媒体建设，努力拓展校内外实践平台。

副校长吕万刚希望新外学院在学科、专业、师资、课程四大方面加强建设，认真准备专业评估工作，探索应用型创新人才的培养模式，新外学院几个专业应共建专业平台、实验平台，以更加开放的视野建立实践基地。

党委统战部部长兼组织部常务副部长王栎陪同校领导出席了调研会。新外学院各教研室负责人、教工党支部书记参加了调研会。

（原载于《外新人》第1期，2012年6月1日）

我院新闻传播学获批省级重点学科

山 子

日前，省教育厅发布的一则消息让我院师生振奋与鼓舞，我院包括新闻传播学在内的4个学科获批“十二五”省属高校省级重点学科。有专家如此评价，新闻传播学的获批是我校新兴学科的历史性突破，也是4个获批学科中唯一的非硕士授权学科。

本次省级重点学科遴选，全省共有39个单位的近300个一级学科参加。经学校推荐、材料公示、专家评审、省厅审定等环节，最后共评出167个省级重点学科。我校体育学、心理学、新闻传播学、音乐与舞蹈学等4个学科榜上有名。其中，体育学被评为省级重点优势学科，心理学被评为省级重点特色学科，新闻传播学和音乐与舞蹈学被评为省级重点培育学科。

我院前身为新闻学专业，创办于2001年，经过10余年的发展，从当初的一个教研室扩展到体育新闻与外语系，再发展成现在的新闻传播学院，步步有艰辛，步步创佳绩。目前，全院有7位教授、3位博导、3项国家社科基金、近10项省部级奖项、几十项教学科研成果，所培养出来的7届学生，有些已经成长为业界精英。据介绍，新闻传播学获批省级重点培育学科，使我院成为湖北省继武汉大学、华中科技大学之后的第三个拥有新闻传播学重点学科的高等院校，也是全国体育院校中唯一拥有新闻学专业省级重点学科的新闻传播学院。

本次申报工作时间很紧，从启动申报程序到评审结果揭晓，一共只花了一个多月时间。在院长张德胜和书记夏方智的带领下，老师们牺牲国庆节休假时间，加班加点，精心准备申报材料，最终迎来了全面丰收。

（原载于《外新人》第5期，2012年12月12日）

新起点　新跨越

万晓红

新闻传播学获批省级重点培育学科，是我院乃至我校学科建设的重大突破，它使我校成为湖北高校中继武汉大学、华中科技大学之后的第二批拥有新闻传播学重点学科的高等院校，也是全国体育院校中唯一拥有新闻学专业省级重点学科的新闻传播学院。佳讯传来，全院同贺，师生共庆。

1个多月的申报准备，10余年的办学历史，新闻传播学与我校老牌专业体育学、心理学以及音乐与舞蹈学共同获批，实现了我校新兴学科建设的历史性突破。

评审结果公布后，一位资深评审专家感言：7位教授、3位博导、3项国家社科基金、近10项省部级奖项、几十项教学科研成果，很难想象一个体育院校的新闻传播学能具备这样的实力。武汉体育学院新闻传播学获批省级重点培育学科，乃实至名归。

令人信服的数据与材料，让人欣慰的赞许与认同，背后凝聚着几代武体新闻人的汗水和努力。自2001年新闻学专业创办以来，从当初的一个新闻教研室到新闻外语系，从新闻传播与外语学院再到新闻传播学院，名称的变更见证了新闻传播学的不断发展壮大：师资从最初的寥寥5人，到今天各具专长的27人团队；教学从最初的青涩，到今天优秀教师与青年教工教学基本功大赛一等奖获得者辈出；科研从摸着石头过河，到今天形成成果骄人、特色鲜明的科研团队；学科专业从新闻学，扩展到含播音与主持艺术、广告学、广播电视编导共4个专业；办学规模从最初的50余人，到今天的1000余人……12年的变化可谓是换了人间。风雨12年，新闻学专业已培养了8届学生，数百名毕业生已走向社会，他们中许多人已成为业界精英，传扬着母校新闻传播学的美名。

“十年磨一剑”，武体新闻人团结一心、开拓进取，终于成就了今天学科建设的新突破。其间的努力与付出，其中的收获与喜悦，只有经历过的人才会深深懂得。

站在新的起点上展望明天，张德胜院长豪情满怀地说：“我们将在校党委和行政方面的正确领导和大力支持下，稳步推进学科建设工作，用最短的时间将重点培育学科建设成为名副其实的重点学科，我和新闻传播学院全体教师都有这个信心。我们将尽快建成大型赛事媒体运行服务研究中心、体育解说评论研究中心以及体育节目数字化处理实验室（科研型）3个科研平台，争取明年成功申报新闻学硕士点，并争取与湖北体育频道联手建成省级实习实训基地。一旦拥有了这些平台，武汉体育学院新闻传播学院将实现新的飞跃，成为全国体育院校中最好的新闻传播学院。”

获评省级重点学科，既是一种无上的肯定和认可，更是一种无声的督促与鞭策。新的起点，新的征程，武体新传人正不断向新的目标迈进，去创造新闻传播学院的美好明天！

（原载于《外新人》第5期，2012年12月12日）

张通副省长视察我院

晓 江

4月8日下午，在湖北省体育局局长胡德春、我校党委书记黄浩军等领导的陪同下，湖北省副省长张通视察了我校。

张通一行重点视察了我校实验大楼，从1楼到5楼逐层视察，了解各实验室的布局、功能与运转情况。

我院新闻传播实验中心位居实验大楼的5楼和6楼。在实验大楼6楼，张通一行首先视察了我院新建的300平方米演播大厅。新闻传播学院院长张德胜向领导们简要汇报了演播大厅的用途，以及目前正在筹划制作的电视节目。

演播大厅对面就是我院新建的普通话测试室兼播音专业录音室。12间录音室已经全部建好，只等录音设备到位就可以正式运行，录音设备目前正在招投标过程中。张德胜向张通汇报说，国家普通话测试正在从人工测试向标准化的机测过渡，我们建立的普通话测试室得到了省语委的高度好评。

从录音室出来，要经过一片学科建设展览墙。张德胜向张通汇报说，我院新闻传播学是刚刚评上的省级重点培育学科。张通一边听汇报，一边观看墙上的有关图文介绍。

五楼的东头大房间是我院的大学生创新创业基地。在这里，张德胜向张通一行汇报了我院创新创业团队的活动情况。院报编辑部也设在这里，张通的随行人员对我们的院报很感兴趣，特别取走了第三期报纸，因为该期报纸的头版有李娜来我校访问交流的报道。

当时，我院同心圆广告设计团队正在开会。见到领导来访，同学们都礼貌地站起来，张通笑着问："你们在开展什么活动啊？"徐林同学说："我们正在进行'百万学子追寻中国梦'的主题策划，具体策划项目名称是'寻梦红色蕲春，共绘美丽湖北'。"

待领导们视察完5楼，张德胜向张通汇报说："6楼也是我们新闻传播学院的实验室，这会儿有播音专业在上小课。"

“好，我们上去看看。”张通饶有兴趣地说。

正当一行人准备往6楼走的时候，下课铃响了，6楼的同学们陆续走出课堂，走下楼梯。

张通副省长的视察之旅就此画上了休止符。

（原载于《新传人》第7期，2013年4月18日）

我院获批省级试点学院

晓江

5月23日，湖北省教育厅公布首批高校改革试点学院名单，我院与华中科技大学光学与电子信息学院等16所学院榜上有名。

据省教育厅相关人士介绍，首批试点学院是为探索人才培养新模式、着力培育学科专业新优势而遴选出的教学改革"特区"。省教育厅希望通过此项改革计划，提高本科教学质量。

按照要求，学校是试点学院改革的责任主体，要成立改革领导小组，建立健全工作机制，需要各部门之间的协调配合，统筹推进试点学院的改革。

当务之急，是要修订和完善"一总四分"改革方案，包括改革总体方案和学生招录与选拔方式改革方案、人才培养模式改革方案、教师遴选考核与评价制度改革方案、完善学院治理结构改革方案。

试点学院改革要推行对标管理，紧盯同类高校最高水平，对照先进定目标，对比标杆找差距，对照方案抓落实，加快使试点学院实现从"跟跑者""追赶者"，到"并行者""领跑者"的跨越。

按照要求，试点学院须对学生实行"一制三化"，即导师制、小班化、个性化、国际化培养。鼓励本科生早进课题组，早进实验室，早进科研团队。

（原载于《新传人》第8期，2013年6月18日）

我院又添视觉传达设计专业

路　炜

2014 年秋季，我院将迎来更具实践性和应用性的新专业——视觉传达设计专业的首届学生。这是我院继播音与主持艺术、广告学、广播电视编导之后的又一个崭新的专业。今年计划招生 30 人，以艺术生为主。

据副院长万晓红介绍，广告学专业从 2010 年开始招生，今年有了第一届毕业生。偏于理论、人才培养定位较为宽泛是她对现有广告学专业缺陷的总结。“特别是广告学目前的招生方式受到限制，无法满足社会对人才的需求。经过多方调研和综合考虑，学院决定开设视觉传达设计专业。”

万晓红坦露，学院领导与广告教研室教师曾多次登门拜访武汉大学、华中科技大学以及湖北工业大学相关专业的专家教授，通过全面深入调研和权衡，寻求新专业的准确定位。

“视觉传达本质上也是一种传播，只是更强调视觉表现的重要性，这就要求学生不仅要有艺术设计的能力与技巧，也要具备传播学基础。”对该专业的市场前景，万晓红很有信心，“拿武汉地区来说，沿江环湖文化产业的发展，衍生出了对于视觉传达设计人才的巨大需求。就体育领域来说，从宏观上的国家形象推广、体育赛事传播以及体育产业发展，到微观上的体育明星包装、体育广告传播以及体育产品设计，不管是政府和城市形象建构，还是企业文化建构与展示，都需要视觉传达设计人才。”她认为，我校视觉传达专业可适当突出体育特色，拓宽视觉传达专业的就业空间。

“虽然视觉传达设计包括了广告设计、包装设计、标志设计等，但是它并不是广告专业的扩大版。”万晓红说，“我院学科专业人才培养目标定位于应用型。相对于广告学专业，视觉传达设计专业则更接地气，实践性更强。”

作为目前全国唯一开设视觉传达设计专业的体育院校，万晓红表示，我们不能刻意模仿其他学校的专业模式，必须立足体育院校的优势和特色，充分利用我院其他 3 个专业的资源优势，铺出一条适合自己的办学之路。

（原载于《新传人》第 12 期，2014 年 5 月 15 日）

新闻与传播专业硕士　有望明年招生

李典　李冠正

我院申请新闻与传播专业学位硕士点，已通过省学务办批准，现正上报国家审批。一旦通过，我院即可在2015年进行正式招生，招生对象为具有新闻从业经验的人员或应届毕业生。

“我们以前没有申请过学术型硕士点，国家近几年也没有提供申报学术型硕士点的机会，所以这次我们特别珍视这次专业型硕士点申报。”我院院长张德胜说。我院已有一个新闻传播学省级重点学科，新闻学类的硕士点对学科专业建设会有很大的帮助。

专业型硕士点培养的是高端应用型人才，我院的新闻与传播硕士点培养的学生以从业为主，就业范围比体育学硕士的就业范围更大，适应面更广。媒体也更加欢迎此类人才的加入。

此外，新闻与传播硕士点的导师制有一大亮点：双导师制。双导师制指的是一名学生有两位导师，一位是校内的学术型导师，另一位则是业内具有经验的实践老师，“1＋1”进行指导。

（原载于《新传人》第12期，2014年5月15日）

我院与中共咸宁市委宣传部开展全方位战略合作

互设实训基地 共同培养人才

张家湾

我院教师周细琴(左三)、辅导员王广田(右二)在咸宁调研　摄影/胡俊、张辉翔

7月4日,中共咸宁市委宣传部与武汉体育学院新闻传播学院在咸宁温泉签署战略合作协议。一个中等城市党政部门与一所高校新闻传播学院结对开展深度合作,这在我省尚属首次。

据悉,为了促成这次战略合作,院领导张德胜、夏方智、万晓红、叶涛一个月内先后3次南下咸宁,进行洽谈。其中,他们第二次南下时,还与咸宁市委常委、宣传部部长王济民进行了全面而深入的交谈。

咸宁是我国著名的旅游城市,咸宁形象传播需要高校智力支持。根据协议,咸宁市新闻宣传系统在武体新闻传播学院设立人才培训与拓展基地,为地方宣传骨干与新闻传播学院师生定期开展学习交流活动搭建平台。

我院是湖北省首批试点学院,十分重视大学生社会实践与专业实习。这次合作,我院一方面在咸宁传媒集团建立专业实习基地,另一方面在咸宁城乡建立社会实践基地。近日,中共咸宁市委宣传部委托我院暑期社会实践团队,就赤壁市乡村文化广场建设情况开展全面调研。

我院院长张德胜说:“新闻传播教育不能闭门造车,眼光向下。向地级市进军,既是开放办学的现实需要,也是服务社会的有益尝试。”

中共咸宁市委宣传部常务副部长王胜弘说:“高校教育要接地气,政府工作要借外力,这次合作,能促进高校和地方宣传文化资源整合开发,是一个互利双赢的创新之举。”

《楚天金报》、财金网等主流媒体报道了这次战略合作。

(原载于《新传人》第13期,2014年7月15日)

试点学院改革方案进入全面实施阶段

ABCDE五级岗位各归其主

张家湾

6月30日，我院召开全院教职工大会。会议由院长张德胜主持，党总支书记夏方智公布了我院教师岗位聘任结果。全院30名教师全部落实岗位。

分类设置岗位是试点学院改革的重要举措。这次岗位聘任周期为4年，全院教师岗位根据教学与科研入门条件和考核要求的不同，共分为A、B、C、D、E 5级岗位。

按照原初的设想，A、B、C 3级岗位的教学评价均必须达到良好等次，所占比例分别不能超过全院教师总数的10%、20%和30%，即3人、6人和9人。最后的评审结果为，A岗教师3人，B岗教师2人，C岗教师6人，D岗教师13人，E岗教师6人。

据了解，B岗和C岗出现较大缺额，主要是我院教师的核心期刊论文数总体不足造成的。多发表高水平科研论文，是我院今后科研努力的方向。只要多发表高水平科研论文，至少三分之一的教师具有升岗的空间。

这次岗位设置不搞论资排辈，建立了能上能下的机制。在聘期的头两年，每名教师均可提出升降岗的要求，学院届时将组织新的评审。

这次岗位设置的教学要求不再是软指标，而是硬指标。对于A、B、C 3级岗位的应聘者来说，凡是当年教学评价达不到良好以上档次，下一年度则自动降岗。

（原载于《新传人》第13期，2014年7月15日）

武汉体育学院与华视传媒集团共建新闻传播学院

省委宣传部、省教育厅、省记协、长江广电传媒等单位领导莅校指导工作

张大明

武汉体育学院举行华视传媒学院揭牌仪式暨校企合作战略研讨会　摄影/秦梓翔

10月10日上午，武汉体育学院与华视传媒集团战略合作正式拉开序幕，双方共建新闻传播学院，武汉体育学院新闻传播学院在保持名称不变的前提下，同时被冠名为华视传媒学院。

中共湖北省委宣传部、湖北省记协、湖北省教育厅、长江广电传媒等单位领导和相关处室负责人出席了在武汉体院举行的华视传媒学院揭牌仪式暨校企合作战略研讨会。

这次战略合作，可谓强强联合。武汉体院是全国知名体育高等学府，学科排名位居全国前三，我校新闻传播学院是湖北省首批试点学院。华视传媒集团是国内外知名的新媒体传播机构，是在美国纳斯达克成功上市的品牌文化公司。

据悉，我院将按照省级试点学院改革要求，在开放办学、订单式培养、协同创新、奖学与奖教等方面，为高校二级学院改革探索一些新的途径。

新闻传播学院与华视传媒集团在进行业务对接时，可使用华视传媒学院名称。

其中，双方共同研发的《挑刺体坛》《健康跟我来》等系列节目，已于10月中旬投放湖北移动频道公开播出，武汉市民已从2600多台公交移动电视中率先尝鲜。

作为武汉体院客座教授，华视传媒首席运营官刘薇当天下午为学校机关干部和华视传媒学院大一新生做了专题学术演讲。

演讲结束后，华视传媒当天还在我校举行了首场人才招聘会，我校52名大三、大四的学子竞相报名，参加了此次面试。

我校与华视传媒今年8月23日在深圳签署战略合作协议，10月10日的活动是双方深化合作的第一步。

（原载于《新传人》第14期，2014年10月22日）

我校首个博士后研究项目落户我院

马威

答辩结束后合影，从右至左依次为：人事处处长金赤、科研处处长杨翼、肖焕禹教授、张德胜教授、万晓红教授、朱俊河博士　供图/马威

9月28日8时30分，我校历史上第一个博士后研究人员进站答辩会，在新闻传播学院会议室如期举行。

拟进站博士后为上海体育学院教师朱俊河博士，其合作导师为我校新闻传播学院博士生导师张德胜教授。他们的合作研究项目为"新媒体环境下体育解说员的生态学研究"。

据朱俊河介绍，欧美国家的体育解说评论员队伍十分庞大，仅美国就有近万名职业解说员。但在我国，一线解说评论员仅有两三百人。随着网络直播时代来临，国内对于网络体育解说评论员的需求量会急剧增长，网络体育解说评论员的培养与使用问题，逐渐成为学界与业界共同关注的焦点。

朱俊河是上海体育学院体育播音与主持艺术专业骨干教师，具有丰富的体育解说评论实践经验。这次博士后研究课题，与其博士论文《体育解说叙事学研究》可谓一脉相承。

答辩会由张德胜主持。朱俊河的博士生导师、上海体育学院肖焕禹教授，我校人事处处长金赤副教授，科研处处长杨翼教授，新闻传播学院副院长万晓红教授，与张德胜一起作为评委出席答辩会。

现场答辩结束后，经过综合评议，评委们一致同意朱俊河博士进入我校体育学博士后科研流动站从事相关研究工作。

据悉，我校于 2012 年底获批体育学博士后科研流动站，学校博士后管委会办公室设在人事处。经几年筹备与建设，今年拟正式招收 4 名博士后研究人员进站工作，其他 3 人的进站答辩将在近期陆续展开。

（原载于《新传人》第 14 期，2014 年 10 月 22 日）

省教育厅支持试点学院发展

黄　俭

近年来，武汉体育学院抓住机遇，不断深化改革，学校各项事业快速发展。经过十多年的积累，新闻传播学院已拥有较强的教师团队和较好的办学条件，新闻传播学被评为省级重点培育学科，新闻与传播学科点被批准为硕士学位授权点，学院教师积极参与国家及地方的各种重大新闻传播理论和实务研究，不断推进新闻传播理论创新与教学改革，业已发展成为华中地区新闻传播教育与研究的重要阵地和全国体育新闻传播人才培养的重要基地，去年被省教育厅确定为全省本科高校试点学院改革试点单位。

华视传媒集团有限公司是中国最大移动电视运营商，武汉体育学院是国内外著名体育学院，华视传媒集团与武汉体育学院共建新闻传播学院，是落实马克思主义新闻观教育的重要体现，是加强高等新闻传播教育的重要举措，是创新新闻传播人才培养机制的重要途径，是全面提高新闻传播人才培养质量的客观需要。

省教育厅将一如既往地支持、关心武汉体育学院的发展，积极协调、配合省委宣传部、省体育局、省新闻出版广电局以及有关传媒，在学科专业、课程建设、教师队伍建设、实践教学、智库建设、协同创新等方面大力支持华视传媒学院的建设、改革和发展。

（本文为湖北省教育厅原副厅长黄俭讲话稿摘录，题目为编者所加。原载于《新传人》第14期，2014年10月22日）

省属高校试点学院改革座谈会在我校召开

吕万刚校长会前会见客人,并发表重要讲话

秦梓翔 王威强

全省高校试点学院改革工作座谈会在我校召开 摄影/秦梓翔

11月3日下午,全省高校试点学院改革工作座谈会在我校行政楼411会议室召开。来自湖北省教育厅和各试点学院的领导就前阶段改革工作经验进行交流,并针对改革中存在的问题集中问诊把脉。

出席此次会议的有湖北省教育厅高教处处长邓立红、副处长沙顺利,全省首批试点学院所在的学校湖北工业大学、武汉工程大学、武汉纺织大学、武汉体育学院、湖北大学、武汉科技大学、三峡大学、长江大学、湖北中医药大学、武汉轻工大学、湖北经济学院、武昌理工学院等试点学院领导及相关职能部门负责人与会座谈。

校长吕万刚代表学校致辞,并在座谈会上发言。他表示,学校对本校新闻传播学院的试点改革工作非常重视,并先后对三峡大学、湖北经济学院进行访问学习,借鉴改革的经验,希望通过试点学院改革带动学校整体的教育改革。近年,我校按照教育部、教育厅指示,结合本校实际提出四项

改革措施:首先,保持体院特色,在全国同类型院校里先做出尝试,率先垂范。其次,非体育专业实现两个融合,一是与体育的融合,也就是内部的融合;二是与媒体的融合,也就是与社会融合。新闻传播学院与华视传媒联合办学就是试点学院改革的重要举措之一,同时实行"双实习",即教师走出去到媒体任职,媒体人请进来到学院授课。再次,鼓励非体育专业学生参加学科竞赛,支持打造学生创新创业教育平台。最后,逐步推行教师五类人员竞争上岗聘任机制,改革成功后向全校推广。

邓立红就本次会议的背景、主导思想以及试点学院的创办和改革的重要意义做了详细介绍。他指出,我省高校试点学院改革势在必行,关键是应该如何继续坚持走下去,如何明确努力的重点。他提出了项目管理、资金管理、绩效考核三个方面的要求,以更好地推动我省高校的试点改革工作。

各试点学院院长随后对本校试点改革情况做了汇报交流,我院院长张德胜最后对我院改革情况做了简要介绍。

(原载于《新传人》第15期,2014年12月16日)

我校召开省级示范实习实训基地联席会议

校领导黄签名出席会议，省教育厅高教处邓立红处长与会指导

刘鎏奎

4 月 25 日，我校牵头召开湖北广播电视台省级示范实习实训基地建设经验交流暨成果展示会。校领导黄签名、湖北广播电视台副台长向培凤、湖北省教育厅高教处处长邓立红、中国广播电视学与新媒体研究会副会长石长顺出席会议，并分别发表重要讲话。

据悉，我省高校从 2012 年开始建立“湖北高校省级示范实习实训基地”和“湖北高校省级实习实训基地”，这是湖北省教育厅根据省政府关于加快建设高教强省、提升高校创新与服务能力的要求而连续施行的重要举措。三年来，全省共立项建设了 28 个省级示范基地和 100 多个省级一般基地。

受党委书记彭道海、校长吕万刚委托，我校正校级领导、校工会主席黄签名教授代表学校致辞。黄签名简要回顾了我校申报与建设省级实习实训基地的过程。

由我校牵头，联合湖北师范学院、湖北第二师范学院和华中科技大学武昌分校，依托湖北广播电视台、湖北网络广播电视台，所共建的“湖北广播电视台实习实训基地”，2013 年被批准为省级实习实训基地。2014 年，该基地升格为省级示范实习实训基地，并由省政府授牌。这也是我校第一个由省政府授牌建立的基地。

黄签名说，我校高度重视示范基地建设，两年多来，我校联合共建院校与湖北广播电视台开展了全方位的合作，在学生实习、“双跨”工程、武网传播等领域取得了长足进步。

受教育厅副厅长欧阳建平委托，邓立红代表教育厅强调了实习实训的重要性。他说，加强实习实训基地建设，提高高校实践教学水平，是提高高校人才培养质量的重要环节，深入实践是大学生成长成才的必由之路。

邓立红充分肯定了湖北广播电视台实习实训基地的建设成果，并提出

了几点建议：一要做实省级实习实训基地的建设工作，二要创新省级实习实训基地实践教育模式，三要充分发挥武汉体院新闻传播学院作为省级试点改革学院的带头作用，四要做好绩效评估工作。

向培凤和石长顺分别就广播电视领域的前沿问题做了专题学术报告。

四所共建院系的代表介绍了各校实习实训理念与工作成效，我校新闻传播学院副院长万晓红代表牵头单位做了"实习实践、成人成才"的专题汇报。

教务处副处长杨会燕，新闻传播学院院长张德胜、书记夏方智、副书记叶涛以及近百名师生代表参加了会议。

（原载于《新传人》第17期，2015年5月5日）

播音与主持艺术专业获立省级专业综合改革试点项目

这是全省高校和全国体育院校播音专业点的第一个省级试点项目

张家湾

2015 年 12 月 25 日，经我校申报、专家评审，湖北省教育厅审核同意我院播音与主持艺术专业点为 2015 年度湖北省本科高校专业综合改革试点项目。这是全省高校十几个播音与主持艺术专业点首次获立省级专业综合改革试点项目，也是全国体育学院同类专业点当中的第一个省级专业综合改革试点项目。

据悉，省级专业综合改革试点项目，就是以前的省级品牌专业或者名牌专业建设项目。我院从 2009 年开始创办播音与主持艺术专业，经过 7 年的建设与发展，我院播音与主持艺术专业逐渐跻身品牌专业行列。这是继我院新闻学专业之后，我院第二次获立省级专业综合改革试点项目。

湖北广播电视台主持人、全国“五一劳动奖章”获得者苏晓琼说：“武体播音与主持艺术专业办得不错，一是生源基础好，二是师资队伍有活力，三是专业特色鲜明。”

据我校招办主任刘玉红介绍，我校播音与主持艺术专业的生源一直很好，且该专业的报考形势一年比一年火爆，这几年报考与录取的比例一直在 50∶1 以上，2016 年报考人数 7136 人，拟录取 100 人，平均要从 70 多名考生当中录取 1 人。

播音与主持艺术教研室主任肖宁说，我校播音与主持艺术专业现有专任教师 7 人，与现有学生规模相比，教师缺口依旧很大，但这几年引进的郝斌、王子也等年轻教师都非常优秀，他们都是业界精英。我们的外聘教师队伍相对稳定，都是通过精挑细选留下来的。

院长张德胜说，与业界接轨、凸显体育特色是我院播音与主持艺术专业的最大特色。我院播音与主持艺术专业一直与央视、新华社合作紧密，宋世雄、徐济成、沙桐、洪钢等知名主持人、评论员都是我院播音与主持艺术专业的客座教授。我们建设的“体育解说评论”是省级精品视频公开课。

（原载于《新传人》第 21 期，2016 年 3 月 21 日）

校领导吕万刚漆昌柱张飙调研我院试点改革工作

黄晶晶

校领导调研我院试点改革推进工作　摄影/周天竞

10月20日下午，校长吕万刚，副校长漆昌柱、张飙一行9人莅临我院，调研省级试点学院改革推进工作。

据悉，我院是湖北省高校首批试点学院，2013年立项，按计划2017年验收。今年上半年，我院向学校呈报了《新闻传播学院试点改革推进方案》，学校领导和相关职能处室对这一方案十分重视，这次调研就是围绕这一方案来展开。调研会上，叶涛副书记代表学院，就学院办学校、人财物相对独立、人力资源配置等方面的改革推进方案，特别是核定编制、经费包干、设置教学系、工作空间一体化等突出问题，向吕万刚校长一行做了具体汇报。院领导张德胜、夏方智、万晓红作了补充说明。

吕万刚指出，新闻传播学院这几年取得了突出的成绩，走在各学院的前面，大家有目共睹，这与班子成员和全院师生的共同努力分不开。有关人员编制、经费包干、内部机构设置等问题，吕万刚都明确提出了指导性意见，希望我院尽快与职能部门一一对接，拿出最终方案，提交校长办公会讨论，一旦通过，可付诸实施。

漆昌柱表示，试点学院改革要始终围绕提高人才培养质量做文章，先做好院系管理体制改革，再做好引领与示范。

张飙表示，试点学院改革要在“试点”上做文章，可以不与学校总体改革相同步，要走在前面，为学校总体改革积累经验。

教务处处长王志强、学工部部长王凯军、人事处处长金赤、机关党委书记兼组织部副部长刘丽艳、校办副主任钱学锋、后勤处副处长胡中华、财经处科长周德旺等，分别代表职能部门发表看法，与会者一致支持试点学院改革推进工作。

据悉，会后，后勤部门已经迅速开展了试点学院工作空间一体化的推进工作。

（原载于《新传人》第24期，2016年11月9日）

我院获立新闻传播学一级学科硕士点和艺术硕士专业学位授权点,此前已有新闻与传播硕士专业学位授权点

我院实现硕士点大满贯

张家湾

1月8日,令人瞩目的2017年学位授权审核结果在教育部网站公示,我院新增的新闻传播学一级学科和艺术硕士专业学位2个硕士学位授权点榜上有名。这也是我校本次新增的2个硕士点。

据悉,我院已于2015年成功申请了新闻与传播硕士专业学位授权点,加上本次成功申请的2个硕士点,在短短3年时间内,我院已实现硕士点建设大满贯,现有3个硕士点能基本覆盖我院现有的文学和艺术学两大学科门类下属的四大本科专业。

2017年,我校一共申报了心理学一级学科博士点和新闻传播学一级学科硕士点、艺术硕士专业学位授权点,吕万刚校长、漆昌柱副校长多次组织召开专题会议,部署与指导申博申硕工作。学校责成研究生院牵头,由我院、健康科学学院、艺术学院分别承担不同学科的申博申硕任务。

根据学校安排,这次由我院独立申报新闻传播学一级学科硕士点,同时,由我院牵头,携手艺术学院,联合申报艺术硕士专业学位授权点。

我院院长张德胜说:“申硕机会几年一次,不容有失。这次我们立了军令状。新闻传播学硕士点必须拿下,艺术硕士授权点力争拿下,这也是全校上下的共同期待。”

为了准备申硕材料,我院副院长张钢花、研究生高杏,艺术学院时任副院长、现任院长李芳等人,克服重重困难,认真组织材料,多次面商,反复校对,做到万无一失。

截至目前,我校一级学科硕士点达到6个,分别是体育学、心理学、音乐与舞蹈学、工商管理、特种医学、新闻传播学;专业学位授权点达到4个,分别是体育硕士、应用心理硕士、新闻与传播硕士、艺术硕士。我校已成为全国体育高校硕士点最多的学校。

(原载于《新传人》第29期,2018年3月2日)

心中有“点”　虽远必至

张德胜

学科建设是高校建设的命根子，因为所谓的高校排名，基本上就是学科排名。而进行学科排名的前提，是必须先拥有学科平台，即我们通常所说的一级学科博士点或硕士点，因为只有一级学科博士点或硕士点，才有资格申请参加全国高校四年一次的学科评估，才能是骡子是马——拉出来遛遛。

为了拥有这个“点”，我们整整等待了11年。俗话说，小孩儿没娘——说来话长，我们还得从2006年说起。

从全国范围来看，2006年成都体育学院成功申报了新闻传播学一级学科硕士点，同年，上海体育学院成功申报了新闻学二级学科硕士点。11年后的今天，我校与上海体育学院同时成功申报了新闻传播学一级学科硕士点，成为全国目前三所拥有新闻传播学一级学科硕士点的体育高校之一。

从省内高校来看，国家重点大学华中农业大学早就拥有传播学二级学科硕士点，其余六所“双一流”高校则全部拥有新闻传播学一级学科硕士点。部属高校中南民族大学2006年也成功申报了新闻学二级学科硕士点。而省属重点高校湖北大学拥有新闻传播学一级学科硕士点的时间，比华中师范大学还要早。

这次，我校携手中南民族大学、华中农业大学两校，成功申报了新闻传播学一级学科硕士点，成为省内十所拥有新闻传播学一级学科硕士点的高校之一。

从校内学科点建设来看，学校已经把体育学、心理学、新闻传播学列为“十三五”重点建设的三大学科。学校一直在为新闻传播学一级学科硕士点的建设，提供大量倾斜政策。

回顾历史，我们用了整整11年时间，填平了与国内体育高校、省内重点高校的学科建设鸿沟。应该说，过去11年来，准确地说，是过去五六年来，我们在国家级课题立项、权威期刊论文发表、省部级以上奖励评选以及优秀毕业生培养等方面，取得了长足的进步，甚至可以自夸地说，我们做到了令人刮目相看。

但是，成绩属于过去，我们必须立足未来。立足未来，我们必须始终牢记这个“点”，那就是新闻传播学一级学科硕士点，它是我们全部事业的原点，我们要把这个“点”做大做强。

只要目标坚定，经过10年或20年坚持不懈的努力，这个“点”可能由小变大，从量变到质变，从硕士点升格为博士点。

（原载于《新传人》第29期，2018年3月2日）

由室改系　试点改革再进一步

张家湾

1月24日，我院召开党政联席会扩大会议，部署教研室改系以及辅导员按系管理学生的新举措。

会议由我院新任党委书记童铸同志主持。根据党委任命，童铸1月上旬到任，我院原党委书记夏方智同志转任武汉体育学院体育科技学院党委常务副书记。

我院院长张德胜教授就教研室改系、辅导员按系管理学生这两大改革，从必要性、可行性和前瞻性三个方面，进行了全面系统论述。

张德胜说，我院是省级试点学院，试点学院改革主要包括学生招录、人才培养、教师遴选与聘任、院系治理4个方面。试点改革4年来，我院在前三项改革中取得不俗成绩，但在院系治理方面陷入瓶颈，主要体现在2个方面：一是学院层面管理的事情过多过细，而教研室在教学管理和学生管理等方面的积极性没有得到充分发挥；二是辅导员按照年级管理学生，一个年级约400人，就业指导压力大，同时，以前按照专业管理学生，相同专业不同年级的学生之间没有交集，不利于学生相互学习与成长。

2年前，学校领导深入我院调研时，就曾支持我院“室改系”改革。我院4个教研室现已整体搬迁到体操馆，院部、系部和辅导员办公室相对集中，推行新方案的空间条件基本成熟。

张德胜认为，新方案施行后，学院可以集中精力进行学科建设和宏观调控，系主任、书记和辅导员组成系务会的核心，可以实现系管本科、系管专业、系管学生，有利于一流学科和一流本科建设。

副书记兼副院长叶涛同志就“室改系”实施方案进行了详细说明。张钢花副院长就“室改系”之后的教学管理工作，进行了相应说明。

我院新闻、播音、编导、视传4个系的负责人和全体辅导员参加了会议，并在会议上积极发言，献计献策。

童铸说，改革势在必行，今天的会议对于新闻传播学院的未来发展，具有里程碑式的意义。

（原载于《新传人》第29期，2018年3月2日）

新闻学专业入选荆楚卓越新闻人才计划

张家湾

2017年底,接上级通知,我院申报的“荆楚卓越新闻人才”协同培育项目获得湖北省教育厅批准,并获得首期45万的建设经费支持。

近几年,湖北省实施系列“卓越计划”项目,以适应国家战略需求和满足区域经济社会发展需要为导向,目的在于促进高校与业界合作,协同培养人才。立项项目建设周期为4年,届时教育厅将组织评估验收。

院长张德胜说:“这个项目的立项很不容易,张钢花、王雪莲等同志在前期论证、材料组织、表格填报等方面花了很多功夫,院里将严格按照教育厅的指示精神,按计划认真组织实施。”

根据当初计划,我院拟从8个方面实施这一计划。具体来说,一是要围绕传播技术变革和传媒人才需求制定新的人才培养目标,二是要建立一种开放合作的人才培养模式,三是课程设置既与时俱进,又因地制宜,四是建设一支校内外、专兼职结合的“双师型”教师队伍,五是进行4年一贯制的实践教学安排,六是要把实习实训基地提档升级,七是要制订梯度推进、分步实施的新闻实务学习方案,八是要建立多元、科学的教学评价制度。

据悉,该项目全部建设经费为100万,第一期建设经费已到账,第二期和第三期建设经费分别为30万和25万,省里将在随后2年下拨。

(原载于《新传人》第29期,2018年3月2日)

第八届省级教学成果奖获奖名单揭晓，“三双式”实践教学体系修成正果
我院荣获省级一等奖

胡凌云

2月2日，湖北省教育厅公布了第八届湖北省高等学校教学成果奖获奖项目，我院张德胜教授牵头申报的“新闻传播类专业‘三双式’实践教学体系的构建与实施”荣获文学类一等奖。这是我院历史上第一次荣获省级教学成果奖一等奖，也是我校第一次荣获非体育类省级教学成果奖一等奖。

该项目由我校牵头，联合中南民族大学、湖北第二师范学院和湖北广播电视台共同完成，且一起申报，真正实现了教学成果的共建共享。

据悉，省级教学成果奖四年评选一次，体现了全省高等教育教学改革的重大进展，代表了全省高等教育教学工作的先进水平。

3月7日，《光明日报》第14版用半个版、近5000字的篇幅，介绍了这项教学成果。文章的题目是《武汉体育学院新闻传播学院："三双"实践协同创新》。文章详细解析了我院“三双式”实践教学体系的探索与形成、突破与创新、成效与推广，还配发了由副处级调研员陈政所拍摄的校园风光照。

文章说，武汉体育学院新闻传播学院是湖北省首批高校改革试点学院，2012年提出建构“三双式”实践教学体系的设想，经广泛调研、科学研究和学校批准，最终在2013年新修订的新闻、播主、编导、视传等新闻传播类专业人才培养方案中得以全面实施。通过几年的运行，该教学体系产生了丰硕的教学成果，并形成良好的示范效应。

“正值全国‘两会’召开的重要日子，《光明日报》在版面非常紧张的情况下大幅报道我院，这对我院的发展是一个极大的鞭策与鼓舞。”张德胜说。

《光明日报》是中共中央机关报之一，是由中宣部直接领导的大型、全国性的官方新闻媒体之一。这是中央党报首次报道我院。

（原载于《新传人》第30期，2018年6月18日）

全国首个校媒合作、协同创新、采编播合一、常态化直播的
体育与健康类融媒体"直播类节目"

《我爱运动＋》直播室落户我校

秦　天

我校副校长刘彦博(右二)、湖北广播电视台新闻广播事业部主编梁延(右三)等参加揭牌开播仪式　摄影/秦天

12月27日下午4时，湖北之声《我爱运动＋》武体特别版节目在武汉体育学院新闻传播实验教学中心顺利开播。

这是全国首个校媒合作、协同创新、采编播合一、常态化直播的体育与健康类融媒体直播类节目。该节目由湖北广播电视台新闻广播事业部和武汉体育学院新闻传播学院合作打造，由以我校教师为主导、学生为主体组建的体育资讯、体育评论、体育娱乐的采编播合一的融合传播团队独立制作完成。从12月27日起，节目将在每周五下午4时至5时，在湖北广播电视台湖北之声频道，调频FM104.6准时播出。

节目开播当天，主持人向听众介绍了湖北之声《我爱运动＋》武体直播室落地武体的消息，并邀请武汉体育学院新闻传播学院院长张德胜作为首

位访谈嘉宾，为大家详细介绍了本节目的筹备情况以及未来设想。

节目开播前，湖北之声《我爱运动＋》武体直播室开播仪式在我校科技楼6楼举行。

武汉体育学院副校长刘彦博和湖北广播电视台新闻广播事业部主编梁延参与本次开播仪式，并为湖北之声《我爱运动＋》武体直播室揭牌。

刘彦博在开播仪式上致辞，对湖北广播电视台长期支持和帮助学校和新闻传播学院表示感谢。他说，此次合作是贯彻全国教育大会精神和习近平总书记关于新闻宣传工作重要讲话精神的体现，开启了校媒合作的新历程，是学校推进校媒融合发展、深化人才培养模式改革的一次有益尝试。学校将继续积极支持新闻传播学院的教学试点改革，将学校的资源优势与媒体的平台优势整合起来，充分发挥学校的体育教育、竞技体育、体育文化和新闻传播方面的丰硕成果和优厚资源，利用好湖北广播电视台的传播推广、节目研发、活动运营、品牌打造等方面的优势和专长，共同培育市场，共同打造湖北体育文化名片，助力湖北经济文化建设。

梁延在致辞中说，湖北之声作为省委宣传部旗下的三大主流媒体之一，在融合传播的时代浪潮下将在2020年主打五大"融媒"产品，此次和武汉体育学院校媒合作的《我爱运动＋》栏目，就是其中健康融媒体节目产品群中的一员。这次在武汉体育学院设立直播间，是媒体融合创新发展、纵深推进的新举措，开拓了广播落地的空间，也将内容生产根植于高校专业院系的沃土，力求探索和创建出一条校媒合作的新路子；对于学校来说，真实的直播经验也将提升校园广播媒体后备军的实践能力，更好地将课本知识应用于实践操作当中。

张德胜介绍说，体育强国建设已经成为国家发展战略，体育已经细分为群众体育、竞技体育、体育产业、体育文化、体育外交五大领域。武汉体育学院新闻传播学院是国内知名的体育新闻传播人才培养单位，具有新闻传播学、广播电视艺术等多个硕士点，尤其以体育传播研究见长。学院与湖北之声共同打造《我爱运动＋》节目，有助于将学校的资源优势与媒体的平台优势整合起来，为建设体育强省和体育强国建设服务。

学校党政办、宣传部负责人，新闻传播学院领导班子及系主任，湖北广播电视台新闻广播事业部代表、湖北之声《我爱运动＋》栏目组成员，参加了当日的开播仪式。

未来，武汉体育学院新闻传播学院将以服务体育强国建设、助力健康中国战略为目标，进一步实现开门办学，更好地进行本科教育改革；以学生为主体打造节目团队，做到从实践出发、协同育人；以学习产出为导向，开启节目进课堂、课堂进节目的“双进计划”，实现产学研深度融合的技术创新体系；通过更多新媒体平台实现广播内容的突破与传播，实现线上线下、节目内外的媒体融合，充分挖掘、盘活、传播本土体育资源，逐步建立《我爱运动+》武体直播室的品牌形象。

（原载于《新传人》第36期，2019年12月31日）

我院新闻学跻身省级一流专业

新闻与传播实践教学团队获批省级教学团队，播音系获批省级优秀基层教学组织

吴　明

湖北省教育厅近日公布了2019年湖北高校省级一流专业建设点、湖北省高校教学团队和湖北高校省级优秀基层教学组织名单，我院新闻学专业获批湖北省级一流专业建设点，新闻与传播实践教学团队获批省级教学团队，播音与主持艺术系获批湖北高校省级优秀基层教学组织。

武汉体育学院2001年创办新闻学专业。以新闻学为龙头，逐步增设了播音与主持艺术、广播电视编导、视觉传达设计等相关专业，组成了新闻传播与传媒艺术专业方阵。新闻学专业现为学校唯一的本科第一批录取专业。

新闻学专业、新闻与传播实践教学团队负责人张德胜教授介绍说，教育部从2019年开始启动一流本科专业建设“双万计划”，即从2019年到2021年3年内建设1万个左右国家级一流本科专业点和1万个左右省级一流本科专业点，以建设面向未来、适应需求、引领发展、理念先进、保障有力的一流专业为目标，实施一流专业建设。

播音与主持艺术系主任郝斌副教授说，这次获批省级优秀基层教学组织，对播音系是一个极大的鼓励，有利于培养出更多像李明子、张琛这样的优秀毕业生，为国家的艺术发展做出更大的贡献。

（原载于《新传人》第36期，2019年12月31日）

武汉体育学院新闻学专业:发挥特色优势建设一流专业

王创业　赵鑫鹏

武汉体育学院是全国知名的体育高等学府,2018年入选湖北省首批"双一流"建设高校,学校不断努力向建设成为拥有世界一流体育学科、一流专业、一流运动项目的特色鲜明的高水平大学目标迈进。正是在这种背景下,武汉体育学院新闻学专业迎来了全盛发展。

一、历经廿年建设一流新闻学专业

学校一向重视本科教学,坚持立德树人,推进"三全育人",践行体教融合,以此为基础,整体推进高水平本科建设,成效显著。一是以培养学生能力为先导,突出交叉学科发展特色;二是确立人才培养的中心地位,集中优势资源办好本科专业;三是制定"固本、强基、拔尖"的发展战略,不断优化师资队伍建设;四是坚决落实国家高等教育发展规划,完善专业建设质量标准模式;五是以五类"金课"建设为指引,推进教学方法和课程模式的深化改革;六是构建"两查六评五反馈"的质量保障体系,形成校内校外高效双循环。

武汉体育学院2001年开办新闻学专业,专业发展促进了学院建设。2011年,学校面向全球公开招聘新闻传播学院院长,来自广州的张德胜教授脱颖而出,由此开启了武体新传院的"黄金十年"。

2012年,新闻传播学获批省级重点培育学科;2013年,新闻传播学院获批首批省级试点学院;2014年,增设新闻与传播专业硕士学位授权点,获批省级"楚天学者计划"特聘教授设岗学科和省级中青年科技创新团队,还与湖北广播电视台共建省级实习实训示范基地;2015年,新闻学专业在湖北省升入本科第一批招生,获批首届省级湖北名师工作室,"互联网+体育"入选省级优势特色学科群培育项目,开始招收体育学一级学科体育传播方向博士生；2017 年，增设新闻传播学一级学科硕士学位授权点和艺术专业硕士学位授权点，获批“荆楚卓越新闻人才”培育专业；2018 年，“三双式”实践教学体系荣获省级教学成果奖一等奖；2019 年，新闻学专业获批省级一流专业建设点，还获批省级实践教学团队。

科研促进教学，教学带动科研。从 2011 年至 2020 年，武体新传院共主持承担国家社科基金项目 15 项，名列全国同类院系前茅。2016 年，代表学校荣获全国教育科学研究优秀成果三等奖。2018 年和 2020 年，又相继荣获湖北社会科学研究优秀成果奖三等奖。2020 年，省级教学名师、省级“楚天学者”特聘教授张德胜荣膺湖北省首届“最美社科人”称号。

二、“讲、下、懂、会”已成武体新闻四大特色

在专业定位上，学校新闻学专业紧跟“体育强国”和“健康中国”的国家战略，突出“基层体育传播”，立足武汉，面向湖北，辐射全国，努力培养服务新时代的基层宣传、体育报道和健康传播复合应用型人才，现已基本形成“讲政治、下基层、懂体育、会传播”的办学特色。

（一）讲政治

坚持马克思主义新闻观，践行中国特色社会主义新闻理论，在新闻宣传工作中懂得以正确的舆论导向引导社会和公众，用优秀的新闻作品传播主流声音和先进文化，推动社会进步。坚持全员育人、全程育人、全方位育人，既提高站位、以知促行，又强化担当、以行践知，要成才则先成人。

正是在这种长期“讲政治”精神的感召下，广大学生加入各种社团、协会，积极投身各种志愿服务与社会实践，取得了丰硕成果。如 2014 级一班团支部被团中央授予 2016 年全国高校活力团支部荣誉称号，2013 级学生秦天继荣获 2015 年全国优秀共青团员称号和 2017 年中国青年志愿者优秀个人奖之后，又于 2020 年被评为全国抗疫最美志愿者。

（二）下基层

贴近实际、贴近生活、贴近群众，“三贴近”既是我们新闻宣传工作的指导思想和基本原则，也是贯彻和落实马克思主义新闻观的科学方法论。武体新传院长期坚持老师带领学生下基层采风的传统，师生放下架子，俯下身子，征询民意，倾听呼声，从而转变教风与学风，改变文风。

1. 下街道，了解社情民意，传播正能量

通过发挥学院的专业优势，积极参与学校所在地卓刀泉街特色文化的

文创推广工作，扎实推进院街合作；在2020年武汉疫情最为严峻的时刻，应湖北省社科联和长江云邀请，张德胜教授冒着风险，深入社区，以出镜主持身份，参与制作了一部弘扬抗疫志愿服务精神的专题片《城市摆渡人》。本片经多家主流媒体转发，全网有近1600万人次观看，该片还被评为教育部2020年教师风采短视频入围作品。

2. 下农村，送文化下乡，积极开展扶贫扶智

武体新传院领导班子每年都带领师生团队前往偏远山区的学校扶贫点给贫困户送温暖，为当地绘制文化墙；深入农村中学推广普通话，为农村留守儿童开办暑期培训班，帮助建设农村文化广场，多次受到上级部门表彰。

3. 下医院，下连队，下球队，下工厂，下边疆……一边在实践中锻炼成长，一边让梦想落地开花

鼓励师生把学问写在大地上，将情怀注入热土中。2009届毕业生倪晶依在校期间就是“三贴近”的践行者。疫情期间，作为记者，她置个人安危于不顾，坚守医院和病区，完成了大量的高水平现场报道，荣获2020年全国抗疫先进个人荣誉称号。

（三）体育

体育院校办新闻，就要办成“新闻人才基地，体育记者摇篮”。武体新传院借助学校体育学学科优势，紧紧围绕体育新闻报道、大型赛事媒体服务以及体育健康与媒体促进三个方面做文章，让广大师生一起爱体育，懂体育。

1. 懂体育报道

为了让学生就地取材练习体育新闻报道，武体新传院开齐开足体育课，每年男女生分开开展班际足球赛和班际篮球赛，让学生身体力行玩体育；同时开设“体育概论”“体育社会学”“体育观赏概论”等理论课，让学生头头是道看体育；在全媒体时代，鼓励学生利用平台书写体育佳话，签约媒体解说体育。

2. 懂媒体服务

2008年北京奥运会之后，国内举行的大型体育赛事如雨后春笋。无论是武汉本土的武汉马拉松、武汉网球公开赛，还是近几年的广州亚运会、深圳大运会、南京亚青会、青奥会和武汉军运会，到处都能看到武体新传院师生为职业赛事和大型综合性赛事提供媒体服务的身影。

3. 懂健康传播

崇尚“运动是良医”思想，传播运动促进健康的新理念。受国家体育总局委托，武体新传院负责编制了《国家体育总局体育科普工作规划(2017—2020年)》，为中国体育科学学会设计了一套体育健身科普丛书。学院还致力于推广家庭体育，鼓励毕业生为家庭开发“体育运动与健康促进”数据库。

(四)会传播

在全媒体时代，融合传播是潮流，这对武体新传院师生提出了全新的“四会”要求。

1. 新闻价值会判断

新闻报道的前提，是对拟报道的事实进行价值判断。在坚持党性原则的前提下，“新闻是对于重要而有趣的事情的报道”。抓住了重要性和趣味性，将重要的事情进行有趣化的表达，就相当于抓住了新闻报道的重点。

2. 传播技术会掌握

在全媒体时代，新闻工作者都是“全能战士”，既要熟悉报纸的编辑排版、电视的节目制作、网络的软件使用，还要掌握“三微”“一端”“一抖”等移动新媒体的传播方法。但是，恪守传统新闻理想的最好方式，还是办报。武体新传院院报《新传人》4开8版，已办40余期，实行教师与学生“双主编制”和“主编轮换制”，让更多人体验纸媒严谨的采编发流程。

3. 线下活动会组织

2015级学生赵涵读书期间担任过学校青年志愿者协会主席，具有出色的组织能力。毕业时，她响应国家号召，支援西藏建设。短短1年多时间，她在西藏团区委组织了10余次省级大型活动，拍摄了10余部省级宣传片，负责官方公众号运营。因为干得开心快乐，她决心扎根青藏高原。

4. 线上作品会创造

武体新传院推出的慕课“体育与社会”大受用户欢迎，仅半年时间就吸引用户20多万人次；2019年底，学院与湖北广播电视台合作开辟“武体直播室”，将湖北之声《我爱运动＋》节目周末版请进武体新传院，由电台主持人带领在校师生共同完成节目，开启了“校媒合作、协同育人”的新模式。

“潮平两岸阔，风正一帆悬。”武体新闻学专业正在迎着新时代的朝阳，奋勇向前。

(原载于《光明日报》，2020年10月15日第9版)

教育部公布首批国家级一流本科课程认定结果，我院首开纪录

“体育解说评论”获批国家一流课程

罗康珉

11月24日，国家教育部发文公布首批国家级一流本科课程认定结果，我院院长张德胜教授负责建设并主讲的“体育解说评论”跻身首批国家一流线下本科课程。这是我院第一门国家级课程。

据悉，这是自教育部在2018年新时代全国高等学校本科教育工作会议上明确提出“淘汰水课”“打造金课”，启动一流本科课程建设“双万计划”以来，国家级五大“金课”首次一并亮相。教育部此次采取了中央部门所属高校、地方高校分“赛道”遴选方式，推出首批国家级一流本科课程，共计5118门，包括1875门线上一流课程、728门虚拟仿真实验教学一流课程、1463门线下一流课程、868门线上线下混合式一流课程和184门社会实践一流课程。

我院2009年开办播音与主持艺术专业，“体育解说评论”一直都是该专业限选课，同时作为新闻学、广播电视编导等相近专业的任选课。该课程早在2013年就被评为省级精品视频公开课，2019年申报国家级一流本科课程。

据了解，“体育解说评论”的课程目标要求学生在热爱体育运动、熟悉体育规则、掌握裁判法则的基础上，系统掌握体育解说评论的基本理论、实务技巧与历史规律，做一名“懂体育、会解说、能评论、有担当”的体育赛事传播者。

该课具有四大特色：一是名师领衔，课程负责人张德胜是我校首位省级教学名师，课程组成员王子也、李菁、郝斌等都是湖北名师工作室成员；二是产出导向，该课始终坚持“以学生发展为中心”的OBE教育教学理念；三是协同育人，该课与湖北之声共建《我爱运动＋》武体直播室；四是服务社会，该课培养的学生广泛服务于武汉网球公开赛、武汉马拉松、军运会等大型赛事，2017年凤凰卫视中华小姐环球大赛总冠军李明子、2018年海峡两岸电视主持新人大赛金奖获得者张琛、腾讯体育知名篮球解说员刘圳展

等人都曾系统学习过这门课程。

“未来5年内，本课要严格按照教育部的要求，继续坚持高阶性、创新性、挑战度的标准，加强课程建设，在开放共享的同时，培养更多优秀人才。”张德胜说。

与“体育解说评论”同时获批首批国家一流课程的，还有我校漆昌柱副校长负责建设的“运动竞赛焦虑测评、作用及其干预的虚拟仿真实验”课程。

（原载于《新传人》第39期，2020年12月31日）

省委宣传部副部长向培凤来校调研新闻学院建设

孙萌

在我校新闻传播学院即将迎来成立20周年之际，12月15日下午，湖北省委宣传部副部长向培凤来校调研新闻传播学院建设与发展情况。副校长漆昌柱、刘彦博参加调研。

向培凤首先参观了“崛起的新传”办学成就展，饶有兴趣地听完学生讲解员的全部介绍，并不时点头称赞，询问具体细节。

座谈会上，向培凤充分肯定了我校新闻学院的办学成绩，简要介绍了省委宣传部的重点工作及我省部校共建新闻学院的情况，重点介绍了已纳入我省部校共建序列的新闻学院在全省文旅融合、媒体融合、县级融媒体升级改造等方面的发展机遇，希望我校新闻学院在部校共建、新闻发布、人才培养等方面找到发展契机，更好地出作品、出精品、出人才，服从和服务于省委省政府的新闻宣传和湖北高质量发展。

漆昌柱感谢省委宣传部对我校新闻传播学院在政治上的指引和专业上的指导，相信此次调研能对我校新闻传播学院的发展起到更大推动作用。

刘彦博介绍了我校“十四五”期间重点建设“大体育、大健康、大传播”的战略设想。我院院长张德胜简要介绍了新闻传播学学科、专业、课程一体化建设的特色与亮点，并表达了加入部校共建新闻传播学院序列的愿望。

省委宣传部新闻发布处三级调研员廖天，省委宣传部“湖北发布”平台负责人闫珣及我校党委宣传部、学科建设与“双一流”建设办公室负责人等参加了座谈。

（原载于《新传人》第39期，2020年12月31日）

教育部办公厅公布2020年度国家级一流本科专业建设点名单

我院新闻学专业获批国家级一流本科专业建设点

罗康珉

2月下旬，教育部办公厅发文公布了2020年度国家级一流本科专业建设点名单，我院新闻学专业榜上有名。这是我校第一个非体育类国家一流本科专业建设点。

据悉，一流本科专业建设“双万计划”是教育部全面贯彻落实全国教育大会和新时代全国高校本科教育工作会议精神，推动新工科、新医科、新农科、新文科建设，做强一流本科、建设一流专业、培养一流人才，全面振兴本科教育，提高高校人才培养能力，实现高等教育内涵式发展的重要举措，从2019年开始分3年建设1万个左右国家级一流本科专业点和1万个左右省级一流本科专业点。

经各高校网上申报、高校主管部门审核，教育部高等学校教学指导委员会评议、投票推荐，在2019年首批分赛道认定了4054个国家级一流本科专业建设点的基础上，今年教育部认定了3977个国家级一流本科专业建设点，其中中央赛道1387个、地方赛道2590个。同时，经各省级教育行政部门审核、推荐，确定了4448个省级一流本科专业建设点。截至当前，已认定8031个国家级一流本科专业建设点。

据消息人士称，中央赛道的获批率为70%，而地方赛道获批率仅有30%，所以，我院新闻学专业作为省属高校本科专业能够跻身国家一流专业建设点，殊为不易。

我院新闻学专业获批国家级一流本科专业建设点，充分反映了学校长期以来持续加强专业内涵建设取得的务实成效。近年来，学校高度重视专业建设工作，新闻传播学院坚持立德树人，以学生为中心，坚守新闻传播教育本色，彰显体育传播教育亮色，逐步形成了“讲政治、下基层、懂体育、会传播”的专业特色，2020年10月15日的《光明日报》对此有专门报道。

与我校新闻学同时获批国家一流本科专业建设点的还有北京体育大

学新闻学专业，他们参与中央赛道竞争。我们一南一北，共同实现了全国体育院校新闻学专业国家一流专业建设点的“零的突破”。

又讯：3月10日，湖北省教育厅发布《省教育厅关于公布2020年湖北高校省级教学团队及优秀基层教学组织名单的通知》（鄂教高函〔2021〕2号），我院新闻学教研室获评优秀基层教学组织。

（原载于《新传人》第40期，2021年5月4日）

徐雁冰书记来我院调研

丁钟夏　杨阳

4月15日下午，学校党委书记徐雁冰莅临我院调查研究，这是徐雁冰履新后首次来院调研。

据悉，徐雁冰很关心新闻传播学院的建设与发展，此前专门听取了我院关于部校共建新闻传播学院、新闻与传播专硕水平评估、新闻传播学博士点申报等专项汇报，十分重视我院的学科建设与专业发展。

当天，我院领导班子成员张德胜、童铸、赵露娜、张钢花等四人陪同徐雁冰先后参观了体操馆教师办公区、小球馆党政办公区、科技楼实验中心。每到一处，徐雁冰都一一了解空间布局、具体功能以及运作情况。

在小球馆3楼，张德胜向徐雁冰简要汇报了“崛起的新传”办学成就展，童铸向徐雁冰简要汇报了我院的党建和党史学习情况，徐雁冰不时询问交流。

我院领导班子还就事关学院发展的瓶颈问题，如教师办公空间严重不足、融媒体中心亟待建设等，向徐雁冰做了汇报。

徐雁冰充分肯定了我院在坚守本色与彰显特色方面所取得的成绩。今年是中国共产党成立100周年，要求我们不忘初心、牢记使命，搞好党史学习教育，培育出热爱党、拥护党的具有体育特色的新闻传播人才。

学校党政办副主任马杰全程陪同。

（原载于《新传人》第40期，2021年5月4日）

湖北省委宣传部与我校共建新闻传播学院正式揭牌

朱妍珏　芮雨欣

7月6日上午，湖北省委宣传部与武汉体育学院共建新闻传播学院信息发布会暨“红色阳新红土地·十个党员十面旗”大型主题采访活动研讨会在我校举行。

受部领导委托，湖北省委宣传部新闻处副处长涂博文现场发布了共建信息，提出了建设要求，并与武汉体育学院副校长刘彦博共同为“部校共建新闻传播学院”揭牌。自此，武汉体育学院成为继武汉大学、华中科技大学、华中师范大学、中南财经政法大学、湖北大学之后，湖北省第6所部校共建新闻学院的高校。

湖北省教育厅思政处处长赵耿、副处长谭庆华，武汉市委宣传部新闻处处长罗峰，湖北日报编委、融媒体中心主任黄磊，湖北广播电视台新闻广播事业部首席记者刘征以及湖北省阳新县融媒体中心主任刘波，武汉体育学院相关职能部门负责人、新闻传播学院领导班子成员以及学院师生代表参加发布会。新闻传播学院院长张德胜主持发布会。

会前，与会嘉宾参观了新闻传播学院办学成就展“崛起的新传”，对新闻传播学院的高质量发展表示赞叹，同时，对共建后的新闻传播学院的发展献计献策。

涂博文说，湖北是新闻教育大省，2014年以来，省委宣传部先后与武汉大学等5所高校开展了部校共建新闻学院工作，为新闻战线输送了一大批优秀人才。武汉体育学院新闻传播学院经过20年的建设与发展，目标定位清晰，学科实力雄厚，具备良好的共建基础。今天，正式加入部校共建行列，一定会为我省新闻舆论工作和新闻教育事业作出新的贡献。

涂博文强调，部校共建是一项系统工程、创新之举，双方在今后的工作中要不断探索、总结和创新，重点抓好四方面工作。一是要抓好课程建设。结合自身特色创新开好相关课程，逐步完善课程的内容框架，将其打造成我省的共建精品项目。二是抓好课堂创新。要将新闻一线的优秀编辑记者吸纳到马克思主义新闻观教育师资队伍中来，用高质量的教学“抓住”学生，让理论有魅力，让教学有味道，让学生理解信服。三是抓好社会实践。要在课堂案例教学的基础上，加强实习实践，引导学生在新闻采写编评过程中，深化对马克思主义新闻观的认识。四是抓好理论研究。持续深化对马克思主义新闻观的研究，重点做好习近平总书记关于新闻舆论工作重要论述的理论研究，加强对新时代新闻实践的总结提炼。

刘彦博代表学校对湖北省委宣传部、湖北省委教育工委、湖北省教育厅、武汉市委宣传部以及省市各级媒体长期以来对武汉体育学院的关心与支持表示感谢。刘彦博指出，今年是“十四五”的开局之年，武汉体育学院紧紧围绕湖北省“建成支点、走在前列、谱写新篇”总目标，抢抓湖北省“支持省属高校实现一流学科重点突破”和“建强建优一批体音美等专业性院校”的重要机遇，确定了“两个率先，前列一流”总目标，奋力实现一流学科率先突破和学校高质量发展。我校将以此次部校共建新闻传播学院为契机，充分发挥体育院校的独特优势，携手培养有正确立场、人民情怀、责任担当的新闻人才，为我省新闻事业服务经济社会发展大局提供坚实有力的人才支撑。刘彦博就进一步推动落实部校共建新闻传播学院提出三项要求：一是提高站位，深化认识，抓实抓好部校共建新闻传播学院这项战略任务；二是强化统筹，抓住关键，着力扭住马克思主义新闻观教育这根总绳；三是精心谋划，真抓实干，深入基层服务湖北县域经济社会发展。

揭牌仪式结束后，黄磊、刘征、刘波三位新聘校外导师与新闻传播学院教师一起，就 7 月 12 日至 14 日即将开启的“红色阳新红土地・十个党员十面旗”大型主题采访暨“三下乡”社会实践活动，进行了十分热烈而专业的讨论。此项目是部校共建新闻传播学院后实施的首个大型专业实践与社会实践相结合的活动，受到省委宣传部和省教育厅指导与支持。

（原载于武汉体育学院官方网站，2021 年 7 月 7 日）

武汉体育学院新闻传播学院暑期实践交出亮眼成绩单

朱妍珏　罗康珉

今年暑期，武汉体育学院新闻传播学院携手湖北阳新县融媒体中心，首次将专业实践和社会实践结合起来，师生深入基层一线，接受红色洗礼，汲取奋进力量，助力地方发展，暑期实践交出亮眼成绩单。

武汉体育学院新闻传播学院（以下简称武体新传）是刚刚获批的湖北省委宣传部与武汉体育学院部校共建学院。根据湖北省委宣传部要求，部校共建新闻传播学院应坚持马克思主义新闻观，面向基层，加强实践，践行“四力”。

作为部校共建新闻传播学院的第一个大型项目，武体新传与正在打造品牌标杆的阳新县融媒体中心合作，在阳新县建立专业实践和社会实践“双料”基地，联合开展了“红色阳新红土地·十个党员十面旗”大型主题采访暨社会实践活动。

阳新县是一个具有光荣革命传统的大县，这里诞生了20多位共和国将军，是20多万革命先烈用生命和鲜血染红大地的“烈士县”，堪称“红色阳新”。现已进入全省县域经济先进县、中国最具投资潜力特色魅力示范县200强行列。各行各业的优秀党员在当地的经济社会发展中起着先锋模范作用，具有“旗帜”效应。

在阳新县融媒体中心的周密安排下，武体新传组建了43人的“红色阳新”采访团，于7月12日至14日远赴阳新各地，采访由当地县委推荐的10名优秀党员，并集体参访位于龙港的鄂东南革命烈士陵园。这10名优秀党员中，既有全国抗疫先进个人、全国邮政行业劳动模范、优秀乡村教师、驻村特警，又有优秀社区支书和带领老百姓脱贫致富的农村党支部书记。

武体新传为每个被访党员设立专门报道小组，每个报道小组由1名教师、1名研究生和1名本科生组成。这10名教师基本上都是研究生导师，大部分是博士毕业或博士在读。新闻传播学院院长、博士生导师张德胜带领1名博士生和1名本科生采访了坚守山区邮路18年的模范邮差。

经过有序运作，群策群力，来自阳新这片红土地上的基层党组织的战斗堡垒作用和基层一线优秀共产党员的先进事迹得到了精彩的呈现，系列实践成果显现出来，交出了十分亮眼的成绩单。

一是“十个党员十面旗”的系列报道，传统人物专访已由武体新传院报《新传人》第42期集中推出，融合报道部分已分别由湖北日报客户端和云上阳新集中推出，实现了“报、网、微、端”深度融合，形成了传播合力，增强了活动的影响力和辐射面；二是社会实践报告作为“三下乡”成果，上报上级教育行政部门和团组织；三是全面反映本次实践活动的自制短视频《红土地的召唤》，经长江云首发后，7月23日登上了“学习强国”平台；四是抓拍本次社会实践精彩瞬间的电子相册《火红的记忆》，由武体新传党委书记童铸和阳新县融媒体中心主任刘波共同主编完成；五是本次主题采访的“十个党员十面旗”的系列材料，将作为武体新传社会实践课程的生动案例进入课堂，该社会实践课程的另一个名称叫作“榜样的力量”。

“这次活动，首先为我们的师生提供了极好的实践锻炼机会，这种组合最大的好处在于知行合一和言传身教。”张德胜说，“教师负责采访和撰写人物报道，研究生负责融合报道，本科生撰写社会实践报告，在教师指导下分工合作，共同完成专业实践和社会实践双重任务。”

（原载于光明日报客户端，2021年8月19日）

第二章 师资建设

DIERZHANG SHIZIJIANSHE

重培育团队至上　善引进雁阵成行

刘晓丽

教师是立教之本、兴教之源，办学以教师为本。武汉体育学院新闻传播学院根据学科专业建设与发展的总体规划，对师资队伍建设实行统筹规划，构建教师发展支持体系，不断加强教师素质培养与能力提升。现拥有一支学缘广泛、结构合理、业务精湛、爱岗敬业、充满活力的师资队伍，团队积极落实立德树人根本任务，砥砺奋进，形成了浓厚的教学科研氛围和健康上进的良好风气。

一、引培并重，优化师资结构

学院围绕学科专业建设和人才培养的需要，着力推进外部人才引进与内部人才培养工作，引培并重，实现师资队伍质与量的飞跃。

拓宽人才引进渠道，创新人才引进思路，结合学校学科建设内涵发展需要，精准、合理引进各类优秀人才，形成支撑特色学科水平提升的教师梯队。近年来，陆续从湖北广播电视台、《楚天金报》、《长江商报》等媒体引进、招聘优秀记者；吸引中国传媒大学、华中科技大学等高校博士任教。现已引进省级“楚天学者计划”教授、副教授5名，培养校级“东湖学者计划”教授、副教授8名，并积极顺应“互联网＋”传播、融媒体传播潮流，引进具有大数据、信息工程等专业背景的高层次人才，重视新兴学科专业教师队伍建设。

同时，通过多种途径，促进教师综合素质全面提升。每年外派2名教师出国研修，支持教师参与国际化交流，目前已有多名老师先后赴美、英、加、韩等国访学交流。鼓励青年教师攻读博士学位，每年派遣2名青年骨干教师脱产进修提升，分别到武汉大学、中国传媒大学、北京师范大学等高校攻读博士学位或进行高级访问。实行青年教师导师制度，充分发挥优秀资深教师的示范和帮带作用，组织责任心强、教学及实践经验丰富的老教师对新进年轻教师进行“一对一”的帮带工作，使青年教师尽快成为具备较高教学水平与科研能力的教育工作者。制定双班主任制度,按行政班配置班主任,规范班主任工作,推行严格的考核标准。

师资队伍日益壮大,现有专任教师45人,大约50%的教师具有高级职称,70%以上的教师拥有或在读博士学位。师资队伍正逐渐朝着职称结构合理化、学历结构高层化、年龄结构年轻化、学缘结构多元化、能力结构完备化的方向持续发展。

二、多元合作,促进协同育人

学院坚持多元合作,资源共享,形成"请进来,走出去"的双向流动模式,学界与业界携手,搭建合作平台,促进协同育人。

实行"聘挂"并举,先后聘请吴廷俊、张昆、石长顺、肖焕禹等知名学者为客座教授,同时聘请央媒师旭平、宋世雄、徐济成、陈越、沙桐、洪钢、王佐臣以及本地媒体向培凤、陈力峰、苏晓琼等业界精英为客座教授,聘请央视张德宏为"湖北产业教授",建有湖北产业教授工作室。这些来自学界和业界的学者专家常常深入课堂,为师生授课,以深厚的专业学识、丰富的实践经验帮助学生开阔视野、拓展思路,启发教师的专业成长和教学创新。

此外,学院充分利用中共湖北省委宣传部和湖北省教育厅的平台机制,深化学界与业界骨干的"双跨"合作。

一方面,派遣青年教师到湖北之声广播电台、《湖北日报》、《长江商报》等媒体挂职锻炼,参与新闻报道策划、新闻采访与写作、体育赛事解说等各项新闻业务工作,在新闻第一线增强新闻业务的动手能力,更深入地了解媒体行业对人才的现实需求,为专业设置、人才培养方案等提供实践参考。

另一方面,湖北广播电视台湖北之声总监助理刘征、《楚天都市报》摄影部主任张明泉等来我院挂职锻炼一年,积极参与相关专业课程教学,湖北体育频道解说员胡晓雷和张继峰、楚天交通广播解说员艾轶、央视体育频道主播崔征等也先后来校授课。这些业界精英在教学中汇聚前沿信息,传授行业动态,以一线经历现身说法,极大地开阔了学生的视野,激发了学生的学习热情,取得了良好的教学效果。此外,我院与湖北广播电视台合作,建立湖北之声《我爱运动+》武体直播室,以我校教师为主导、学生为主体打造节目团队,以学习产出作为导向,实施"节目内容进课堂、课堂教学进节目"的"互进计划"。

三、自办媒体，锤炼实践技能

为打造一支既具有扎实的理论知识和较高的教学水平，又具有很强专业实践能力和丰富实践经验的懂技术、会传播的应用型师资队伍，我院积极探索教学与实践相结合的新模式，建立以学生为中心、专业课教师为指导的自办媒体平台。以校内实践平台助力应用型师资建设，在为学生提供校内实践基地和实践环境的同时促进教师在实践教学中锤炼专业技能。

专业教师将理论教学与专业实践挂钩，紧密关注业界动态，结合课程特点建立各具特色的教学实践平台，倾力打造师生新闻实训阵地，相继推出多种媒体平台：院报《新传人》，电视栏目《挑刺体坛》《健康跟我来》，微信公众号“新人专属”“武体映画”“伢视季”“武体新传人”，体育直播平台“汉动力”等。

通过搭建这些平台，教师在实战体验中强化专业意识、拓展专业知识，不断更新思维方式和教学内容，积极改进和提高专业理论水平和实践教学质量。教师全面指导学生完成新闻和赛事报道，引导学生以专业服务学校、服务社会，逐渐树立职业意识，为学生打造走向新闻工作岗位的“摇篮”。

四、以赛促教，屡夺教学冠军

青年教师的成长和发展是学科建设和专业发展的重要方面，学院多渠道、多途径激发教师的活力，提高青年教师的教学技能和业务水平，助力青年教师发展。每年派出青年教师参加学校举办的青年教师教学基本功大赛，“以赛促教、以赛促学、以赛促改、以赛促建”，充分发挥教学赛事的示范引领作用，激发教师加速更新教育理念、教学内容，拓宽相关学科知识，提高教学技能和业务水平。

每逢青年教师参赛，学院全程、全方位进行质量把控，邀请督导专家评课指导、优秀教师传授经验、参赛教师相互分享，不断改进和完善教学方法。参赛教师教学准备充分，课堂组织有序，教学方法灵活，师生互动活跃，得到评课专家一致好评。我院是我校荣获一等奖人次最多的院系，成为教学比武大赢家。付晓静、李菁、郝斌等荣获青年教师教学基本功大赛一等奖，彰显我院教师注重基本功培养、教学理念与时俱进、教学内容和形式创新的良好职业素养。

五、压实任务，构建特色课堂

学院一向注重提升教学质量，建立质量监控与管理的规章制度，健全教学工作基本规范和基层教学组织基本规范，完善课程评价方法；建立监管教学运行、反馈教学管理、督促学生学习的监督机制；建立领导听课、专家督导、教师互评、学生打分的评价体系；建立考察、走访、问诊、调研的评估机制，定期向教师反馈问题，压实一线教师工作任务。专任教师教学效果良好，获得各方面好评，其中张德胜、肖宁被评为“省级师德先进个人”，刘娟、付晓静、王雪莲、邵娟等获“师德标兵”“优秀教师”称号。

为了让学生具备更扎实的专业基础和良好的专业素养，学院鼓励教师们积极构建“能力导向”的特色示范课堂，采用“双导师制”与“团队合作”的方式培养学生，打造了围绕学生能力提升设计的特色示范课堂，打通了课堂内外，让学生直接参与武汉军运会、武汉网球公开赛、武汉马拉松等各类赛事报道。围绕课程建设，在教研业务例会中广泛研讨，开展集体备课，举办视频公开课研讨会。近年来，已打造“体育解说评论”国家级一流本科课程，“现代体育与社会”省级公开精品课、“新闻采访与写作”省级特色课堂、“新闻伦理与法规”等校级特色课堂，上线“体育解说评论”等 3 门开放课程，开设“媒介素养”等 8 门通识课程。在“学堂在线”平台上线的慕课“体育与社会”别开生面，集趣味性、知识性、延伸性、探索性、开放性于一体，赢得各校选课生的广泛赞誉。

六、培育团队，凝聚学术队伍

以学科带头人为引领，以教研、科研项目为纽带，凝聚教学带头人、教学骨干和教学新秀，联合推进教学改革和科研创新，培育了具有一定实力的教学创新团队，以点带面，达到引领和积聚的作用，切实提升师资队伍的核心竞争力。

张德胜领衔的新闻传播学湖北名师工作室是全省高校首批省级名师工作室，新闻与传播实践教学团队获批省级教学团队，播音与主持艺术系、新闻学系获批省级基层教学组织，新闻学专业相继获评省级一流本科专业建设和国家级一流本科专业建设。这些教学团队的构建，促进了不同专业教师之间的相互交流与协同合作，加强了学科间的合作、交叉，整合了教学资源，促进了教师合作，形成了良好的合作机制和协作氛围，提高了整体教学水平和科研能力，已具有一定知名度和影响力。

新闻传播学院教师一贯牢记为党育人、为国育才的使命，不断增强责任感和使命感，坚持立德树人，潜心育人，履职尽责，在教学和科研上不断取得突破，争做“有理想信念、有道德情操、有扎实学识、有仁爱之心”的好教师，当好学生成长成才的引路人。今后，全体教师将继续保持不懈斗志，锐意进取，奋楫扬帆再起航！

新华社陈越央视洪钢出任我校客座教授

陈万夫　刘国庆

12日上午8时30分，在我校行政楼315会议室，新华社英语电视新闻频道副主任、奥运会媒体运行服务专家陈越和中央电视台体育频道播音组副组长、著名体育解说评论员洪钢受聘为我院客座教授。聘任仪式由学校党委副书记黄签名教授主持。

陈越和洪钢在聘任仪式上均作了发言。洪钢说，自己对武汉很有感情，受聘为武汉体育学院客座教授，实现了自己成为老师的梦想，以后一定会经常到学校进行学术研讨交流，促进双方的共同进步。陈越则表示，将把自己作为武汉体育学院的一员，常回家看看，会为武汉体育学院新闻传播学科的发展尽一分力量。

聘任仪式结束后，黄签名等校领导一起与陈越、洪钢合影留念。

我院院长张德胜、党总支书记夏方智以及我院的30多名师生代表出席了聘任仪式。

（原载于《外新人》第4期，2012年10月26日）

徐济成受聘我校客座教授

林思奇　张致宁

5月22日下午，中央电视台著名篮球评论员、新华社高级记者徐济成受聘我校客座教授仪式在行政楼315会议室举行。

出席受聘仪式的有我校正校级领导黄签名，我院院长张德胜、党总支部书记夏方智及部分老师。受聘仪式由黄签名主持。

徐济成说，做体育记者近30年来，他认为有四大方面的资源可以与学校很好地结合起来，让它们有益于我们学校的师生，有益于我们中国体育传媒事业的发展。第一，是参与国内国际各大体育赛事所积累的经验；第二，是从1992年开始在中央电视台做实况直播到现在，这30年中亲历中国传媒形态发生重大变革的一些经验；第三，是将在奥运会期间认识的国际奥委会的一些委员，邀请到学校与大家分享奥运会的经验；第四，是将过去积累的实战案例进行理论升华后，将教训和经验总结成有规律性的东西。

受聘仪式结束后，与会的领导、老师及研究生代表与徐济成合影留念。

（原载于《新传人》第8期，2013年6月18日）

校友李利民受聘客座教授

学校党委书记黄浩军颁发聘书，副校长张飙出席聘任仪式

袁洁莲

10 月 25 日下午，在东教学楼第三报告厅，举行了李利民客座教授聘任仪式暨学术报告会。

36 年前，他是我校篮球专业的一名普通学生；36 年后，他作为一名知名企业家在母校成立 60 周年之际回到母校，并受聘为一名客座教授。他是李利民，现为中国华视传媒以及香榭里控股集团董事局主席，曾多次当选“中国传媒年度人物”，是改革开放 30 年杰出贡献人物。

校党委书记黄浩军、副校长张飙出席仪式并做了热情洋溢的发言。我院和体育工程与信息技术学院部分师生参加了报告会并与李利民展开了热情、真诚的交流。学术报告会由我院院长张德胜教授主持。

仪式上，副校长张飙首先向与会领导、老师和同学们介绍了李利民校友是我校 1981 届毕业生、体育系 1977 级校友，在全球最大移动电视网络公司任职，是我国传媒业界精英和户外数字电视移动领域的翘楚。多年来，他一直关注并以多种形式支持母校发展。

随后，黄浩军为李利民颁发聘书并发表讲话。黄浩军表示，在武汉体育学院成立 60 周年这一值得庆贺的日子里，能够聘任李利民为客座教授是我校的荣幸，我校将努力进一步扩大和华视传媒的联系和合作。

“我还是武汉体院普普通通的一名学生，未来我还将带着对体育和母校的敬畏之心，永远做好母校的合格学生。”李利民在之后和同学老师们的交谈中深情地讲道。他很感谢母校的培养，正是体育精神支撑着他战胜自己，在激烈的商海竞争中不畏曲折，最终获得成功并赢得社会的认同，他相信年轻的这一代武体学子将更富活力和创造力为体院争光。

交流会上，李利民还和大家分享了自己当年在武体的难忘回忆，并结合自己的创业投资经历、所遇到的困难和处理方式，鼓励同学们在今后的学习中将课本知识和生活相联系，化被动学习为主动探索。他同时表示会在今后为母校提供更多实践机会和物质支持。

（原载于《新传人》第 10 期，2013 年 11 月 20 日）

“彩虹学者”助力我院新专业

朱仁浩

我院2014年停招广告学专业的同时，新增视觉传达设计专业。为扶植新办专业，我院聘请“彩虹学者”——武汉大学城市设计学院艺术设计系教师管家庆进行指导。

“彩虹学者计划”是湖北省教育厅、国家部委为促进中央部属高校与地方高校合作办学采取的举措。我院以新办专业视觉传达设计专业为突破口，聘请武汉大学城市设计学院艺术设计系教师管家庆以“彩虹学者”身份对该专业进行指导。作为艺术设计界知名人物，管家庆有着丰富的视觉艺术和中国传统艺术理论的研究和教学工作经验，曾入选“中国当代设计百杰”。

相关链接：视觉传达设计专业利用文字、插图等平面视觉符号将信息传递给读者。它和传播紧密结合在一起，与广告专业相同的是，二者都需要既有传播的底蕴，又懂艺术设计；不同的则是视觉传达设计专业是通过视觉媒介将信息传达给观众。我院视觉传达设计专业的设立，开创了全国体育院校开设视觉传达设计专业的先河。

（原载于《新传人》第12期，2014年5月15日）

沙桐等五名嘴来校洽谈合作

校领导吕万刚、漆昌柱、张飙分别会见客人

晓　雪

洽谈会后，我校副校长张飙(右三)与体育解说名嘴沙桐(左三)、刘宁(左一)、宋健生(左二)、袁文栋(右一)、白岚(右二)合影留念　摄影/秦梓翔

5月7日至9日，中央电视台著名主持人、体育频道播音组组长沙桐带领全国电视体育节目主持人研究会一行5人，前来我校观摩指导播音专业教学，并洽谈合作。

据悉，此次前来的5位专家都是全国电视体育节目主持人研究会的领导层，他们分别是研究会会长沙桐，研究会副会长、北京电视台体育中心副主任、首席体育评论员宋健生，研究会副会长、广东电视台体育中心监制、播音组组长刘宁，研究会秘书长、河北电视台播音部副主任、体育评论员白岚，研究会副秘书长、央视体育播音员袁文栋。

5月7日，吕万刚校长、漆昌柱副校长先后在国际学术交流中心会见

了客人，欢迎他们来我校传经送宝，希望我校新闻传播学院能与全国电视节目主持人研究会，以及各位专家所在的媒体开展不同形式的合作。

专家们5月8日的行程最为紧密。8时30分，5位专家参观了新闻传播实验中心，观摩了播音与主持艺术专业学生的录音实验和小课教学。专家们认为，我院的实验室架构合理，特别是12间录音室整齐、大方、实用，宋健生说："这比北京电视台的录音室还要好。"

9时30分至11时30分，我院组织了十几名学生代表，向专家们展示了他们在体育播报、解说评论、体育脱口秀等方面的才能。专家们分别做了现场点评与指导。

专家们中午没有休息。14时30分至16时30分，在东教学楼第一学术报告厅举行了一场题为"'中国好解说'与武体新传人面对面"的学术对话活动，我院院长张德胜任主持人。5位专家对15名师生提出的有关体育播音、解说评论、就业形势等方面的问题，一一做了认真的解答。整场活动是在严肃、认真但又幽默、睿智的氛围中进行的，现场笑声不断。

学术对话结束后，专家们来到行政楼315会议室，与我院部分教师举行了约一个小时的座谈。专家们就一天的感受做了坦诚的交流，张德胜就新闻传播学院的合作意愿提出了10条目标，宾主双方就近期、中期和长期可能进行的合作形式，做了初步探讨。

沙桐说，这次武体之行，对我院播音学生的体育感、基本功、传播力等有了初步了解，这为今后在招生选拔、联合培养等方面进行全方位合作开了一个好头。白岚当场奉送"大礼包"，经其向河北台购物频道总监推荐，我院播音专业大三大四的10名学生可以直接进入该频道本月中旬的第二轮面试，他相信最终会有优秀武体学生被河北台录用。

张飙副校长出席座谈会，对专家们提出的中肯意见与建设性建议表示感谢，并要求我院做好项目对接工作。

5月9日，专家们先后离校。

（原载于《新传人》第12期，2014年5月15日）

进人是第一要务

张德胜

今年的国家社科基金立项结果已经揭晓，我院又迎来了丰收的一季：4项课题入围，2项课题立项。

如果用时下时髦的“数说”方式做一个背景分析的话，那就意味着我们又创造了诸多新的纪录。

这是继2013年以来，我院连续3年获立国家级项目，而且是连续3年每年都有“双响炮”或“双黄蛋”，这个规模与武汉大学、华中科技大学两校新闻传播学院的国家级项目立项数不相上下，在全国体育学院新闻传播院系独占鳌头。

这是继2014年以来，我院连续2年获立新闻传播学国家级项目，这2个项目也是当年度全国体育高校唯一立项的新闻传播学国家级项目。

这是近年来，我校第二次连续获立非体育学国家级项目。

迄今为止，我院共获立9项国家级项目，其中，有7项课题处于在研状态，这说明我院有近四分之一的老师在主持研究国家级项目。这一数据，即便搁在研究型大学的新闻传播院系，也是一件令人啧啧称羡的事情。

经常有校内外同仁问起，为什么你们能够获立这么多的国家级项目，秘诀何在。如果真有所谓秘诀的话，我想，这既与学校的品牌、科研处的支持、院里的措施等因素有关，更与省级试点学院改革和省级重点学科建设有关。

一方面，根据我们试点学院改革方案，我院教师的业务岗分为A、B、C、D、E 5级，A级为最高，要申报A级岗位，必须要主持研究国家级课题，这是“硬杠杠”。可以说，试点学院改革方案，“来点狠的”，使老师们产生了强大的内驱力。

另一方面，我院新闻传播学学科现为省级重点培育学科，我们都很珍惜这难得的培育机会，最终的目标是要把这“重点培育”升格为“重点特色”，这迫使我们要积极争取更多的高级别课题、高水平论文、高层次奖励等，这已成为全院的共识。

正因为如此，仿佛在一夜之间，新闻传播学院迎来了教师科研自觉和创新自信的新时代。

我们知道，在高校，教学有多重要，是不需要讨论的，因为教学工作是学校的中心工作，人才培养质量是学校的生命线，这是人尽皆知的公理。但是，科研有多重要，我们似乎讨论得不够，执行得不力。在这方面，我们要向一位教育家学习与致敬，那就是刚刚驾鹤西去的华中科技大学老校长朱九思。

人们常说，没有朱九思，就没有华科的今天。朱老主持华科30余年，其生前自我评价只做了"两件半事情"：第一件事是提出了发展新思路，"走综合化道路"和"科研要走在教学的前面"；第二件事是采取超常规的办法广揽了一大批人才；半件事是植树造林。

我们不可能复制华科的发展道路，也没有必要争论教学与科研孰轻孰重、孰先孰后，因为教学与科研就是教师工作这枚硬币的正反两面，也是大学人才培养、科学研究、服务社会、文化传承这四大使命的题中应有之义。

当然，伴随着国家级课题的不断增多，甜蜜的烦恼也随之而来，那就是我院人手严重不足，师生比严重倒挂的短板日益凸显。我院现有1396名学生，却只有30名专任教师。人手短缺，教师在教学方面要疲于奔命，在科研方面要夜以继日，这势必造成精神与身体的双重透支。

有了批量的国家级课题作为基础，我们可以自豪地说，我们不再担心今后能否继续在体育学、新闻传播学方面获立国家级课题，因为立项已经成为我院的常态；但是，我们无法自信地说，我院能够把已有的国家课题完成好，能够在国家重点课题乃至重大招标课题方面获得突破。因为瓶颈摆在那里，那就是严重缺人，无论是一个课题，还是一门课程，都需要有一个团队作支撑。

因此，对于今天的新传院来说，进人是第一要务，准确地说，引进高层次、高水平的人才，是第一要务。

（原载于《新传人》第18期，2015年7月6日）

王相飞入选“七个一百”人才

邓小微

近日，湖北省宣传文化人才培养工程“七个一百”项目（哲学社会科学类）入选人员名单揭晓，我院研究生导师王相飞副教授光荣入选。

湖北省宣传文化人才培养工程“七个一百”项目（哲学社会科学类）由省委宣传部、省社科联等单位联合实施，旨在进一步贯彻落实中央和省委关于繁荣发展哲学社会科学事业的文件精神，打造一支具有高度社会责任感和优良学术道德的哲学社会科学人才队伍，创造我省哲学社会科学人才辈出的良好局面，为我省哲学社会科学事业繁荣发展提供强有力的人才保障。

根据省委宣传部统一部署，我校推荐在哲学社会科学教学、科研、管理等领域具有扎实的理论功底和较高的学术造诣，并且德才兼备的教师上报，经过资格审查、专家评选委员会评审和媒体公示，王相飞和徐伟宏2位教师最终入选。

据悉，此项目培养周期为3年，将为100名入选者提供一系列培养措施：在湖北省社科基金规划项目、湖北省思想库课题、“中国调查”项目立项上优先考虑入选者，搭建学术研讨和决策咨询活动的交流、调研平台，在省内外媒体上对入选者及其成果进行宣传展示，推荐入选者到上级单位或基层挂职锻炼、担任社科类社团相关职务等。

（原载于《新传人》第19期，2015年10月14日）

我院举行"互联网+"时代的体育与媒体高峰论坛暨2015级新闻专硕业界导师聘任仪式

解说泰斗宋世雄出任新传硕导

张飙副校长发表讲话并颁发聘书

刘銮奎　许慧琳

12月4日,"互联网+"时代的体育与媒体高峰论坛暨2015级新闻与传播专硕业界导师聘任仪式在科技楼5楼演播厅举行。武汉体育学院副校长张飙在论坛上发表讲话,并为宋世雄等10位专家颁发了硕士研究生业界导师聘书。

出席论坛的嘉宾分别是国内家喻户晓、享有全球声誉的著名体育解说评论员宋世雄,央视体育频道播音组副组长、知名体育解说员洪钢,新华社英语电视新闻总监、媒体运行专家陈越,湖北广播电视台副台长、湖北卫视总监向培凤,腾讯公司级专家、腾讯研究院"互联网+"创新中心副秘书长、腾讯政务民生中心总监舒展,《楚天金报》党总支书记兼常务副总编陈力峰,唐山劳动日报报业集团人事处处长、媒体运行专家王佐臣,湖北省期刊协会副会长、情感读本杂志社社长兼总编辑罗金远,湖北广播电视台生活频道副总监吴江。

上午8时30分,举行了2015级新闻与传播专硕业界导师聘任仪式,宋世雄、洪钢等10人受聘硕士研究生导师,除徐济成因故未能前来外,9位业界专家出席了聘任仪式。

"互联网+"时代的体育与媒体高峰论坛主题报告自9时正式开始。宋世雄、向培凤、陈越、舒展、张德胜分别在大会上做主题报告,畅谈"互联网+"时代体育与媒体的前沿问题。其中,宋世雄分析了互联网时代的体育解说,向培凤以赴美参观访问的亲身经历介绍了美国媒体的融合观感,舒展则展示了亿万人的众媒时代独特的魅力,陈越对2015年中国体育产业发展提出自己的见解,张德胜介绍了媒体体育的中国化进程,担任点评嘉宾的陈越、陈力峰、洪钢、吴江、王佐臣分别对这5场主题报告进行了精彩点评。此外,洪钢、王佐臣、罗金远、陈越、吴江等人走进新传学院各专业的学生课堂做了专题讲座。

本次活动由新闻传播学院组织，得到研究生院、发展规划处、科研处等单位大力支持。研究生院常务副院长王松，科学研究院副院长兼科研处副处长王启舜，我院院长张德胜、书记夏方智、副书记叶涛及师生代表100多人出席活动，副院长万晓红教授主持聘任仪式和论坛报告会。

（原载于《新传人》第20期，2015年12月25日）

宋世雄：解说员要做观众的仆人

陈寓佳

体育解说泰斗宋世雄在武体再现激情高昂的解说风采　摄影/赵紫涵

中央电视台体育节目主持人、全球知名的体育解说评论员宋世雄的讲座于12月3日下午2时30分在科技楼5楼演播厅进行。当日，演播厅爆满，主持人张德胜院长组织大家席地而坐："听名师讲座，席地而坐也是一段难忘的经历。"

分享感悟：爱好、信心、勤奋、谦虚

年近耄耋之年的宋世雄精神抖擞地走上讲台，手里拿着厚厚一沓资料，一开场就分享了自己近50年从业生涯的感悟：爱好是最好的老师，信心是必胜的保证，勤奋是前进的动力，谦虚是成功的根本。

宋世雄认为，自己在这个行业做这么多年，最主要的原因是自己一直以来就是个忠实的体育爱好者，只有热爱体育才会愿意为之不断地付出、努力;解说评论员应有足够的自信和激情才能吸引观众、感染观众;如今,体育解说员接触到的更多的是一些新生事物,勤奋必不可少;山外有山、人外有人,应谦虚做事、谦虚待人。

解析定位:解说员要做“仆人、挚友”

从中央人民广播电台体育记者到中央电视台体育评论员,宋世雄结合自身从业经历,分析了广播和电视体育解说的区别与共性,进而谈到体育解说评论员的定位。

宋世雄从广播解说评论历史说起,让大家对早期广播和电视解说评论有简单的认识,进而分析广播和电视解说评论的区别和共性。他认为,广播解说需要不间断进行,电视解说趋于评论,对解说员的专业要求更高;广播和电视解说评论的共性是传播迅速,影响广泛,使用声音、语言和画面进行传播,给受众创造身临其境的感觉。

作为体育解说评论员,宋世雄认为,除了要有扎实的基本功,还要有很好的语言表达能力、语言和声音的处理能力以及对体育赛事十分深入的了解等。他希望大家记住一句话:“体育解说是相当高级的艺术,是一个体育评论员思绪状况、文化修养、专业知识的综合反映。”他还模仿了体育解说开拓者张之1957年在先农坛体育场世界足球赛上的一段解说,其惊人的记忆力和扎实的专业功底令人惊叹和钦佩。

对于体育解说员的定位问题,宋世雄深有感触地说:“解说员应当是观众的仆人、运动员的挚友、集体中的一员。虽然解说员确实起到了一个窗口的作用,但是整个报道过程需要各方的协调配合,解说员一定要找准自己的位置,不可有傲慢之心。”

心怀期待:盼武体成为中国体育评论员的摇篮

在谈及如何从事体育解说评论这项工作时,宋世雄严肃地说道,除了热爱这项工作,还必须明确身上的责任感、使命感和肩负的重任。他认为“那种没有原则、没有道德、没有品质的评论,不是体育评论”。

虽然广大观众视宋世雄为我国体育解说评论界的泰斗,但宋世雄谦虚地表示:“我们也只是体育爱好者,达不到专家的水平,在解说评论中还需要注意的一点就是不要妄自评论战术问题,否则就是对自身的定位错误。”他告诉大家,解说评论需要做足前期准备,需要寻找别人找不到的地方,需要对运动员进行深入采访和内心探究等。既然热爱并选择这份职业,就应全情投入。宋世雄讲到一个细节,他曾经为了做好解说想方设法寻找报纸，把报纸上运动员的照片剪下来放在解说台前，一个个记住。如提到郎平，他便能脱口报出她的生日。

作为我校新闻与传播专业专硕的业界导师，宋世雄特地提到他对把武汉体育学院打造成中国体育评论员的摇篮这一想法十分支持，也将尽己之能全力支持。

悉心解答:退休后再返解说台

在交流互动环节，同学们提出各种问题，宋世雄亲切地为大家解疑释惑。

面对“在解说和评论赛事时该抱有怎样的态度”的问题，宋世雄表示，应将客观公正与适度倾向性相结合，实事求是树立信息威信，通过专业知识建立权威威信。

在谈到为何会在退休后解说奥运会一事，宋世雄详细地讲述了自己提出退休时的心情，希望“给年轻的一代创造机会”，同时他也表示，由于自己对这个行业的热爱和当时的语言状态和精神面貌良好，所以重回解说台。他还以自身为例告诫在场同学养成好的生活习惯，努力延长专业寿命。

讲座最后，张德胜给予高度评价：“宋老师的解说评论实际上超越了体育、超越了电视，若干年后宋老师的解说评论也一定是我们这个国家的非物质文化遗产和我们心中共同的记忆。”

（原载于《新传人》第20期，2015年12月25日）

我眼中的宋世雄老师

张宇璇

当得知宋世雄老师是我的业界导师后，除了高兴之外我更感觉是一种荣幸。因为我的奶奶、爸爸和舅舅都曾是校队的排球运动员，家里经常会看一些排球比赛的直播、重播节目，我从小就知道宋世雄这个名字。在长辈们的谈论中，他们总是带着对女排“五连冠”的自豪和对宋老师解说技巧的赞叹，而年幼懵懂的我，记忆最深的是那清脆的嗓音和快到仿佛没有标点符号的大段解说。长大后，我慢慢知道了，宋老师作为“一个时代的声音”，见证了我国的乒乓外交、女排辉煌乃至整个新中国的体育发展史。2008年北京奥运会，宋老师复出解说，仍然是精神振奋、情绪饱满，给人留下深刻的印象。不曾想到那荧屏中的明星，会成为我的老师，而我也将有机会当面聆听宋老师的指导教诲，怎么能让我不欣喜若狂呢？

12月2日去接宋老师的时候，我内心特别地紧张，生怕自己做不好或者说错话。但是在回来的路上与宋老师交谈一番后，我的心渐渐放松了下来，因为和老师交流没有一丝拘束感，没有一点隔阂感，就像是跟自己的爷爷说话般亲切自然。几天相处下来，我觉得宋老师是一位做事认真严谨，待人和蔼可亲，性格活泼可爱的长者。他的风度，他的善意，时刻让我感到温暖。

明星对我们来说是高高在上的，宋老师也是明星，但是他没有任何架子，对所有人都十分热情、真诚。每次我帮宋老师拿东西或者倒水时，他总会看着我对我说一句“谢谢，辛苦你了”。作为晚辈，我为长辈做这么一点点事情，都能得到老师的肯定，每次想起都让我心底涌出阵阵暖流。

宋老师还是一位特别可爱的老师。12月3日下午宋老师有讲座，他特意在服装问题上询问我：“需不需要穿正装？穿运动服会不会太随意？”我回答：“您觉得哪件舒服就穿哪件，都可以的。我上午去听讲座，洪钢老师穿的西装。”老师说：“这样啊，那要不我也穿西装？我再考虑一下吧。”那时的宋老师就像个将要登台的孩子一样，一丝不苟、细致入微，要把所有的准备都做到尽善尽美。

最让我印象深刻的是在4日的论坛上，宋老师给大家做讲座时，说到某处，想给大家讲一份资料。由于准备的材料太多，他没能及时找到想说的那张。看着宋老师在台上焦急的神态，大家都非常感动，因为我们知道这是因为他事先做了大量工作、准备了太多材料，可见老师多么重视这次讲座。那一刻我们都想对宋老师说：老师，您别着急！

论坛结束后，宋老师在和洪钢老师交流时说到这件事，还觉得特别抱歉，觉得自己没找到这张资料，没有讲好。宋老师还特意让洪钢老师看了一下那张资料，当时我在旁边看到宋老师的资料袋，满满的，特别鼓。宋老师已经76岁了，却坚持和其他老师一样站着跟大家交流，看到这一幕，大家内心都有所触动，如果让我们的爷爷奶奶在这么大的年龄还站这么久，我们怎么能不心疼呢？就像宋老师说的那样，他对解说这个职业是酷爱，他的一生都在为这个职业付出和奉献。

在和宋老师相处的日子里，他身上散发出来的那种人格魅力深深地吸引着我、感染着我。能做宋老师的学生，我十分珍惜自己的这份幸运，我也谨记宋老师对我说的一句话：对于你选择的职业一定要酷爱、要热爱，踏踏实实地做好每一件事，人生是没有捷径的。

（原载于《新传人》第20期，2015年12月25日）

洪钢:体育解说要服务转播画面

许慧琳

中央电视台著名体育评论员洪钢与大家谈解说　摄影/赵紫涵

12月3日上午8时,中央电视台体育频道播音组副组长、体育节目主持人、体育解说评论员、我校客座教授洪钢在科技楼5楼演播厅进行了专题讲座,就体育解说的相关问题为新传学院学子做了报告。我院院长张德胜以及各专业老师也参加了此次讲座。

解说要坚持"画面为主"

关于体育解说的定义,洪钢说现有的解释主要分成两种:从播音主持专业的角度出发,大家普遍认为体育解说是有声语言传播的播音主持艺术;而在实践当中,大家认为这是一种新闻传播活动,虽说不乏艺术属性和播音主持专业的技术要求,其更多的是即兴口语表达,考验的是解说员对体育赛事的了解程度。

洪钢则发表了自己的见解,他认为电视体育解说是电视现场报道的重要组成部分,是由解说员在赛事现场或演播室配合转播视频信号,利用即兴口语表达将赛事向观众进行服务性描述、解说、评论，展示体育比赛的环境、动态、结果及影响的一种大众传播过程。

"解说员应该服务于电视转播画面或者视频转播画面，坚持'画面为主'这一本质要求，画面到哪评论就到哪。"洪钢说，随着数字技术的发展，转播时每一个镜头都特别全面，这样对体育解说员的要求更高，让观众不仅仅看到简单的比赛过程，还能从中获得更多的信息。

解说员要明确自己的价值

讲座中，洪钢提到了现在大家都很感兴趣的一个现象，中央电视台体育频道最近两个体育解说员都被互联网公司高薪挖走，这正说明了现在对解说员人才的争夺很激烈。洪钢认为，以后对体育的投资会更多，解说员也更应该明确自己的价值所在。解说员的价值首先来自他所提供的服务，这也是解说员的基础价值；其次来自他的影响力，一个解说员有自己的受众群，这些受众群也将转化为媒体的受众群。观众对解说员是有感情的，比如一个大家习惯的解说员离开了某个媒体平台，媒体的观众也会随之转移阵地，因此解说员是会带领一部分受众的，影响力可以转化为价值。

此外，洪钢还说到体育解说员应具备的一些素质，如对体育解说的热爱、对海量信息的掌握、对赛事的准确报道和声音的感染力，并逐一进行了阐述。

解说员要为自己充电

在和大家的互动交流中，洪钢分享了自己丰富的经验和独到的见解。他告诉大家掌握多种语言不管是对于体育解说还是对于传媒行业的工作都十分有益。他举了一个例子说，有个很优秀的同学还只是大学生，就已每天忙于各种解说工作，几乎没有总结和提高自己的时间，以此告诫大家现在不要忙于接手大量工作，在校时应给自己充满电，知识的积累最重要，感兴趣的同学可以接触多个体育领域，多积累体育知识。

同学们也踊跃提问，有同学问及解说时个性重要还是共性重要，洪钢认为应该支持个性化解说，但个性是建立在共性的基础之上，只有符合大多数受众的口味才是有意义的解说。还有同学问及如何才能像他那样可以解说多种项目，洪钢认为这首先源于自己的兴趣和好奇心，还有就是自己学生时代的积累。最后，洪钢告诉大家，体育解说中不能有个人观点，因为"解说是新闻性质，通过媒体这个平台播出来，表达出的就是媒体观点"。

（原载于《新传人》第20期，2015年12月25日）

经省委组织部、省教育厅批准设立

张德胜名师工作室正式开启

该工作室由我校牵头，联合中南民大、湖北师院、湖北二师共建

张家湾

2016年3月2日，张德胜湖北名师工作室启动仪式暨2016年度建设协作会在科技楼6楼新闻传播学院学术之家举行。张飙副校长和省教育厅教师管理处干部程少波出席了会议，并分别发表了重要讲话。

据悉，今年1月12日，中共湖北省委组织部、湖北省教育厅公布了2015年湖北名师工作室主持人名单，共评选出高校名师工作室主持人20名。其中，由我校牵头，联合中南民族大学、湖北师范学院、湖北第二师范学院等3所高校，共同申报的新闻传播学张德胜湖北名师工作室成功获批。

湖北名师工作室是在省教育厅原“湖北名师”基础上，升格推出的省级名师评建品牌，由省委组织部和省教育厅共同组织评建，每年评选一次。此前，我校没有教师获评省级教学名师，这次是历史性突破。

在当天的启动仪式上，受省教育厅教师管理处童静菊处长的委托，程少波对我校新闻传播学获立湖北名师工作室表示祝贺，对张德胜湖北名师工作室在省内高校率先开启建设步伐深表赞赏。

程少波说，在全省首批高校湖北名师工作室主持人当中，有长江学者4人、国家级教学名师6人、省级教学名师4人。张德胜湖北名师工作室是全省高校中第一个新闻传播学省级名师工作室，标志着武汉体院新闻传播教育走在全省高校前列。

张飙对省教育厅和兄弟院校的大力支持表示感谢。张飙说，根据省里的要求，评建湖北名师工作室，就是要推动教师评价从“评价个人”向“搭建平台”转变，从“奖励个人”向“激励团队”转变，从“树立榜样”向“促进合作”转变，充分发挥高层次人才的旗帜效应，形成教师发展共同体，带动教师队伍建设。

张飙希望张德胜湖北名师工作室开好局、迈好步，圆满完成3年一个

周期的建设任务，真正选拔、培养、造就一批能够发挥骨干示范作用的知名教师和高水平教师，促进湖北省高校新闻传播学教师队伍素质的整体提升，为湖北经济社会发展培养更多更好的新闻传播人才。

最后，张飙宣布张德胜湖北名师工作室正式启动，并与全体与会人员合影留念。

当天的启动仪式由人事处处长金赤主持，新闻传播学院党总支书记夏方智宣读了张德胜湖北名师工作室成员名单，教务处副处长杨会燕以及张德胜、万晓红、付晓静、张钢花、李菁、黄迎新、陶喜红、陈明、刘宝珍、陈瑛、黄芙蓉、方艳等湖北名师团队成员出席了会议。

仪式结束后，张德胜湖北名师工作室召开了2016年度建设协作会。

（原载于《新传人》第21期，2016年3月21日）

三位知名学者受聘我院兼职教授

陈寓佳

我院举行兼职教授聘任仪式，右排从右起分别为：张德胜、石长顺、金赤、吴廷俊、肖焕禹、夏方智　摄影/赵紫涵

2015 年 12 月 30 日下午 3 时，在科技楼 6 楼媒体体育中心，我院举行了兼职教授聘任仪式。华中科技大学新闻与信息传播学院前任院长、博士生导师吴廷俊教授，华中科技大学新闻与信息传播学院现任院长、博士生导师石长顺教授，上海体育学院外语系主任、博士生导师肖焕禹教授受聘我院兼职教授。

聘任仪式由我院党总支书记夏方智主持，院长张德胜、副院长万晓红、校人事处处长金赤、人事科科长马威以及我院 10 余名教师出席了仪式。

张德胜首先介绍了聘任兼职教授的初衷以及聘任协议内容。张德胜说，虽然近年来我院在科研方面进步不小，但是高水平科研论文发表数量不多，我院教师的课题研究和学术素养还有待提高，希望通过聘请兼职教授的方式，对我院有潜力的教师进行培训、指导，并为我院学科建设、专业建设献计献策。根据协议，兼职教授要在一年的聘期内完成相应的任务。此外，张德胜介绍了我院第一批获指导教师的遴选方式，强调科研要“扶强”，我院将会有更多教师分批获得指导。

金赤对吴廷俊、石长顺、肖焕禹3位教授一直以来对我校新闻传播学院发展的关心和帮助表示了感谢，期望新闻传播学院在3位教授的鼎力相助下获得更好发展，并为3位教授颁发了兼职教授聘任证书。

随后，万晓红宣布了第一批获指导教师的分组情况。经过院领导商议并征求本人意见，第一批有付晓静、肖宁、姜欣、曾兰平等来自我院4个专业的12名教师获得兼职教授指导，每位教授指导4名教师。3位教授纷纷表示，一定会全力以赴、严格要求。他们还强调，“选题、方法、积累、交流”是完成目标的关键点，除了做好论文研究，平时的互相学习与交流、共同的提高与积累，对新闻学科的建设都有重要意义，大家要共同努力使科研更上一个台阶。

聘任仪式最后，3位教授与获指导教师们以小组方式各自进行交流，由此开始进入全面合作与评估阶段。

（原载于《新传人》第21期，2016年3月21日）

播音教师集体开拍“说话的艺术”

周天竞

郝斌、肖宁、张佳3位教师(从左至右)在演播厅留影　摄影/沈晓希

“用‘故事’征服听众”“生活中的模仿秀”“此处无声胜有声”……武汉体育学院新闻传播学院播音与主持艺术专业面向社会各界人士的网络公开课“说话的艺术”课程可谓精彩纷呈。2015年12月中旬,“说话的艺术”课程开始在科技楼演播厅进行录制,我院播音与主持专业有17位老师参与其中。

12月16日开始进行第一场录制,王子也从几天前和朋友谈话时产生的灵感切入,以“用‘故事’征服听众”为题,通过生动有趣的故事和《我是演说家》第一季中王伟力的演讲,诠释了故事在说话中的分量。“想让别人爱听你讲话,你必须会讲话,而讲故事是最容易深入人心的。”王子也表示。

王东林在“生活中的模仿秀”中一开嗓就赢得满堂欢笑,对名人们各具特色的模仿贯穿始终。他用普通话和长沙话分别朗诵了毛泽东的《卜算子

·咏梅》，接着又模仿了费玉清和周杰伦唱《千里之外》，并模仿了《百家讲坛》的易中天老师，王东林到位的动作、眼神和声音起到了很好的示范作用。

姚亚非的课程名为“语言表达的朗诵艺术”。他先说明了朗诵和诗歌的概念及分类，并强调朗诵的目的就是通过播讲、朗诵传递稿件的精神、主题与实质，感染受众与听者。他的课程借助对作品朗诵和视频的详细分析，显得生动有趣又富有意义。

在12月21日的录制中，何方以“幽默的说话艺术”为题开讲，从“什么是幽默”“如何幽默”以及“怎样做一个幽默的人”3方面层层剖析。“幽默不是挖苦与嘲讽，对于一个幽默的人来说，充足的知识以及对生活深刻的洞察力必不可少。”这是何方对幽默的理解。

许多学生毕业在即，面对各种各样的面试，如何在众多面试者中脱颖而出是他们心头的大难题，张佳的“求职面试口才——说出你的精彩”正好为学生们指点迷津。张佳针对面试中3个惯常的环节——举止礼仪、自我介绍、考官提问展开详述，内容生动活泼。

在课程“此处无声胜有声”中，郝斌从如何掌握正确的体态语言开始。第一个部分从理论讲解出发，引用了当下的流行案例——《甄嬛传》《琅琊榜》《芈月传》中的体态语言做示范，从华妃的表情包讲到芈月、黄歇的眉目传情，从女生追捧的电视剧到男生爱看的体育节目，均强调体态语言的重要性。第二部分，郝斌用眼睛、眉毛、肢体语言等多种不同体态语言的演示与学生们互动，以实践教学的方式活跃了现场气氛。

“说话的艺术”视频公开课自开拍以来一直得到新闻传播学院领导的关心和指导，播音与主持教研室的授课老师们为丰富课堂素材、活跃现场氛围、创新课程模式下足了功夫，旨在为校内外对于语言艺术感兴趣或有需要的人们献上精彩实用的视频课程。

（原载于《新传人》第21期，2016年3月21日）

周树华出任我院楚天学者讲座教授

张飙副校长出席聘任仪式

张家湾

我校张飙副校长(左四)为周树华教授(左五)颁发聘书　供图/程婷

6月28日上午,我校新闻传播学“楚天学者”讲座教授聘任仪式在科技楼6楼学术之家举行。张飙副校长出席聘任仪式,并为周树华讲座教授颁发了聘书。

据悉,我校新闻传播学是省级重点培育学科,也是“楚天学者”特聘教授设岗学科。2015年底,湖北省教育厅发文同意我校聘请美籍华裔学者、美国阿拉巴马大学传播学院副院长周树华教授出任新闻传播学“楚天学者”讲座教授,聘期5年。

张飙在聘任仪式上说,我校新闻传播学院是省级试点学院,新闻传播学是省级重点培育学科,周树华教授的加盟,对于我校新闻传播学学科建设和人才培养,是一个极大的促进。

周树华在接受聘书后说，武体新闻传播学院的学科与专业建设走在国内同类高校的前列，他愿意为新闻传播学院的师资培养、学术交流与国际合作搭建平台。

当天的聘任仪式由我院院长张德胜教授主持。人事处副处长田霆，我院党总支书记夏方智、副院长万晓红、副书记兼副院长叶涛，以及我院部分研究生出席了聘任仪式。

在此之前，周树华已经为新闻传播学院、国际教育学院、健康科学学院等单位的本科生、研究生举办了7场讲座，并与新闻传播学院教师开展了科研座谈，多次个别指导教师论文，专门指导了媒体体育博士生李峰的博士论文开题前的学术准备工作，还参与录制了微课“大家谈解说”。

（原载于《新传人》第23期，2016年8月24日）

张德胜出席全省高校高层次人才工作推进会，并代表湖北名师工作室主持人发言

同行同行 共建共享

李 峰

我院院长张德胜在湖北高校高层次人才工作推进会上发言 摄影/李峰

6 月 16 日，湖北省教育厅在武汉科技大学黄家湖校区举办了首届湖北高校高层次人才工作推进会。我院院长张德胜教授出席大会，并在大会上做了主题发言。

这次会议以“创一流学科，建一流大学”为主题，交流探讨“楚天学者”特聘教授、讲座教授以及湖北名师工作室在高校“双一流”建设中的地位、作业和典型经验。

张德胜代表全省高校首批 20 个湖北名师工作室主持人发言。张德胜发言的主题为“同行同行共建共享”。他用简洁明快的语言、富有感召的语气，讲解了“一花独放不是春”的过往之惑、“头雁引路群雁飞”的当下之变和“打造三大共同体”的未来之思。

湖北名师工作室是在过去湖北名师的基础上，由中共湖北省委组织

部、湖北省教育厅联袂评审的一种荣誉组织。评审的初衷，是要打造不同学科领域的教师共同体。

张德胜湖北名师工作室是全省高校新闻传播学领域第一个名师工作室，是由我校牵头，联合中南民族大学、湖北师范大学、湖北第二师范学院联合共建的。“我们的建设目标，是要在全省新闻传播学领域中，打造一个教师精神共同体、合作共同体和实践共同体。”张德胜说。

在几位代表发言之后，省教育厅厅长刘传铁同志全面总结了过去几年全省高校的高层次人才培养与引进情况，并对今后各高校的高层次人才队伍建设工作，作出了高屋建瓴的部署。刘传铁充分肯定了张德胜湖北名师工作室的所思所想、所作所为。

（原载于《新传人》第23期，2016年8月24日）

张德胜为名师工作室主持人授课

张家湾

3 月 30 日，全省基础教育师德建设暨湖北名师工作室建设工作推进会在武汉东湖书院召开。武汉体育学院新闻传播学院院长、博士生导师张德胜教授作为高等教育湖北名师工作室主持人，应邀“跨界”为与会代表做了题为“新媒体时代的师德建设与典型报道”的专场报告。

此次会议由湖北省教育厅主办、武汉市教育局承办。全省 17 个地市州教育局分管教师管理工作的领导、科长，2015、2016 年度基础教育湖北名师工作室主持人，中小学师生及家长代表在湖北省教育厅教师管理处的组织下，齐聚武汉东湖书院，广泛交流师德建设、名师工作室建设工作经验。

张德胜从北京师范大学的校训“学为人师、行为世范”开始说起，从师德要义与国家要求、师德建设面临的困境、师德标兵的遴选、师德典型的传播等几个方面，发表了自己的一些看法。

在讲到如何传播师德典型的问题时，张德胜以黄石市铁山区第三小学已故书法教师陈建国的先进事迹为例，倡导用微博、微信、新闻客户端等形式，向省内外融合传播该校的书法教育成果。张德胜同时表示，愿意带领我院师生与铁山三小合作，共建传播平台。

湖北省教育厅教师管理处处长童静菊博士全程聆听了张德胜的演讲，对张德胜的建议表示赞赏。

（原载于《新传人》第 26 期，2017 年 6 月 20 日）

业界导师为我院本科生上课

郭佳淇　张倩　李倩

2017年11月22日，在2017业界硕导聘任仪式结束后，多位业界导师分别走进我院4个专业课堂，为新传学子带来了精彩纷呈的报告。

魏艳文：媒介融合下电视媒体创新盈利模式

武汉广播电视台城市记者站站长魏艳文讲授了电视新闻调查的制作过程，分析媒介融合背景下电视盈利模式的创新。

魏艳文以她在2006年参与制作的电视报道《少女怀孕调查》开篇，逐层分解新闻调查制作过程，强调"不同于纸媒调查性报道有着明确且显著的论点，电视媒体调查报道是通过记者的提问逐步将事件还原于受众面前，观点也在问答中体现。"因此，记者应在事前深刻了解被采访对象，应站在受众的角度有针对性地逐层深入提出问题。

媒介融合已是当下媒体发展的大势，魏艳文认为媒介融合为创新电视盈利模式创造了条件，催生了电视媒介新的多元化的盈利模式：一是以T2O模式为突破口，将电视媒体直接与电子商务平台对接，构成价值链闭环；二是将电视媒体与新媒体融合，充分开发"两微一端"，扩大受众覆盖面，开发盈利新渠道；三是要以产业化经营为发展重点，主动适应全媒体新业态。

刘征：融媒时代广播的创新和坚守

湖北广播电视台湖北之声首席记者刘征为我院2015级新闻学生做了题为"对比中美媒体融合，看融媒时代广播的创新和坚守"的报告。

刘征首先介绍了美国的NPR技术，以及我国小米公司推出的人工智能音箱——小爱同学。

"未来已来"，这是刘征提到的第一个关键词。他强调，随着新媒体的不断发展，未来已经真真切切来到了我们面前，媒体人必须具备高度的技术敏感意识。无论是美国还是中国，与智能语音技术平台的合作已经表明在人工智能环境下广播电台的发展进入了新阶段。

在阐述第二个关键词“调频已死”时，刘征解释，广播曾作为车载媒体的重要部分，现已受到车联网技术的冲击，在技术敏感的前提下，更应拥有开放性思维，变革是广播事业永恒的主题。全媒体环境下，广播未来的发展方向一定是“内容为王”，即原创音频的开发，只要广播人坚守广播的内容定力，广播就一定不会消失。

2016 年，刘征凭作品《兄弟，我们一起上去》获得中国新闻奖。刘征结合该文传授了一些新闻写作经验，强调新闻人要有新闻敏感性，要有坚守和坚韧的品性。

谭海燕：如何用 6 分钟讲好一个故事

如何用 6 分钟讲好一个故事？围绕这个话题，湖北电视台首席策划、影视频道副总经理谭海燕在东教 303 教室为 2016 级编导学生带来了精彩的讲座。

谭海燕开篇点题“文字是一切的根源”，在课堂上分享了自己的招聘方式：在接到应聘者之后，抛弃传统的看简历方式，让其用 1500 字在两个小时内完成一篇自我介绍。对于这种“非简历式”的招聘方式，她解释说：“要想在短时间内把非虚构类故事讲明白，打好文字功力非常重要，文字不仅代表稿子写得好，还反映了一个人的思想。同样的 1500 字，有的人写得字迹潦草、不知所云，但有的人写得像一篇小说和散文。所以说，做传播，文字是第一位的。”

随后，谭海燕分享了自己参与策划的“我的全家福”特别项目，讲述了活动背后的一个个小故事。“清晰的主线是讲述故事的关键。”她认为，虽然在采访过程中编导会了解到人物背后的许多故事，但不是要把了解到的所有事情都一一呈现在观众眼前。

“做片子就像一座冰山，能给观众看的都是浮上表面的东西，百分之七八十的部分还是隐藏在海里的。”她指出，做故事的境界是讲清楚、讲精彩。

石永军：广播只有融合才有未来

中南财经政法大学新闻与文化传播学院教授、博士、院长助理石永军为 2015 级编导学生做了一场主题为“媒体融合——广播的抉择”的讲座。

石永军担任过记者、主持人、制片人等职务，创办了《新闻快报》《每日时事》《经视新闻》《提案追踪》等多个电视新闻栏目并担任制片人，有着丰富的媒体理论与实践经验。在这次讲座上，他向同学们全面分析了广播的现状及发展趋势:只有融合才有未来。

石永军以《楚天金报》休刊为例,引出对传统媒体生存现状的分析,揭示广播行业在新媒体时代的融合之道:它将必然以利用互联网突破各项局限性、借助互联网提升用户粘度和依托互联网开拓运营空间三种方式走上融合之道。

媒体融合必备思维是什么?在石永军看来,分别是产品思维、数据思维和入口思维。要做到将内容与产品相结合,注重用户体验,提升服务精度,重新建立广播与新媒体连接的优势,同时也要把握好地域性广播的优势。

石永军还阐述了广播媒体融合的三个重点:第一是伴随、即时与互动性;第二是充分挖掘"主持人"的价值;最后是"车载收听"。

毕竟:记者要进行价值重构

《武汉晚报》高级编辑毕竟在西教404开展题为"变'打搅'为'打动',大家共同的课题"的讲座。

毕竟以大学生谈恋爱的例子,展开变"打搅"为"打动"的简述,并以乐队五月天歌曲中富有才华的歌词为例,说明了个人文化、才情对"打动"他人的重要性。

毕竟提出,要对自己进行价值重构,才能"打动"而不是"打搅"他人。大变局时代已经来临,一切价值都在重构,一切价值都需要重构。"在这样一个时代,我存在的价值是什么?"他提出这个问题,并以2017年10月10日起故宫正式实行全网购票不再出售实体票为例,说明不勤奋就只能做简单的工作,而越简单的工作越容易失业这一观点。他强调,人类不能变为机器人的行乞者,记者更不能被取代。因为记者可以通过文字形成自己独有的风格,可以与人沟通,形成情感上的交流。

毕竟对如何进行价值重构展开了剖析:从观念上,首先要重估一切价值;其次要自我颠覆,重构价值。他认为,颠覆是为了重建,同样媒体也在颠覆。一个人的思维很重要,不断颠覆自己,让自己变得优秀才能打动他人。

"淘汰你的,从来不是你的竞争对手,而是自己。切忌故步自封,要与时俱进,想要不被机器人代替,那就让自己变得无可替代。"毕竟以此寄语现场同学们。

朱力军:爱上纪录片

湖北广播电视台纪录片部主任、高级记者朱力军为2015级编导学生作了题为“爱上纪录片”的讲座。

进入湖北广电后,从专题报道的摄像记者到专题报道组组长再到纪录片部主任,朱力军积累了许多专题报道和纪录片创作的工作经验。讲座中,他对传媒行业现状进行了整体性分析后畅谈了纪录片创作。

朱力军介绍,2017年度湖北广电所定的宣传片主题叫“电视的力量”,他从“情感铸就的力量、时间铸就的力量、喉舌主导的力量、内容为王的力量、融合传播的力量、受众支持的力量”这6个方面为该纪录片撰写了解说词。朱力军强调,电视发展40年的历史,它的文化编码和中华民族的文化心理高度融合,电视的权威性也正体现在它见证了中华民族的崛起,实现中华民族伟大复兴的历史进程上。

“电视行业即使备受冲击,但绝不会衰退,也绝不会消亡。”朱力军说,“同学们一定要明确新闻媒体的行业规律,这样才能在传媒行业发挥作用。”

(原载于《新传人》第29期,2018年3月2日)

肖宁:育人比教书更重要

李晓蓉

2017年12月27日晚,我校2018新年晚会在校体育馆举行。在喜庆热闹的气氛中,校党委书记彭道海教授为我院播音与主持艺术教研室党支部书记、国家级普通话水平测试员肖宁副教授颁发了"2017年湖北省师德先进个人"荣誉证书。

"2017年湖北省师德先进个人"评选活动由湖北省教育厅、湖北省教育工会组织开展,在各地各高校层层评选推荐的基础上,经专家评审委员会评选、组织考核和网上公示,最终评选出108人,其中高校教师80人。

育才先育人

"作为教师,需要学习的东西很多,但人又做不到十全十美,所以还是要不断探索、不断进步。"这是肖宁一贯的信条。

教学中,肖宁注重把教书和育人结合起来,在传授专业知识的同时,以自身的道德行为和魅力言传身教。在"语言表达"课上,她精选教学内容,通过让学生分析、播读优秀的稿件和课堂中即兴评述的教学,引导学生寻找人生的意义和价值。她认为,教师与学生之间应是亦师亦友的关系:"要把自己教成学生,站在学生的立场考虑,了解他们想要知道什么,他们适应的方式是什么样的。"

她还注重对学生生活上的开导。"教书育人是教师的职责,相比教书,育人更为重要。"她解释道,对待学生,要善于沟通、深入了解,知道他们的真实想法,给出具体建议,帮助他们完成现阶段的学习任务。"不管他们未来想干什么,我们都支持他们去坚持自己的梦想。"

课堂是师生共同的乐园

"以前我们总说,老师要把课堂当成乐园,这么多年的教学经验告诉我,光老师把课堂当成乐园还不够,重要的是学生也把它当成乐园。"为此,肖宁花大量的时间和精力查阅资料,精选教学内容,仔细设计各教学环节,认真把握教材,创新教学思路,改进教学方法,认真对待每一堂课,从而使学生们分析、解决问题的能力不断提高。

同时,肖宁还重视与学生之间的情感交流,在严格管理的同时激发学生的学习热情,鼓励他们大胆实践,并结合学生的专业特点、学习特点,因材施教,让学生体会到进步的乐趣,从而乐于学习。

全身心投入工作

2012 年至 2017 年,肖宁担任播音与主持艺术教研室主任,认真履行自己的职责,为教研室各项工作付出了大量心力。

在修订播音与主持艺术专业本科教学方案过程中,为使方案更贴合实际,她亲自到相关高校调研,深入了解学生需求。在教研室教学任务繁重的情况下,她还积极推动课程组建设,发动年轻教师参与外聘教师管理工作,鼓励青年教师在教学中改革创新,加强实践教学,在新闻传播学院湖北省综合改革试点学院的建设过程中做出贡献。

肖宁从 1995 年任职于武汉体育学院以来,先后获得多项殊荣:2011 年被中共武汉体育学院委员会授予“武汉体育学院优秀共产党员”称号,2012 年被湖北省教育厅、湖北省语言文字工作委员会评为“湖北省语言文字工作先进个人”,2017 年被评为“湖北省师德先进个人”。

面对荣誉,肖宁始终心怀感恩。她说:“从一个年轻教师到现在能获得这样的殊荣,很感谢学校对我的培养,感谢领导、同事的帮助,包括我的学生。”

(原载于《新传人》第 29 期,2018 年 3 月 2 日)

央视张德宏来院寻找“最美”合作点

李聪

中央电视台科教频道制片人张德宏（右）与我院教师交流
摄影/李聪

7月20日，中央电视台科教频道制片人张德宏在科技楼604室学术中心同我院部分教师及研究生代表进行了交流。

院长张德胜向张德宏介绍了我院近年来的发展，并笑言两人名字仅一字之差，这也是一种“缘分”，希望将来我院和张德宏女士有更深层次的合作。

张德宏是《寻找最美乡村教师》和《寻找最美乡村医生》等专题节目的制片人。此次前来我校和新闻学院师生们交流，她不仅介绍了《中国诗词大会》等热播节目，还介绍了行业内的前沿信息。她认为现在是新闻行业蓬勃发展的时代，未来10至20年将会是视频的天下，任何融媒体都要重视手机的力量，同时树立自己的大IP。

张德宏表示，新闻行业是实践先行的行业，作为一线媒体人，希望实践之后能够对理论进行再思考，也对未来与武汉体育学院新闻传播学院的合作充满了信心。

（原载于《新传人》第31期，2018年10月24日）

邵娟：从“媒体人”到“教书匠”的完美转身

王奕宵　李慧敏

邵娟副教授近影　摄影/王奕宵

她曾是一名媒体记者，在2001年至2010年曾7次获得湖北省新闻奖的一、二、三等奖，还被评为报社的十大风云人物。2010年受聘为武汉体育学院新闻传播学院教师后，获得湖北省新闻工作“建设者奖”称号，并荣获2017—2018年度武汉体育学院“优秀教师”称号。她就是新闻传播学院新闻系副教授邵娟。

守住三尺讲台

2010年6月，邵娟结束9年的记者生涯，来到武汉体育学院。课堂上，她尽可能地把新闻实务经验传递给未来的媒体人。

运用大量的新闻素材及新闻背后的故事牢牢抓住学生的注意力，是邵娟讲课的最大特点。一次，一名学生课后对邵娟说：“老师，我在课堂上听到了跟教材不一样的东西，了解了许多新闻背后的故事，懂得了一篇报道背后原来还有那么多技巧，深受启发。”这带给邵娟满满的成就感，也让她坚信新闻教学首要的就是要坚守讲台。

在一堂看似紧张热闹的课堂背后，老师要花数倍的时间去搜集材料，去和同行探讨。邵娟经常和各大媒体记者线上线下探讨新闻实务的教学方法和素材更新情况，有时还会请教一线记者新闻背后的故事。

运用大量实例来论证教材中的理论知识点或者教材不妥之处，是邵娟教学的特点之一。因为这样做，一是可以抓住同学们的眼球，激发同学们对于新闻采访与写作的兴趣；二是可以让同学们了解采访的整个过程，知道采访中可能会出现哪些问题，怎样去解决问题；三是可以学习一些写作过程中制作标题等方面的技巧；四是可以帮助学生们感知什么是新闻、什么是好新闻，以便学生在实践中发现并写出好新闻。

随着新媒体的迅速崛起，传统媒体的生存越发艰难。这样的局面导致从事新闻媒体工作的新闻学专业学生越来越少。邵娟发现，每年从事新闻工作的新闻学专业毕业生比例很低，“互联网对整个新闻生产和新闻生态进行了重构，看似传统媒体在下滑，影响了新闻学专业学生的就业，实则扩大了学生的就业面。”

怎么更好地与人沟通，怎么学会表达表现，如何写作，学好了这三样，毕业后从事与新媒体和大传媒相关的工作都会有竞争力。“你看我们学院每年推出的这些‘新青年’优秀学生，不就在大传媒领域干得很出色吗？”邵娟认为，新闻学专业教学应更多地倾向素质教育，通过历练找到打开大传媒领域的钥匙。

实践出真知

“新闻采访”课上，邵娟要求学生每个人都要去菜场、工地、天桥等地点采访社会最基层人员，和他们聊天，发现新闻、制作新闻；“深度报道”课上，她又将学生“赶”出校门，了解社会现象，了解社会转型期出现的新问题，以小组为单位做深度报道。

从选题到采写，她一个小组接一个小组地辅导，文章改了一遍又一遍。《P2P爆雷之后》《养在“囚笼”中的校园媒体》《家长群里的江湖》……好作品就这样磨出来了。为何这样做？邵娟回答，因为实践出真知。

邵娟说，学生们在课堂上可以学到非常丰富的新闻理论，也可以学到不少采访技巧，可当面对复杂多变的社会时，学生们连什么是新闻都不知道，面对陌生人也不知如何开口，更不知晓怎样抓住核心问题进行沟通了解。所以，深入社会实践，让学生在实践中获得更多的新闻采写经验、发现并改正自己的新闻采写缺点是非常有必要的。

上B站，刷抖音

邵娟是华中师范大学第一批拿双学位的本科生。本来就读的是汉语言文学教育，辅修了一门新闻学。大学期间的暑假，她基本都是在电视台和报社实习度过的。想当一名记者虽然是兴趣使然，但是实践后更加坚定了她对这个职业的热爱。

"人生规划要趁早。"邵娟一直这样和学生说，"尽早对自己的职业生涯做好规划，要清楚自己想要什么，了解自己，弄清自己的兴趣爱好所在，这样才不会让自己陷入迷茫。"邵娟和学生的交流不仅在课堂上，还在课堂之外。学生们经常向她咨询自己在生活中遇到的各种问题，邵娟总是热心地为学生排忧解难。生活中的邵娟更像是一个可以倾诉困难、缓解压力、询问意见的"知心姐姐"。

"教新媒体课程，就得贴近学生的生活和话语方式，所以我很会刷微博，玩抖音，上B站哟!"邵娟笑着说。

课余时间，邵娟也在不断提升自己、不断学习。因为关注表情包、短视频等新媒体事物，她将其与视觉文化传播相结合，以研促教，思考出新的课堂教学方法。

"知性""干练""优雅"，熟悉邵娟的学生这样描述她。对学生的悉心教导，对学术的思考，让邵娟在教学的岗位上越来越成熟。

（原载于《新传人》第34期，2019年6月28日）

媒体运行也要与时俱进

王佐臣

“媒体运行”这一舶来词汇，因北京申办奥运会成功首次在我国见诸报端。2008年，北京奥组委为2万余名中外注册记者报道赛事盛况提供了专业化服务，为北京赢得办了一届“无与伦比的奥运会”的高度评价做出了巨大贡献。在之后10余年，媒体运行理念在广州亚运会、深圳大运会、南京青奥会等赛事筹办中逐步成长、完善、定型。

随着通信技术的突飞猛进、智能手机的普及、移动互联网和自媒体的迅速发展，报纸、杂志、广播、电视这些凭文字、图片、音频、视频传播信息的媒介日益被手机取替，融媒体时代已经模糊了传统文字、摄影、电视记者的分类界线。主办方、承办方或电视转播方试图通过垄断电视转播权来控制其他媒体录播视频的做法，已与时代激烈抵触，且遭到了平面媒体和自媒体的激烈反对。管控视频录播权，不仅与融媒体报道赛事需求相冲突，也违背了充分、生动、及时报道赛事与提升举办城市知名度的初衷。

在融媒体时代，读报、看电视的人越来越少。不管你是记者、编导、解说还是主持，如果不把赛事报道新闻作品做到手机移动客户端上，就不大会引起受众兴趣和关注，也就失去了传播力和影响力。与此同时，即使把图文并茂的赛事报道做在手机客户端上，如果没有时效和特色，也会被受众忽视。因此，革新传统媒体运行理念，规划建设融媒体新闻中心和场馆媒体中心，是时代需要，势在必行。

（原载于《新传人》第35期，2019年11月8日）

湖北省首届“最美社科人”发布仪式在湖北广播电视台举行

张德胜荣膺“最美社科人”称号

朱妍珏

9月10日，湖北省首届“最美社科人”发布仪式在湖北广播电视台举行，我校新闻传播学院院长、博士生导师张德胜教授荣膺“最美社科人”荣誉称号。中共湖北省委常委、宣传部部长许正中亲自为张德胜颁发了奖杯。我校副校长漆昌柱应邀出席了发布仪式。

据悉，经省委宣传部同意，省社科联从2019年10月开始在全省广泛开展首届“最美社科人”推选宣传活动，通过遴选著书立说、明德树人、经世致用、丹心报国的典型，以激发广大社科工作者的荣誉感、责任感、使命感。

评选活动启动后，共有63家高校、文化、科研单位积极响应。省社科联经过严密的评选程序，最终遴选出11名湖北省首届“最美社科人”，我校张德胜教授与武汉大学邹薇教授、华中科技大学欧阳康教授等一道名列其中。

组委会给张德胜的颁奖词说：“光影腾挪，过关斩将，在你独特的美学视角中，足球艺术光芒万丈；以和邦国，你登高眺望，体育，也能是融化坚冰的阳光。”这是对张德胜从早年的足球美学研究，到现在的体育外交研究的一种高度肯定。

我校科研处、人事处、宣传部以及新闻传播学院负责人一同受邀出席了这次发布仪式。

（原载于《新传人》第37期，2020年10月12日）

张德胜：十年如一日的"拼命三郎"

朱妍珏　赵鑫鹏

我校漆昌柱副校长（左六）以及科研处、人事处、宣传部和新闻传播学院负责人应邀出席湖北省首届"最美社科人"发布仪式　摄影/朱妍珏

2020年9月10日，湖北省社会科学界联合会隆重举行湖北省首届"最美社科人"发布仪式，武汉体育学院张德胜教授与武汉大学邹薇、华中科技大学欧阳康等11名专家学者同获此项殊荣，并从中共湖北省委常委、宣传部部长许正中手中接过金灿灿的奖杯，各种媒体报道了这一盛典，一时间，荆楚大地刮起了"最美"风暴。

张德胜教授是武汉体育学院新闻传播学院院长、二级教授、博士生导师，湖北名师工作室主持人。2011年作为全校第一位"东湖学者"特聘教授被引进我校。2012年3月通过全球招聘，出任新闻传播学院院长。10年来，他为学校填补了诸多空白，学校也对其给予了充分肯定。

张德胜说，只要努力做到不负学校、不负同事、不负学生这"三不负"，结果肯定不会差。

不负学校：不当旁观者，勇当主力军

张德胜上任新闻传播学院院长后，确定了“以人为本、实践第一、突出特色、全面发展”的建院思路。所谓“以人为本”，就是办学必须以教师为本，教学必须以学生为本，只有教师先有发展，然后学生才能有成长；所谓“实践第一”，就是要充分考虑到新闻传播类专业是实践性极强的专业，教师要给学生“一瓢水”，自己首先必须拥有“一桶水”，教师的实践能力要先于学生；所谓“特色突出”，就是学科建设既要遵循新闻传播学母学科的本色，又要充分利用武体体育学全国领先的优势，强调交叉融合，从教学到科研突显体育传播特色；所谓“全面发展”，是指培养的人才不仅仅擅长体育传播，还要有全面适应社会的综合素养。

在上述理念的指导下，新闻传播学院在张德胜的带领下开始了近 10 年的狂飙突进之旅。

2012 年，新闻传播学获批省级重点培育学科。

2013 年，新闻传播学院获批首批省级试点学院。

2014 年，与湖北广播电视台共建省级实习实训示范基地；新增新闻与传播专业硕士学位授权点；获批省级中青年科技创新团队；获批新闻传播学省级特聘教授设岗学科。

2015 年，获批湖北省首批高校名师工作室；“互联网＋体育”入选省级优势特色学科群培育项目。

2016 年，代表学校首次荣获全国教育科学研究优秀成果三等奖。

2017 年，新增新闻传播学一级学科硕士学位授权点；新增艺术专业硕士学位授权点。

2018 年，荣获第八届湖北省高校教学成果奖一等奖。

2019 年，新闻与传播实践教学团队获批省级实践教学团队；新闻学专业获批省级一流专业。

2020 年，荣膺湖北省首届“最美社科人”称号。

从 2011 年至 2020 年，新闻传播学院共主持承担国家社科基金项目 15 项，名列全国同类院系前茅。

不负同事：简单可依赖，人人有发展

“在武体新闻学院，我是一个新人，我是来为大家服务的，我很崇尚百度李彦宏所倡导的企业文化——简单，可依赖。”这是张德胜在就职演说时

说过的话，他至今记忆犹新。为了实现这句“简单，可依赖”，张德胜一直秉持“独行快，众行远”的中国传统哲理。宁可牺牲自己个人的学术增长速度，也要当好这个集体的“领头雁”，促进教师人人发展。上任伊始，他身先士卒挥起了“三板斧”。

一是以提高教师的实践动手能力作为突破口。张德胜曾经在著名纸媒《足球报》担任过两年的职业记者和编辑。来到武汉体院，他创办了4开8版的院报《新传人》。每期邀请不同的老师来担任这张报纸的主编，实行主编轮换制，让老师们充分体验如何做一个报纸主编，跟学生一起探讨采写编评究竟是怎么一回事儿。这份报纸一共出版了30多期，如今已成为新闻传播学院的院志。在移动媒体时代，办报成了一种坚守新闻理想的最好方式。新闻传播学院现有新闻学、播音与主持艺术、广播电视编导、视觉传达设计4个本科专业，每一个专业都有一个微信订阅号，都是在老师指导下，由学生进行日常运行维护。

在校内锻炼多了，老师们的经验丰富了，就可以跟主流媒体对接。比如，与媒体开展“双跨工程”，邀请媒体人士来校兼职，派出本院教师到媒体挂职；再比如，跟新华社合作，每逢举办大型综合性赛事，就派遣教师参与新华社负责的大型赛事媒体运行工作。2013年南京亚青会、2014年南宁体操世锦赛、2015年鄂尔多斯全国少数民族运动会、2019年武汉军运会等大型赛事，均能看见武体师生团队在一线报道的身影。实践教学成体系了，实践教学的成果产出就变得顺理成章。张德胜领衔申报的“新闻传播类专业‘三双式’实践教学体系的构建与实施”荣获2018年第八届湖北省高校教学成果奖一等奖。

二是狠抓教学基本功。张德胜有一句口头禅，新闻传播学院师生几乎人人皆知，那就是“登台即是表演，脱稿为第一要务”。可以说，深入浅出的脱稿演讲是教学艺术的精髓。于是，我们看到，在学校举办的两年一届的青年教师基本功大赛中，新闻传播学院教师多次获得学科组第一名。

线下脱稿问题解决了，线上脱稿就有基础，建设精品视频公开课或者慕课就不是难题。过去几年，张德胜带领不同的年轻老师分别建设了“体育解说评论”和“现代体育与社会进步”两门省级精品视频公开课。去年暑假，张德胜又带领6名青年教师一起制作了慕课“体育与社会”，该课推出仅半年，就被全国15个省50多所高校采用，选课学生高达20万人，结课人数16万，结课率高达80%，该课一举跃居学堂在线慕课平台2000多门课程的第25名。《中国教育报》《中国体育报》先后3次报道该课。不少师生反映，这门课实在太有意思了，收看这门课“有追剧的感觉”。

三是鼓励科研创新。人文社会科学要观照社会，张德胜一直提倡做活的学问，做经世致用之学。无论是他前期完成的媒体运行服务研究国家一般课题，还是正在主持的体育外交研究国家重点课题，都是以解决现实问题为关切。另外，他作为国家体育总局政法司高端智库专家，先后3次通过新华社内参给国家有关部门建言献策，均被采纳。

近年来，新闻传播学院教师承担了多项国家级课题，这与张德胜的鼓励分不开。他常说，“课题申报的秘诀就是‘热点问题的理性表达’，理性就是理论支撑，人文社科研究离不开大量的阅读。”为此，新闻传播学院从2018年开始，创办了“东湖读吧”读书会。张德胜、张钢花、王创业等人带领青年教师和研究生一起读书，每周一书，迄今已经共读探讨了30多部社科名著，新传学院传帮带的学术风气十分浓郁。

不负学生：成才先成人，个个有成长

张德胜经常说，家长把孩子送到学校，就是期望孩子能成人成才。在张德胜眼中，学生既是学生，又不是学生。所谓“是学生”，因为他们的身份与使命使然；所谓“不是学生”，是因为学生在某些方面可以成为老师的合作者。作为老师，最重要的不是教给学生多少知识，而是作为学生平等的合作者，激发每一个学生的潜能。

一是举办一年一度的新青年论坛。在每年五四青年节之前，遴选10名新闻传播学院优秀在校生或毕业生，分别讲述各自成功的故事，让学生告诉老师，让学生教育学生，大学生活应该如何度过，他们想要一种什么样的教育。比如，荣获2020年全国抗击新冠肺炎疫情先进个人的2009届毕业生、央视记者倪晶依将是下届论坛的受邀嘉宾。

二是举办一年两次的体育嘉年华。身在体院，应该喜欢体育、享受体育，张德胜倡导的体育嘉年华以赛为媒，全方位练兵，新闻学专业学生练习平面报道，编导专业学生练习视频报道，播音与主持艺术专业学生练习解说评论，视传专业学生练习赛事推广。比如，腾讯体育知名篮球解说员刘圳展的职业生涯就是从校内解说起步的。

三是从自办体育节目到开通校园直播室。张德胜主张不同专业创办不同的体育节目，比如编导专业创办《挑刺体坛》评论节目，播音与主持艺术专业创办《健康跟我来》体育健身节目，其中2017年凤凰卫视中华小姐环球大赛总冠军李明子、2018年海峡两岸广播电视主持新人大赛金奖获得者张琛就是通过上述节目成长起来的。从2019年开始，新闻传播学院与湖北广播电视台湖北之声合作，将日播体育节目《我爱运动+》周末版放进新闻传播学院实验室，由电台主持人带领学生团队进行直播，开创了“校媒合作、协同育人”的全新模式。

对于张德胜来说，十年如一日，累并快乐着。用2020年全国优秀共产党员、全国抗击新冠肺炎疫情先进个人、《南方都市报》首席记者刘军的话来说：“张德胜是我的老师，我先后跟他读了7年，他始终充满了激情和智慧，这让我受用终身。”

展望未来，张德胜说，新闻传播学院有三大目标：一是早日建成至少一门国家级一流课程，二是要将新闻学专业建设成为国家一流专业，三是在新闻传播学的学科建设上再上新台阶，为早日建成人类命运共同体视域下的全球体育共同体，贡献武体人的智慧和力量。

因为有梦想，才会有动力；因为泥泞，才会留下痕迹。

远眺未来，张德胜的目光中充满了坚毅。

（原载于《新传人》第37期，2020年10月12日）

上半年：我院教师出钱出力助抗疫

卢　琪

疫情期间，我院教师们不忘初心、牢记使命，积极捐款献力，用实际行动为疫情防控工作贡献自己的力量。

侯小琴：定向捐款为学生购买氧气机

侯小琴老师定向给一位2015级编导专业的感染者张永薇捐了2000元。当时，张同学一家六口包括她自己均感染新冠病毒，但她由于未通过核酸检测，无法及时住院，独自在家，已经出现呼吸困难的症状，非常难受。侯小琴得知后，立即与张同学取得联系，给予安慰和鼓励，并捐款2000元用于购买氧气机，帮她渡过难关。

姜欣老师和爱人积极为中华慈善总会捐款并购买专用医用护目镜捐赠给医院，王雪莲老师为武大校友会捐赠1000元以助力购买紧缺医用物资，李保存老师为校医院捐赠口罩、酒精和消毒液……

还有很多老师都默默地尽可能地利用自己的途径和方式参与这场疫情防控人民战争。

赵靖：不断"上岗"，日夜守护

1月30日早上，赵靖打开微信看到学院工作群里关于报名志愿者的一条通知。没有多想，他第一时间报名了疫情防控工作队，成为武汉体育学院的第一批志愿者。

赵靖接到的第一个任务就是在行政楼值守夜班，主要负责记录每一通电话的内容，并及时传达，有时凌晨1时也会有电话打进来。他每天睡觉就在办公室，但也不敢睡太熟，生怕漏接一个电话。因为当时正值疫情高发期，学校人手不够，赵靖连续值守8天超额完成了任务。

随着抗疫工作的不断升级，根据湖北省新冠肺炎疫情防控指挥部要求，赵靖每天对社区逐户逐人全面排查。

排查初期是最困难的，因为需要居民每天两次在手机上报体温，29栋居民有一部分是退休的老教师,不会使用微信,赵靖需要一个个打电话教这些老教师们如何使用。封控期间,所有居民要居家防疫,他要负责统计所有居民每次团购菜品的信息。如果有人生病,他要联系居委会出证明并安排爱心车接送。

从行政楼值班岗位换下来后,仅仅休息了3天,赵靖又继续"上岗"了,成为居委会的一名志愿者。

社区居委会每次向街道争取物资救助,只要物资一到,赵靖和志愿者小伙伴们就马上组织起来,分楼栋搬运,把救援物资全部发放到居民手中。日常工作中,赵靖还会挨家挨户给困难的群众赠送爱心物资,帮独居老人家里安装灯泡、清理堵塞水槽等。

疫情期间,赵靖除了白天在居委会值班,晚上还主动报名参加了学校封控巡逻队,巡逻时间是下午5时30分至晚上10时。当被问到"白天值班,晚上还要巡逻不累吗"的问题时,他回答道:"刚开始巡逻队人手不够,而且,这个工作站的时间比较久,需要年轻人,我比较合适。"

杨虎:做好武体的"保卫者"

"作为一名身体健康的年轻人,同时是学生的辅导员,自是冲锋在前。"2020年农历正月初六,杨虎毫不犹豫地报名成为学校的第一批志愿者,希望能尽最大努力,为疫情防控做力所能及的事情。

学校疫情防控志愿服务工作分工细致,杨虎主要负责物资的分发运送,为一些独居老人、行动不便者送上食物等日常所需物资。"在温暖别人的同时,也温暖着自己。"杨虎这样评价自己的工作。

由于岗位需要,杨虎从物资搬运的岗位转战到校行政楼值起夜班,主要负责接收领导安排、接听来电等工作。

随着学校的防控管理升级,在防控组的安排下,他被调至校园防疫抗疫一线。虽然工作相比前线军警医生等人员的工作轻松许多,但这份工作也能够为国家、为学校的防疫做出直接贡献。杨虎每天在指定区域定点巡查,确保巡查区域安全并防止人员外出,同时为指定片区送上物资等。

就这样,杨虎日复一日和体院其他各种身份的志愿者一起进行志愿工作,共渡难关,迎来春天。

刘晓丽:随时准备加入志愿行动

"身为武体一分子,在感受着集体强大的温暖力量的同时,也希望自己能尽一份责任。"学校组织报名第二批志愿者时,由于不再限定性别,刘晓丽立即报名，成了学校防疫志愿者服务工作群的一员，和其他志愿者一起行动起来。

这学期，刘晓丽承担了两门专业课的教学任务。按时在线教学之余，为了能及时了解志愿服务信息，她把微信中的防疫志愿者服务工作群设为置顶状态。看到后勤部门发布关于封闭楼栋物资分装配送工作志愿服务的需求信息后，她随即报名加入封闭楼栋物资分装配送工作志愿队。由于当时不少楼栋处于封闭隔离状态，住户们的生活物资由志愿者们分装和配送。根据安排，她的任务是到教工超市协助分装物资。

防疫志愿者服务工作群里不仅有学校教职工，还有下沉党员及其家属等，很多人彼此都不认识。大家随时处于待命状态，不论何时，只要工作群里发布需求信息，都迅速响应，踊跃报名，喊着“我来！”“我马上到！”，或者干脆直接前往场地支援。搬运物资时，志愿者们自发组队，接力运送，有序摆放。一阵忙活后，又随即散开。尽管口罩之下的面孔都很陌生，但彼此之间传递的是温暖。

（原载于《新传人》第38期，2020年11月2日）

我校四名教授受聘为国家体育总局“十四五”时期体育决策咨询专家

陈　昊

7月9日，国家体育总局办公厅公布了国家体育总局“十四五”时期体育决策咨询专家名单。我校吕万刚教授、王志强教授、张德胜教授、柳鸣毅教授获聘。

“十四五”时期是全面贯彻落实党中央关于2035年建成体育强国的重大战略部署、全面建设体育强国的第一个五年。2021年是“十四五”开局之年。为进一步充实体育决策咨询专家队伍力量，规范体育决策咨询项目选题征询和项目评审等工作，充分发挥体育各领域专家学者专业优势，与时俱进开展体育重大理论研究和实践问题研究，以高质量的决策咨询成果助力新时代体育强国建设，体育总局开展了“十四五”时期决策咨询专家库建设工作，经单位推荐、专家初评、司局审核，最终共有96名同志受聘为“十四五”时期体育决策咨询专家。

（原载于武汉体育学院校园网，2021年7月13日）

第三章 人才培养

DISANZHANG RENCAIPEIYANG

懂体育与时俱进　会传播以德为先

张钢花

人才培养是大学的本质职能。学院现有新闻学、广播电视编导、播音与主持艺术、视觉传达设计等四个本科专业。学院坚持本科教育纲举目张的战略地位，坚持立德树人，推进“三全”育人，培养政治素质过硬、体育特色突出、传播技能一流的应用型新闻传播人才。

在学校的大力支持和全院师生的共同努力下，本院形成了“讲政治、下基层、懂体育、会传播”的人才培养特色。为中央广播电视总台、凤凰卫视、湖北广播电视台等著名电视媒体，《湖北日报》《新京报》《南方都市报》等知名报刊，腾讯网、新浪网等网络媒体，输送了记者、编辑、主持人、编导、解说员等多种岗位的优秀毕业生，积累了良好的社会声誉，发挥了积极的社会影响。

一、讲政治，用马克思主义新闻观引领人才培养理念

学院以“为党育人、为国育才”为人才培养的核心目标，在教学中推动课程思政建设，践行马克思主义新闻观，培养又红又专的新闻舆论工作者；在实践中唱响主旋律，坚持正确的舆论导向，努力做合格的党的政策主张的传播者、时代风云的记录者、社会进步的推动者和公平正义的守望者。

为了让马克思主义新闻观走进课堂、融入实践、贴近师生，学院通过社团、协会、社会实践团队等平台，倡导言传身教、知行合一。2021年7月，学院组建了由四个专业的师生组成，包括本科生、研究生、教师在内43人的“红色阳新”采访团，以“红色阳新红土地·十个党员十面旗”为主题，采访报道当地县委推荐的10名优秀党员。系列报道在湖北日报客户端和云上阳新集中推出，获得了强烈的社会反响和积极的舆论效应。学院师生既提升了专业素养，又接受了红色文化的精神洗礼，这种专业实践与社会实践相结合的新模式成为践行马克思主义新闻观的生动体现。

近年来，在“讲政治”的党性原则引领下，学院培养了一批业务突出、政

治过硬的新闻传播人才。2009 届毕业生倪晶依在 2020 年抗击新冠疫情一线报道中，牢记主流媒体的初心使命，守好阵地，以笔为器，深入抗疫一线采访报道，被评为“全国抗击新冠肺炎疫情先进个人”。2013 级学生秦天在校期间积极投身志愿服务，荣获由共青团中央、中国青年志愿者协会联合颁发的第十一届“中国青年志愿者优秀个人奖”。2014 级学生周天竞加盟“湖北日报大学生记者团”，其作品《与党和人民同呼吸的青春最美丽——湖北日报大学生记者团奔赴抗洪救灾一线报道纪实》荣获湖北日报大学生记者团 2016 年度好新闻特等奖，周天竞本人也荣获 2016 年度“湖北日报十佳大学生记者”称号。

二、下基层，用“三贴近”原则规划人才培养路径

贴近实际、贴近生活、贴近群众，是学院人才培养的有效路径。学院在与湖北广播电视台合作共建省级示范实习实训基地的基础上，先后与大冶市广播电视台、荆门广播电视台、阳新县融媒体中心等基层媒体签署合作协议，将学生实习实践平台延伸至社区街道和乡镇村庄。学院始终坚持将作品写在祖国的大地上，让学生走进基层，把镜头对准基层，报道基层群众的生产生活，宣传基层涌现的先进典型，让人才培养成为推动新时代社会发展的前进力量。

学院领导率先垂范，带头深入基层，发挥榜样作用。2020 年，应湖北省社会科学界联合会和长江云邀请，院长张德胜教授冒着疫情风险，深入武汉居民社区，以出镜主持身份，参与拍摄制作抗疫志愿服务专题片《城市摆渡人》，该片登上学习强国平台首页，获得了两千多万次点击，入围教育部“2020 年教师风采短视频”，并助力湖北广播电视台荣获 2021 年第三十一届中国新闻奖二等奖。

学院各专业组建师生团队，深入乡村学校和偏远山区，发挥专业所长，助力脱贫攻坚，服务乡村振兴。视觉传达设计专业师生与大悟县扶贫点结对子，给贫困户送温暖，连续 3 年为当地绘制文化墙；播音与主持艺术专业师生深入农村中学推广普通话，为农村留守儿童开办暑期培训班，帮助建设农村文化广场，多次受到上级部门表彰；广播电视编导专业师生拍摄的微电影《智扶》深入大悟县方岗村，聚焦脱贫攻坚的真实故事，荣获湖北省第十九届党员教育电视片观摩交流活动一等奖，学习强国平台以“决战决胜 智慧担纲——微电影《智扶》：一个真实的扶贫创新故事”为题对其进行了深度报道，获得了各大媒体点赞。

三、懂体育，与时俱进凝练体育传播人才培养特色

“体育强国、健康中国”是国家发展战略，武汉体育学院是全国知名体育高等学府，湖北省首批“双一流”建设高校。立足国家发展需求，依托武汉体育学院学科优势，新闻传播学院与时俱进凝练体育传播人才培养特色，形成了体育新闻报道、体育解说评论、体育赛事媒体服务等特色人才培养方向，为新闻媒体输送了优秀的体育记者、解说员、主持人。

体育融入课程。由张德胜教授领衔主讲的“体育解说评论”获评首批国家级一流本科课程，旨在培养“懂体育、会解说、能评论、有担当”的体育赛事传播者。“体育与社会”等课程获评省级一流课程，其线上选课用户遍布全国100多所高校，选课人数突破40万，现已申报国家级线上一流本科课程。学院开设跨学科、跨专业新兴交叉课程，建有运动与健康传播、媒体运行与服务、体育外交与国家形象、体育危机传播等特色课程群。

体育融入实践。学院开办《健康跟我来》《挑刺体坛》等师生自办节目。节目进课堂，课堂进节目，协同育人。2019年，学院与湖北广播电视台合作，开通了“湖北之声《我爱运动＋》武体直播室”，是全国首个校媒合作、协同创新、采编合一、常态化直播的体育与健康类融媒体直播节目。学院派遣师生参与全运会、武汉网球公开赛、武汉马拉松、军运会、亚青会等大型体育赛事的报道、解说和服务工作。与聊球吧、腾讯体育联合培养体育传播人才。

体育融入生活。学院倡导广大师生爱体育、懂体育、练体育。邀请著名网球运动员李娜来校交流精彩的体育故事，邀请中央广播电视总台宋世雄、洪钢、沙桐、贺炜、童可欣，新华社徐济成、陈越，湖北广播电视台吴江、刘征、苏晓琼等知名体育记者和体育解说员来校办讲座，与师生交流。每年的新传人艺术节、体育节、篮球足球联赛，学院师生同台竞技，在激烈的比赛中享受体育运动带来的快乐，提升体育核心素养。

四、会传播，媒介融合激发全媒体人才培养新优势

全媒体时代，媒介融合是大势所趋，对人才培养提出了更高要求。学院坚持与时俱进、守正创新，为全媒体人才培养配置课程、搭建平台、拓宽渠道。

学校建有融媒体实验中心，涵盖融媒体指挥中心、演播室、导播间、非编实验室等多处厅室，为人才培养提供新媒体教学、科研的软硬件服务，它是学校全媒体宣传的重要场地和技术支撑平台。实验中心与鄂州、阳新等地方融媒体合作，为学院师生提供顶岗实习平台，联合培养人才。

学院结合学校“厚基础、重应用、强能力”的指导精神，提出了“三实三创”实践教学理念，“三实”即实习、实践、实训；“三创”即创新、创业、创造。本科人才培养方案一方面实现院内各专业打通，设置院内平台课；另一方面增加学生实践类学分，设置社会调查、中期实习、毕业实习等环节，紧跟媒体前沿开设网络与数字媒体方向课程。

设立官方网址、官方微博、官方微信公众号等校内实训平台，锻炼学生全媒体技能。院报《新传人》已办 42 期（前 6 期刊名为《外新人》），实行教师与学生“双主编制”；学院官方微信公众号由专业教师带领学生团队自主运作。

学院鼓励师生团队以赛代练，积极参加各项学科竞赛和专业实践技能比赛。近年来，学院师生在“挑战杯”全国大学生课外学术科技作品竞赛、全国大学生广告艺术大赛、中国大学生计算机设计大赛、湖北省大学生新闻传播教育创新实践技能竞赛、金话筒主持人大赛等多项竞赛中获得一等奖或冠军数十项。2012 年全省大学生体育主持人大赛上，播主专业郭威同学捧得“金话筒”。2013 级播主专业学生李明子荣获 2017 中华小姐环球大赛总冠军。新闻与传播专业张希祉的摄影组照《妈妈》获得 2018 年亚洲大学生摄影大赛首次设立的特等奖，同时获得第三届全国青年摄影大展导师推荐摄影新人奖。

学院教师不断凝练人才培养成果，共获得省级教学成果奖 5 项，主持完成省级教学研究课题数十项。2016 年，张德胜教授完成的《媒体体育与体育媒体》著作荣获 2016 年第五届全国教育科学研究优秀成果奖三等奖。2017 年，“新闻传播类专业‘三双式’实践教学体系的构建与实施”项目获得第八届湖北省高等学校教学成果奖一等奖。

20 年辛勤耕耘，学院立足“双一流”建设，致力于打造一流专业，建设一流新闻学院，培养一流人才。今天的武体新传人正站在历史的新起点，遵循学校“十四五”发展规划，融入国家发展大局，着力培养符合社会需求、体现专业特色的全媒体复合型人才。

伦敦奥运会开幕在即，全省大学生体育主持人大赛
吸引武大、华师众多高手参赛

我院郭威捧得“金话筒”

花洋洋

6月13日晚，在全省大学生体育主持人大赛总决赛现场，我院2010级播主专业的两名参赛选手表现出色，郭威以全场最高分捧得“金话筒”，阎泰伊获得优秀奖。

此次比赛由湖北广播电视台交通广播主办。经过层层选拔，10名选手最终站在了决赛的舞台，他们来自武汉大学、华中师范大学、武汉理工大学、湖北大学等高校，其中就包括我院的两名参赛选手。

决赛中，郭威模拟了NBA总决赛的现场报道，他的激情解说展现了自己的专业能力。更让评委称道的是，在采访环节，郭威分饰两个角色，用流利的英语模拟对热火队球员勒布朗·詹姆斯的现场采访，赢得观众热烈的掌声。最后，他以良好的台风、标准流利的英语口语采访、厚积薄发的体育专业知识以及出色的现场控制力，当之无愧地获得了全场的最高分。

我院播主专业教师王东林、李菁和辅导员徐希伟，带领10余名学生作为亲友团到现场加油。观摩完比赛，王东林老师说，这种比赛最能凸显学生的实力。郭威的获奖，与他自身的努力、勤奋分不开，同时也反映了我院播主专业的办学特色。

（原载于《外新人》第2期，2012年7月5日）

湖北省大学生志愿者文化节“挑战主持人”比赛落幕

我院张思梦斩获一等奖

刘国庆

12月2日下午，由共青团湖北省委、省志愿者协会主办的第二届湖北省大学生志愿者文化艺术节在中南民族大学礼堂隆重举行，我院2010级播主专业学生张思梦在“挑战主持人”比赛中表现出色，凭模拟主持“天使在人间”的优异表现荣获本届文化艺术节“挑战主持人”比赛一等奖。

尽管在比赛头一天才接到比赛通知，但张思梦并未放弃。“微尘，一个充满爱心的集体，一个关心他人的符号”，这是她准备的模拟主持“天使在人间”中的一句词，“微尘”“天使”也正是对“奉献、友爱、互助、进步”的志愿服务精神的最佳注解。

在这个模拟主持里，张思梦谈到了自己曾经作为一名志愿者的经历。她小学的时候就多次去孤儿院敬老院慰问演出，高中时也曾是一名篮球宝贝，活跃在篮球场上。大一暑假，她随同学们一起去鄂州支教，大二时荣获东风雪铁龙·汤姆斯杯暨尤伯杯赛形象大使季军，这让她体会到作为一名志愿者的责任。她说：“尽管很累，但是每当看见孩子纯真的笑脸，看见运动员拼搏的精神，我就觉得很值。”

志愿者的经历让张思梦学会了以更加积极的态度面对生活，在2011年11月湖北世通华纳举办的“梦想主持人”比赛中，她获得冠军，大三的她已是世通华纳《江城搜街》栏目实习主播，还是移动车载电视的编导和主持人。在专业和文化学习上，她也一点不马虎，唱歌、跳舞、朗诵、表演都是她的最爱，她也一直活跃在学校的舞台上。正如她名字中的“梦”字一样，她的心中也怀揣着一个主持梦，她说：“我一直在路上。”

（原载于《外新人》第5期，2012年12月12日）

我院相继召开专题研讨会和多次午间快餐会

全院智囊团献计培养方案修订

庞 晟

10月20日下午，刚刚完成全国体育传播高峰论坛会议工作任务的我院全体教职工齐聚咸宁，就人才培养方案修订工作展开讨论。这次会议是继吕万刚副校长10月16日到我院调研之后适时召开的，旨在进一步落实学校关于人才培养方案必须厚基础、重应用、强能力这三项指导思想的精神。

当天的会议开了近四个小时。院长张德胜、书记夏方智及与会全体教师畅所欲言，提出了不少建设性意见。老师们认为，媒体行业的发展日新月异，为适应变化，应增加实践课程，增加教师外出进修、挂职锻炼以及海外考察的机会。专业的发展应立足现实、面向世界，培养出精英学生，创立专业品牌。

张德胜最后做总结，他强调说，今后我院各专业人才培养重点应在加强人文素养的基础上，突出媒体运行服务、媒体实践能力以及体育特色，希望学院全体教师齐心协力，为推进学生培养和专业发展共同努力。

自全院教师研讨会后，人才培养方案修订工作组又每周召开一次午餐会。为不耽误正常工作，老师们利用中午休息时间从教室赶往会议室，边吃快餐边讨论人才培养方案修订思路。

经过一个多月的调研、思考、讨论，新修订的人才培养方案已形成系统完美的思路，即将出台。

（原载于《外新人》第5期，2012年12月12日）

我院新闻学获立省级综合改革试点项目

华　梅

2012 年 12 月 28 日，省教育厅公布了 2012 年湖北省普通本科高校“专业综合改革试点”项目名单。我院新闻学专业与武汉大学等 50 所高校的 69 个专业点同时获立。

我院新闻学专业创办于 2001 年。据悉，省级普通本科高校“专业综合改革试点”项目的前身，是“十一五”期间的省级品牌专业，“十二五”期间改为现名。

开展专业综合改革试点工作，是优化专业结构、加强专业内涵建设、创新人才培养模式、提升人才培养水平的重要举措。此次我院新闻学“专业综合改革试点”项目的获批，对促进我校学科专业建设具有重要意义。这也是继 2012 年 11 月初新闻传播学被评为“省级重点培育学科”之后，新闻传播学院的又一次重大突破。

2012 年以来，我院在新的领导班子的带领下，严抓教学管理，改进教学方式，提升教学质量。目前，新闻学专业已在特色课程上实行了课程组授课，并成功创办了一批自办媒体以满足学生实践动手能力的培养需求，邀请了新华社、中央电视台、《体坛周报》等重量级媒体的业界人士来校讲学，引进知名记者、解说员为客座教授。

为切实推进人才培养模式改革，优化人才培养方案，去年 11 月，我院组织各专业负责人及骨干教师连续走访武汉大学新闻与传播学院、华中科技大学新闻与信息传播学院进行调研。同时，院里要求教师走出校门进入业界调研，了解前沿的市场用人情况。

学校十分重视新闻传播学院的建设与发展，特别是在实践教学和实验室建设方面给予了重点扶持。这为“省级重点培育学科”与“专业综合改革试点”项目的成功申报打下了坚实的基础。

本次立项，是在校领导大力支持和教务处精心指导下，在集思广益与科学论证的基础上，由我院完成申报材料的。项目建设周期为四年。2013 年是项目启动的关键年。

（原载于《外新人》第 6 期，2013 年 2 月 14 日）

校外专家会商我院人才培养方案

张 歌 李长虹

5月13日下午4时，我院在院会议室召开了2013版本科人才培养方案修订专家咨询会。

湖北省教育厅高等教育处处长方向荣，华中科技大学新闻与信息传播学院博士生导师吴廷俊教授，武汉大学新闻与传播学院博士生导师、副院长强月新教授，湖北广播电视台副台长、高级记者向培凤等来自政界、学界和业界的领导、专家在咨询会上积极为我院4个专业的人才培养方案修订工作建言献策。

自从去年学校全面启动本科人才培养方案修订工作以来，我院进行了业界访谈、高校调研、相关院校培养方案比对等多种形式的前期调研和准备工作。修订过程中，经过了反复研讨，几易其稿。

与会的领导、专家一致认为，我院4个专业新修订的本科人才培养方案与过去相比较，定位更准确，理念更先进，特色更突出，格式更规范。

强月新教授说，现在新闻类专业比较多，全国就有500个以上，要有独特的定位才更有竞争力，新闻传播学院4个专业的人才培养目标定位比较明确。课程设置上，把学科基础课设置成“院内平台课”，4个专业打通，这是一大特色；选修课程版块体现了比较鲜明的“体育特色”；“三实三创”的实践教学体系突出了“重实践”的理念特色。综合看来，整个培养方案与人才培养目标结合得比较紧密。

吴廷俊教授认为，在新的人才培养方案的修订和实施过程中，各个专业之间必须要处理好整合与分散的矛盾，在课程设置方面还要处理好主流与特色的矛盾。同时，平台课可以进一步打通，选修课可以进一步加强专业的相关性。培养特色应力求从课程设置、讲授内容、教学方式、教学手段等多个层面得到体现。

湖北广播电视台副台长向培凤从业界人才需求的角度出发，提出广播电视领域的人才应该着重培养文化底蕴和创新思维，并建议开设一些策划类的课程以适应电视媒体的现实需求。

省教育厅高等教育处处长方向荣指出，人才培养方案修订工作应着眼于新闻传播学院的长远发展，要瞄准更高的目标，在教学科研、社会合作、实践教学等各个方面加强建设。同时，还要重视教师的培养与深造，健全教师的评价与考核机制，不断完善智力结构。

我院院长张德胜主持了咨询会。我院总支书记夏方智、教务处副处长杨会燕参加了会议。

（原载于《新传人》第8期，2013年6月18日）

“体育解说评论”获批省级精品视频课

张家湾

7月26日，省教育厅发文公布了“2013年度省级精品视频公开课”名单，我院张德胜教授主讲的“体育解说评论”榜上有名。这也是我校第一门省级精品视频公开课。

据悉，精品视频公开课是以大学生为服务主体，同时面向社会大众免费开放的科学、文化素质教育网络视频课程与学术讲座。

经有关高校建设和申报、省教育厅组织专家评审遴选，全省共有37门课程被评为“2013年度省级精品视频公开课”。

“体育解说评论”是我院的一门特色课程，在新闻学、播主、编导等专业均有开设。作为视频课程，该课共分为5讲，包括体育的本质、体育解说评论的原则与方法、电视体育解说评论、广播体育解说评论和新中国体育解说评论60年。根据省教育厅的要求，“体育解说评论”已在校园网免费向社会开放，今后将以链接的形式在湖北省高等学校教育教学公共平台网站免费公开展示。

主讲人张德胜说：“院精品视频公开课看起来是一个人主讲，实际上是一个团队在运作，需要耗费大量心血。姜欣、汪蓓、张圣锐等20多名师生参与了制作工作，教务处起到了很好的协调与指导作用。”

省教育厅从今年的省级精品视频公开课中，择优推荐了10门申报国家级精品视频公开课，“体育解说评论”名列其中。

（原载于《新传人》第9期，2013年9月23日）

我院与湖北之声频道“结对子”

晓　沙

刘征(左二)报到后与张德胜、姜欣、夏方智、万晓红(从左至右)合影　摄影/张亮

从这学期起，我院与湖北之声频道建立友好合作关系，双方互派专业骨干。我院姜欣老师出任湖北之声总监助理，湖北之声总监助理刘征出任我院副院长。

据悉，这次双边合作的“红娘”是省委宣传部。上半年，省委宣传部启动了第三批省高校教师与媒体记者“双向挂职”的交流活动。在此次交流活动中，新闻传播学院广播电视编导教研室负责人姜欣与湖北之声总监助理刘征互到对方所在单位挂职交流一年时间。

7 月 11 日，我院院长张德胜专程送姜欣到湖北之声广播电台报到，并与湖北之声副总监周振玲、梁延，总监助理刘征，采访部主任曹曦晴，编播部主任郑群贤进行了座谈交流。湖北之声频道的前身为湖北广播电视台旗下的新闻综合广播媒体。经过 60 余载的发展壮大，湖北之声现在全国广播系统中综合排名前五，已经形成了一支有正高级职称 10 余人、副高级职称40余人的业务团队，10篇播发稿件获得中国新闻奖，5人次获得中国金话筒奖，并形成了《整点新闻报道》《全省联播》《焦点时刻》《今夜不寂寞》《政风行风热线》等一批优质精品广播栏目。

9月10日，刘征前来我院报到。院领导张德胜、夏方智、万晓红与刘征进行了热情交流，并就刘征在挂职期间的教学、科研、管理任务交换了意见。

从本周起，刘征将为本院本科生授课。姜欣已于本月初赴湖北之声上班，并参与解说了美网比赛李娜与小威的半决赛对决。

（原载于《新传人》第9期，2013年9月23日）

“好解说”与“新传人”交流面对面

张琳　张歌　刘丹　李典　朱仁浩

“中国好解说”与“新传人”面对面，从左至右依次为：刘宁、宋健生、张德胜、沙桐、白岚、袁文栋　摄影/秦梓翔、刘博深

5月8日下午2时30分，在我校第一报告厅，我院学子与“中国好解说”一行5人面对面进行交流，体育解说界大佬的精彩回答不时赢来新传学子热烈的掌声和欢呼声。现整理其中精彩问答，以飨读者。

体育评论男性更有优势？

问题：为什么很少有女性解说员解说篮球？

沙桐：真正在体育播音和体育评论这个岗位上的女生偏少。您更愿意听一个女生说一场比较激烈、比较精彩的足篮排比赛还是听一个男生说，这是可以探讨的问题。但是，就目前来说，好像广大观众还是比较接受男生的声音。我们当然欢迎更多的人，尤其是女生加入我们的行列当中。

问题：新闻主播的要求到底是怎样的？

袁文栋：我认为最重要的是语言的基本功，在把普通话说标准的前提下，声音、气息、吐字能达到标准。要有“体育感”，参加比赛，参加体育运动，通过各种办法锤炼自己，找到体育的感觉。大家在练声过程中要先找到原点，也就是最舒服的、属于自己的基本音，再从这开始练。一定要练，练声之前把自己归零，让声音松弛下来。

体育解说一定要有倾向性？

问题：如何看待足球解说特别是当地解说中一些不是很客观的情况？

刘宁：很多倾向性的存在是为观众服务的，如果一点倾向性都没有，球迷肯定会有很大意见。我们一般尽量不带倾向性，但是有一点点倾向性的话，观众听起来是会比较舒服的，这个度要靠解说评论员去把握。

沙桐：请大家回忆一下，你看过的任何一场让你血脉偾张的比赛，要不是有中国队的比赛，要不是有你家乡球队的比赛，要不就是有你心目当中支持的球队的比赛。也许某场比赛，解说员的倾向性和你合拍了，你就觉得这个话特别入耳，如果正好相反，你就会觉得特别难听。目前大部分观众还远远达不到那种纯粹欣赏体育的水平，所以还是有倾向性的解说，看起来好看，在电视台也好生存。

新媒体将取代传统媒体？

问题：如何在体育新媒体领域有更多创新？

袁文栋：大家不用太纠结于新媒体和传统媒体，练好基本功最重要。新媒体超过传统媒体是一个必然的趋势，但对我们个体来说，练好本事，为哪个媒体服务是不需要操心的事。

沙桐：传统媒体还能坚持相当长一段时间，在技术突破方面新媒体还有很长的路要走。如果新媒体的瓶颈真的突破了，我们马上就来一个华丽的转身，如果有一身本事的话，又有什么不可以的呢？

宋健生：体育节目通过电视大屏高清播出，这个画面的冲击力是电脑、平板给不了的。传统媒体已经有危机感了，也慢慢走向融合。所以体育电视人如果能够调整好、把握住，同时运用新媒体的手段，还是有很大空间的。

新闻娱乐化是大势所趋？

问题：怎样看待体育新闻娱乐化？

白岚：我认为有央视播报方式和地方台播报方式两种。央视的地位决定主持人必须要正襟危坐，更讲究声音和嗓子；地方台现在已是说播结合，地方台要贴地皮、接地气，跟老百姓接触更多。我觉得要允许各种风格存在，关键是看文体、内容。

袁文栋：播新闻不仅要从稿件出发，还必须要联系更多的外围内容，听众、观众都在备稿范围之内，都得想这些事情，而且是没有穷尽、分层次的。当你想的外围的事情更多，联系稿子的实际，你可能播出稿子中没有写的其他意味，让人联想更多，启发更多。这是没有穷尽的。

沙桐：我一直不认为娱乐化与接地气画等号，全民娱乐是一种非常不正常的现象。娱乐就应该属于娱乐节目而不属于体育新闻、科技新闻节目。现在所有的电视台都在向娱乐化靠近，觉得娱乐化就是接地气，我持非常严重的保留意见。

解说评论员需一专多能？

问题：如何培养多专业多范畴解说员？

刘宁：一个人做几个体育解说项目，这种情况现在非常普遍。随着人员越来越多，解说也更加专业化、越来越细化。现在观众对体育解说员的要求非常高，要想兼顾很多项目，难度会越来越大。

问题：如何看待退役运动员们从事体育解说评论这个行业？

沙桐：这是一个大趋势，他们的职业背景就决定了他们在观众心中的位置。退役运动员有他们的优势，对于运动队、项目的熟悉程度远远超过任何一个普通评论员，转播时会更加生动。他们的短板是过于专业、曲高和寡，希望他们的专业能够用通俗易懂的语言表达出来，让大家能够理解。

袁文栋：我们在话筒前播音，拼的不是专业背景，拼的是传播能力。说到底我们是媒体人，我们最重要的是传播能力。周雅菲的成功是因为她的传播能力非常棒，她的吐字、逻辑节奏、文化底蕴、心理素质都非常棒。

问题：央视对实习生有何要求？

沙桐：央视大门向所有有志于从事广播电视的学生打开，但作为一个一线播出平台，容量没有那么大，我们需要的是能够在这个平台上展示自己的人。

宋健生：北京台的实习要求是一定要熟悉新闻，一定要有外语的优势，要有自己的想法。

问题：央视有没有对解说员的评价？

沙桐：大家对黄健翔解说事件记忆犹新，所有人都被惊到了。从那时开始，央视组建了播音组，此后一直在讨论转播中分寸的问题。它有个底线，有个规矩，如职业道德。2008年组建奥运会解说团队，我们非常谨慎。当时出台了一个解说手册发到每个解说员手中。每个解说员在转播时第一件事就是把卡片放在桌面。

新闻频道挑战体育频道？

问题：在深圳大运会、广州亚运会和索契冬奥会的转播方面，央视新闻频道和体育频道是否有冲突？

沙桐：白岩松的转播技惊四座，带来不一样的感觉。所在频道不一样，关注角度不一样，解说角度也不一样。新闻频道在广州亚运会时第一次单独做开幕式解说，是一个全新的开始，体育频道从1984年洛杉矶奥运会开始就延续下来一个套路，有一定的惯性。新闻频道开幕式的转播对体育频道是一个非常大的挑战。我们就一直在努力，后来才有了2012年伦敦奥运会我和张斌的那段解说。白岩松身后有个团队，在广州亚运会开幕前6个月就深入到开幕式的导演团队中。这是一个很复杂的系统，还有很多非专业的东西。对体育频道来说，只有像亚运会、奥运会这类赛事对体育频道来说，才相对纯粹一些。我们也不断地在努力，从手工作坊式的工作方式向前进了一步，现在我和张斌的背后还有一个2个人的团队，我们4个人希望把这个团队做得越来越好。

（原载于《新传人》第12期，2014年5月15日）

1.3万艺术生报考我院

李典　李冠正

今年报考武汉体育学院新闻传播学院的考生人数接近1.3万人，较去年增长47%，创下历史新高。我院院长张德胜表示，今年招生不仅仅是人数增加，整体考生的质量也有所提高。

据介绍，1月14日至2月28日期间，我院在山西太原、山东济南、河北石家庄、安徽合肥以及我校本部五地面向全国招收播音与主持艺术和广播电视编导类艺术生。

今年的招生计划为播音与主持艺术专业130人，广播电视编导专业120人。播音与主持艺术专业的录取比例达到了46∶1，广播电视编导专业的录取比例为59∶1。总体来说，两个专业的综合录取比例达到50∶1。其中，播音与主持艺术考查内容包括四项：身体形态仪态、自备稿件（文学类）、指定稿件（新闻类）和即兴评述（现实生活类）。广播电视编导考查新闻评述（笔试）和故事创编（笔试）两项内容。这对考生的综合素质和专业能力有很高的要求，考生除了要有扎实的基本功之外，还要有不俗的语言组织能力和丰富的想象力。

招生办张广弟老师介绍，与去年相比，今年我院播主、编导报考名额有所增加，这与我校加大宣传力度有关。

（原载于《新传人》第12期，2014年5月15日）

教学冠军是这样炼出来的

青草

“第五届青年教师教学基本功大赛一等奖的奖励并不属于我一个人，它属于新闻传播学院这个集体。”回顾历时大半年的参赛历程，李菁平静、谦和。在李菁看来，这是一种鼓励，告诉她教学路上若有困苦也值得坚持，坚持到明天才有可能看到后天。

李菁说，因为是第二次参赛了，没有特别紧张，但希望比上次的三等奖能进步一点。李菁并没有刻意准备，因为她认为教学具有连贯性，要根据学生的实际情况微调上课进度，很难把控决赛时会用什么案例，所以一切的准备按部就班。

“新闻传播学院这个大家庭很温暖。”决赛前学院的领导和院聘督导反复听课，告诉大家应该注意的事项，让参赛的老师们互相取长补短，还特地开会为他们壮行。“做别人没有的”，张江南教授这句话给了李菁很大启发，她在准备课程内容和形式时加了一些其他元素。李菁说：“本院老师讲授课程都会多少涉及采访、出镜报道等，如果大家都在谈，评委就会觉得没有新意。我个人被督导听出镜记者现场报道和采访的内容不少于3次。因此，我弱化了采访内容，加重了教师示范和指导训练，通过不同的教学方式展示播主专业教学特色，这一点也得到评委认同。”

当谈到有何参赛优势时，李菁幽默地笑道：“那一定是我多了那一丢丢的运气。大家都做了充分的准备，实力相当。课程类型不一样，学生人数也不同，很难用一根标尺衡量高低。”她认为，在同一平台上的不同老师当中，这次上帝眷顾了她一些。

“最要感谢的就是课堂的主角，2013级播主专业1、2组可爱的学生们，决赛课程的素材全部来自他们的作业。”比赛的那一周，李菁才和学生认识10周时间，但她觉得好像带了他们很久，原因就是他们在课下常常互动。每周布置了作业，学生们都能马上行动并以最快速度提交，同时会通过邮件、QQ、微信的方式追着询问哪里需要修改，还能马上返工。天天联系让他们建立了良好的感情，也使得那天的课堂互动效果非常好。

“这次比赛结束了，所有的嘉奖、赞扬在此应该画上一个句号。但对于我的教学来说，还是一个逗号。带着这次比赛的经验和不足继续努力，探索更好更新的教学方式，投入我热爱的工作中。”李菁由衷地说。

“谢谢你们的陪伴”

李菁说，从谈恋爱到结婚，由于先生在学业和事业方面的原因，两人一直在不同的城市，聚少离多。在平日生活里，她要感谢的是学生们的陪伴。

虽然一周只会和学生们见面一两次，但他们经常会在微博、微信、QQ群里互动。李菁说，每周课程结束，她都会给学生布置作业，有时候是写文稿，有时候是录制音频作业。有的同学提交作业速度很快，而且追着她问应如何修改。所以，当李菁一个人坐在咖啡馆里休息时，经常会有学生发来作业邮件，她会及时用手机终端下载并马上收听，然后迅速反馈给学生。“看似是一个人的下午茶，其实还有学生一直陪伴着我。”李菁露出幸福的微笑，“看着学生很有想法、愿意付出行动并且成长了，这些幸福感充满了整个内心。”李菁说，她其实也会有孤独的时候，充实的工作让她忘记了孤单，听不完的作业让她忘记了黑夜，可爱的学生们让她时刻感到幸福。

“谢谢你们的陪伴，这句话一定不要掐了。”李菁说。

“少说一点，多做一些”

“我的性格是，不愿意说太多，只喜欢做。”对于学生的教育，李菁说她除了教学内容之外，在课堂上很少说教，一方面因为自己不太擅长，另一方面觉得说了学生不一定接受。记者发现李菁很喜欢拍摄一些关于课程和学生的视频，也喜欢剪出不同类型的小片子分享到网上。当被问到为什么做这些时，李菁说：“我还是愿意付出行动。在家里，家长是孩子的榜样；在学校，老师是学生的榜样。有时候老师让学生做，学生很反感，但如果老师做了一个范例，学生看了会很感兴趣，自然而然也会尝试着动手去做。这样主动的学习，比被动的学习要好。”我们看到，李菁在决赛中播放了自己制作的视频短片，内容就是学生们 9 周以来的成长历程。李菁用自己的行动告诉播主专业的学生什么是采编播一体。“我也需要学习，也需要成长，所以我也要不停地做下去。”

“尊重是我在美国学到的第一个词”

李菁读研时，作为交流访问学者到美国特拉华州特拉华大学学习过一年。她告诉我们，一年的学习时间不长，但足以让她全面感受真正优秀的高等教育是怎样的。

李菁回忆说，美国大学给她留下深刻印象的是，老师尊重学生，学生尊重老师。“第一次迈进美国大学的课堂，因为比较紧张，手机忘记关机了，老师讲课时我的手机突然响了，慌乱之下连忙挂断。教授看到后，示意我可以到教室外接听。”李菁说，课后教授告诉她，上课时可以因为自己的私事或者急事暂时离开课堂，但最好示意老师，表示尊重。“后来上课我也发现，也有同学迟到、上课期间离开教室等，但是老师尊重学生的同时，学生也需要尊重老师，如果因为离开教室而没有听到内容，考试受到影响，全由个人负责。”

“美国课堂的大多数时间，老师会让学生分小组讨论和练习，在这个过程中，老师倾听学生的想法，适时指导正确的练习方式，并能对创造性想法给予尊重。让有想法的学生尝试去做，不先判断好坏。”李菁说，她也常用这种方式鼓励学生，比如做有创意的广告配音、有特色的广播节目等，最大化地发挥学生的想象，尊重学生的想法。

李菁也想提醒大家，老师尊重学生，学生也应尊重老师。对课程内容和安排如果有不同建议，可以选择正确的方式和老师探讨，而不要选择在网络上攻击或发泄。“只有尊重，才能营造良好的沟通氛围。”

向同行致敬

在采访结束时，李菁一直强调，要感谢同事的帮助和领导的关心。在决赛中，李菁是我院最后一个出场的老师，她说很感谢张佳、辛梦霞、刘静老师赛后的分享以及告诉她在比赛中应注意什么，使得她可以更好地调整比赛的细节，“也要谢谢播音教研室全体老师的关心和院领导的关心，在这样一个温暖的大集体中，希望我们能一起努力，越来越好。”

（原载于《新传人》第16期，2015年1月20日）

王晔烽两上央视解说总决赛

王 烽

王晔烽(左)正在参加《谁是球王》解说大赛总决赛(视频截图)　供图/王晔烽

6 月,CCTV5《谁是球王》来到武汉体育学院,吸引了众多选手参赛。我院 2012 级播主专业王晔烽凭借精彩的表现赢得了《谁是球王》解说大赛华中赛区的冠军,也是这次比赛,让王晔烽与央视有了两次亲密接触。

受邀赴海南参与《谁是球王》节目录制

8 月 21 日,CCTV5 播出了《谁是球王》大学生组夏令营的比赛。王晔烽作为华中地区“谁是球王”解说比赛的冠军,受央视邀请参加了此次比赛的录制,与央视名嘴同台解说。在这之前的 6 月份,王晔烽就同湖北广播电视台电视生活频道的张继峰解说了湖北赛区的 4 场总决赛,央视也转播了湖北决赛赛事。但是对于去三亚和央视各位名嘴一起参与主持及解说的事,他本人也表示在意料之外。

海南大学生夏令营的比赛是武汉大学对阵武警警官学院,王晔烽还有幸在颁奖典礼上与大咖们一起主持了闭幕式,他表示这次的节目很愉快,这种以球会友的方式确实很奇妙。这也是他第一次参与央视的节目录制,内心很激动。

受邀赴北京参加央视直播解说

王晔烽第二次与央视的亲密接触是在9月10日教师节的下午。由于之前在海南的节目录制中得到了栏目组的认可，这次，王晔烽来到了北京，在北京国家体育馆，为《谁是球王》总决赛进行解说。

以往都是录播，而这一次变成了现场直播，在CCTV5这样一个全国性的平台上直播，王晔烽在激动的同时多少还有些紧张。他这次的解说搭档是贺炜，也正是贺炜让他与足球结下了不解之缘。去年，贺炜来到武汉体育学院办讲座，王晔烽有幸请到贺炜为他参加第八届湖北校园金话筒大赛拍摄了一个宣传片。他在第八届湖北校园金话筒大赛的决赛模拟主持环节中表演了一个足球解说节目——《情醉足坛》，这档节目给评委留下了深刻的印象，王晔烽最终获得了第三名的好成绩。这次比赛也让他更加坚定了对足球解说的热爱。

这次解说的是武汉十二初中梦想队对阵乌鲁木齐三中猎人队的比赛。在直播过程中，王晔烽同贺炜了解了一下武汉及湖北的足球发展情况，并对场上的局势做出良好的判断。他的解说也得到了导演及栏目组的认可，让他获得了去央视实习的机会。

王晔烽表示，能有机会参加这场解说，首先要感谢王子也老师，还要感谢辅导员王广田老师。当然，这场解说的成功也离不开学校领导的支持与帮助。在比赛期间，院领导多次打电话了解比赛情况，给了他很大的信心。其次，平时积累的专业知识和丰富的解说经验也让他能够在解说过程中处于轻松的状态。

（原载于《新传人》第19期，2015年10月4日）

2015年全国体育硕导研修班在我校举办，张德胜应邀授课

导师要对研究生学术道德负责

张家湾

7月14日至16日，由全国高等学校体育学教学指导委员会主办的2015年全国体育学硕士导师研修班在我校隆重举行。我院院长张德胜教授应邀为来自全国40多所高校的研究生处处长和导师代表讲学。

全国七大专家授课

据悉，给这次研修班授课的领导与学者还有：教育部体育卫生与艺术教育司司长王登峰，国务院学位委员会体育学学科评议组第一召集人、福建师范大学党委书记黄汉升，国务院学位委员会体育学学科评议组成员、苏州大学校长助理王家宏，首都体育学院副校长王凯珍，上海体育学院研究生处处长周成林，北京体育大学研究生院副院长胡斌。

张德胜讲座的题目是“研究生的学术道德与导师的责任”。其演讲共分四个部分，一是研究生与导师的现实关系，二是研究生学术道德失范的表现形式及其成因，三是导师的素质与指导责任，四是构建新型的师生关系。

师生之间不要变成老板与雇员

张德胜首先从朱光潜的美学论文《我们对于一棵古松的三种态度》入手，引出了道德产生的社会背景。随后，从情感、认知、实用等不同视角，分析了当今导师与研究生之间的多元关系：师父与徒弟，老师与学生，老板与雇员。他希望，导师与研究生之间的关系，不要变成老板与雇员之间的关系。

研究生违规，导师难辞其咎

关于研究生学术道德失范的形式，张德胜认为，主要表现为弄虚作假、剽窃抄袭、蒙混过关三种。其原因多种多样：一是诚信渐失的社会氛围，发

达的互联网对于学术来说是一柄“双刃剑”；二是大部分研究生不以学术为业；三是不少导师疏于指导和监督。

他认为，研究生学术道德出现问题，导师难辞其咎。因为导师是研究生学术道德的第一责任人，是研究生学术的引路人、监护人、监督人；导师是研究生教学计划的执行人，自然是学生成就或风险的承担人。

倡导构建新型师生关系

张德胜说，研究生的使命有三：读书、实践、创新。导师的使命有四：教书、育人、科研、社会服务。二者之间在科研与创新方面存在交集。

导师如何指导研究生呢？张德胜认为，有三大技巧可供参考：一是通过师生共同读书来激发学术兴趣，导师要给研究生开列书单，研究生也应该反过来给导师荐读好书；二是通过实践来验证学术，要在实习、实践中运用学术理论，完成课题积累；三是通过学位论文来规范学术，要认真抓好学位论文的选题、开题、写作、修改、答辩等基本环节。

针对研究生与导师之间关系冷漠的现实，张德胜倡导，要构建新型的师生关系，即道义上的师承关系、学术上的竞合关系和个性上的包容关系。

（原载于《新传人》第19期，2015年10月14日）

我院与聊球吧联合培养解说员

著名解说员、聊球吧代言人黄健翔来校担任《大话足球》全国解说员大赛评委，亲自选拔人才

许慧琳

4 月 9 日，由北京盈博讯彩网络科技有限公司联合重庆卫视、乐视体育共同打造的《大话足球》栏目“我想说球”武汉总赛区海选活动在武汉体育学院科技楼 5 楼演播厅举行。

著名足球解说员、评论员黄健翔及湖北广播电视台主持人苏晓琼莅临现场，与我院播音教研室老师、资深足球解说员王子也共同担任本次海选活动的评委。出席本次活动的嘉宾还有北京盈博讯彩网络科技有限公司董事、北京中彩汇网络科技有限公司 CEO 李晓华，我院院长张德胜、副书记叶涛。

海选活动开始前，叶涛代表我院与李晓华进行了战略合作签约仪式。签约意味着我院学生有了更多的学习平台，也利于聊球吧在我校招揽更多体育解说人才。

比赛中，选手们尽展自己的特色和优势。黄健翔对选手逐一进行指导和点评，认为陈希朴素的讲述有一种打动人的力量，建议罗玮用女性视角去看待和评述事物，还对刘圳展用粤语和普通话带来的双语解说表示了认可。经过激烈角逐，我院有 8 名选手在海选中脱颖而出。

（原载于《新传人》第 22 期，2016 年 5 月 26 日）

我院学子称霸真人秀节目《大话足球》，
8人进京，6人晋级下一轮

黄健翔力抢杨贺然作关门弟子

赵 鹏

我院学子参与录制《大话足球》，与导师黄健翔、李响合影留念　供图/罗玮

4月飞雪的北京，一个新的真人秀节目《大话足球》正在如火如荼地进行。我院王子也老师带领8名学生参加比赛，6名学生成功加入导师战队，晋级下一轮。

三大战队千方百计争夺我院选手

在长达一周的录制中，2013级播主专业赵鑫鹏率先登台，带来自己的《足球嘚吧嘚》，并且融合动漫画面和河南方言，给大家展示了不一样的足球，现场欢声笑语不断。在互动过程中，“印度血统”的梗再度点燃全场，他最终成功加入李艾“爱谁谁战队”。随后，2014 级播主专业陈希登台讲述了自己与足球以及在院联赛中锁骨骨折的故事。她以充足的足球知识储备赢得老师们的喜爱，成功加入李响“想得美战队”。紧接着，湖北省金话筒奖获得者、2013 级播主专业罗玮亮丽登场，以教练这个点为切入口，为大家奉上了一场精彩的演讲，最终加入李响“想得美战队”。2013 级新闻学专业张森的出现让台上戏剧性十足，来自青岛的她一口流利的“青普”让人感觉“萌萌哒”，在与导师互动过程中向李艾献上“深情一吻”，更是 high 翻全场，最后成功加入黄健翔“黄家战队”。2014 级新闻学专业刘圳展的出场带来不一样的精彩。作为一名网络体育解说员，他除了展现普通话、粤语双语解说外，还分享了自己和粉丝的互动故事，成功加入李艾“爱谁谁战队”。

三位导师为抢杨贺然“打起来”了

压轴出场的杨贺然可以说彻底点燃了三位导师的热情，三位导师在台上为了争夺他，甚至“动起了手”。杨贺然开场的平静，让李响一直挂着“一脸懵”的表情，但是，随着他独特的语言包袱不断抖落，李响笑得前仰后合，差点从椅子上翻下去。玩 high 的他更是把音响老师逗了一把。杨贺然刚刚结束演讲，李响便跳了起来，二话不说按亮了绿灯，非常认真地表示：“我是一个笑点还比较高的人，但这是我见过的第二个能让我笑翻的黄种人，第一个是黄西。”他还一把按住黄健翔，和李艾一道，差点将黄健翔的红灯亮起。最终，三位导师爆灯，杨贺然加入黄健翔战队。黄健翔激动不已地说：“我亲自把他从武汉选来，谁都不能抢走，我如果这辈子就收一个徒弟，就是他！我要他来是要他来终结我的时代，开启一个属于他们自己的语言风格，属于 90 后一代的足球解说风格的时代！”

（原载于《新传人》第 22 期，2016 年 5 月 26 日）

帅哥刘圳展的说球人生

许慧琳

5月22日上午，腾讯体育校园直播间在武汉体育学院体育馆进行直播，直播赛事是NBA东部决赛骑士对阵猛龙的比赛，腾讯体育NBA解说员柯凡，篮球评论员王猛，NBA女主播小溢、小楠莅临现场。在互动环节，我校有5位同学上台与柯凡同台解说，包括我院2014级新闻学专业学生刘圳展。刘圳展在章鱼TV担任篮球和足球赛事的解说员，前不久参加了重庆卫视与乐视体育共同打造的《大话足球》栏目武汉总赛区海选活动，顺利通过了武汉总赛区的海选，于近日赴北京参加了后续赛事的录制。

与篮球同行，父亲作为启蒙老师

185 cm的高个子让刘圳展在球场上颇具优势，大学里的每场院系篮球赛他都没落下。他喜欢打球，也喜欢说球。刘圳展是在高二喜欢上体育解说的，一直以来对篮球的热爱让他以后想从事与自己兴趣相关的工作，在接触解说之后，他就热爱上了体育解说，“很喜欢把自己对体育的理解分享给观众”。

因为热爱所以坚持，刘圳展高中时就做了一些相应的训练。开始，他主要是模仿专业解说员的经典语录，后来想逐步锻炼自己的能力，就在看比赛时关掉声音自己解说，并且录下来反复听反复斟酌，找出不足的地方进行针对性改进。他还在高中学校的电视台做过体育类节目的脱口秀。刘圳展就是以这样的方式极大地提高了自己的解说水平。刘圳展解说时，爸爸妈妈经常充当他的听众，尤其是爸爸在解说上全力支持他。“爸爸是一名非常资深的球迷，对体育的理解非常深刻，也是我进入章鱼TV这一年给我帮助最大的人，”刘圳展对爸爸充满感激，“他是我的忠实观众，我的每一场解说，爸爸都会帮我总结，他还有一本专门的笔记本，上面记着对我每一次解说的总结和从中发现的问题，真的非常用心。爸爸也会经常和我交流，我觉得爸爸作为一名资深球迷的一些想法对我帮助很大。爸爸还用心收集一些名嘴的解说视频提供给我，我从中也能学到一些东西。”

签约章鱼，一年说球一百多场

去年 4 月，刘圳展进入章鱼 TV 当解说员。当时章鱼 TV 的面试内容是做一个简短的自我介绍和解说一段比赛视频，这没难倒高中时就喜欢上体育解说、有着多年观看体育赛事经验的刘圳展，而且，将普通话和粤语相结合解说是广东小伙刘圳展的独特风格，这也让他脱颖而出。他说："平时更多的是用普通话解说，不过在关键的时刻会穿插一些粤语解说，增加一些趣味性。"

刘圳展现在基本上每天都会进行一场赛事解说，周末是一天两场，说球时间长达 4 个小时；不过相对来说还比较自由，可以根据自己的空闲时间来选择自己想说的赛事。一年下来，他解说的篮球、足球比赛多达百来场，使他得到了充分的锻炼和提高。

在章鱼 TV 这一年，刘圳展进步飞快。他说："进入章鱼 TV 收获很多，收获最大的是解说方面的能力。作为一名解说员其实需要很多准备，我亲身经历后才发现需要具备的素质很多，远没有看起来那么轻松。我对自己解说的篮球和足球有了更深层次的了解。在章鱼 TV 一年来的解说经验让我有机会，或者说有底气参加《大话足球》栏目，这次参赛也让我在舞台经验、在更多的综合能力方面有所提升，也坚定了自己在体育解说这条路上继续走下去的决心。"经过这些解说实践的历练，刘圳展慢慢积累了解说经验。他认为，体育解说最重要的一点是对解说项目的热爱和专业的知识储备，"虽然现在直播很火热，网络上解说门槛低并且偏娱乐化方向，但是体育解说终究脱离不了专业性"。第二点就是要学会坚持，长时间的解说会有一个枯燥期和反感期，口才会到一个瓶颈期，不知该如何变换花样地去表达，他曾经也有想放弃的念头，这是正常现象；而且有的时候观看人数特别少，甚至连一个观众也没有，但是一定要坚持下来。第三点就是解说时要站在球迷的角度进行考虑，因为解说员是服务于球迷的。刘圳展特地举例："我就经常逛一些球迷的论坛，看看他们心中所想、对赛事的分析和看法、对解说员的评价，这样有助于我更好地了解球迷的需求是什么。"第四点是需要从专业性角度来进行解说。总而言之，解说时球迷角度和专业角度要达到一个较好的兼容状态。还有一点很重要，要去读一些有深度的体育评论类的文章，这些有助于学到一些有深度的内容。

专业老师引领，成功加盟李艾战队

今年 4 月，刘圳展等 8 名同学在我院王子也老师的带领下赴北京参加《大话足球》节目录制，最终成功加入李艾老师的战队。

这一次的节目录制经历让刘圳展深有感触:“非常感谢王子也老师,他给了我们很多帮助和指导。我很庆幸自己有机会站在一个专业舞台上,面对3位在主持界非常有经验的老师,和平时解说的感觉真的不一样。几场比赛下来,我的能力得到了相应的锻炼,长了很多见识,比如对一档综艺节目的形成、节目所需的前期准备和全方面的协调等也有了基本的印象,这都是平时接触不到的。名次是其次,经历最珍贵。”

参赛前刘圳展主要准备了单场比赛的解说和比赛集锦的解说。在北京比赛时,给他印象比较深刻的是李响和黄健翔对武体学生的指导和建议,非常中肯和专业。黄健翔提出,解说是一种综合的东西,解说员对球队的历史、资料都要了解清楚。黄健翔还为大家推荐了很多书,有球星的传记、欧洲的历史,以及社会学、心理学方面的书,而且还在节目录制结束之后给大家总结比赛经验。

在录制节目的过程中,解说经验丰富的黄健翔给了刘圳展很多中肯的意见。其他几位老师也给了他一些个人指导,比如李响认为他在语句的修辞方面还要多加注意,李艾建议他发展更多风格而不要拘泥于一种风格,王子也提议他更好地把握好解说节奏。

比赛很紧张,角逐很激烈,让刘圳展印象尤其深刻的一场比赛是武体学子之间的对决。他说,当时知道是武体的学生逐队“厮杀”,但不知道对手是谁,所以有点惊讶和紧张,不过比赛结束后还是觉得能从对手身上学到非常多的东西,对自己以后的解说也有了新的认识。“希望自己能往更高的平台发展,当一名更加专业的解说员。”刘圳展对自己的发展方向很明晰。

每周健身6次,终于练出型男身材

除了打球和说球,刘圳展还很喜欢健身。185 cm的刘圳展有着一眼看去就让人感觉十分强壮有力的身材,他每星期会去健身6次,好身材的保持离不开他对健身的热爱和坚持。他说,一开始本着锻炼身体的想法喜欢上健身,后来发现健身里面学问特别多,包括解剖学、运动生理学方面的知识,这些知识的学习也能给他的解说带来帮助,比如运动员受伤后解说员对受伤部位和伤病情况的介绍等。健身这种在多数人眼中比较枯燥比较累的生活方式也教会了他坚持。

“刘圳展是一个目标明确的人,他明确地知道自己想要什么。”刘圳展的大学舍友王涛看到他几乎每天在宿舍进行直播解说,也为他鼓劲。“他是个有梦想的人,希望他能坚持梦想、一路远行,祝福他。”

(原载于《新传人》第22期,2016年5月26日)

放弃电视频道签约资格,一心只做湖北之声主播

徐嘉珉:做有准备的人

陈禹佳

湖北之声素有“湖北新闻第一声”的美誉,60 多年风雨兼程,其前身为湖北广播电视台新闻综合广播,2012 年以湖北之声的名字全新亮相。今年,湖北之声的团队里出现我院优秀学子的面孔,她就是 2012 级播主专业的徐嘉珉。

去年 12 月,徐嘉珉偶然得知湖北之声招主持人。投简历,初次面试,笔试,复试,她一路过关斩将。最后一轮有 20 多个竞争对手,大多数来自中国传媒大学,但名额只有 3 个。徐嘉珉位列入选名单。

“你基本玩遍了武汉的媒体!”

去年 6 月,徐嘉珉参加湖北电视台美基元《美丽帮女郎》出镜记者大赛,荣获亚军,获得与湖北综合频道的签约资格。对于湖北之声的竞聘,她坦言“得失心不重”,这种轻松自然的特质恰好吸引了面试官。

竞聘湖北之声的岗位,即使对手强劲,徐嘉珉也心里有底。她曾经参加“用我的声音做你的眼睛”公益活动,主办方正是湖北之声。她用自己的声音给盲童录制有声读物,与湖北之声结下缘分。

同时,徐嘉珉也递上了承载着大学四年实践经历的厚厚简历,她一直积极参加比赛、实习、录制节目等,她坚信全面开花方能磨砺自我。

在校期间,徐嘉珉就获得了第三届东湖女孩文化大使选拔大赛全国十强和最佳人气奖、湖北省校园好声音(朗诵类)第一名、第七届全国校园金话筒主持人大赛湖北赛区总决赛金奖及最佳台风奖等奖项。

除了参加比赛,她还在武汉教育频道、睛彩武汉频道等担任实习主持人,在武汉电视台新闻综合频道《经济观察》节目组担任编导、出镜记者,并且负责微信公众号的运营管理。

湖北之声的面试官看中了她丰富的实践经历,开玩笑说:“你基本玩遍了武汉的媒体!”

所有的练习都有针对性

徐嘉珉坦言,经济类节目是自己的弱项。“我在大二时开始涉足财经类的选题,采访之前什么都不懂,而采访对象通常是经济领域的权威,心里发怵。”每拿到一个选题,她都会花很长时间去了解相关知识,全面了解后才与对方沟通。

课外实践固然重要,但专业课才是重要的铺路砖。徐嘉珉始终把系统的专业课程学习放在第一位,也深知自己需要找个好搭档,培养团队意识和默契度。从大一开始,徐嘉珉就和王晔烽一起练声,一起主持活动。“针对同一个话题做好沟通,可以互相提升。”

(原载于《新传人》第23期,2016年8月24日)

新闻学专业继续在鄂一本招生 研究生首次迎来武大毕业生

陈雨竹565分成新生状元

张家湾

2016级新生开学已经两个多月，记者从有关方面了解到，我院新闻学、播主、编导、视传4个专业今年共迎来了348名“小鲜肉”。

其中，新闻学专业陈雨竹以总分565分，超出湖北省文科普通类一本分数线45分，成为今年全校新生状元。这也是我院历史上高考进校分数最高的学生。

继2015年我院新闻学专业在湖北省试行一本招生取得成功之后，今年该专业继续在湖北省实行一本招生，15名新生全部都按第一志愿录取，面向全国一共录取90人，比去年增加30人。

播主、编导、视传3个专业继续面向全国招生，在大部分省份实行第一批次录取。其中，播主专业录取83人，编导专业录取118人，视传专业录取57人。

3名华科、1名武大毕业生先后攻读我院硕士学位

在本科生源质量逐年提高的同时，我院研究生生源质量也在不断提高。今年，我院新闻与传播学硕士专业迎来了一名毕业于武汉大学新闻与传播学院的新生赵雅轩。该生2014年毕业于武大新闻与传播学院播主专业，同年被武汉大学珞珈学院（现为武汉晴川学院）聘为播主专业教师，今年直接报考我院研究生，最终被顺利录取。这是我院新闻学专业第四次录取本科毕业于全国十强高校的研究生，此前有3名华中科技大学新闻与信息传播学院的本科毕业生，先后考进我院攻读硕士学位。

（原载于《新传人》第24期，2016年11月9日）

王丽敏:一个能发射导弹的女兵

周天竞

中午,食堂1楼,墙壁上的电视机正在播放央视新闻,画面突然切到三军将领的会议场景,王丽敏自觉地坐到最前排。

一周前,她办理完复学手续,成了2014级的新面孔。“当年那拨同学都毕业了。”2012年,她被我院广告学专业录取。大学的轻松自由让她一时陷入迷茫,“想换个环境,同时从小对那身绿军装很向往”。2014年9月29日,她抵达位于黄山的新兵连。三个月的魔鬼训练后,她被分配到江西境内的火箭军部队。

这支掌握着“大国利剑”的神秘队伍的前身——第二炮兵部队,成立于1966年7月1日,始终由中央军委直接掌握,是中国实施战略威慑的核心力量。2011年底,第二炮兵部队常规导弹第一旅成立全军第一支女子导弹发射连。据瞄准号手王丽敏透露,这些导弹女兵平均年龄只有24岁。

先后经历30多次野外实战演练

在接近40摄氏度高温炙烤的导弹发射实操训练大棚里,忽然下起一场“瓢泼大雨”,战士们在降雨环境中模拟执行发射任务。“大雨”中,导弹发射车轰鸣作响,清一色英姿飒爽的女兵严阵以待。

“号手就位!”随着指挥长一声令下,女兵们迅速奔赴各个号位,展开设备、接通电源、瞄准、读数据、进入发射程序……号手们动作娴熟,配合默契,目光坚定。“5,4,3,2,1,点火!”发射号手稳稳按下点火按钮。显示屏上,导弹如利剑般直刺苍穹,准确摧毁目标。这仅是导弹女兵们无数次训练任务中最为普通的一次。

要求在微光下精细操作的夜间行动、身着厚重防毒面具和防化服的全防卫状态发射,沙漠里、戈壁中,都留下了导弹女兵的靓丽身影。“两年来,我参加过至少30次实战演练。”王丽敏回忆,最长有两个月,最短也有一周。

一次两天一夜的野外营级合成训练是她难以磨灭的记忆。当时,连队从傍晚训练到第二天黎明。洪水般的暴雨、时刻扛在肩上的钢枪、穿戴齐整的防化装具、在发射车上爬下蹿的身影，构成了野外训练的全部。泥浆交织着雨水，浸透了厚重的防护服。训练结束，女兵们没有换洗衣服，10个人挤在帐篷里，浑身是泥地缩在硬邦邦的床板上。帐篷不但漏水，还差点被山里的大风掀翻。返回基地后，她把脱下来的衣服洗了半个小时，水还是浑的。

入伍前95%的手续都靠自己跑出来

由于父母工作繁忙，王丽敏从小就生活独立，入伍前95%的手续都是她在烈日下跑出来的。教务处、征兵办、武装部、民政局、公安局……王丽敏一环接一环问，一张表需要不同单位不同部门盖章，有些部门都不清楚填报规范和职能范围，其间她走了很多弯路。

入伍后她也展现出令人意想不到的坚强。高跟鞋、绿常服、贝雷帽，旁观者可能觉得这是女兵的标配，在她看来，汗水、伤痕才是女兵的标配。实装操作，装备不够就模拟训练，她珍惜任何训练机会。平时基地里所有的活儿都自己动手，上下4楼扛饮水桶练力量……

“我不需要你的特别关怀，请叫我战士，看我军人风采，未来的战场让我们一起主宰”，王丽敏很喜欢这首《请不要叫我女孩》。今年8月，她两年兵役到期。培养一个有能力上战场的优秀号手需要整整两年，连队领导前后三次找她，希望她留下来。“离开的重要原因是错过了一个好机会。”今年高考季，她本有机会报考军校，但当时正在野外训练，一人缺席，整个训练单元都无法继续。“当时我妈不理解，这么重要的时刻，领导就不能通融吗？”全局为重、服从命令的观念早已刻在她的脑海里。“与社会脱节太久，各方面选择越来越少”，这是她的顾虑。连队领导爱惜人才，也为她的未来考虑，最终选择了放手。

散伙饭的主食是饺子，寓意思念与祝福。连队在某些节点的安排很有讲究，刚进的新兵剪发表示剪去与外界的牵挂，班长端上一杯水以示洗尘，第一顿晚餐吃的叫扎根面。“很多人觉得部队规矩苛刻，不近人情，实际上温暖融在微小的细节里。”王丽敏满眼深情。

（原载于《新传人》第24期，2016年11月9日）

秦天获全国优秀志愿者奖

周天竞

日前，由共青团中央、中国青年志愿者协会联合开展的第十一届中国青年志愿者优秀个人、组织和项目评选活动结果揭晓，我院2013级新闻学专业秦天荣获“中国青年志愿者优秀个人奖”，是我校首位获此殊荣的大学生。

秦天从10岁开始持之以恒地关爱贫困家庭、留守儿童和残障群体，曾任我校青年志愿者协会主席，任职期间被共青团中央授予“全国优秀共青团员”称号。2015年，我校“欢乐体育行”阳光助残计划荣获第二届中国青年志愿服务项目大赛银奖，秦天在会场向中共中央政治局原委员、现中国志愿服务联合会会长刘淇汇报了我校志愿服务工作。

据悉，此次共有519人被授予“中国青年志愿者优秀个人奖”，湖北省共17人获得此奖。

（原载于《新传人》第25期，2016年12月31日）

我院 2014 级新闻学一班团支部入选全国“活力团支部”

许慧琳

近日，由共青团中央学校部开展的高校“活力团支部”创建遴选活动结果公示，我院 2014 级新闻学一班团支部荣获 2016 年全国高校“活力团支部”称号。

为贯彻落实《共青团中央改革方案》有关精神，深入实施高校基层团支部“活力提升”工程，共青团中央学校部于 2016 年 9 月面向全国高校开展了“活力团支部”创建遴选活动。

据了解，经校内创建、省级遴选，共有 1168 个团支部进入全国遴选环节。再经资格审核、网络投票和专家评审等环节，确定 1000 个团支部为 2016 年全国高校“活力团支部”。

湖北省共有 44 个学生团支部入选。

（原载于《新传人》第 25 期，2016 年 12 月 31 日）

省高教处组织鉴定，漆昌柱副校长出席鉴定会并致欢迎辞

我院教学成果通过省级鉴定

许慧琳

2016年12月17日下午3时，我院院长张德胜教授主持的教学研究项目“新闻传播类专业‘三双式’实践教学体系的构建与实施”专家鉴定会在科技楼6楼学术之家举行。鉴定委员会认为该项目在国内同类研究中达到领先水平，一致同意该项目通过鉴定。

湖北省教育厅高等教育处吴勃主持鉴定会。鉴定委员会由5位专家学者组成，主任委员是华中科技大学新闻与信息传播学院院长、教授、博士生导师张昆，其他4位委员分别是武汉大学新闻与传播学院副院长、教授、博士生导师强月新，上海体育学院体育新闻传播与外语学院教授、博士生导师肖焕禹，武汉纺织大学现代纺织学院教授、博士生导师李建强，《楚天金报》党总支书记、常务副总编、高级记者陈力峰。

漆昌柱副校长出席鉴定会，并致欢迎辞。漆昌柱说，“新闻传播类专业‘三双式’实践教学体系的构建与实施”项目，既是教研成果，也是教改实践。新闻传播学院从2013年新的人才培养方案修订就开始了教改工作，成功地建设了省级实习实训基地，强化了人才培养的思路和定位，积累了研究成果，将理论与实践相结合，取得了很大进步。成果鉴定一方面展示了武汉体育学院新闻传播学院各个专业近年来教学改革创新的成果，特别是新闻传播学院在推进高素质人才培养和学术研究方面的突出成就，另一方面也是新闻传播学院各个专业综合改革实践的一个阶段性总结，同时还是一次难得的学习机会。

鉴定会分三个阶段进行。第一阶段由吴勃宣读省教育厅关于该项目鉴定的批复。第二阶段由张德胜向鉴定委员会进行成果汇报，张昆主持鉴定工作，对项目的完整性、指导思路、方法、特色与创新、推广与应用等进行评价。第三阶段是鉴定委员会讨论并出具鉴定意见。

鉴定委员会一致同意“新闻传播类专业‘三双式’实践教学体系的构建与实施”项目通过鉴定，并认为该成果在国内同类研究中达到领先水平。

我校教务处处长王志强、副处长杨会燕，新闻传播学院总支书记夏方智、副书记兼副院长叶涛、副院长张钢花，湖北第二师范学院文学院副院长陈瑛以及部分项目组成员出席了鉴定会。

（原载于《新传人》第25期，2016年12月31日）

我院学子周天竞荣获2016年度“湖北日报十佳大学生记者”称号

四百多篇稿件炼成一个十佳

周天竞

周天竞（右二）与《湖北日报》记者江萌（右三）在咸宁簰洲湾采访当地村民

2016年，从推荐主持人，到报送节目，再到整场年会串词的撰写，我全程参与了年会的筹办。此次评选除专家评审外，新添了网络票选，老师们、辅导员和亲友们纷纷出动帮我拉票，让我感到很暖心，对此表示感谢。

我算是同届学生中“走出去”比较早的那波。2014年10月通过面试加入湖北日报大学生记者团武体记者站；2015年9月正式进入记者团采编部，参与团内核心刊物《青春志》的采写与编辑；2016年下半年被提拔成副团长。

记者团几乎覆盖了湖北省内的所有高校，坦白说有不少人把我当作他们奋斗的目标。原因有二，第一是我的采编能力比较扎实，新闻敏感性也不错；第二也许是重点，在我成长的路径中，他们看到了希望——记者团把成员的能力看得比“出身”重要。

我本身是新闻学专业，未来肯定会从事媒体工作，所以除了认真上好每一堂课外，一直致力于培养自己的全媒体技能。幸运的是，院报《新传人》、校团委青年媒体中心以及湖北日报大学生记者团搭建的平台，让我比大多数同龄人更早迈入职业生涯。

像海绵一样，浸泡在新闻实践里

从学校里的王晔烽、于清泉、刘维这类校园榜样到陈力丹、王克勤、程菲、池莉等社会名人，我前后接触过上百人，很多相关报道都是整版刊登。

这两年，我两次参加“百名大学生记者专访百名新闻老兵”系列活动，先后采访《湖北日报》原副总编辑戴振民和曾任新华社湖北分社高级记者的霍柏林。采访结束后，85 岁高龄的戴振民老师亲笔给我写了一份书信表示感谢与鼓励。

对纸媒，我似乎有从骨子里生发出的执念与情怀。所以，中期实习我选择了湖北日报经济新闻中心。

2016 年 7 月去报社报到的第一天，我就迎头撞上了湖北严峻的汛情，部门里的老师们全都被派驻到抗灾前线。我主动向中途返汉的陈岩老师报了“以房养老”的选题，得到首肯后我一个人跑了很多居民小区，以实习生的身份采访保险公司，联系湖北省社科院的专家……经历了一言难尽的波折。在抗灾报道占据《湖北日报》80％版面时，这篇稿件刊发了。挤在一堆来自财大、华师的实习生间，我的信心和底气从这篇稿子开始。

后来，我经历洪水，也经受烈日，在《湖北日报》《楚天都市报》以及微信公众号“青春小微”发表及编辑作品 30 余篇，代表作有《“以房养老”为何响应者寡》《阿里巴巴“中国质造”来鄂“选秀”》《洪水退一寸 施工抢一尺——省交投全面提速重大项目建设》等，多篇报道同步被新华网、凤凰网、光明网等主流媒体转载。

第一次深刻感受到记者的无奈

7 月中旬，记者团联系上几位驻守一线的记者带我们采访。名额有限，我是其中唯一的女生，如愿坐上当天最早一班前往咸宁的绿皮火车。

咸宁嘉鱼县境内的簰洲湾是保卫武汉的最后一道天然防线。7 月 8 日左右，簰洲湾长江水位达到 29.33 米，超过警戒水位，嘉鱼县启动防汛三级预案。出发前，《湖北日报》的江萌老师临时给我补课，告诉我簰洲湾的地势、受灾安置状况、血吸虫区等相关信息，涉及政治、经济、文化、地理、历史方方面面，恰好印证“记者是杂家”的名言，我也意识到自身知识的空白很多。

簰洲湾沿江高排泵站前，正在民堤上巡查的村民看到我们后主动围上来。我从村民那得知只有水稻、小麦这类基本农作物才有保险，且每亩田最多赔偿200元。村民种的玉米、南瓜、冬瓜均属于经济作物，不能报保险，损失惨重。

作为记者的无奈，第一次如此强烈。

除了采访、写作，我还负责后方编辑工作。此次获得年度好新闻特等奖的新闻作品正出于此。

整体采访活动结束后，我根据实践经验归纳总结而出的论文《借力新媒体平台 传递正能量——湖北日报大学生记者团探索抗洪救灾报道新路径》刊载在中文核心期刊《传媒》和湖北省优秀期刊《新闻前哨》上。

已发表四百多篇文章

这次获奖就像敲开一颗鸡蛋，而且是双黄蛋——"湖北日报十佳大学生记者"称号和年度好新闻特等奖，说实话并没有太多惊喜。记者团导师对我说："你要学会夸自己。"第一次发现，夸自己也是个技术活。

我整理了一下入学以来的经历，2014年10月至今，我在纸媒（国家级、省部级、市级、学校内部）、网站、新媒体平台共发表各种体裁的文章超四百篇，如在《人民邮电》报发表文章《我眼里的"互联网＋农村孩子"》《世界因无处不在的媒体重新连接》，在《羊城晚报》发表微小说《走走停停》。

在2016年11月8日记者节这一天，学校团委的微信公众号推送了一篇名为《没错！体院也有新闻专业》的文章，主人公就是我。第一次以文字加图片的形式在公众平台发文，好玩，也蛮感动，认识的或不认识的朋友留言点赞，为我加油。

记者团年会结束那晚我参加了聚餐，不少在记者团结交的朋友大四了，即将各奔东西，"未来可期"的祝福在耳边慢慢拉远，我心里空落落的，充斥着家里人要远行般的不舍。

我在想，一个组织的强大，不在于支撑其发展的官方力量，而在于它给予每位成员的获得感。这份充盈的获得感，也不在于多少荣誉，而在于它营造了家的真实感。

"十佳大学生记者"这一页从那晚彻底翻篇了。

感恩的是，在我的青春里，遇到你们。

写下这些话，希望大家明白，任何付出都不会有立竿见影的回报，耐不住寂寞，守不得花开。

回首来时的路，我记得为什么出发。

（原载于《新传人》第25期，2016年12月31日）

陈希获省普通话大赛第一名

徐婉玥

我院2014级播主专业陈希（左五）荣获湖北省高校普通话大赛本科学生组一等奖
供图/陈希

9月15日，由湖北省语言文字工作委员会、湖北省教育厅主办，三峡大学承办的第六届湖北省高校普通话大赛在三峡大学落下帷幕。我院2014级播主专业学生陈希以第一名身份荣获本科学生组一等奖，播主专业教师张佳荣获教师组二等奖，我校荣获优秀组织奖。

省高校普通话大赛每四年举办一次。本届大赛以"弘扬中华优秀文化，普及国家通用语言"为主题，全省82所高校的151名选手进入复赛。

比赛分为教师组、本科学生组、专科学生组三个组别。比赛分初赛、复赛和决赛三轮。复赛共选出20名选手晋级决赛，决赛中各位选手将逐一抽取题目进行主题演讲。在决赛环节，陈希抽到的演讲题目是"我看文化自信"。对于这个演讲难度较高的题目，陈希谈道，"困难可以毁掉一个人，也可以成就一个人，这个题目可以说是成就了我"。

演讲中，陈希以奥运会为切入点，从“中国奥运第一人”刘长春到2008年北京奥运会，再到中国女排时隔二十年重新捧起奥运金牌，她从中国的体育进步延伸到体育文化自信给国人带来的骄傲和自豪，甚至在讲到女排夺冠时，由于太过激动，声音几近颤抖。

陈希精彩的论述，获得全场最高分95.14分，喜获本科学生组第一名。评委冯悦称赞：“陈希的演讲从容大气，语言流畅，整体无瑕疵。”

正是出于对体育的热爱，陈希在演讲时感染力极强地表达出自己的真情实感。播主专业与体育爱好相结合，是陈希在这次大赛中制胜的法宝。正如陈希所说，“体育不仅不是我们播主专业的弱势，反而会在一定程度上成为我们的优势，成为我们的特色”。

据了解，我校从5月份开始启动全校推广普通话系列工作，校语委、教务处依托新闻传播学院组织朗诵、演讲选拔活动，并从中遴选出优秀选手参加全省高校普通话大赛。本次大赛，无论是单项排名，还是综合获奖，都是我校参加历届全省高校普通话大赛中所取得的最好成绩。这充分体现出我校播主专业的综合实力，也得益于播主专业综合试点改革，因为改革助力人才脱颖而出。

（原载于《新传人》第27期，2017年11月30日）

应中国足协邀请，我院播主专业大三学生谢禹钦
出任2024奥运选拔队科研教练

国足教练谢禹钦的首次集训

徐婉玥

谢禹钦(右一)和教练组成员在一起　供图/谢禹钦

9月22日至10月18日，中国足球协会组织中国2024奥运选拔队(A队和B队)进行2017年第五期集训，在此期间，球队参加了2017年"起源地杯"国际青少年足球锦标赛。我院2015级播主专业谢禹钦应中国足协之邀，成为集训的教练组成员，前往南京参加集训。

从中甲志愿者到国足科研教练

大一下学期，谢禹钦在中国足球协会甲级联赛担任志愿者。在武汉卓尔的主场比赛期间，他主要是做场边医疗志愿者。

在半个赛季的比赛中，谢禹钦是出勤率最高的志愿者。在职业联赛做志愿者的经历，愈发激发了他对足球的兴趣。这段时期，谢禹钦出色的志愿者工作给负责人留下了良好印象。该负责人被调配到中国足协后，面对这样的工作机会，第一时间联系了谢禹钦。通过向中国足协官方投递简历参加选拔，谢禹钦收到了来自中国足协的集训通知。

面对这个机会，谢禹钦心动不已，但学校紧密的课程又让他犹豫不决。最后，是学院领导和辅导员的支持让他下定决心，开始了自己在教练组的工作。

目睹球队战胜波尔多青年队夺冠

球队在集训时参加了“起源地杯”国际青少年足球锦标赛，其中A队与法国波尔多青年队的比赛令谢禹钦记忆犹新。从积分形势上看，中国小伙只要赢下这一场，就可以提前夺冠。但法国球员的身体素质整体要强于中国球员，虽然中国队在技术上略胜一筹，但并不具备绝对的取胜优势。

比赛的赛制为80分钟，直到72分钟时，中国队都保持着1比0的领先优势，在常规比赛只剩下8分钟时，波尔多青年队补射破门将比分扳平。球员们没有放弃反击，伤停补时阶段，中国队在最后时刻打进关键球，绝杀对手，提前锁定冠军。然而，三个月前，在上海金山举办的“华信杯”国际青少年足球邀请赛中，这支2024奥运选拔A队一球未进，难求一胜。经过三个月的训练，这支队伍已展现出全新的生机与活力。

在看台上做技术分析的谢禹钦，目睹中国球队绝杀欧洲球队，心中涌起不可名状的民族自豪感。

与沈祥福、曲波等名宿一起工作

主要承担队务及技术分析工作的谢禹钦，是教练组中年纪最小的成员。但与沈祥福、曲波这样经验丰富的功勋教练以及职业球员一起工作，他并没有感觉到太大压力。谢禹钦谈道，“和前辈们一起工作，除了技能方面的提升，更多的是获得为人处世的启发”。

走进专业足球队，球队的专业设施和训练体系让谢禹钦更加直观地了解了中国足球的优势和劣势，也使自己明确了推动中国足球发展的方向。对于谢禹钦来说，这次跟队集训的经历将成为他未来学习和工作中的宝贵财富。

这些年轻球员目前最大的目标，就是冲进2019年的亚青赛。从沈祥福率队带领曲波、胡兆军等人冲击亚青赛，到今年几人共同进入教练组，带着更年轻的一批中国球员冲击亚青赛，这是中国足球人的轮回，也是中国足球青年队的轮回。

（原载于《新传人》第27期，2017年11月30日）

2017年中华小姐环球大赛总决赛完美收官，中华小姐桂冠花落我院播主专业
李明子荣膺华姐总冠军

李　聪

10月28日晚，中华小姐环球大赛总决赛在珠海长隆横琴湾酒店举行，来自武汉体育学院2014级播主专业的学生李明子脱颖而出，荣膺桂冠。

中华小姐环球大赛是凤凰卫视的年度品牌活动，已经走入第十五个年头，迎来第十四届华姐总决赛，其中，2008年因汶川大地震而停评了总冠军。

从全球各赛区晋级总决赛的12位佳丽，展开了紧张、激烈、精彩的对决，最终，6号李明子夺得冠军，8号梁思遥夺得亚军，9号郎悦祺夺得季军。11月17日晚，在凤凰卫视的直播中，第二次参加中华小姐环球大赛的李明子作为新的华姐冠军正式亮相。

据悉，中华小姐环球大赛是全球华裔女性的美丽盛事，是拉近全球华人距离、建立华人新生代美丽标准的选美大赛，更是传播中华传统文化、弘扬社会正能量的平台。

“国际性、文化性和公益性”是中华小姐环球大赛不断坚持和传递的品质，“高学历、高素质、高品位”是其多年来秉承的原则，“内外兼修，外柔内刚，以爱育爱”是这项大赛不同于一般选美赛事的评选标准。

（原载于《新传人》第28期，2017年12月12日）

过五关斩六将，二度参赛的李明子终成全球最美的华裔女神

破茧成蝶　美冠香江

张 倩

5 月，由凤凰卫视精心打造的中华小姐环球大赛吹响集结号，邀请全球最具魅力的华裔女性共赴美丽约会。今年的环球大赛，大体分为国内赛区、海外赛区和网络赛区；海选之后，选手将会参加所在赛区的集训。2015 年曾参赛但遗憾止步 33 强的李明子，再次报名参加北京赛区的初轮选拔，由此开始历时两个月的赛程。

闯关北京赛区，晋级全国 39 强

8 月 12 日，北京赛区的比赛在北京凤凰国际传媒中心拉开帷幕。选手既有来自北京大学、中国传媒大学、伦敦政治经济学院、美国亚利桑那大学等校的在读学生，也有来自互联网、教育、金融等行业的职场佳丽。

中华小姐的初赛舞台素来“残酷”，不仅要求全素颜、穿平底鞋参赛，更要求选手在短短一分钟内快速展示自我。就在这短暂的自我介绍环节，李明子的阳光自信给评委留下深刻印象。经过激烈的角逐，北京赛区有 25 位选手获得复试资格，李明子名列其中。

第二天，进入复赛环节的选手各出绝招。在泳装走秀与才艺展示后，大赛进入考验选手思维与应变能力的自我阐述与问答环节。

“因为凤凰卫视的品牌和华姐比赛的氛围是我想要的。我一直喜欢凤凰，喜欢凤凰栏目的风格，所以希望离我爱的人、离我爱的事更近一点，我站到了这个舞台……我要拿起话筒说出自己的想法，而不是让别人来告知我应该怎样。”李明子坦言二度参赛的缘由深深打动了各位评委。

最终，李明子在这一轮中脱颖而出，进入全国 39 强，获得参加美丽夏令营资格。

闯关长隆搞修炼，惊险晋级 16 强

8 月底，从各赛区脱颖而出的 39 位佳丽会聚广州长隆，开启独属于中

华小姐的美丽夏令营。

9月1日，是佳丽们入营的日子。在中国维和警察部队的特训下，佳丽们进行了早起拉练、理论学习等训练，挥拳踢腿移步出勾，飒爽英姿不让须眉。随后，瑜伽课、美妆课、舞蹈课、主播课纷至沓来。

短暂的集训结束后，佳丽们以汇报演出的方式展示了集训成果：维和警察特训中获得的刚毅与果敢，美妆造型培训中领悟的技巧与自信，礼仪培训中学到的优雅与礼节，瑜伽课上培养的淡定与从容……每人一分钟自我介绍，给人耳目一新的感觉。

第十二届中华小姐环球大赛冠军郭洋子宣布晋级16强的选手名单，在39强中李明子是2号。“我在想她会按顺序宣读，如果前两个没有我，那我是不是又一次与凤凰、与华姐失之交臂了?”郭洋子依次报出第1到15位晋级者，没有李明子。“16强最后一位晋级者是——2号李明子。”听到自己在晋级者之列，李明子激动又紧张，“感觉好像一个礼物突然砸到我身上”。

远赴澳大利亚拉练，入围12强

10月初，16强佳丽走出国门，欣赏异域风光。澳大利亚黄金海岸是著名的旅游胜地，气候温和湿润，海水干净清澈，沙滩绵延数里……佳丽们在这里享受比赛之余的放松。

喜爱肉食的李明子感到有些不适应，因为每日餐食没有当地特色小吃，没有汉堡简餐和牛排。“我们吃的就是那种一大盒菜，我觉得那是草，没有酱料，每天吃这个。”佳丽们无一例外，克制饮食，努力在镜头前以更好的形象展示自己，这也是对观众和赛事的尊重。在广州长隆和考拉Yuki亲密接触后，选手们对Yuki的故乡——可伦宾野生动物保护区念念不忘。16强佳丽驱车前往保护区，开启了考拉寻根之旅。

在保护区工作人员的带领下，李明子和其他佳丽们走近考拉生活环境，怀抱考拉，与考拉亲密合照，并代表中华小姐大赛组委会接受保护区授予的捐赠证书。

她们在保护区还遇到了袋鼠、鸸鹋、彩虹鹦鹉等野生动物，并尝试着亲手剪羊毛。就是在这次海外之旅中，李明子得到自己进入12强的好消息。

过五关斩六将，夺得桂冠

10月28日晚，2017年中华小姐环球大赛总决赛在珠海长隆横琴湾酒店盛大举行。

本届中华小姐参赛者全是90后，赛方更新规则，采用了全新的竞技形式和淘汰赛制，在排练阶段将12强选手按照水平和潜力分为三组，李明子被分在竞争气氛最为直接且浓郁的Dance Battle组。

她的舞蹈中有个动作在舞台上展示不过几秒，却让李明子最为担心：全身只有胯骨与男舞伴的肩膀作支撑，全身绷直后翻转落地。李明子连续多日反复练习，胯骨每天处在高强度的承压及摩擦之下，至比赛时仍是黑青、黑紫一大片。

比赛时，激情四射的舞蹈彰显出遒劲帅气的姿态，赛前担心的技巧动作完美展现，李明子成功晋级9强。

在“80、90对决”的问答环节，李明子机智对答主持人尉迟琳嘉和80后华姐主播艾楚怡的“诈骗电话”，成功入围6强，迎战选美女王周瑛琦的“刁难”。

周瑛琦曾连续9年主持世界小姐总决赛，她提出的问题与本次华姐官方照拍摄主题“人与自然”相契合：“人类作为万物之灵，是否更应该肩负起保护地球生灵的责任？在环保方面，人类还有哪些可以做的事情？”李明子将漫无边际的问题具象化到身边小事情上：去海边拍摄或是游泳涂不涂防晒霜？“不涂，宁可晒黑也不涂。从自己力所能及的点滴入手，减少人类行为对海洋生态的破坏，肩负起保护环境的重任。”李明子漂亮的答案得到评委的认同，成功入围前三。

“我执皆因我值。”第十四届中华小姐环球大赛决赛之夜，李明子成功夺魁，新任华姐粲然诞生。

（原载于《新传人》第28期，2017年12月12日）

最好的里程牌 最美的代言人

张德胜

2017 年中华小姐环球大赛总冠军，花落我院，播主专业大四学生李明子力压群芳。这几乎是所有人，包括李明子自己在内，未曾想也不敢想、可遇而不可求的事情。

中华小姐环球大赛总冠军，简称华姐总冠军或华姐。一年一位，全球唯一，其品牌与价值堪比奥运冠军。因为一旦成为华姐，可谓终身自带光环。此等大运，为什么撞上了李明子，荣归新传院？

我们都是唯物主义者，如果只相信命运，不相信成长，那就不需要大学教育了。李明子荣膺桂冠，是偶然，但也暗含必然。

播主八年最好的里程碑

我校播主专业创办于 2009 年，迄今正好 8 年。这 8 年，我们播主专业在茁壮成长：2013 年，建立省级精品视频公开课“体育解说评论”；2015 年，获立省级专业综合改革试点项目；学生颜值高，就业率高，出国留学和读研深造占比高；学生在各种大赛中频频获奖，在各大直播平台频频出镜。

说到获奖，过去五届湖北高校金话筒主持人大赛，有三届的总冠军为我院播主学子。2012 年，播主学生钱彩虹荣获环球旅游小姐国际大赛中国区冠军。今年暑假，李明子的同班同学陈希就荣获了全省高校普通话大赛第一名，这个第一名的含金量一点也不亚于国家级二三等奖，因为它是 4 年一届，是全省 80 多所高校的选手同台竞争的结果。

如此看来，李明子不是孤星闪耀，相反，她是群星里的明星。鲜为人知的是，她在今年戴上镶满钻石的华姐桂冠之前，去年就曾不声不响地戴过一次简称“珠姐”的珠江形象大使的桂冠。在这些光鲜的背后，凝聚了其自身的千锤百炼、老师的耳提面命和同学之间的相互砥砺。

应该说，过去 8 年，我们培养了不止一个李明子，但毫无疑问，李明子是我们播主专业前进路上最富标志性的里程碑。

学院未来最美的代言人

桂冠是有价的，但荣誉无价。华姐大赛，既是选美大赛，又不同于一般的选美大赛。一般的选美大赛，遴选的是超凡脱俗的美女，但华姐大赛选出的是"智美同行、内外兼修"的美女主持人，类似于古希腊神话中爱与美之神阿佛洛狄忒和智慧女神雅典娜的融合。从某种意义上说，凤凰卫视举办的一年一度华姐大赛，既是选美，更是为自己选拔全球顶尖女主播，可谓一举两得。

我们发现，差不多一半的华姐最终都加盟凤凰卫视，荣登主播台，组成了玫瑰花瓣一般的"华姐主播圈"。我们有理由相信，不久的将来，第十四届华姐总冠军李明子也能成为优秀的凤凰花仙子，实现品牌叠加与人生增值。

如果到那时，再回望今天，回味李明子的成功，我们想得更多的，恐怕不再是李明子的青春与美貌，而是她的智慧与爱心。因为再美的先天容颜，都难敌岁月无情的刻刀，唯有智慧和爱心可随日月累积而历久弥新。

智慧来自哪里？读书是其中一个重要的途径。从李明子的实践经历、现场分享以及各媒体的选择性报道来看，大家谈论得最多的并不是她的美丽，而是她的魅力。好读书、勤思考、善表达，是她取得成功的关键，也是其魅力所在，这既符合她的学生本分，也验证了那句"腹有诗书气自华"的古训。

读书、实践、创新，这三大关键词一直都是我院乃至我校的人才培养理念，李明子用行动对它作了最好的诠释，也是对它最美的代言。

（原载于《新传人》第28期，2017年12月12日）

陶正任国家女子手球队科研教练

罗 霈

丹麦维堡市市长接待陶正所在的团队并合影留念 供图/陶正

2017 年 6 月，国家女子手球队的两位老师到武汉体育学院招聘，因为队伍里需要一名科研教练。抱着试一试的想法，2014 级编导专业的陶正与几个同学一起在办公室和招聘老师聊了一下午，之后就是回来等消息。陶正说："其实我一开始蛮担心的，因为我并不了解科研教练要做些什么工作，但是觉得这是一次不错的机遇，对这个工作也抱有很大的憧憬，所以我就去应聘了。"

三个月后，首都体育学院的高斌老师给陶正打来电话，告诉他国家女子手球队俱乐部集训马上要集合了，问他是否愿意到队伍里参加科研工作。"我当时犹豫了一下，毕竟我已经在一家公司做媒体运营了。想了想，我还是决定辞掉现有工作，抓住这难得的机遇。"就这样，陶正成为国家女子手球队俱乐部集训教练团队的一员。

跌跌撞撞，虚心求教

在集训的日子里，陶正的科研教练生活并不那么容易，在工作上遇到了很多困难。“在这个全新的领域，那些专业的技术动作标准我掌握得不到位，在做技战术统计分析视频时就有很多困难。”对从未参与过相关工作的陶正来说，要学习的内容很多。

最初几次的技战术统计分析，陶正都是看着以往的视频照葫芦画瓢，结果出现了不少错误。因为他对于那些技术动作不了解，所以出现了很多错误的统计，特别是在射门动作的统计上。这让他感到了学习的紧迫性，要想方设法尽快掌握。

俗话说“虚心使人进步”，陶正也不例外，除了查阅资料，还经常请教团队里的老师，听老师细致讲解“底线射门”“9米”“交叉”等一系列专业术语。

在高斌等老师的耐心指导下，陶正在短时间内攻克难关，做出了不错的技战术统计分析。

带着遗憾，继续出发

在集训队的日子，他们一周只有一天休息时间，而丹麦的商场周六周日一般不开门，所以他们只能在周边城市逛逛，看看风景。“不过我们在那边恰好遇到了‘Black Friday’，类似我们的‘双十一’。服务员看到我们都会对我们说‘我爱你们’，可能是我们比较能‘买买买’吧。”陶正笑着回顾。

“集训的时光短暂而美好，我学到很多实用的东西。可我还没有毕业，所以不能签订正式的劳动合同，集训结束回到北京后，这次不一样的旅途就结束了。”这次别样的经历让陶正毕生难忘，也让他有了更高的目标。

（原载于《新传人》第29期，2018年3月2日）

林炳昆竞选“最美新兵”

李 聪

林炳昆是我院2013级新闻学专业学生，2017年9月参军入伍，服役于武警广东省总队。经过新兵连3个月“魔鬼训练”，他已从一介文弱书生，蜕变成一个能文能武的钢铁战士。其武，体现在队列、拉练、射击等军事本领方面，由弱变强，由后进变先进；其文，体现在播音、主持、报道等文艺本领方面，如鱼得水，展示出过人的专业才华。

在校期间，林炳昆曾应新华社邀请，报道过全国少数民族传统体育运动会。在新兵连训练期间，他又充分发挥专业优势，集采访、编辑和播音于一身，开办营区广播台，赢得好评。

8集大型纪录片《强军》在央视播出后，武警官兵反响强烈，“人民武警”微信公众号专门做了一条3分26秒的宣传片，林炳昆代表新兵在该片末尾表达了能打胜仗的决心。新兵封闭训练结束时，林炳昆作为领誓员，带领武警广东省总队新兵集体宣读武警誓词。前不久，林炳昆被评为优秀新兵，并被挑选到武警广东省总队纠察队一线服役。

武警部队第三届“最美新兵”评选活动拉开帷幕，林炳昆作为武警广东省总队推选的候选人，参选全国武警部队“本事之美”最美新兵，被列为第15号候选人。所谓“本事之美”，就是围绕素质过硬、能打胜仗的要求，评出在参加军事训练、提升个人素质、完成工作任务等方面表现突出的新兵。“林炳昆是我院优秀学生的代表，衷心希望他成为最优秀的武警战士。”院长张德胜教授说。

据中国武警网介绍，一年一度的武警部队“最美新兵”评选活动始于2015年。2017年“最美新兵”评选分为四种类型，分别为灵魂之美、本事之美、血性之美、品德之美。每种类型的候选人由武警各省总队推选1人，最终分别从中遴选10人，共评选出40名“最美新兵”。

（原载于《新传人》第29期，2018年3月2日）

武汉体育学院新闻传播学院：“三双”实践 协同创新

张德胜　张钢花

武汉体育学院新闻传播学院是湖北省首批高校改革试点学院。学院2012年提出建构“三双式”实践教学体系的设想，经广泛调研、科学研究和学校批准，最终在2013年新修订的新闻学、播主、编导、视传等新闻传播类专业人才培养方案中得以全面实施。通过几年的运行，该教学体系产生了丰硕的教学成果，并形成了良好的示范效应，其研究性总结“新闻传播类专业‘三双式’实践教学体系的构建与实施”被评为2018年第八届湖北省高等学校教学成果奖一等奖。

“三双式”实践教学体系的探索与形成

新闻传播学院实践教学体系由四大实践教学序列构成：一是暑期实习实践序列，包括一年级暑期的社会调查、二年级暑期的中期实习、三年级暑期的毕业实习；二是课内课外的验证性实习、实验、实践序列；三是学科竞赛序列；四是创新创业序列。

在实施路径上，该体系依次构建了“双融式”实践教学的内容体系、“双主式”实践教学的方法体系和“双联式”实践教学的目标体系，简称“三双式”实践教学体系。

所谓“双融式”，是指实践教学既要与业界的前沿运作融合，又要与所在高校的办学特色融合，以此构建实践教学的内容体系。一方面，严格按照新闻传播学类教学质量国家标准要求，坚持专业本色，努力做到实践教学与市场需求、与业界运作前沿“双接轨”，让师生从宏观上了解媒体的体制机制改革，从中观上知晓媒介融合的现实情况，从微观上熟悉业界的采、写、编、评、摄、录、制、播等实务操作流程。另一方面，各专业均打“体育传播牌”，通过普遍开设“体育社会学”“田径”“足球”“篮球”“网球”等体育必修课，“体育深度报道”“体育解说评论”“体育节目制作”等专业选修课，以及与主流媒体合作，共同完成大型赛事的媒体运行服务工作，来凝练专业特色。

所谓“双主式”，是指实践教学要以教师为主导，以学生为主体，以此构建实践教学的方法体系。实施“双主式”实践教学方法的前提，是要有一支“双师型”教师队伍。“双师型”教师队伍建设途径有三：一是注重引进具有业界经验的教师，全院有三分之一的教师从媒体机构引进而来；二是积极开展“双跨工程”，定期派遣青年教师到媒体挂职锻炼；三是聘请媒体人士作为兼职教师，定期来校指导研究生和本科生。

所谓“双联式”，是指由武体新闻传播学院牵头，联合多校新闻传播院系共同建设省级示范实习实训基地与省级教学名师工作室，以此构建实践教学目标体系，以实现开放、包容、共建、共享的目标。2013 年，联合湖北师范大学、湖北第二师范学院、武昌首义学院三校的文学与新闻传播学院，与湖北广播电视台共建省级示范实习实训基地，形成了一个“4＋1”合作模式。2015 年，联合中南民族大学、湖北师范大学、湖北第二师范学院三校的文学与新闻传播学院成功申报新闻传播学湖北省首批名师工作室，主持人为张德胜教授。这两个平台以我为主、联合共建，以新闻传播学核心课程改革为目标，以教学团队建设为抓手，以实践教学体系建设为着力点，实现教学成果的共建共享。

2016 年 3 月，张德胜撰写的论文《新闻传播学“三双式”实践教学体系的构建与实施》公开发表，这是对本成果的理论总结。同年底，该成果通过了省级鉴定。2018 年 2 月，“新闻传播类专业‘三双式’实践教学体系的构建与实施”荣获四年一度的省级教学成果奖一等奖。

“三双式”实践教学体系的突破与创新

“三双式”实践教学体系的构建与实施，主要解决了四个方面的教学问题。

一是解决了理论与实践、学界与业界相互结合的问题。本体系大大提升了教师的实践能力，丰富了教师的业界经验，由此整体带动了学生的实践成长。

二是解决了同一学院不同专业的相互融合与特色凝练问题。学院为四个专业设计与实施了共同的实践教学体系，最大限度地促进了专业融合。同时，学院内各专业在选修课和实践环节方面，充分利用体育学院的优势资源，彰显了体育传播特色。

三是解决了校企（媒体）合作、共同培养人才的问题。学院和媒体每年互派骨干到对方单位挂职锻炼，实现了学界与业界的无缝对接。学校与华视传媒合作，共建华视传媒学院；与新华社、中央电视台、湖北广播电视台、腾讯体育等媒体合作共同培养人才。

四是解决了校际合作、共建共享问题。省级示范实习实训基地现已成为学用结合、开放创新的人才培养摇篮，湖北名师工作室也已成为跨校合作的教师发展共同体。

“三双式”实践教学体系的构建与实施实现了三大创新

第一，通过顶岗挂职，形成体育传播优势，实现“双融式”实践教学内容的落地与深化。顶岗，是针对学生而言；挂职，是就专业教师和业界人士来说。与一般实习实训以学生校内演练、校外见习为主的模式不同，该项目成果强调学生顶岗实习，特别每逢世界杯、奥运会、亚运会、欧洲杯以及在国内举行大型国际赛事期间，派出学生到主流媒体顶岗实习，独当一面；同时与媒体开展“双跨工程”，一方面派出教师到媒体挂职，另一方面吸收媒体人士到学校挂职，共同培养“双师型”人才。通过这两大举措，形成体育传播优势，真正把融入体育和融入业界这两项内容落到实处。

第二，通过以赛带练，彰显艺术创新特色，实现“双主式”实践教学方法的运用与更新。以赛带练，是指通过比赛来带动实习实训。鉴于新闻传播学院专业较多，该项目积极鼓励教师指导学生参加不同专业的品牌赛事，如播音与主持艺术专业的“夏青杯”朗诵大赛、校园金话筒主持人大赛，视觉传达设计专业的全国大学生广告艺术大赛、时报金犊奖大赛，广播电视编导专业的中国大学生计算机设计大赛，以及各专业学生协同参与的国内外各种微电影大赛等。所有的大赛，都是对于以教师为主导、以学生为主体实践教学方法的运用与更新。比如，荣获中国大学生计算机设计大赛一等奖的微电影《倒糖“人”》，主创人员仅仅拍摄素材就往汉口跑了50多次，指导教师刘静还专门邀请华中科技大学何志武教授和湖北广播电视台石永军编辑来校面对面讨论与修改剧本。

第三，通过以点带面，发挥试点学院效应，实现“双联式”实践教学成果的示范与共享。作为项目牵头单位，武体新闻传播学院充分发挥省级试点学院的先行先试效应，多次邀请全省试点学院负责人、省级示范实习实训基地负责人、省级名师工作室成员进行研讨与交流，将该项目成果向与会者分享，真正实现了实践教学成果的校内、校企、校际等不同层面与领域的共享。

“三双式”实践教学体系的成效与推广

一是校内自办媒体多元化，为学生专业实践提供了广阔的平台。现有的院报、官网、微信公众号、微电影团队、节目中心等平台和团队，采取以教师为主导、以学生为主体的运行模式，已构成一个准媒介集团，其影响力已从校内扩展到校外。

二是“双师型”教师队伍不断壮大，为实践教学体系打下扎实的基础。近几年，从业界引进教师10名，每年至少派遣1名教师赴媒体挂职；聘请了宋世雄、徐济成、黄健翔、沙桐、洪钢等20多位知名媒体人担任业界导师。

三是实践教学特色鲜明，反过来促进了专业建设和课程建设。现已建设两门省级精品视频公开课，新闻学、播音与主持艺术专业分别获立省级专业综合改革试点项目。2017年，新闻学专业被批准为“荆楚卓越新闻人才”培育专业，同时还承担了2017省级重大招标课题“湖北省本科专业（新闻与传播专业）专项评估指标体系研究”的研究任务。

四是实践教学推动融合创新，进一步提高了人才培养质量，学院近5年毕业生就业率高达92%以上。学生频频在各项大赛中获奖，如学生丁小艺、张欣晨合拍的《倒糖“人”》荣获2016年中国大学生计算机设计大赛微电影类一等奖。另外，学生秦天荣获了2015年“全国优秀共青团员”称号。

五是实践教学带动了科研，促进了学科建设。近几年，新闻传播学院多次获立国家社科基金课题（大多数为体育传播研究），张德胜、李峰、张钢花申报的“媒体体育与体育媒体”项目荣获2016年第五届全国教育科学研究优秀成果奖三等奖，填补了学校该方面空白。学校继2014年成功申报新闻与传播专业硕士学位授权点之后，2017年又成功申报了新闻传播学一级学科硕士学位授权点和艺术专业硕士学位授权点。

六是通过培训、服务等方式，进一步拓宽了与媒体、政府、公司的合作渠道。先后与新华社、央视、华视传媒、省市宣传部、武汉体育发展投资有限公司等单位合作，协助开展一年一度的武汉网球公开赛、武汉马拉松和2019年第七届世界军人运动会等大型赛事的媒体运行服务、体育展示与现场播报等工作。有多名学生被中国足球协会和中国手球协会聘为影像分析科研教练。

七是跨校合作机制初见成效，正在发挥示范和辐射效应。几年来，先后有20多所高校到武体新闻传播学院参观访问。《中国教育报》等媒体多次报道武体新闻传播学院的跨校合作，新闻传播学核心期刊《新闻与写作》杂志2017年第6期专门刊发了题为《新闻院系路径选择：顶天立地与特色发展——张德胜教授专访实录》的学术专访。

（原载于《光明日报》，2018年3月7日14版）

张希祉陪母抗癌　央视专题报道一刻钟

高杏

2018年11月28日晚，中央电视台新闻频道《24小时》栏目报道了我院2016级新闻与传播专业提前毕业研究生张希祉陪母抗癌的感人故事，时长15分钟。

2018年9月12日，张希祉的摄影组照《妈妈》从来自近30个国家和地区的8万多件作品中脱颖而出，获得2018年亚洲大学生摄影大赛首次设立的特等奖，同时获得第三届全国青年摄影大展导师推荐摄影新人奖。

2014年初，张希祉的母亲被确诊肺癌，组照《妈妈》是他对陪母抗癌4年来生活细节的记录，也是张希祉释放情感的窗口。该节目播出后，张希祉的作品和治愈故事成为全国关注的焦点。

（原载于《新传人》第33期，2019年1月8日）

抗癌路上 母子情深

——我院16级研究生张希祉陪母抗癌记

高 杏

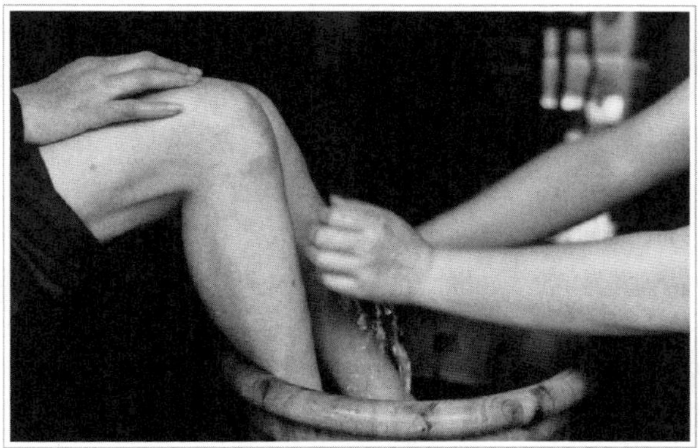

《妈妈》组照：帮妈妈洗脚　供图/张希祉

近日，我院2016级新闻与传播专业提前毕业研究生张希祉的名字频频出现在各大新闻门户网站和社交媒体上。他的摄影组照《妈妈》荣获2018年亚洲大学生摄影大赛特等奖。热爱摄影的张希祉，其实一路走来拿过不少奖项，但这次令他没想到的是，关于作品背后故事的传播比获奖本身更轰动。

2018年11月28日，央视《24小时》节目播出后，张希祉的故事悄悄登上数个视频门户网站的首页，仅腾讯视频上关于张希祉的《妈妈》的视频点击率就超过20万；在11月30日的新浪微博上，关于张希祉的话题更是跻身热搜榜第4位；在社交媒体和网络邮箱上，他收到很多来自全国各地观众的留言和鼓励。这个孝顺坚毅的武汉男孩一夜之间成为全国关注的焦点。

放下一切选择陪伴

最初，母亲因关节剧烈疼痛，无法入眠，张希祉便陪着母亲探访各大医院。随着住院检查的深入，一次他在地铁站口与母亲分别时，母亲用手捂着自己的左胸口，对他说："洋洋，妈妈这里可能长了个东西，不太好。"这是第一次，他深切体会到母亲生病了。

张希祉从小到大受到母亲无微不至的照料，在他心中，母亲几乎一直扮演着无所不能的角色，他从未想过母亲有一天会倒下，一时间地转天旋，山崩地裂。他说，那时他时常会无所适从地坐在书桌前悄悄掉眼泪，反复问自己该怎么办。

第一次手术后，张希祉的母亲暂时失去了自理能力。亲戚和母亲的朋友组成陪护团轮流照料，但由于父亲和其他长辈需要上班工作，无法时刻陪伴母亲，懂事的张希祉便承担了照顾母亲的主要任务。他学会了买菜、做饭、洗衣，给母亲喂水、洗脸……在ICU病房外走廊上陪床的日子里，张希祉就睡在租来的行军床上。他回忆那段时光时说道，那些场景就仿佛是在自然灾害的救助现场，不断响起的唤医铃让他彻夜难眠。

那时本科即将毕业本打算考研的张希祉告诉家人，他决定放下一切事情专心照料母亲，推迟考研。话落，母亲大哭，父亲沉默。张希祉认定，把母亲交给任何人照料，都不可能比自己亲自看护更周全、更踏实，他必须亲力亲为。

他开始了每天往返于医院和家、与母亲朝夕相处的生活。张希祉说："那些不断变厚的病历本和数不清的CT片，就像一条鸿沟一样插在我和我妈的生活里面，我能做的就是紧紧握着她的手，安慰她不要怕。"

初衷并非创作而是出于治愈本能

张希祉与摄影结缘，起于大学时期。出于对孩子的宠爱，2012年张希祉的母亲送给读新闻学专业的他第一台单反相机，鼓励他好好学习。从那时起，他便开始自主钻研摄影。起初他像许多摄影爱好者一样喜爱拍摄风光，不少作品被发表在摄影杂志上。直到2014年2月19日母亲被确诊肺癌，他对于摄影创作的热情骤然淡了下来。在陪伴母亲治疗的4年间，张希祉经历了太多撕心裂肺的时刻。在那些内心颤动的无数个瞬间，言语和哭喊都极其单薄无力，在努力坚强的外表下，举起手机、按下快门是他释放情绪的下意识动作。张希祉说，他拍摄这些照片的初衷不是为了创作，而是为了治愈，不仅为自己找到释放压力的出口，也为母亲汲取更多力量。

作品《妈妈》最初是从张希祉不由自主拍下的三张照片开始。那时候，张希祉的母亲正准备接受入院后的第一次手术，手术巨大的不确定性令全家人每日笼罩在忧愁和恐惧里。在那段艰难的日子里，张希祉日夜守候，与母亲寸步不离。

第一张照片里，张妈妈穿着病号服，眼神里裹着忧虑，在望向儿子时却又不得不露出宽慰的笑容，缓声说："没事的，没事的，妈妈不会有事的啊，就算有事暂时也死不了的。"

第二张照片拍摄于 2014 年 3 月 5 日，即将被医护人员推入手术专用电梯的张妈妈紧抓着张希祉姨妈的手不断嘱托，如果自己情况不好，请姨妈一定要照顾张希祉。

第三张照片展示了医院手术专用电梯闭门前的一幕——张妈妈被推入电梯，即将面临手术。

如今，张希祉为母亲的抗癌日常已拍下百余张照片，但其中没有一张，是在母亲化疗期间拍下的，因为他觉得这一景象太惨烈。

张希祉的镜头饱含深情，但又十分克制，凄惨尖利的成分都被剔除掉了，不见刻意的煽情。冷静平和的视角下，他的作品透射出浑然天成的治愈力。这些黑白的镜头都是张希祉用手机拍下的，没有炫技，也不在意设备，有的只有沉甸甸的情感。这百余张照片记录着的，不仅是母亲的变化，也是张希祉自己在陪伴中的成长。

挺住就意味着一切

张希祉说，他与母亲是告别式的相处，每一天他都必须很珍惜。

2018 年 6 月，张希祉研究生毕业。毕业当天，母亲和家人一起来到学校陪他拍毕业照，那天他对于拍照其实有些许不耐烦，不愿多拍，也没有多拍。不久后，他陪母亲去医院复查，医生说癌细胞可能有转移到脑部的风险。骤然，槁木死灰。他说，当时切肤的悔恨感压得他喘不过气来，怎么会想到，那天的照片可能会是家人最后几次的合照，没有陪母亲多留下的那些镜头可能会成为他一生的遗憾。幸运的是医生的怀疑已被阶段性排除，张希祉母亲的病情趋于稳定，尚无明显恶化的现象。

"哪有什么胜利可言，挺住就意味着一切"，这句诗出自奥地利诗人里尔克的《祭沃尔夫·卡尔克罗伊德伯爵》，是张希祉最喜欢的一句诗，让他感到共鸣，也带来力量。"我觉得最重要的是，面临困难时，选择如何去面对它"，张希祉说，在感受到了生活的残酷之后，还是要积极生活，生活还要继续，母亲也需要他。

学院出资参赛并获奖而归

在校期间，张希祉几乎从未向老师、同学提起家里的事，关于他母亲的身体状况鲜为人知。

研究生两年间，张希祉连续获得学业奖学金，也因为成绩优秀提前一年顺利毕业。一年级时，他的校园摄影作品获得学校体育文化节二等奖；二年级时，他作为副主编编写了《互联网＋武当武术品牌自主创新研究》一书，并在中山大学出版社成功出版，这项学术专著不仅是武汉体育学院"互联网＋体育"优势特色学科群资助项目成果，还成为了国家社会科学基金项目"大数据时代我国体育品牌自主创新研究"的子研究报告。张希祉十分感谢在研究生期间，学院老师给予的鼓励和关怀，尤其不忘新闻传播学院院长张德胜教授对他外出学习、参赛的支持。

2017年6月初，张希祉入选了由今日头条旗下的东方IC图片社举办的"金牌摄影师"香港站工作坊，成为著名摄影记者严志刚所带小组的学员，前往香港拍摄以"回归二十周年——变与不变"为主题的图片。此次活动获得张德胜院长的支持和鼓励，张德胜院长还为其支付了赴港的学习经费和车旅费。最终，张希祉的作品《庆回归》和《晚餐》获得了"发现·最·香港"摄影比赛优秀奖。

张希祉说："可能在外人眼里，武体充斥着青春的荷尔蒙；但母校在我眼里，倚靠东湖，让我觉得宁静而祥和。"母校令张希祉非常难忘。在他得知自己的作品获得亚洲大学生摄影大赛特等奖时，他第一时间联系了张德胜院长。他说自己一直记得，张德胜院长曾在大会上向他们讲过的话：到哪儿都不要忘记自己是武体新传人。

如今，张希祉是长江日报报业集团的一名记者，他对于生活的认真态度也同样体现在了工作上。自7月入职以后，他连续4个月获得长江日报"好稿奖"，这在同行的老前辈中也是极为少见的。

张希祉性情真诚温和，质朴不张扬，有着男孩子少有的细腻，他不愿意与人讲武汉话，觉得武汉方言比较直白和粗犷，担心会伤害到别人。与这个长伴病痛的男孩交谈，会被他温和的细语声治愈。

这个孝顺懂事的大男孩用自己的实际行动征服、感动了全中国。祝愿张希祉和他的母亲未来能有更多幸运加持！

（原载于《新传人》第33期，2019年1月8日）

郝斌获第七届“青功赛”第一名

章馨元

我院播音系主任郝斌(左一)荣获武汉体育学院第七届青年教师教学基本功大赛学科组第一名　供图/郝斌

2018 年 11 月 24 日，武汉体育学院第七届青年教师教学基本功大赛决赛在科技楼多功能演播厅举行。我校唐宏贵教授、张厚福教授、赵蕴教授、谢雪峰教授、汤起宇教授和华中师范大学张业茂教授莅临本次比赛并担任大赛评委。我院播音系主任郝斌荣获学科组第一名。

吕万刚校长从百忙之中抽空来到了比赛现场，我院院长张德胜、副院长张钢花也观摩了本次比赛。我院播主专业郝斌、陈强两位老师参与了本次学科组比赛。

郝斌为大家讲的课程是“播音主持创作方法”。在 5 分钟的讲课中，郝斌解说了自己的教案与课程设计，体现了学校推进的 OBE 改革成果。他要求学生了解播音的创作手段，重点掌握有声语言和副语言两个工具的使用。随后，郝斌介绍了教学目标及教学方法，希望学生从大一开始就能知道他们将来能做什么，以及他们的角色是什么。

授课环节，郝斌用一张 AI 主播图片以及一些相关实例，向大家提出了人际交流沟通的核心。他将同学们分成四小组，每组代表一个媒体公司，各组模拟拍摄 3 分钟的美食视频。最后总结了播音主持时要依靠“五觉”转换去创作。

陈强为大家讲解的是“体育英语”。他从知识、能力、德育三个方面阐述了教学目的，从体育、英语、坚持和成果出发讲解了教学理念。

在讲课环节，陈强为大家讲的内容是科帕卡瓦纳海滩排球。他先为大家讲了本节课的内容导入，介绍了什么是 FIVB，以及科帕卡瓦纳海滩的特别之处。随后他做了体育相关专用词汇、文章行文风格和重点句型的讲解。最后，陈强向大家提出了拓展思考的问题，同学们积极做出回答。

我校其他参赛老师也展现了精彩纷呈、各具特色的课堂。最后，郝斌以 90.93 分的优异成绩成为学科组第一名，陈强取得了 86.24 分的好成绩，荣获三等奖。

至此，本届青年教师教学基本功大赛的学科组决赛圆满结束。

（原载于《新传人》第 33 期，2019 年 1 月 8 日）

王子也团队靠“说”获奖

晓 天

解说团队获奖后与评委洪钢(左三)、指导老师王子也(右二)合影 供图/张天翼

2018 年 11 月 25 日,在首届“全国高校体育解说员、主持人大赛”邀请赛中,我院研二学生赵鑫鹏和 2016 级新闻学专业学生张天翼荣获大赛二等奖,2015 级播主专业学生陈丹军荣获最具亲和力奖,播音教研室王子也荣获优秀指导老师奖。首届“全国高校体育解说员、主持人大赛”邀请赛是由全国电视体育节目主持人研究会、上海体育学院、中国体育直播 TV 联合主办。

本届大赛共邀请了武汉体育学院、上海体育学院、广州体育学院、成都体育学院、西安体育学院、沈阳体育学院、中国传媒大学等共 20 所高校的 57 名学生同场竞技。中央电视台体育频道体育评论员、播音组副组长洪钢,爱奇艺体育首席主持人、解说员熊冰杰,五星体育广播节目主持人张瑶，浙江广电原体育评论员、中央电视台体育频道原高级编辑、现中国体育直播TV总编辑戴晓微，五星体育节目主持人、体育评论员、播音组长刘阳受邀担任决赛评委。

经过11月24日一整天复赛（复赛选手由各受邀院校自行选拔推荐产生）的激烈角逐，31名选手最后脱颖而出，其中赵鑫鹏、陈丹军、张天翼成功进入了决赛。决赛分为三轮，过程扣人心弦。第一轮“命题演讲”后，11人被淘汰，20人进入第二轮“现场解说”环节。第二轮选手们可选择自己擅长的项目，直接开始现场解说。经过激烈比拼，两轮成绩相加，20人中排名前十的选手进入第三轮的“搭档解说环节”，其中赵鑫鹏、张天翼成功杀入前十，两人精彩的解说收获好评。

本次设特等奖1名，一等奖3名，二等奖6名，三等奖10名。决赛成绩由三轮比赛相加得出，最终赵鑫鹏、张天翼荣获二等奖，陈丹军荣获最佳亲和力奖。

（原载于《新传人》第33期，2019年1月8日）

线上学习如追剧 通识教育显神通

——武汉体育学院线上课程“体育与社会”建设与推广探秘

赵鑫鹏

2020年春季学期，因受疫情影响，无数学子只能通过网络自学。在成千上万的网络课程中，武汉体育学院建设的线上课程“体育与社会”脱颖而出。课程推出仅半年，集体用户遍布15个省市自治区的50多所高校，选课学生数超过20万人，在学堂在线慕课平台两千多门课程中跃居选课人数排行榜的第25名……这一“奇迹”是如何创造的呢？

一门通识课　其特色有五

武汉体育学院是全国知名体育高等学府，一向重视通识教育和一流课程建设。从体育通识教育来说，“体育是什么”和“我们为什么喜欢体育”这两大问题，是我们的体育人文社会学必须正面回答的问题。

对于前者，诸多体育院校“体育概论”课程基本能形成定说；对于后者，必须涉猎更加专业的“体育社会学”课程。正因为专业，“体育社会学”课程在很多体育院校只是选择性开设，如面向体育高校的文科专业本科生或面向体育人文社会学专业研究生开设。

在新时代，从微观上说，体育是快乐之源，跟我们每一个人都息息相关；从宏观上说，“体育是社会发展和人类进步的重要标志，是综合国力和社会文明程度的重要体现”，这是习近平总书记的高度概括。

有没有一门课程，能降低学习难度，面向全体大学生或者体育爱好者，把体育的魔力说清楚呢？“体育与社会”就是这样的一门通识教育课。该课的前身是2015年立项建设的省级精品视频公开课“现代体育与社会进步”，也就是我们通常所说的省级“金课”。

随着课程改革的逐步深化和建课技术的不断发展，武汉体育学院与全球第一个中文慕课平台——学堂在线合作，于2019年12月推出了全新升级版的线上课程“体育与社会”。

该课是一门通识教育课，不拘泥于枯燥的概念、判断与推理，而是从大众兴趣爱好出发，以每讲独立的专题形式，讲授体育与社会、政治、经济、文化、生活、未来等六个方面的关系。每一个方面又分为6讲，故全课共有36讲，每讲10多分钟。

“体育与社会”线上课程有五大特点：一是趣味性，有趣是人生的最高境界；二是知识性，没有知识就没有含金量；三是延伸性，从课内延伸到课外，从知识点扩展到知识面；四是探索性，鼓励学生带着问题学习，问题越刁钻，思考越迷人；五是开放性，体育是开放的，该课程也是从多学科的视角来阐释“体育为何如此令人着迷”。

省级名师工作室主持人领衔主讲

该课负责人张德胜教授是武汉体育学院新闻传播学院院长、二级教授、博士生导师，他还是2016年湖北名师工作室主持人，是其所在学校的第一位省级教学名师。该课充分发挥高层次人才的旗帜效应，形成教师发展共同体，带动教师队伍建设。

该课7名主讲人都是具有“两有”“两爱”的人，堪称“有爱”天团。所谓“两有”，一是他们是一群有故事的人，都是省级名师工作室的成员，荣获过2018年省级教学成果奖一等奖；二是主讲人都是一群有趣的人，基本都有新闻从业经验，是讲故事的高手。所谓“两爱”，一是爱体育，他们都是超级体育迷；二是爱读书，他们成立了名为“东湖读吧”的师生读书会，每周同读一本书。读书的成果在该课中得到集中体现。

同一个平台　三种应用法

该课现有三种推广应用方式：一是作为公选课开设，旨在提高大学生人文素养，如华中科技大学、湖北科技学院等高校的做法；二是作为公体课的理论部分，植入公体课教学之中，如苏州大学、中南民族大学等数十所高校的做法；三是作为线上线下混合式教学的课程资源，开展“翻转课堂”教学，如武汉体育学院等高校的做法。

截至7月15日第二轮教学结束，该课程共吸引了20万大学生在线学习，其中完成学习任务、取得60分以上结课成绩的用户为16万人，结课率高达80%。这种选课人数和结课率的“双高”奇迹是如何创造的呢？

一是内容为王。该课内容有趣，制作精良，深入浅出，寓教于乐。郑州轻工业大学体育学院院长方慧教授说，学习这门课程有追剧的感觉，不少学生都是一口气看完。

二是服务至上。该课建立了一个全国教师 QQ 群，还成立了一个服务团队，及时解答广大用户提出的各种问题。

三是思政引导。该课主讲教师通过参与讨论、发帖、直播等多种形式，与用户保持全程互动，积极引导用户正确看待体育社会问题，关心公益。疫情期间，张德胜出镜主持的抗疫志愿服务专题片《城市摆渡人》，还登上学习强国平台，并与该课用户共享。

总之，通过该课而了解体育，通过体育而理解社会，通过社会而热爱生活，通过生活而追求幸福，已经成为课程组的一种理想。最终的目标，是希望所有选课者“爱体育，爱生活”。

（原载于《新传人》第 37 期，2020 年 10 年 12 日）

2021届视传毕业设计展很炫酷

曹欣怡

参加2021届视传专业毕业设计作品展开幕式的嘉宾和视传专业教师合影　摄影/申彦

4月20日上午，新闻传播学院2021届视觉传达设计专业毕业设计作品展开幕式在艺术馆1楼大厅举行。

武汉体育学院党委组织部部长王栎、党委学工部部长姜劲晖、校团委书记张广弟、教务处副处长向阳，新闻传播学院党委书记童铸、院长张德胜、党委副书记兼副院长赵露娜以及视觉传达设计系主任吕金龙等相关专业老师出席了开幕式。

吕金龙首先致开幕辞，他表示：今天这里所展示的体育视觉设计作品，既展现了作品的视觉冲击力，也诠释了设计的实用价值；既体现了传统与现代的和谐发展，也体现了设计与体育、视觉与传播、艺术与商业、个性与创新的紧密结合。对本届全体毕业生来说，毕业设计展的完成，也意味着其作为一名职业设计师的开始。希望同学们以本次毕业设计作品展作为新的起点，去创造自己在视觉设计领域的辉煌！

随后，张德胜宣布此次毕业设计作品展正式开幕。

本次作品展汇集了59位毕业生的优秀体育视觉设计作品，饱含着他们蓬勃的设计激情、旺盛的艺术创造力和丰富的艺术想象力。具有神秘学色彩的《体育运动下的水逆瞬间》，古今结合、洋溢着国潮风的《古代击鞠(现代马球)的演变》，以现代文化为主、结合当地文化特征的《国家级非遗项目潜江草把龙的宣传品设计研究》，以苗族文化为载体、着重介绍爬花杆的《少数民族传统运动的宣传品设计研究——以爬花杆为例》，以及将卡通形象融入插画艺术的《中国舞龙运动的国际传播卡通形象设计》等优秀作品让人应接不暇。

这些优秀作品不仅包含了前卫新潮的设计思想，还将体育运动的多元风格融入每个细节，将武汉体育学院所代表的体育元素和视觉传达设计的专业性融合在一起，在诠释了作品的实用价值的同时具有较强视觉冲击力，让大家共同享受了一场震撼人心的视觉盛宴。

作品展上，老师们仔细聆听同学们关于作品的设计理念和发展方向，针对体育文化、非遗技艺、前沿科技以及民风民俗等领域的作品进一步分析其应用前景，充分肯定作品并提供了相应的指导意见。

每一件倾注了视传学子无数心血的优秀作品，都展现出了视觉传达设计的专业素养。同学们将生命中最真挚的情怀、最灵动的灵感用艺术语言书写在一幅幅作品中，创造出了源于生活的心灵体验，阐释了他们对体育和美好事物的感知和体会。这些作品融合古今，集艺术性与商业性于一身，是深刻时代浪潮下的青春律动。

此次展览从 4 月 20 日持续到 4 月 25 日。

(原载于《新传人》第 40 期，2021 年 5 月 4 日)

王志强副校长望我院设计“铁三”LOGO

周大清

4月27日，王志强副校长深入课堂，为视觉传达设计专业学生宣讲中国铁人三项运动的开展情况，希望我院师生群策群力，为中国铁人三项运动协会设计LOGO。

铁人三项是一个新兴年轻、健康阳光、亲近自然、充满挑战的现代体育运动项目。铁人三项运动于20世纪70年代诞生于美国，之后迅速风靡全球。1989年，国际铁人三项联盟(ITU)成立。1994年，铁人三项项目被国际奥委会列为奥运会正式比赛项目，2000年，铁人三项比赛首次亮相悉尼奥运会，铁人三项因此成为进入奥运会最快的现代体育运动项目。2006年和2010年，铁人三项比赛相继在多哈亚运会和新加坡青奥会上举行。

从2020年10月1日起，国际铁人三项联盟正式更名为世界铁人三项联盟(World Triathlon)，简称“世界铁联”，并启用了新的世界铁联品牌形象。这个更现代、更具活力的品牌形象，旨在巩固世界铁联在全球铁人三项社区中的领导地位，为世界铁联继续在全球发展这项运动提供了新的动力。铁人三项于20世纪80年代传入我国，1989年被原国家体育运动委员会列为在全国正式开展的运动项目。2018年9月，我校与中国铁人三项运动协会合作，共建中国铁人三项学院，以期推动更多高等院校建设铁人三项高水平运动队，与中小学合作共建铁人三项运动特色学校，为促进青少年文化学习和体育锻炼协调发展、培养全面发展人才寻求新路。

王志强是铁人三项运动国际级裁判，他希望视传专业的学生能够发挥专业优势，在教师指导下，为中国铁人三项运动协会进行LOGO设计。

(原载于《新传人》第40期，2021年5年4日)

校媒深度合作　聚力奥运传播

——武汉体育学院国家级一流课程“体育解说评论”协同育人的幕后故事

罗庆文　王星宇

“《我爱运动十》武体直播室”开创了校媒合作、订单式培养体育播音人才的先河，图为“体育解说评论”课程负责人张德胜（中）出席开播仪式

在刚刚结束的东京奥运会上，武汉体育学院学子捷报频传，在奥运赛场上不畏艰难、顽强拼搏，取得了3金5银1铜、2个第5名、1个第7名、1个第8名的好成绩，这是武体奥运健儿继北京奥运会后，取得的历史最好成绩。

而在奥运会报道的战场上，该校新闻传播学院的师生同样出彩，在不同媒体进行暑期实习，圆满完成了报道任务。其中，新闻传播学院专门组建了数十人的“奥运报道团”，驰援各种媒体。

湖北之声"《我爱运动＋》武体直播室"开创先河

《我爱运动＋》是湖北之声的一档体育日播节目，每天16时播出，每次直播1小时。2019年，学校与湖北之声合作，开办了"《我爱运动＋》武体直播室"，通过主持人定期带学生上直播节目的方式，开创了校媒合作、订单式培养体育播音人才的先河。

"《我爱运动＋》武体直播室"充分利用武体的各种资源，在教师指导下，由学生团队完成周末版节目的策划、准备、播出任务。每期节目完成后，师生再在课堂上加以专门讨论，总结得失，为下次节目做改进，久而久之就形成了"节目进课堂、课堂进节目"的"互进"模式。

东京奥运会期间，学生团队中每天都有两名学生参与该节目的"资讯补给站"环节的工作，录制两条短音频。而周末版节目，则照旧在业界导师指导下，由学生独立制作完成。

7名学生每天为楚天交通广播严守27个时间点

楚天交通广播是武汉地区最具影响力的广播媒体之一。东京奥运会期间，楚天交通广播每天安排了27个时间点，对奥运会进行实时跟踪报道。为了圆满完成报道任务，新闻传播学院从体育播音班选派了5名女生和2名男生参与实习工作，他们主要负责奥运简讯的编写、整理中国健儿夺冠的采访录音以及奥运相关的知识背景介绍等工作。

由于时间紧、任务重，楚天交通广播体育节目部的资深主持人艾轶对实习生进行分组分工，制订了详细的工作流程。艾轶表示，武体这7名实习生虽然都是大一大二的学生，但他们的体育知识积累都不错，对奥运项目都很了解，这让大家合作起来能够得心应手。

2019级女生夏元元至今仍对8月2日的工作记忆犹新。当天下午，她和组员们正关注着中国女排小组赛的最后一场比赛，没想到的是，短短一个小时内，中国奥运健儿连续收获4枚金牌！当时，他们既兴奋又紧张，一方面为中国健儿感动骄傲，另一方面又必须在较短时间内整理好实时播报内容。

最终，在专业老师的指导下，他们有条不紊地准备好了节目内容。"幸亏之前我们在学校有反复的模拟训练，不然这次肯定要手忙脚乱。"夏元元说。

楚天交通广播主持人艾轶(上排左二)给实习生开编前会

"三剑客"全程参加武汉新闻综合广播奥运特别节目

2021 年 7 月 23 日,东京奥运会开幕,武体 2018 级新闻学专业吕浩、2019 级播主专业吴铮和朱潇旭三位同学也开始了他们的奥运报道之旅。他们都擅长体育解说评论,其中,吕浩荣获过 2020 年"优酷体育杯"全国高校体育解说员、主持人大赛的篮球解说第一名,解说过 2021 年中国大学生篮球联赛(CUBA)全明星赛。

在为期 17 天的奥运周期中,他们以嘉宾主持的身份,搭档武汉新闻综合广播主持人王佳杰,全程参与了武汉新闻综合广播"《FUN 肆体育》奥运特别节目"的制作与播出。节目组老师戏称他们是"武体三剑客"。

奥运节目对于时效性、专业性和趣味性有着非常高的要求。三位实习生除了按计划参与节目直播外,每天当班的一人还要根据当天的奥运战况,准备近 8000 字的文稿素材,这对他们所掌握的奥运知识、体育常识、运动法则、裁判规则等有很高的要求。

朱潇旭说,平常王子也老师对他们要求很严,他们在"体育解说评论"课内所学的专业知识,以及课外所做的实践锻炼,这次全部派上了用场。三位同学在直播节目当中自信而专业的表现,也获得了《FUN 肆体育》节

武汉新闻综合广播主持人王佳杰(右)带领实习生吴铮(左)在做奥运直播

目主持人王佳杰的肯定："'武体三剑客'既专业又敬业，跟他们合作上节目是一种享受。"

自制视频40多个　平台播放量逾2000万次

2017年，新闻传播学院成立了体育赛事新媒体内容平台"汉动力体育"，指导老师为王子也，这个平台获得了武汉卓尔全部主客场比赛的转播权，一批又一批的学生都在这个自办平台历练过。

在东京奥运会期间，王子也老师每天指导十几个学生，围绕当天的一个热门话题，聚焦金牌背后的故事，打造和运营自媒体"浩侃"，团队人员各司其职，分别负责文案、配音和视频剪辑工作，奥运会期间共制作了40多个短视频。

截至8月8日，"浩侃"团队制作的短视频在抖音、快手、微博、腾讯视频等平台累计播放量超过2000万次，其中，与腾讯视频合作发行的两档短视频节目《中国破天荒》和《奥运也疯狂》更是受到了观众和运营方的好评。

国家级一流课程助力体育解说人才培养

值得一提的是，此次参与奥运报道的实习生，都是武汉体院2020年首批国家级一流课程"体育解说评论"课堂上培养出的优秀学生。

"现在的体育直播基本上都是利用国际公用信号播出，各转播平台不同的地方就是体育解说评论。"课程负责人、新闻传播学院院长张德胜说，"在全媒体时代，体育解说评论就显得非常重要，它是体育转播系统中的

‘皇冠’。很多时候，观众没有记住比赛的内容，却记住了解说员的名字。”

“体育解说评论”教学团队，本身也是2015年“湖北名师工作室”团队的一个分支，现已形成名师与名课的“二合一”，吸引了丰富的校外资源，为广大学子提供了不少实践锻炼与择业就业机会。

就在东京奥运会召开前夕，新闻传播学院与国际篮联（FIBA）中国区合作，利用国际篮联中国区的微博直播平台，在新闻传播学院融媒体中心设立直播室，组织学生先后直播解说了日本篮球联赛（B. league）总决赛、澳大利亚国家篮球联赛（NBL）总决赛以及国际篮联U19男篮世界杯等高级别赛事。

2018级刘瑶、吕浩以及2019级朱潇旭、潘禹隆、吴铮、李泓辰、李嘉滢等同学，先后分别与国际篮联中国区解说专家傅皓南搭档，累计完成了20余场比赛的解说任务，转播的比赛总播放量超过40万次，单场比赛的热度更是一度达到11万次播放量，学生解说员的表现获得了国际篮联中国区的肯定和广大用户的点赞。这也为上述同学参与随之而来的东京奥运会直播报道奠定了基础。

国家级一流课程“体育解说评论”主讲教师张德胜（中）、王子也（左二）与国际篮联中国区解说团队合影

据悉，新闻传播学院先后共有20多人参与了湖北之声、楚天交通广播、武汉新闻综合广播等主流媒体的奥运报道，累计参与主持节目时长超过15小时，编辑文稿超过25万字，王子也、王创业、郝斌、李菁等老师都在幕后全程指导。另有十几人每天参与自媒体节目制作。

（原载于《湖北日报》，2021年8月18日12版）

第四章 科学研究

DISIZHANG KEXUEYANJIU

做研究脚踏实地　用学术报效祖国

王创业

二十年来，我院始终贯彻理论联系实际，坚持把科学研究作为一项重要工作来抓，在"媒体体育""大型体育赛事媒体运行""体育解说评论""体育外交"等相关领域取得了一批重大的研究成果。经湖北省教育厅批准，2021年新闻传播学入选"十四五"湖北省高等学校优势特色学科，学校与湖北日报新媒体发展中心共建研究生省级工作站。

一、学术论文硕果累累

科研能力是学院发展之魂，是教师素质的综合体现。二十年来，新闻传播学院秉持"文体融合"的发展理念，依托体育学的学科优势和新闻传播学的理论资源，推进科学研究向体育学和新闻传播学双向拓展。

（一）学术成果丰硕

二十年来新闻传播学院在学术论文发表上取得了骄人的成绩，学术成果丰硕，论文质量高，数量处于同类兄弟院校前列。共发表各类学术论文433篇，其中在《体育科学》《上海体育学院学报》《现代传播》《国际新闻界》《新闻大学》等权威学术期刊发表论文23篇，在SSCI期刊发表论文3篇，在《武汉体育学院学报》《电视研究》《新闻与写作》《新闻界》等CSSCI核心期刊发表论文196篇，另在一般期刊上发表论文211(见图1)。

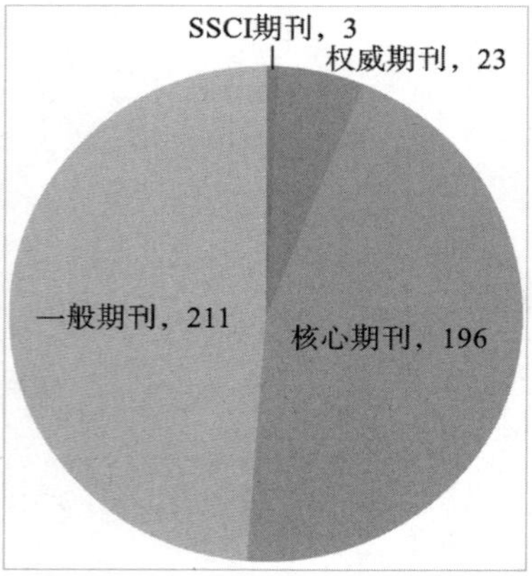

图1　各类学术论文分布图

论文相对集中，显示度较高，多篇论文获得省部级成果奖。其中张德胜教授的《媒体体育的传播模式研究》(载于《体育科学》2016 年第 5 期)和他与张钢花、李峰合著的《体育外交在我国强国建设中的作用及实践路径》(载于《上海体育学院学报》2018 年第 1 期)分别获得第十一届、第十二届湖北省社会科学优秀成果奖三等奖。"融媒时代体育新闻传播的理论与实践(系列论文)"获 2018 年第十一届湖北省社会科学优秀成果奖三等奖。

(二)研究特色鲜明

二十年来,新闻传播学院围绕国家战略需求和区域经济社会发展,形成了特色鲜明的研究领域。

第一,"大型体育赛事媒体服务运行"研究领域共获国家社科基金立项 2 项,研究成果包括编著 2 部和学术论文 22 篇。

第二,"体育外交与国际传播"研究领域共获得国家社科基金立项 4 项和省部级项目 2 项,其中国家社科基金重点项目 1 项,研究成果包括专著 2 部和学术论文 21 篇。

第三,"数字媒体与体育新闻传播"研究领域共获得国家社科基金立项 6 项,其中新闻学类 2 项、体育学类 4 项,研究成果包括专著 1 部和学术论文 23 篇。

二、科研项目跨越式发展

(一)国家社科项目:"文体"两开花

国家社科基金项目数量在同类兄弟院校中名列前茅,二十年来共有 19 项国家社科基金项目立项(见表 1)。其中,国家社科重点项目 1 项,国家社科一般项目 18 项;体育学类国家社科基金项目 13 项,占比 68%,新闻学类国家社科基金项目 3 项,占比 16%,图书馆类项目 1 项、管理学类项目、艺术学类项目 1 项,共占比 16%。值得一提的是,2021 年,国家社科基金艺术学项目实现零的突破。

表 1 新闻传播学院国家社科基金立项一览表

序号	项目名称	负责人	项目类别	所在学科	立项时间
1	中国体育解说艺术口述史研究(1951—2021)	王东林	一般项目	艺术学	2021 年
2	新媒体环境下讲好中国体育故事促进国家认同研究	王相飞	一般项目	体育学	2021 年

续表

序号	项目名称	负责人	项目类别	所在学科	立项时间
3	国家形象视域下中国国际体育传播话语体系创新研究	万晓红	一般项目	体育学	2020年
4	中国体育学术期刊口述史研究(1979—2019)	李爱群	一般项目	体育学	2020年
5	新时代中国体育外交转型的机制创新与路径选择研究	张德胜	重点项目	体育学	2019年
6	国际传播视野下中国电影抗战记忆研究	姜小凌	一般项目	新闻学	2019年
7	生命周期视角下论文学术影响的形成机理及测度模型研究	韩瑞珍	一般项目	图书馆、情报与文献学	2018年
8	新媒体时代体育危机处理研究	周榕	一般项目	体育学	2016年
9	“互联网+”时代的体育传播转型研究	付晓静	一般项目	体育学	2016年
10	基于大数据分析的社交媒体社会动员机制研究	刘静	一般项目	新闻学	2015年
11	大型体育赛事的新媒体传播与国家认同构建研究	王相飞	一般项目	体育学	2015年
12	新媒体环境下网络时政民谣的传播与政治信任研究	王雪莲	一般项目	新闻学	2014年
13	大数据时代我国体育品牌自主创新研究	王雷	一般项目	体育学	2014年
14	文化影响力视野下的体育文化传播体系构建研究	赵蕴	一般项目	体育学	2013年
15	基于CIS理论的我国体育国际形象传播路径研究	万晓红	一般项目	体育学	2013年
16	社会管理主体间契约伦理行为的互动机理及治理对策研究	滕姗姗	一般项目	管理学	2013年
17	大型赛事的媒体运行与新闻服务研究	张德胜	一般项目	体育学	2011年

续表

序号	项目名称	负责人	项目类别	所在学科	立项时间
18	北京奥运会媒介文化遗产研究	张江南	一般项目	体育学	2009 年
19	地理信息技术在后奥运会时期体育场地中的应用研究	赵蕴	一般项目	体育学	2006 年

(二)省级(部级)项目:节节攀升

二十年来,省部级课题共 103 项,且呈上升态势。其中,教育部人文社科研究项目 5 项,国家体育总局研究项目 13 项,湖北省哲学社会科学研究项目 11 项,湖北省自然科学研究项目 6 项,湖北省教育厅研究项目和湖北省教育科学研究项目共计 68 项(见图 2)。

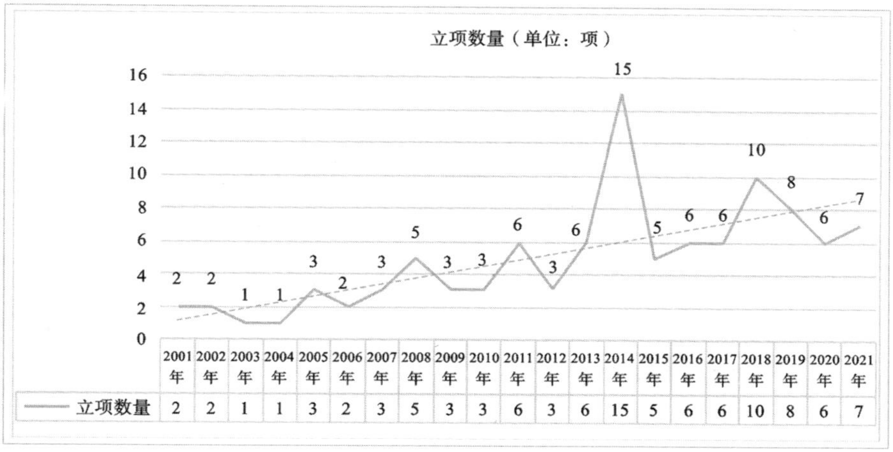

图 2　省级(部级)科研项目情况

省部级科研项目经费共计 254 万元,其中张德胜教授、付晓静教授、万晓红教授、刘静教授、周细琴副教授的省部级课题立项占比较高。此外,横向课题有了新突破,共计 103 万元课题经费到账,王东林副教授的横向课题立项最多,共计 5 项。

(三)科研奖励:连年突破

二十年来,我院在科研获奖方面不断取得突破。从省部级奖项到国家级奖项,从科研成果奖到教学成果奖,都有所斩获,如表 2 所示。

表2　新闻传播学院部分科研成果奖一览表

序号	项目名称	获奖人员	成果名称	获奖时间
1	中国新闻传播教育年鉴(2016)	张德胜(第七)	第八届高等学校科学研究优秀成果奖(人文社会科学)三等奖	2020年
2	中外图书情报学科知识图谱比较研究	韩瑞珍(第二)	第八届高校科学研究优秀成果奖(人文社会科学)青年成果奖	2020年
3	媒体体育与体育媒体	张德胜等	第五届全国教育科学研究优秀成果奖三等奖	2016年
4	体育外交在我国强国建设中的作用及实践路径	张德胜等	第十二届湖北省社会科学优秀成果奖三等奖	2020年
5	社会资本与媒体记忆:对比视野下媒体中的甘惜分、宁树藩纪念内容分析	王创业	第四届全国新闻学青年学者优秀学术成果奖	2019年
6	融媒时代体育新闻传播的理论与实践(系列论文)	张德胜等	第十一届湖北省社会科学优秀成果奖三等奖	2018年
7	新闻传播类专业“三双式”实践教学体系的构建与实施	张德胜等	第八届湖北省高等学校教学成果奖一等奖	2018年

续表

序号	项目名称	获奖人员	成果名称	获奖时间
8	微博反腐中的用户行为研究系列(系列论文)	刘静(第二)	第十届湖北省社会科学优秀成果奖三等奖	2016年
9	我国体育类核心期刊网上学术影响力的现状研究(系列论文)	王相飞等	第八届湖北省社会科学优秀成果奖三等奖	2014年
10	体育新闻评论(教材)	万晓红等	第七届湖北省高等学校教学成果奖三等奖	2013年
11	转型期我国竞技篮球运动的特征及其发展模式的理论构建	王相飞(第二)	第七届湖北省社会科学优秀成果奖三等奖	2011年

其中，2020年，张德胜教授参与编撰的《中国新闻传播教育年鉴(2016)》荣获第八届高等学校科学研究优秀成果奖(人文社会科学)三等奖，这是我校历史上的一次新突破；2016年，张德胜教授负责申报的著作《媒体体育与体育媒体》荣获第五届全国教育科学研究优秀成果奖三等奖，实现了我校在国家级奖项上的突破。

三、科研体系日臻完善

自2001年设立新闻学专业以来，新闻传播学院始终立足于社会科学研究的发展，形成了布局合理、重点突出、优势明显的科研体系。

(一)科研平台层级分明

学科建设成效显著。新闻传播学专业先后获批湖北省重点学科建设、湖北省“荆楚卓越人才”协同育人计划，“互联网+”省级学科群建设顺利完成，并通过合格验收。新闻学专业获批国家一流本科专业建设点，播音与主持艺术专业获批省级一流本科专业建设点，新闻传播学专业通过一级博士点省级推荐，进入国家级层面的竞争。

各类实践创新平台蓬勃发展。2017年引入“汉动力全媒体平台”，联合开展媒体运行、体育解说评论等课程建设；2019年12月27日，全国首个校媒合作、协同创新、采编播合一、常态化直播的体育融媒体节目“《我爱运动+》武体直播室”，在本专业实验教学中心正式开播，引发腾讯网、搜狐网、中国记协网、《中国新闻出版广电报》等主流媒体广泛报道。

（二）科研团队业务精湛

建设了两支省级科技创新团队。该科技创新团队分别由张德胜教授和王相飞教授领衔，着重研究融媒体时代的媒体体育和体育产业，包括大型体育赛事的媒体运行与服务、体育解说评论、体育危机处理、体育新媒体传播、体育产业生态、体育赛事文化遗产等。

建成了一支兴趣集中的高水平创新科研团队。团队由老中青三代学人共12人组成，全部具有博士学位，其中博士生导师3人、硕士生导师9人。该团队围绕体育产业、媒体体育（新媒体体育）和体育传播教育三大方向开展研究。近年来团队共成功申报国家级社科基金项目9项、省部级社科基金项目8项，出版专著10部，发表论文100余篇。

培育了一批学科带头人和学术骨干。其中，体育人文社会学学科带头人2人，“楚天学者”特聘教授1人和讲座教授1人，“楚天学子”1人，“东湖学者”特聘教授2人，“东湖学子”6人，湖北省教学名师1人。2018—2021年共引进科研骨干和青年人才7人。

（三）学术会议生机勃勃

多次主办或承办国内学术会议。2014年召开武网传播与武汉城市形象建构高峰论坛，2015年召开“互联网+”时代的体育与媒体高峰论坛，2017年召开马拉松与城市传播国际论坛，2018年召开第二届中国体育传播青年学者论坛，2020年先后召开第十六届全国体育新闻传播学术研讨会和全国体育影视学术研讨会。2021年将举办体育健康传播研究生论坛和“10+10”院长论坛。

学院师生积极参与国际学术会议。全院师生积极参加国内外高质量学术会议，拓宽了国际视野。其中体育科学大会、中国新闻史学会等体育学和新闻传播学一级学会的学术年会获得师生们的青睐。此外，奥科会、公关与广告学术论坛(PRAD)国际学术会议、成都国际体育传播会议等国际学术交流会议都有我院师生的参与(见图3)。

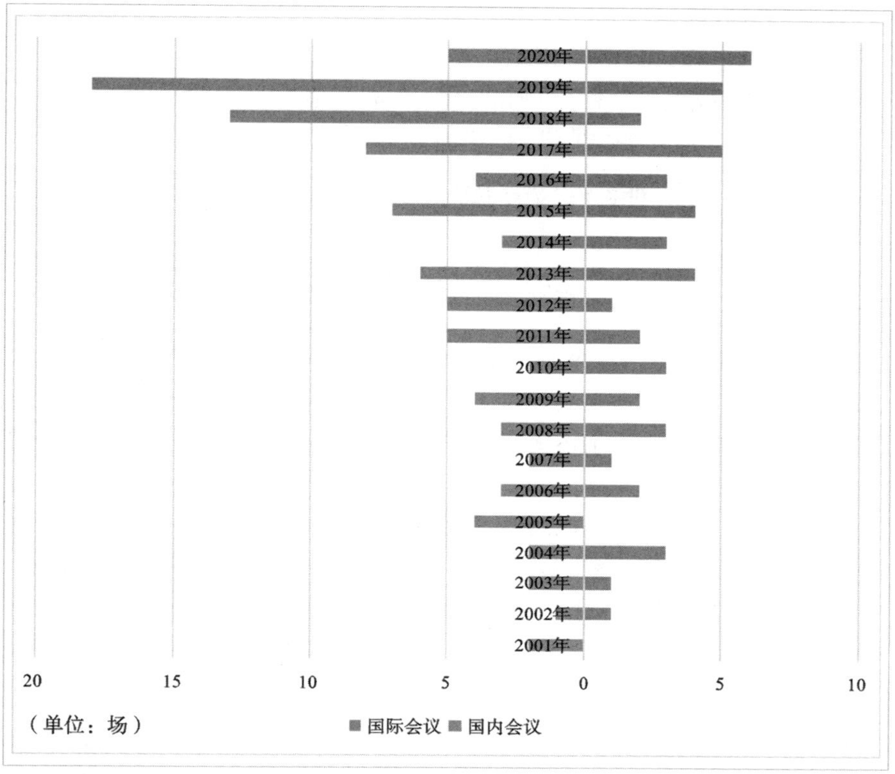

图3　参加国内、国际学术会议情况

武汉体育学院新闻传播学院正以昂扬的斗志，努力实践“以体育人，以文化人”的办学理念，不断探寻体育与新闻传播交叉的研究领域，以服务国家战略需求、服务区域经济社会发展为旨归，努力推进并打造“运动与健康传播”学术新方向，立志贡献武体新传人的一份科研力量。

我校承办我院协办的全国体育新闻传播学术年会首次以主题论坛形式召开

高峰论坛取得丰硕成果

曾令辉　花洋洋

10月11日至13日，第八届全国体育新闻传播学术研讨会暨第五届全国体育传播学术研讨会在我校顺利召开。本次会议由中国体育科学学会体育新闻传播分会和中国传播学会体育传播专业委员会联合协办，我校承办，我院协办。

国家体育总局宣传司副司长温文，中国体育科学学会副理事长、国家体育总局科研所副所长祝莉，中国体育科学学会体育新闻传播分会会长、成都体育学院院长陈伟，沈阳体育学院党委书记于晓光，天津体育学院纪委书记杨茜萍，南京体育学院副院长史国生，中国体育报业总社副社长、人民体育出版社总编辑史勇等出席了会议。

新华社英语电视新闻频道副主任、奥运会媒体运行服务专家陈越，中央电视台体育频道播音组副组长洪钢和著名解说员贺炜应邀赴会交流。我校党委书记黄浩军、党委副书记黄签名等领导十分重视本次会议，黄浩军会前要求我院"一定要把这次会议办好"，并在会议期间多次出面接待参会的贵宾和专家。

本次会议以"大型赛事媒体运行服务暨体育解说评论"为主题，以高峰论坛的形式探讨体育新闻传播最前沿的学术问题，学界、业界与政界三界全面互动，这在中国体育科学学会体育新闻传播分会的历史上是第一次。

本次会议共收到了144篇论文，创下了中国体育科学学会体育新闻传播分会年会论文数历史新高。其中，我校共提交论文27篇，是提交论文最多的单位。

本次会议还增设了"全国体育院校新闻院系党总支书记交流会"环节，这在中国体育科学学会体育新闻传播分会历史上也是第一次。

温文、于晓光、杨茜萍、史国生等人全程参会，温文在大会上做了专题报告，还在闭幕式上发表了重要讲话。温文认为，以论坛形式召开研讨会，关注最前沿的学术问题，“证明本学会成长了”，“本次会议创意很好，策划很好，组织很好”。

体育新闻传播分会副会长兼副秘书长、上海体育学院博士生导师肖焕禹教授说：“通过这次会议，我们亲身体会到，武体新闻传播学要崛起了。”

我院院长张德胜认为，本次会议的成功举行，有助于兄弟院校同行了解武体，了解武体的新闻传播学学科与专业建设，了解我们的重点研究领域，这是一件很有意义的事情。

会议期间，学校聘请了新华社陈越、中央电视台洪钢出任我院客座教授。黄签名主持聘任仪式。

（原载于《外新人》第4期，2012年10月26日）

2013年新传学术大讲堂第一讲

华科吴廷俊教授论新闻教育改革

王庆　菅芮

吴廷俊教授与我院师生畅谈新闻教育改革出路　摄影/窦光华

“中国大学的新闻教育到了非改革不可的时候了!”华科教授吴廷俊以这样的呼吁开场。

应我院邀请,3月27日14时,中国新闻史学会副会长、中国新闻传播教育学会会长、华中科技大学新闻与信息传播学院原院长及博士生导师吴廷俊教授在东教学楼205教室,为200多名师生做了题为“增强核心竞争力,减少‘可取代性’——论中国新闻教育改革的出路”的专题讲座。

据悉,吴廷俊是国内新闻教育界除了“新闻泰斗”方汉奇外唯一一位两度获得吴玉章奖的学者,是国内研究新闻史和新闻教育的顶级专家。他同时还是北京大学新闻学研究会副会长兼导师。

讲座上,吴廷俊以“新闻学专业的毕业生和新闻界人才的供求呈现出的状态”为切入点,深入地分析了当前中国新闻教育存在“可取代性”的原因，明确提出培养合格记者，提高新闻教育的核心竞争力是改革的关键所在。

吴廷俊认为，新闻人应做到“四要”：一要有新闻理想，要有“王者风范”；二要有新闻精神，敢于仗义执言；三要有新闻伦理，“不媚权，不媚钱，忠于真理，据实报道”；四要有新闻职业技能。

吴廷俊阐述了他对新闻职业技能的看法，包括新闻事实发现能力、新闻价值判断能力、与所有人平等沟通能力以及多媒体驾驭能力。他希望学生通过博览、深思和多行来实践。这就要求学校和老师能够做到：开单列书，督促检查；课堂启发，课外研讨；走出课堂，走进社会。

讲座结束后，我院院长张德胜表示，吴廷俊教授的讲座观点鲜明、思维缜密、语言干净，没有拖沓之词，值得我们学习。讲座由张德胜主持，我院党总支部书记夏方智，教授张江南、赵蕴、万晓红以及部分教师、研究生出席了讲座，新闻学专业大一大二本科生聆听了讲座。

（原载于《新传人》第7期，2013年4月18日）

第二届高峰论坛有了国际范

张致宁

10月11日上午，由我院、学校科研处、学校发展规划处联合举办的第二届媒体运行服务暨体育解说评论高峰论坛，在东教学楼第一报告厅举行。

来自学界和业界的8位专家和学者在论坛上发表了精彩演讲，他们分别是澳大利亚邦德大学教授、媒体运行服务专家 Wayne Hickson，新华社音视频部副主任、媒体运行服务专家陈越，唐山劳动日报报业集团人事处处长、媒体运行服务专家王佐臣，湖北广播电视台体育生活频道主持人胡晓雷，上海体育学院教授、博士生导师肖焕禹，广州体育学院武学军副教授，广东电视台主持人、我校2006届校友句晔以及我院院长张德胜教授。

本届论坛是继去年首届媒体运行服务暨体育解说评论高峰论坛在我校成功举办以来，我院举办的第二届大型的传媒领域高峰论坛。

论坛开始前，举行了简短的开幕式，我校副校长、博士生导师漆昌柱在开幕式上致欢迎辞，我校副校长、新闻传播学院联系人张飙出席本次论坛。

Wayne Hickson 以北京奥运会为例，强调了语言对于国际大型体育赛事媒体运行服务的重要性。他说，2008年的北京奥运会，语言沟通是最大阻碍，但是他在一次比赛中的亲身经历扫除了赛前的担忧，那些和他一起工作的学生英文非常棒，表现非常出色和受欢迎。与首届媒体运行服务暨体育解说评论高峰论坛相比，邀请国际专家发表其在媒体运行服务领域的研究成果，成为本届论坛的一大特色。

陈越在演讲之前，与 Wayne Hickson 一起和在座的同学进行了短暂的交流互动。随后，他在谈到全运会期间发生的竞赛丑闻的同时，对本届全运会媒体运行服务上的缺失也给予了批评。

句晔以自己的从业经历，现场为同学们上了生动的一课，从准备工作到比赛过程解说的一般模式，以及“尽量使用短句子，以免长篇大论”这样的提醒，都娓娓道来。

我院还邀请了湖北师范学院、湖北第二师范学院等兄弟院系的师生参加本次论坛。他们表示，这次论坛让人受益匪浅，对所有学习和从事新闻行业的人来说，大型赛事的媒体运行服务至关重要，并且富有挑战性。

（原载于《新传人》第10期，2013年11月20日）

我院有了第一支省级科技创新团队

李青青

3月14日，省教育厅发文公布了2014年度23个湖北省高等学校优秀中青年科技创新团队计划项目，我院院长张德胜教授领衔申报的“融媒时代的体育新闻传播研究”项目名列其中。这意味着新闻传播学院历史上第一支省级科技创新团队就此诞生。

据悉，科技创新团队是具有创新能力或创新潜力的研究群体，一般以省部级及以上科技创新平台或省级重点学科为依托，在合作基础上自然形成研究集体，具有相对集中的研究方向、共同关心的科学问题和良好的科研合作基础。

我院科技创新团队依托省级重点培育学科新闻传播学，以校级科研基地媒体体育研究中心为工作平台，着重研究融媒时代的媒体体育，具体研究领域包括大型赛事的媒体运行与新闻服务、体育解说评论、体育危机处理、体育传播与中国国际形象塑造、体育新媒体传播等。

团队负责人张德胜说：“这次申报立项，科研处给予了大力支持与科学指导。我们希望通过这个创新团队的建设全面带动新闻传播学院科学研究与社会服务工作，在四年建设周期里产生一批有社会影响力的研究成果。”

该团队的核心成员包括万晓红、付晓静、张钢花、姚洪磊、姜欣等业务骨干。

（原载于《新传人》第12期，2014年5月15日）

2014武网传播与武汉城市形象建构高峰论坛成功举办

刘銮奎

11月29日上午，我院主办的2014武网传播与武汉城市形象建构高峰论坛在科技楼5楼演播厅成功举办。

我校党委副书记李格非教授出席论坛并致开幕辞，武汉体育发展投资有限公司总经理兼武汉网球公开赛赛事总监易国庆，新华社主任记者陈越，中央电视台体育频道主持人洪钢、童可欣、贺炜，乐视网体育频道副总编辑蒋虹刚，湖北广播电视台体育生活频道副总监吴江，上海体育学院体育新闻传播与外语学院讲师朱俊河，武汉百捷集团新媒体有限公司总经理陈自月等嘉宾出席论坛。论坛由我校新闻传播学院王子也老师主持。

李格非首先致开幕辞，他指出，WTA超五巡回赛的引进和武网的成功举办是武汉对城市网球文化的凝聚和提炼，是打造武汉城市名片、建设武汉城市形象的策略，吸引世界把目光投向武汉。李格非强调，国务院出台的《关于加快发展体育产业促进体育消费的若干意见》表明体育发展已经上升为国家战略，这是体育与传媒产业的商机，是城市发展的契机，也是学术研究的前沿阵地。

易国庆对武网的举办工作做了简要介绍。易国庆说，武汉是中国网球的圣地，一批高水平网球运动员从武汉走向世界，网球在武汉拥有广泛的群众基础，这为武网创办提供了良好条件。市政府将以武网走进武汉为契机，打造“网球之城”。在武网元年，媒体对赛事运营起到了关键性的推动和宣传作用，武网将继续深化同媒体、同高校新闻传播学院的合作，力争不断提升影响力。

童可欣、洪钢、贺炜及陈越分别从专业角度对武网传播发表观点。童可欣介绍了中网和上海大师赛的运作经验，认为武网作为一个新生事物，有很长的一段路要走，但其发展前景美好。洪钢从中外记者对球员采访的不同方面解读武网传播。

贺炜结合自己全程解说巴西世界杯的经历，认为武汉也可以打造属于自己的网球文化。陈越从新闻记者的角度点出了武网媒体服务中的一些问题。

最后，我院院长张德胜教授做了关于武网报道策略的主题发言。张德胜说，只有媒体才可以把一项赛事传播好，所有的人为媒体服务，媒体为赛事服务。他还指出政府、媒体要利用好议程设置让武网在武汉彻底地扎根落地。他认为，武网在媒体运行方面还有很多的工作要做。

省级实习实训基地共建单位湖北师范学院、湖北第二师范学院、华中科技大学武昌分校的师生代表近30人，应邀出席了论坛活动。

（原载于《新传人》第15期，2014年12月16日）

张昆谈中国国家形象建构

李奕凡

华中科技大学新闻与信息传播学院院长张昆教授畅谈中国国家形象建构的问题与误区
摄影/刘博深

6月16日上午,华中科技大学新闻与信息传播学院院长、博士生导师张昆教授在我校科技楼5楼演播厅展开题为“国家形象建构的问题与误区”的讲座。讲座由我院院长张德胜教授主持。

首先,张昆教授通过PPT展示,概括了近几年来中国所发生的重大事件,强调了传播对塑造大国形象的重要性。张昆教授提出,“个人是国家形象的重要承载者,个人形象就是国家的一张流动的名片。而国家形象包含本国人对国家的自我认知和国外对国家的认知”。他认为,一个国家的软实力对国家形象塑造的效果比硬实力更大。同时他也归纳出国家形象具有的三个特点,即系统性和多维性,动态性和相对稳定性,对内对外的差异性。

张昆教授笑称，自己很幸运能够生活在这个见证伟大历史转折的时代。他说，21世纪是中国的世纪，任何国际问题的解决，都离不开中国的参与，外媒对中国的报道多而隆重。中国要作为大国崛起了，中国国家形象的传播也发生了转变，我们对传播越发重视。

谈及中国国家形象传播的现状，张昆教授说"比上不足，比下有余"，还存在着许多问题。他认为中国国家形象传播主要存在六大问题：多头并举，难以形成合力；过于依赖官方渠道；过于重视正面信息；过于重视硬实力宣扬；忽视了政治与专业的平衡；公信力缺失，影响有限等。对于中国国家形象传播存在的误区，张昆认为主要在于过于放大了宣传的功能，宣传不到位影响了国家形象的建构。

最后，张昆教授指出中国国家形象建构的主要途径，强调了个人的言行对于国家形象传播的重要性，他希望能够利用国外的主流媒体、权威媒体来更好地宣传中国，利用专业媒体和非专业媒体履行对外传播的职能，并进行整合，以提升传播效果。此外，还要加强国家软实力建设，重视新媒体传播等。

（原载于《新传人》第18期，2015年7月6日）

我校举办艺术硕士申报论证会

校内外专家石长顺、向培凤、龙行年、杨梅、李芳出席论证会，张德胜做陈述报告

李静文

论证会专家组组长石长顺教授（左一）宣读专家组论证意见 摄影/秦梓翔

我校申请增设广播电视领域艺术硕士专业学位授权点专家论证会于5月10日上午在科技楼6楼学术之家举行。华中科技大学新闻与信息传播学院博士生导师石长顺教授担任论证会专家组组长，专家组成员由湖北广播电视台副台长向培凤，武汉体育学院国际教育学院院长杨梅、艺术学院副院长李芳、武术学院武术套路教研室主任龙行年组成。我院院长张德胜、书记夏方智、副院长万晓红以及各教研室教师代表参加了本次论证会。

此次湖北省计划增设7个专业硕士点，共有16家单位竞争。我校此次申报艺术硕士专业学位授权点工作由新闻传播学院牵头，联合艺术学院和武术学院进行，计划开设节目主持、电视编导、体育解说评论、影视表演4个方向的课程。

张德胜对此次申报进行了陈述。陈述主要分为论证报告、培养方案和

申请专业硕士简况表三部分。张德胜分别对我校申报广播电视领域艺术硕士专业学位授权点的必要性和可行性进行了说明，着重介绍了我校与广播电视领域行（企）业的合作状况。张德胜强调："增列该授权点是实施'十三五'规划的需要，全国体育高校也尚无一个广播电视领域艺术硕士专业学位点，这是我们此次申报的必要性。我校专业的教师团队、良好的教学条件以及坚实的科研条件为此次申报提供了可行性。"

陈述结束后，专家组成员分别对陈述内容进行了评价。石长顺教授最后宣读了专家组的论证意见。专家组认为我校在新增专业硕士点方面拥有较强的师资力量，突出了艺术学科群的协调培养体系，培养方案方向明确，培养模式科学合理。专家组建议我校进一步提炼申报观点，并对市场需求进行调研。

（原载于《新传人》第22期，2016年5月26日）

我院研究成果被新华社采纳

该成果原载于新闻传播学核心期刊《新闻与写作》2016年第7期，为张德胜、高杏、李峰师生三人合作完成

余心明

7月，我院院长、博士生导师张德胜教授与我院新闻学专业应届毕业生高杏、2015级博士生李峰三人联合发表了《新华社客户端“现场新闻”的采编发策略研究》一文。9月，这篇论文的研究成果引起了新华社信息中心的关注。10月，该中心以新闻通稿的形式在新华社内部OA系统二次传播了这篇论文的核心观点。

据悉，张德胜是高杏的本科毕业论文指导教师，高杏长期在新华社湖北分社实习，在张德胜的指导下，她完成了《新华社新闻客户端“现场新闻”采编发模式研究》这篇本科毕业论文。该文的精华部分，经修改与完善后，以策论形式发表在新闻传播学核心期刊《新闻与写作》2016年第7期。

新华社的内部反馈稿说，该文通过对新华社客户端“现场新闻”的实证研究，认为“现场新闻”板块开创性地采用新型采编发模式，充分发挥新媒体传播优势，进一步激活和释放了新华社强大的原创内容生产能力，成为了一个创新性较强的新闻报道模式，同时该文也发现了“现场新闻”的一些问题，有待进一步完善。此后，新华社上海分社又邀请张德胜研究团队针对新华社客户端“现场新闻”的采编发模式的改进情况，进行跟踪观察。10月14日，张德胜研究团队向新华社上海分社提交了书面观察报告。

我院学术研究成果被国家级媒体采纳，这在我院历史上是第一次。高杏现在是我院体育新闻传播学一年级硕士生，导师为张德胜教授。

（原载于《新传人》第24期，2016年11月9日）

2016年12月1日,第五届全国教育科学研究优秀成果奖颁奖大会在京隆重举行

我院张德胜、李峰、张钢花荣获三等奖

这是我校首次荣获国家级奖励,
标志着我校的媒体体育研究居于国内领先水平

张若欣

12月1日,第五届全国教育科学研究优秀成果奖颁奖大会在北京隆重举行　供图/张若欣

2016年11月2日,教育部公布了第五届全国教育科学研究优秀成果奖评审结果。我校新闻传播学院张德胜、李峰、张钢花三位师生共同完成的"媒体体育与体育媒体"成果荣获三等奖。这是我校多年以来首次获此殊荣。

据悉,全国教育科学研究优秀成果奖设立于1990年,是由中共中央、国务院批准的教育部6项评比达标表彰活动之一,基本上每5年评选一次,是全国教育科学研究领域的国家级奖项。

根据张德胜团队的研究，媒体体育是体育新闻传播发展到成熟阶段的产物，是体育在媒体文化和消费社会交互背景下产生的多元化传播方式。它由浅入深地呈现出媒体建构体育、媒体介入体育、媒体控制体育三种传播模式。

张德胜说，媒体体育最终的发展趋势是以媒体作为联结点，打造一条集赛事资源、媒体资源、广告赞助资源、受众资源于一体的体育-媒体产业链，即媒体体育产业链。这个产业链就像一辆高速行驶的汽车，其中，赛事资源是发动机，媒体资源是方向盘，广告赞助资源是轮胎，受众资源是路面，它们互为表里，共生共荣，缺一不可。

美国从20世纪90年代末开始研究媒体体育，是世界上最早研究媒体体育的国家。我校的媒体体育研究走在国内学术界前列，2014年成立媒体体育研究中心，2015年开始招收体育人文社会学专业媒体体育研究方向的博士生。

本届共有100多家单位的298项成果获奖，其中，一等奖23项，二等奖85项，三等奖190项。获奖的湖北高校共有8家，分别是武汉大学、华中科技大学、武汉理工大学、华中农业大学、华中师范大学、中国地质大学(武汉)等6所部属重点大学以及我校和湖北大学两所省属高校，这充分展现了我校教育科学研究的实力和水平。

2016年12月1日，教育部在北京召开了隆重的颁奖大会。

（原载于《新传人》第25期，2016年12月31日）

《新闻与写作》主编来校讲解论文写作

张倩　罗霈　徐琬玥　郭中正

4月14日，新闻传播学核心期刊《新闻与写作》主编耿瑞林和责任编辑李嘉卓受邀来到我校，为我院各专业师生开展了一系列学术活动。

新闻人才要“学以致用”

上午8时，东教学楼302教室，耿瑞林以“宽口径就业背景下‘学以致用’——做一个务实的新闻工作(学)者”为题，为2015级新闻学专业学生做报告，拉开了系列学术活动的序幕。

耿瑞林以理想与现实为主线，从三个维度剖析传媒行业的生态环境及传媒人才就业择业需要具备的个人能力。讲座开篇引入“喻时代”的概念，阐明当前新闻传媒教育与新闻传媒市场变化实时对接的趋势，并提出泛媒体、媒体转型、媒介素养、复合型人才、某方面专才五个关键词，概述媒体行业转型对媒介市场的影响及市场变化形成的宽口径就业环境对新闻人才能力需求的变化。

关于新闻人才将要面对的媒体生态状况，耿瑞林结合自身“半路出家”从军人转型从事媒体行业的经历，建议学生树立正确的人生观、世界观、价值观，打下扎实的理论基础，加强媒介素养，制定目标，推动自己“学习，学习，再学习”，拓宽知识面，增加知识储备。他还以武汉市内近三年传统媒体新入职毕业生数据、媒体人跳槽走向及发展状况数据为例，解析媒介发展新形势下对新闻人才的个人素养、专业素养等提出的更高要求。

理论研究要为业界服务

上午10点，耿瑞林和李嘉卓在科技楼604教室与我院各专业教师进行座谈。

耿瑞林以《新闻与写作》对论文的要求展开话题，谈及论文的三个标准——导向正确，事实和逻辑正确，论文内容有价值、有新意、有创新。其中，他重点谈道，论文要研究讨论并解决新闻业界的热点、难点问题。在

“贴近业界、注重权威性与可读性相结合”的原则指导下，直击业内重大话题，提供深入解读。论文的核心要求是：主题新颖，观点明确，有理论高度和实践基础；论据充分，引文准确，数据可靠；内容层次分明，文字简练，图表清晰。他特别指出，图表内容清晰更能体现论文的细节，这种细节在一定程度上体现作者的态度。

李嘉卓则侧重分析论文选题。他介绍道，论文选题分动态和静态两类。动态选题指国内外新闻传播业界刚发生、出现的新现象、新动态、新经验、新问题。静态选题指学科专业始终存在的、没有时间限制的研究选题，是专业的基础性、常规性问题，重点在于能否在常规性问题中发现新问题、产生新观点、找到新角度。

耿瑞林和李嘉卓一致认为，要用科学的态度对待学术，新闻理论研究为业界服务，通过实践又回到学界。他们建议，做论文一定要实实在在地从媒体中和实际工作中收集数据。

一篇好的新闻论文的出炉

下午，李嘉卓在西教401教室为2016级新闻与传播专业研究生做报告，从学术期刊编辑的角度讲一篇好的新闻论文是如何出炉的。

李嘉卓认为，好论文要做到“选题前沿、观点独到、贴近现实、引发思考”。具体说来，做选题要着眼于现在或未来，同时必须关注新闻传播学领域中最令人瞩目的重大问题；要有自己的见解，基于新闻传播学基本理论的思考与判断对论文十分重要；在时间、热点和历史三方面贴近问题本身，论文也讲究通过“接近性”增强吸引力；问题意识是写好论文的思想灵魂，好论文得益于思考。

在谈及“寻找有价值的选题”时，李嘉卓认为，结合传媒业界的最新变化和业界最有价值的选题需具备三个特点，即主题宏大、立意深远，有利于行业变革，还要搭建逻辑严谨的论文架构，认真准备资料。

对于投稿前必须知道的事，他提出四点建议：长期阅读某学术期刊，充分了解这个学术期刊的特点；掌握期刊正确的投稿邮箱等信息；成文后一定要认真核对；尽量找到与编辑交流的机会，商量修改细节。

（原载于《新传人》第26期，2017年6月20日）

张德胜应邀在中国新闻史学会2017年学术年会期间发言

既要顶天立地　又要特色发展

张家湾

由中国新闻史学会、郑州大学主办的中国新闻史学会2017年学术年会，于8月17日至20日在郑州黄河迎宾馆举行。会议期间，中国新闻史学会新闻传播教育史研究委员会专门召开了题为“中国新闻传播教育改革的历史方位”的专题论坛。我院院长张德胜教授应邀在论坛上做了专题发言。

据悉，中国新闻史学会是中国新闻传播学方向唯一的一家以研究中外新闻传播历史与现状、促进新闻传播学发展为宗旨的全国一级学术团体，现任会长为清华大学新闻与传播学院常务副院长陈昌凤教授。中国新闻史学会旗下有多个二级分会，其中，新闻传播教育史研究委员会是最早成立的二级分会，其挂靠单位为华中科技大学，分会现任会长为华中科技大学新闻与信息传播学院院长张昆教授。

应张昆会长邀请，中国人民大学胡百精、中国传媒大学黄升民、北京师范大学喻国明等9所重点大学新闻传播类院系负责人及我院院长张德胜在二级分会论坛上发言，共同探讨中国新闻传播教育改革的路径。张德胜发言的题目是“新闻院系路径选择：顶天立地与特色发展”，他主要论述了四个方面的问题：一是学科建设，抢不到制高点，就没有话语权；二是专业建设，学生是主角，教师是关键；三是融入业界，先做好适应，再伺机引领；四是融入学校，在体现体育特色的同时，突出主流学科的特点。

此前，国内知名学术期刊《新闻与写作》曾就当前新闻传播教育问题，专访过张德胜，专访内容发表在该刊物2017年第6期。

据了解，因会员众多，中国新闻史学会较少召开全体会员大会，即一级学会的学术年会，一般由各二级分会组织召开学术年会。这次郑州会议，全国共有1300人参加了大会和各二级分会论坛活动，可谓盛况空前。

（原载于《新传人》第27期，2017年11月30日）

王相飞团队获评省级科技创新团队

李聪

我院王相飞副教授近影　摄影/罗霈

6月27日，湖北省教育厅办公室公布了2017年度湖北省高等学校优秀中青年科技创新团队计划项目名单，我院王相飞副教授领衔申报的“互联网+体育的理论与实践创新”获得立项。

此项计划是省教育厅为加强高校创新能力建设，培育一批以高水平领军人才为核心的创新团队而特设的研究项目。因此，对创新团队提出了严格的要求，创新团队应是具有创新能力或创新潜力的研究群体，创新团队负责人应有较高的学术造诣和创新性学术思想。本年度湖北省立项仅38项。

该团队项目的获批对于培养一批年轻教师科研骨干，形成相对集中的研究方向、共同关心的科学问题和良好的科研合作基础，从而产出一批高质量的科研成果，促进学院的学科建设，提升学院的科研水平具有重要的意义。

（原载于《新传人》第27期，2017年11月30日）

我校首次举行省级重大招标课题开题报告会

张家湾

张德胜（左排右一）在向专家组汇报课题实施计划　供图/李峰

1月21日下午，湖北省教育科学规划2017年度重大招标课题“湖北省本科专业（新闻与传播专业）专项评估指标体系研究”开题报告会在科技楼6楼湖北名师工作室举行。该课题由我校新闻传播学院张德胜教授主持承担，这也是我校首次主持承担省级重大招标课题。

有6名专家应邀出席了开题报告会，他们分别是国家“万人计划”哲学社会科学领军人才、华中科技大学新闻与信息传播学院院长张昆教授，武汉大学新闻与传播学院院长强月新教授，省教育科学规划领导小组办公室主任赵友元研究员，省教育科学研究院李友玉研究员，武汉大学新闻与传播学院周茂君教授，我校科研处处长杨翼教授。开题报告会由张昆主持。

课题负责人张德胜就课题的设计思路、基本内容和实施计划，向专家组做了详细报告。“我校新闻学专业这几年发展较快，由我们承担这一重大招标课题，表明省教育厅对我院的充分肯定和高度信任。课题组将在充分调研的基础上，从质量标准、指标体系、实施办法三个维度，做好具体研究工作。”张德胜说。

专家组对张德胜的汇报进行了热烈的讨论，并从不同视角提出了很多建设性意见。李友玉说，我国新时期确立的“五位一体”高校本科教学评估制度，是以高校自我评估为基础，以教学基本状态数据常态监测、院校评估、专业认证及评估、国际评估为主要内容，政府、学校、专门机构和社会多元评价相结合的教学评估制度。我省从 2014 年开始进行专业专项评估，全省高校的英语和计算机两个专业已经完成评估任务。评估结果按总分排序授予五星到一星不同星级，排名未进入前 91%的专业，不授星，予以警示，并限期整改。

省教育厅拟于 2019 年开展全省高校新闻传播类专业专项评估，这次委托张德胜课题组制订评估指标体系，希望研究结果既有科学性，又有应用性，能有效覆盖从重点大学到独立学院不同层面高校的同类专业。杨翼说，武大与华科两校的知名专家出席开题报告会，这充分体现了我省高校“以部扶省”的发展理念。这是我校首次主持承担省级重大招标课题，科研处将全力支持课题组如期完成研究任务。

课题组成员张钢花、李峰、王雪莲、张欣等出席了报告会，并分别向专家请教了有关问题。

（原载于《新传人》第 29 期，2018 年 3 月 2 日）

我院举办马拉松国际论坛

同时聘任15位业界精英作为新闻与传播专硕研究生校外导师

李晓蓉

我院举行2017马拉松与城市传播国际论坛暨新闻与传播专业硕士业界导师聘任仪式
摄影/罗霈

2017年11月22日上午，由我院和湖北省体育科学学会体育新闻传媒专业委员会主办的2017马拉松与城市传播国际论坛暨新闻与传播专业硕士业界导师聘任仪式在科技楼5楼演播厅举行。周树华教授等16位业界学者、专家与我院各领导、老师出席本次活动。

本次论坛由业界导师聘任仪式和大会主题报告两部分组成。

论坛开始，我院院长、博士生导师张德胜教授致欢迎辞。他指出，我院始终秉持“顶天、立地”，即学科建设与人才培养的理念，并矢志不渝地追求“新传梦”，为打造一流学校而不懈努力。副院长张钢花宣读了关于聘请樊露薇等15位业界专家为我院专业硕士业界导师的决定，张德胜颁发了聘书。

随后，大会主题报告有序展开。首先，华奥星空副总经理樊露薇讲述了马拉松、城市品牌与传播三者之间的碰撞，引出“个性成就卓越”的主题。她强调，作为传播的执行者，我们要做到有亮色、与众不同。武汉体育学院期刊社副社长王相飞副教授以“马拉松与城市形象的新媒体传播”为题，从新媒体传播角度讲述了马拉松的传播类型及原则。结合这两位导师的报告，我院王雷教授点评道：两位导师分别站在内部体验与外部认同的角度做演讲，但无论内部还是外部，重要的是我们怎样成就个性与卓越。

TTD腾提度体育创始人、董事长苏玲的“如何打造一场有气质的马拉松”，用自己的故事讲述了马拉松赛事在品牌打造方面的心得。她指出，好的体育新闻人一定是好的体育文化人，一定要有一项属于自己的体育爱好。武汉汉马体育管理有限公司副总经理包波从另外一个角度讲解了“马拉松传播的特点和瓶颈”，希望新闻人能运用整体的赛事运营理解体育。广播电视编导教研室黄海教授作为点评人提出体育记者要懂文化、懂政治、勤体验，要善于抓话题、用科技。

来自湖北广播电视台楚天交通广播的主持人艾轶以“如何解说这42.195千米”为题分享了如何准备一场马拉松解说。武汉广播电视台文体频道《文体夜总汇》节目部主任、高级记者夏明华从马拉松的解说与报道的角度，分析了马拉松解说的特点，并对解说员专业素养提出要求。广播电视编导教研室书记姜欣博士对两位导师的演讲做简要总结并提出个人观点：把马拉松变为一场全民参与的体育盛会，使马拉松解说更有意义。

广东技术师范学院外国语学院李峰博士站在叙事学角度，从故事、话语、具体行为这三个方面对马拉松赛事报道的人物叙事做了全面且详细的分析。我院新闻学教研室主任王雪莲认为：“这给我们研究马拉松报道提供了一个更为新颖的视角，同时为学术研究提供了一个好的思路。”

我校发展规划处副处长、博士生导师万晓红教授以“体育小镇建设与中国乡村形象重塑的思考”为题，阐述了当前国家乡村社会边缘化现象、体育小镇建设对于重构乡村形象的意义以及体育小镇建设对于乡村形象的重塑方向。美国阿拉巴马大学传播与信息学院教授、武汉体育学院新闻传播学院“楚天学者”讲座教授周树华则另辟蹊径，从地貌学角度对马拉松传播进行解读。张钢花副教授对周树华的专题发言进行了学术点评。张钢花说，在今后的研究中，我们每个人都有可能会成为一个开拓者，对马拉松传播从文化、社会、商业等角度进行切入，我们都需要理性的精神，注重精致的细节，运用批判的思维方式，进行深度研究。

（原载于《新传人》第29期，2018年3月2日）

我校举办体育传播与社会记忆全国青年论坛

高凡荆

武汉体育学院副校长漆昌柱(前排左六)等领导出席第二届中国体育传播青年学者论坛
摄影/李聪

6月30日，第二届中国体育传播青年学者论坛在我校科技楼五楼演播厅举行。本次论坛由我校和中国体育科学学会体育新闻传播分会、《体育文化导刊》联合主办，论坛主题为“体育传播与社会记忆”。本次论坛共吸引了全国各地60多名青年学者投稿。经挑选，来自中国传媒大学、上海对外经贸大学、北京体育大学、上海体育学院、成都体育学院以及我院的9篇论文的作者受邀参加论坛交流。这些论文共同回溯了体育传播对国家发展与社会进步的重要影响。

上午时段为论坛发言，我校副校长、博士生导师漆昌柱教授和中国体育科学学会体育新闻传播分会秘书长、成都体育学院博士生导师郭晴教授分别代表学校和学会发表了热情洋溢的致辞。论坛特邀嘉宾、中南民族大学人类学学科带头人、博士生导师柏贵喜教授做了题为“人类学视野下的文化记录与生活记忆”的学术报告，论坛特邀嘉宾、广州体育学院硕士生导师武学军教授做了题为“媒介与体育解说节律特征”的学术报告。倪京帅、夏天、冯雅男、江南、何月冬、钱佳伟、李鑫、胡羽、李菁 9 位入选论文学者分别陈述了各自的学术观点，肖焕禹、张德胜、万晓红、王雷、王雪莲老师依次对此做了精彩点评。论坛发言吸引了 100 多人到场聆听。

下午时段的专题调研共有 60 多人参加，《体育文化导刊》编辑部主任张晓琳博士详细介绍了该刊的编辑方针和办刊特色。从她的介绍获悉，《体育文化导刊》是我国唯一的体育社会科学研究国家级期刊，也是为国家体育发展提供决策咨询的学术期刊。随后，鲍婷编辑简要介绍了《体育文化导刊》的栏目设置、论文选题等业务知识。华中科技大学新闻与信息传播学院院长、博士生导师张明新教授应邀出席调研活动，并就科研方法做了举例阐述。

我校科研处处长、博士生导师杨翼教授，新闻传播学院党委书记童铸、副书记兼副院长赵露娜、副院长张钢花等出席了论坛活动。童铸主持了论坛开幕式，张钢花主持了论坛交流发言。

中国体育传播青年学者论坛由中国体育科学学会体育新闻传播分会组织发起，每两年举办一次，旨在为体育传播青年学者搭建交流分享的平台，推动体育传播研究的深度创新。学校、学会、学术期刊联合办会的形式，有利于科研成果的产出和推广。

（原载于《新传人》第 31 期，2018 年 10 月 24 日）

王创业获全国新闻学青年学者优秀学术成果奖

杨蕊

11月24日，以“中国新闻学研究与教育百年暨新闻教育改革四十年”为主题的第十一届(2018)中国新闻学年会在中国人民大学举办。本次新闻学年会对获得第四届全国新闻学青年学者优秀学术成果奖的作者进行了表彰，我院新闻系王创业博士的论文《社会资本与媒体记忆：对比视野下媒体中的甘惜分、宁树藩纪念内容分析》受到表彰。

经过9名评审专家采取无记名投票的民主方式，并经公示及收到异议后专家评议，本届年会最终产生了受表彰的7部专著和13篇论文。王创业受邀参加了本次新闻学年会并在大会上接受了表彰。会后，王创业表示：“我参加本次新闻学年会受益匪浅，这对我以后的工作和学习来说都是一笔非常宝贵的财富，我将会继续努力。”王创业在本次评选中受到表彰，也增强了我院学科建设的信心。

据了解，全国新闻学青年学者优秀学术成果奖评选活动每两年举办一届，该活动的举办是为了表彰在新闻学学术研究领域做出贡献的青年学者，对青年学者的学术创新进行鼓励。该活动得到了新闻学界各学者的大力支持。

(原载于《新传人》第32期，2018年12月12日)

张德胜获2018年湖北省社会科学优秀成果奖三等奖

李聪

2018年第十一届湖北省社会科学优秀成果奖评选揭晓，我院张德胜团队申报的《融媒时代体育新闻传播的理论与实践》（系列论文）荣获三等奖。

湖北省社会科学优秀成果奖代表湖北省社会科学研究的最高水平，每两年评选一次，由湖北省人民政府发文表彰并颁发证书。

张德胜团队是湖北省教育厅2014年批准组建的省级中青年科技创新团队，该团队当年的立项项目为“融媒时代的体育新闻传播研究”。这次申报的系列论文就是该省级团队公开发表的系列研究论文，共计十余篇。其中，代表作为2016年5月发表在《体育科学》上的《媒体体育的基本传播模式研究》。

这是我院教师首次独立获得湖北省社会科学优秀成果奖。

（原载于《新传人》第33期，2019年1月8日）

我院首个重大招标课题结项

吴 丹

我院首个重大招标项目结题鉴定会专家组成员合影　供图/吴丹

2018年12月5日下午，2017年度湖北省教育科学规划重大招标课题“湖北省本科专业（新闻与传播专业）专项评估指标体系研究”（以下简称“指标体系”）成果专家鉴定会在科技楼6楼湖北名师工作室举行。新闻传播学院院长、博士生导师张德胜教授及其学术团队教师代表参加了会议。会议由科研处郑强科长主持。

课题负责人张德胜就课题的研究内容与实施计划向专家组做了详细汇报。他指出，“指标体系”主要依据《中华人民共和国高等教育法》、教育部《普通高等学校本科专业类教学质量国家标准》（新闻传播学类）等标准，按照《教育部 中共中央宣传部关于提高高校新闻传播人才培养能力实施卓越新闻传播人才教育培养计划 2.0 意见》等最新文件精神，同时参考发达国家本科评价体系，经过反复调研、论证、实测、调整而最终确定。

他强调，“指标体系”紧紧围绕“以学生为中心”“结果导向教育”“持续质量改进”三大理念，共设有 8 个一级指标、23 个二级指标、70 个主要观测点，总分设置为 100 分，其中一级指标中的分值分布主要为培养目标（10 分）、毕业要求（20 分）、课程体系（10 分）、师资队伍（20 分）、支持条件（13 分）、质量保障（9 分）、学生发展（8 分）和特色项目（10 分）。评分档次说明主要分为 A 档（1.0 系数）、B 档（0.8 系数）和 C 档（0.6 系数）三档，每个二级指标和对应主要观测点都可以被量化，不同类型的本科高校可依据具体情况进行梯度打分。他认为，要通过完善的内部和外部质量保障机制持续改进，最终使学生培养质量满足要求。

本次鉴定会专家组由武汉大学新闻与传播学院院长、教授、博士生导师、教育部高等学校新闻传播学类专业教学指导委员会副主任委员强月新担任组长，成员有湖北省教育科学规划领导小组办公室主任、研究员赵友元，华中科技大学新闻与信息传播学院教授、博士生导师何志武，武汉大学新闻与传播学院教授、博士生导师周茂君，湖北第二师范学院教授、网络新媒体研究所所长黄芙蓉，华中科技大学新闻与信息传播学院副教授、副院长李华君，我院新闻传播学院副教授、副院长张钢花。

专家组成员认真审阅“指标体系”相关资料，一致认为“指标体系”主要呈现三个特点。一是理念先进，对接国际评价指标。“指标体系”强调“教育产出”，而非“教育输入”，按照“反向设计，正向施工”的基本思想，有效地融合了培养目标、课程体系和毕业要求。二是体系完备，具有宝贵的指导价值。在国家实施“双一流”高校建设大战略中，“指标体系”的完成具有重要的指导意义和现实价值。三是体系科学，操作性强。“指标体系”主要从湖北省高等院校的专业定位与发展需要出发，反映高等学校教学工作的基本规律及高等教育教学改革的走势和发展趋向，建构了一套完整、科学的框架体系，充分体现了科学性和原创性。最后，专家组一致同意该课题鉴定结果为优秀。

该课题的最终研究成果将为湖北省后续开展高等院校本科专业（新闻与传播专业）专项评估工作提供参照依据。

（原载于《新传人》第 33 期，2019 年 1 月 8 日）

2019年国家社科基金项目评审结果揭晓，我院实现历史性突破

张德胜获立国家重点课题

陈雨竹

近日，全国哲学社会科学工作办公室公布了2019年度国家社科基金项目立项结果，新闻传播学院院长、“楚天学者”特聘教授张德胜申报的项目获立本年度国家重点课题。这是我院首次获立国家重点课题，也是我校历史上第三次主持承担国家重点课题。

国家社科基金项目是我国哲学社会科学领域级别最高的科研项目，是衡量高校哲学社会科学研究实力和学术水平的重要标志，对学科评估、团队建设、人才培养等具有重要的促进作用，可谓“兵家必争之地”。

张德胜申报的课题名称是“新时代中国体育外交转型的机制创新与路径选择研究”，课题编号为19ATY004。课题组成员除了王创业、张钢花、胡羽等新闻传播学院教师外，还邀请了新华社、外交学院、国家关系学院等校外单位的外交专家加盟。

为了做好项目论证以及积累前期学术成果，张德胜团队充分利用寒假时间，夜以继日地工作，学校科研处、期刊社等学术管理部门对此给予了大力支持，中南民族大学柏贵喜、华中科技大学李华君等知名学者提出了宝贵意见，各方合力，终于取得了这次历史性的突破。

近十年来，我院共主持承担了十余项国家社科基金一般项目和青年项目，立项数位居全国体育高校新闻传播院系前列，同时在校内各院系名列前茅。

（原载于《新传人》第34期，2019年6月28日）

由我院筹备、学校承办的2020年第十六届全国体育新闻传播研讨会以线上线下混合形式顺利召开

体育传播转向新文科建设与健康传播

杨　阳

11月14日，第十六届全国体育新闻传播学术研讨会在武汉体育学院圆满落幕。本次会议由中国体育科学学会体育新闻传播分会主办，武汉体育学院承办。来自国内外的专家学者以线上与线下、直播与录播的混合方式，云端阔论"后疫情·后革新·后媒介：'后'时代中的体育新闻传播"，共享一场学术盛宴。

开幕式简明扼要

11月13日上午八点半，大会开幕式在我校一号报告厅开展。武汉体育学院刘彦博副校长代表承办单位致辞，对线上、线下出席研讨会的各位领导、专家学者等表示热烈欢迎，并指出，我国新冠肺炎疫情防控取得了阶段性胜利，疫情得到全面遏制，在这特殊的时刻，我们集聚线上，共商后疫情时代的体育新闻传播极具现实意义。

中国体育科学学会副理事长祝莉教授在致辞中说，本次研讨会议的召开为体育新闻传播事业的各位专家学者提供了一个学术交流的线上平台，大家通过思想碰撞、观点交流、学术争鸣，明晰体育新闻传播发展困境，寻求体育新闻传播路径，将为后疫情时代体育新闻传播发展提供前行动力。人民体育出版社副总编辑吴永芳女士表示，人民体育出版社将贯彻新精神、新要求，积极组织、编写、出版体育新闻传播专业系列教材，呼吁各大院校、专家共同参与，为我国的体育新闻学专业人才培养和专业发展做出应有的贡献。

中国体育科学学会体育新闻传播分会主任委员、成都体育学院原党委书记陈伟教授宣布大会正式开幕。

主题发言"潮"味十足

在大会主题报告环节，来自国内外的7名学界与业界专家就各自所熟

悉的领域,分别阐述了观点。

教育部高等学校新闻传播学类专业教学指导委员会副主任委员、武汉大学新闻与传播学院院长强月新教授莅临大会现场,以"新文科视野下的新闻传播人才培养"为题,介绍了新文科的背景与内涵,阐释了新闻传播学科在新文科建设中的重要性,并从四个不同的方向,为新文科视野下的新闻传播人才培养提供了具体的思路:建立技术思维、深化交叉融通、接轨现实需求、服务国家战略。

广州日报报业集团副总编辑、《足球报》原总编辑谢奕以"走出象牙塔,拥抱中国体育的春天"为题,从"体育就是教育"以及"体育就是生活"出发,提出围绕"体育强国"与"健康中国"国家战略,着力培养三类体育传播人才:一是全媒体内容生产人才,具备专业能力和素养;二是运营、组织人才,能积极开展推广工作;三是专家型记者,能深入采访、发现问题、挖掘故事。

美国密苏里大学讲席教授、武汉体育学院"楚天学者"讲座教授周树华博士以"Sports and Health: Why Communication Matters?"为题,介绍了美国健康传播的最新潮流。周树华阐释了健康与体育的关系,指出了健康传播的重要性。他认为在体育健康传播中讲好故事非常重要,因为体育是带有感情的,体育锻炼有助于社会的整体健康。体育传播与体育健康的目标一致,两者之间的路径高度重合。

中国体育科学学会体育新闻传播分会秘书长、成都体育学院郭晴教授以"现实问题与研究问题:后疫情时代体育传播研究的转向"为题,分析了后疫情时代我国体育传播面临的现实问题及"十四五"期间体育传播面临的新问题,对媒介化理论与体育进行探讨,将体育划分为媒介体育、媒介化体育和作为媒介的体育,其中,将电子竞技纳入媒介化体育,引发了听众的浓厚兴趣。

武汉体育学院新闻传播学院院长、省级"楚天学者"特聘教授张德胜以"发挥特色优势、建设一流专业"为题,介绍了武汉体育学院新闻传播学院的四大特色:一是"讲政治",坚持以德树人,实现"三全育人";二是"下基层",坚持师生"三贴近",让梦想落地开花,包括2020年全国抗疫先进个人、央视记者倪晶依就毕业于武汉体育学院新闻学专业;三是"懂体育",做到懂体育报道、懂媒体服务、懂健康传播;四是"会传播",即新闻价值会判断、传播技术会掌握、线下活动会组织、线上作品会创造。

北京体育大学新闻与传播学院副院长薛文婷教授以"表征·权力·斗争:《大公报》冰球报道研究"为题,围绕"冰球运动在中国近代报刊中有着怎样的文化表征""体现了怎样的权力与斗争的关系""产生于怎样的社会历史语境”等问题，结合相关媒体的具体报道，从“谁来表征”“表征什么”“为何如此表征”三个层面展开了分析。

北京外国语大学国际新闻研究中心主任魏伟教授以“体育媒介化研究：从媒介体育到体育重大事件”为题，探讨体育媒介化。他认为，从体育媒介到媒介体育，是初度体育媒介化时期；在体育全球化、商业化、市场化、城市化的背景下，体育专业主义和新闻专业主义高度融合、相互渗透，是深度体育媒介化时期；在后深度体育媒介化时期，面临全球化的消散与世界媒介体育格局的重构，电子竞技是体育媒介化发展的高级形态。

分论坛形式多样

本次大会共收到论文 102 篇，录取 60 篇。大会在线设有 4 个专题分论坛以及 4 个研究生论坛。

这是全国体育传播大会学术研讨会首次正式以“云端”方式开展，大会的开幕式和主题报告在腾讯会议平台和 B 站进行了直播，B 站直播人气峰值达到 1100。

闭幕式上，武汉体育学院付晓静教授做了大会学术总结，成都体育学院郭晴教授做了大会会议总结，中国体育科学学会体育新闻传播分会副主任委员郝勤教授对本次大会给予了高度肯定：“这是一届无与伦比的年会，非常感谢武汉体育学院的坚持与努力。”

（原载于《新传人》第 39 期，2020 年 12 月 31 日）

由我院筹备、学校承办的2020年首届全国体育影视学术研讨会以线上、线下混合形式召开，与会专家积极倡言

体育回归社会，体育影视要先行

卢 琪　肖泽昊　陈 正

11月27日，2020年全国体育影视学术研讨会在武汉体育学院东教学楼第一报告厅举行。本次会议由中国高校影视学会体育影视专业委员会主办，武汉体育学院承办。来自中国传媒大学、中央广播电视总台、北京师范大学、首都师范大学、北京体育大学、北京外国语大学、上海大学、复旦大学、武汉体育学院等多所高校和业界的专家学者“云”端畅谈，聚焦新时代体育影视的发展。在倾情分享中，专家学者纷纷表示，新时代的体育要回归社会，体育影视要加强与社会的联系。

开幕式致辞:体育影视作品要讲好体育故事

研讨会于上午八点半开幕，北京电影学院党委副书记兼副校长、中国高校影视学会会长胡智锋教授，中国高校影视学会副会长、教育部高校戏剧与影视学类专业教学指导委员会主任、全国艺术专业学位研究生教育指导委员会副主任委员、北京师范大学周星教授，上海体育学院传媒与艺术学院院长、中国高校影视学会体育影视专业委员会副主任委员兼秘书长杜友君教授，武汉大学艺术学院院长、国家艺术(硕士)专业学位教育指导委员会委员刘丹丽教授，中国传媒大学电视学院副院长、博士生导师孙振虎教授，首都师范大学音乐学院副院长、国家艺术(硕士)专业学位教育指导委员会委员田培培教授，中央广播电视总台体育青少年节目中心主任播音员、体育评论员洪钢，全国体育院校新闻传媒院系的党政负责人等嘉宾，受邀出席了开幕式。武汉体育学院副校长刘彦博，新闻传播学院院长张德胜、副院长兼副书记赵露娜、副院长张钢花，艺术学院党委书记叶涛、院长李芳，国际教育学院院长杨梅，研究生院副院长陈蔚莅临现场，参加了开幕式。开幕式由武汉体育学院新闻传播学院党委书记童铸主持。

刘彦博副校长在致辞中指出，关注和讲好新时代中国特色体育故事，

丰富人民群众的精神文化生活，要以优秀体育影视作品为载体，凝聚建设体育强国、健康中国的强大精神力量。胡智锋教授在致辞中介绍了中国高校影视学会为我国体育影视发展所做的工作，并结合体育影视拥有的全新机遇，就如何促进体育影视进步提出了宝贵的建议。杜友君教授在致辞中对体育影视传播研究领域取得的丰硕成果予以肯定，并表示，中国高校影视学会体育影视专业委员会有责任为大家提供更多的交流平台，在体育影视学术研究、体育影视作品创作等方面做出应有的贡献。

杜友君教授宣布了大会正式开幕。

主题报告：体育要融入社会，体育影视要向美而行

来自全国各地的7名学界与业界专家以线上、线下混合的方式进行了主题报告，从不同层面和角度发表真知灼见。周星教授以“大文科与艺术教育”为题，介绍了新文科建设的基本情况，阐释了新文科之“新”。他认为，新文科建设应以守正为基础，以创新为方向，这是新文科适应新时代，创建融合性、开创性学科的必然之举；新文科中的艺术学科具有独一无二的审美价值，审美是新文科与艺术学科之间最重要的交叉点，要注重发挥“美人”“化人”的功能；要注重培养适应新时代要求的应用型、复合型人才，开拓艺术教育更广阔的天地。

孙振虎教授以“新媒体语境下的体育传播转型”为题，着眼当下传播语境和语态的转变，分析了体育传播的转型。他认为，视频发展是未来的方向，体育传播天然带有视频属性，要进行视频化转型，做有效的内容分发，在技术端、平台端、渠道端相应变化，契合用户圈层纵深化、年轻化、交互性的特征；体育传播也要横向发展，做更广泛的健康传播，“群众在哪里，体育传播的领域就在哪里”；从“大屏时代”到“多屏时代”以至未来的“无屏时代”，体育传播的队伍要重新定位自己的职能，明晰自己的任务。

田培培教授以“‘一带一路’背景下中国舞蹈高等教育国际化问题的思考”为题，介绍了国际交流合作及“一带一路”在舞蹈、体育领域的发展状况和中国高等舞蹈教育国际化特征人才培养问题，比较分析了中国学生发展核心素养体系和国际组织人才十大核心素养，并结合首都师范大学舞蹈专业的国际化实践项目探讨了当下中国舞蹈艺术理论与实践发展中的一些问题。

洪钢以“体育在新时代的社会担当”为题，结合具体案例，引导大家思考中国体育对于社会的回馈现象。他指出，体育赛事具有极大的传播力和影响力，通过体育赛事宣扬社会价值、社会认可的公序良俗尤其重要。中

国体育还在“象牙塔”中，与社会还存在较大的割裂，“球场是球场，社会是社会”，体育影视作品功能过于单一、与社会联系不大。他认为，体育要主动融入社会，加强与社会的联系，关注人的故事，创造更多、更好的体育影视作品，表现社会认同，承担社会责任。

张钢花副教授以“武汉体育学院的影视艺术教育”为题，从武汉体育学院影视艺术教育的发展历程切入，介绍了“以赛代练，以奖促学”的培养模式，并结合案例重点展示了新闻传播学院在影视艺术教育方面所做的努力：一是坚持让学生走进基层，服务社会的艺术理念；二是外引内培，协同育人；三是校媒合作，共同打造精品课程；四是坚持科学研究，进行团队合作，在影视艺术教育实践中积极探索。她现场还播放了学生团队剪辑制作的视频，展现张德胜教授在“学习强国”平台上讲述抗疫故事、黄海教授指导学生团队创作获奖微电影《智扶》等。

贺幸辉副教授以“中国高山探险纪录片与文化身份建构：从国家认同拓展为多元文化认同”为题，探析了叙事逻辑的变化、文化身份建构的变化和中国体育改革的最新发展趋势，随即针对未来体育影视创作的关注重点提出建议：重审体育影视的价值，主动诠释体育意义，以体育为纽带凝聚不同社群，形成新的社会价值认同；关注新生的社会性体育组织及其所建构的新的文化身份和意义体系，力求实现国家、社会和个体的协同发展。

张帅博士以“国际传播语境下中国体育电影艺术研究”为题，阐述了国际传播语境下中国当代体育电影艺术研究。他引用中国国家形象全球研究报告，分析了我国体育电影的艺术困境，提出要积极创新艺术内容、突破固有艺术形式、聚合艺术平台等应对之策，并强调，体育电影应内外兼修，向美而行，积淀与传扬体育精神。

在主题分论坛上，与会人员围绕“世界体育电影发展”“冬奥影像与体育节目创作”“体育影视剧本创作”等议题，进行了热烈的交流和探讨。

研讨会于下午五点半在腾讯会议平台举行了闭幕式。杜友君教授在大会会议总结中说，体育影视专业委员会成立五年来，组织了很多活动，这是第一次开展真正的学术年会，感谢武汉体育学院团队大量而辛苦的付出。

（原载于《新传人》第 39 期，2020 年 12 月 31 日）

张德胜突破性荣获教育部人文社科奖

罗康珉

2016年11月5日，第一部中国新闻传播教育年鉴——《中国新闻传播教育年鉴(2016)》在辽宁大学举行首发式 供图/王创业

近日，我院院长张德胜教授收到了翘首以盼的教育部人文社会科学奖的电子版获奖证书。这份电子证书是远在上海出差的华中科技大学张昆教授发来的。

获奖证书显示，由张昆教授领衔、张德胜等人参与撰写的《中国新闻传播教育年鉴(2016)》，荣获了第八届高等学校科学研究优秀成果奖(人文社会科学)著作论文类三等奖。这是我校首次荣获这一国家级荣誉，而获得国家级奖项是以“学院”命名的高校更名为“大学”的必要条件。

《中国新闻传播教育年鉴》由中国新闻史学会新闻传播教育分会主管，由国家“万人计划”领军人才张昆教授主编。它是一部集资料性、权威性、政策性、及时性于一体，极具史学价值的工具书。从2016年开始，每年由武汉大学出版社定期出版，迄今已出版五部，在新闻传播教育界有着较大的影响力。年鉴编辑部设在武汉。应张昆主编邀请，我院院长张德胜教授成为编辑部的7名创始成员之一，积极为年鉴的策划、组稿、编辑尽心尽力。从2020年开始，我院新闻系主任王创业博士接替了张德胜在编辑部的任务。张德胜说："我们能够作为年鉴编辑部创始成员积极参与至今，这是张昆主编对我们的信任与支持，同时也有助于我院新闻传播教育入主流、上台阶，因此，我们只能干好，不能干坏。"

据悉，高等学校科学研究优秀成果奖是2008年中国教育部将高等学校科学技术奖和中国高校人文社会科学研究优秀成果奖合并设立的奖项，分为高等学校科学研究优秀成果奖(科学技术)、高等学校科学研究优秀成果奖(人文社会科学)。前者一年一评，主要授予在科学发现、技术发明、促进科学技术进步和专利技术实施等方面做出突出贡献的个人和单位；后者每三年评选一次，是为了表彰在高校人文社会科学研究中做出突出贡献的研究人员。自1995年设立至今，已成功举办八届，共有5667项优秀成果获奖。

(原载于《新传人》第40期，2021年5月4日)

媒体运行也要与时俱进

王佐臣

2004 年，“媒体运行”这一专业舶来词汇，因北京举办奥运会首次在我国见诸报端，经过 2008 年北京奥组委实践，为 2 万余名中外注册记者报道赛事盛况提供专业化服务，为北京获得“办了一届无与伦比的奥运会”这一高度评价做出了巨大贡献。之后十余年，媒体运行在广州亚运会、深圳大运会、南京青奥会等赛事筹办中逐步完善、成长、定型。

随着通信技术的突飞猛进，智能手机的普及，以及移动互联网和自媒体的迅速发展，报纸、杂志、广播、电视这些凭文字、图片、音频、视频传播信息的媒介日益被手机取替，融媒体时代已经模糊了传统文字、摄影、电视记者的分类界线。主办方、承办方或电视转播方试图通过垄断电视转播权来控制其他媒体录播视频的管控做法，已与时代格格不入，且遭到了平面媒体和自媒体的激烈反对。管控视频录播权，不仅与融媒体报道赛事需求相冲突，也违背了充分、生动、及时报道赛事与提升举办城市知名度的初衷。

在融媒体时代，订报、买报、读报、看电视的人越来越少。任凭你是名记、名编、解说、主持，如果不把赛事报道新闻作品做到手机移动客户端上，就不大会引起受众兴趣和关注，也就失去了传播力和影响力。与此同时，即使注册记者把图文并茂的赛事报道做在手机客户端上，如果没有时效和特色，也会被受众忽视。因此，革新传统媒体运行理念，规划建设融媒体主新闻中心和场馆媒体中心，是时代需要，势在必行。

（原载于《新传人》第 35 期，2019 年 11 月 24 日）

兼职教授肖焕禹来校讲解大数据

高凡荆

2016年12月16日下午，我院在西教202室举办了"体育大数据分析与应用"的专题讲座。此次讲座由上海体育学院体育新闻传播与外语学院教授、博士生导师肖焕禹主讲。许多同学，特别是体育新闻方向的研究生慕名而来，积极参加了本次讲座。

本次讲座中，肖焕禹讲解了研究生研究项目选题的依据、目的、内容、方法的重要性，对如何理解体育大数据和体育大数据分析的应用情况进行了剖析。通过一些具体的体育数据新闻案例分析，肖焕禹为在座的同学们着重讲述了体育数据新闻可视化的制作，同时，他还通过微博数据分析了体育数据新闻的抓取、清理、分析、呈现等专业化工具在体育行业的运用情况。

肖焕禹指出，深入挖掘数据新闻对体育活动有重要的促进作用，不仅推动智慧体育的发展，而且催生了体育生态链的建构，优化了体育产业结构，促进我国体育行业、体育产业的不断发展与完善。

最后，肖焕禹强调，体育大数据时代会带给我们众多冲击，我们每个人都应当与时俱进，用自己的努力和智慧建构便捷高效的体育信息感知和数字化服务体系，促进"互联网＋体育"的科学发展。讲座结束，肖焕禹鼓励大家踊跃提问，并一一进行了详细的回答。肖教授的讲解深入浅出，同学们受益匪浅。

（原载于《新传人》第25期，2016年12月31日）

第五章 社会服务

DIWUZHANG SHEHUIFUWU

搞服务师生戮力　克时艰上下同心

赵 靖

武汉体育学院新闻传播学院始终坚持党的基本路线，坚持为人民服务，把社会实践作为一项重点工作来抓。服务基层，在战疫、抗洪、扶贫的关键时刻，扛起肩头的责任，不忘初心，贡献重要力量。服务行业，为国家和地方决策咨询献计献策，为体育行政部门、体育俱乐部、赛事组委会等体育行业出人出力。服务媒体，与省、市、县级媒体共商共建，协同育人；积极参与奥运会、世界杯、武汉网球公开赛、武汉马拉松等大型赛事的媒体运行与新闻服务。服务学生，锻炼学生“学、思、辨、行”的能力，提升学生“公、勇、诚、毅”的品质。

一、服务基层：因为责任，所以无畏

（一）众志成城，齐心抗疫

2020 年新冠肺炎疫情暴发，学院 90％以上的教师下沉社区，40％以上的学生投身抗疫志愿服务，大家团结一心、共同抗疫。院长张德胜以社科专家的视角，讲述《〈是这个理〉：城市摆渡人》抗疫故事，全网 2000 多万人同时观看；编导专业学生罗庆文写给护士妈妈的歌《身着白衣，心有锦缎》爆红网络；学院携手市网信办、武汉电台音乐广播一同举办“2020 武汉战疫——我的战疫我的歌”云上音乐节。全院师生积极参与，多角度、多方位为抗疫贡献自身力量。

（二）闻“汛”而动，巡堤查险

2020 年 7 月，武汉持续强降雨，汛情告急。根据学校防汛工作部署，学院迅速组建一支防汛抢险党员突击队，在队长张德胜的带领下，赶赴武金堤 63km＋200m 至 450m 险段，冒着瓢泼大雨，携带防汛器材，在责任大堤上开展拉网式巡堤查险，彻夜值守，守卫一方平安。

（三）乡村振兴，贡献力量

为助力脱贫攻坚成果与乡村振兴的有效衔接，学院时刻关心孝感市大悟县方岗村的发展，多次赴大悟开展特色党日活动，为当地村民捐款、赠送生活物资。学院老师两次带领视觉传达与设计系学生赴大悟进行美丽乡村墙绘，带领播音与主持艺术系学生赴大悟开展普通话推广与教育活动，促进乡村精神文明建设。2019 年，学院黄海老师指导的微电影《智扶》，以武汉体育学院驻村工作队员为原型，生动展现武汉体育学院数十年如一日的扶贫历程，被评为湖北省党员教育电视片一等奖，被《人民日报》、新华网、《湖北日报》、“学习强国”等多家媒体报道。

二、服务行业：勇立潮头，奋楫争先

（一）为教育行业献计献策

发挥学科优势，服务教育行业，及时献计献策。2016 年，张德胜院长出席全省高校高层次人才工作推进会，并代表“湖北名师工作室”主持人发言；2013 年，万晓红教授作为政协委员出席湖北省政协十一届一次会议，提交《落实科学发展观，切实解决女大学生就业难问题》的议案；2019 年，张德胜院长从体育与外交的角度向湖北省省长提出三条建议。

同时，学院注重与其他院校的交流协作，全面支持兄弟院校的建设发展，互促互进。2015 年 10 月，全国体育硕士生导师研修班在我校举行，张德胜应邀授课，分享办学、育人经验。2014 年，我院广告专业承办全国首届广告艺术大赛。2021 年，童铸书记带领学院各党支部书记分别赴暨南大学新闻传播学院和中国地质大学环境学院进行党建工作交流。

（二）为体育行业出人出力

长期为体育行政部门、体育俱乐部、赛事组委会等体育行业出人出力。以张德胜为例，2013 年当选中国体育科学学会体育新闻传播分会副秘书长，2014 年出任 CCTV 体坛风云人物总评委，2019 年应邀赴延边为中国足协 A 级教练员授课，2021 年当选国家体育总局“十四五”时期体育决策咨询专家。2018 年第七届世界军人运动会期间，我院共有 120 余名师生参与到志愿服务当中，分布在赛场播报、入场检录、颁奖礼仪、摄影摄像等各个岗位，从台前到幕后，师生团结一致，聚志愿力量，铸军运辉煌。

三、服务媒体：校媒合作，互促互进

（一）协助大型赛事的媒体运行与新闻服务

秉承理论与实践相结合的理念，在提升学生理论素养的同时，鼓励学生积极参与奥运会、世界杯、武汉网球公开赛、武汉马拉松等大型赛事的媒体运行与新闻服务工作。2013 年，我校 24 名师生报道亚青会；2015 年，第十届全国少数民族传统体育运动会在鄂尔多斯圆满落幕，我院师生应新华社邀请全程报道；2016 年，3 岁的武汉网球公开赛首次迎来新传播报；军运会期间，25 名师生参与媒体运行与新闻服务工作。在众多赛事中，学院师生或负责电视协调、转播工作，或担任赛事中英文播报，或协助新闻稿件编辑与预审，或用镜头记录颁奖展示环节，最大限度地体现“专业人办专业事”。

（二）与省、市、县级媒体共商共建，协同育人

2013 年，我院便与湖北之声频道建立了友好合作关系；2019 年，正式与湖北之声共建“我爱运动家”栏目，将媒体引进校内，建立融媒体实训基地，实现优势资源共享。到 2021 年，已有 17 名学生担任过节目主播，现场解说各大体育赛事，以全新视角向大众普及体育健身知识，既锻炼学生的能力，又丰富媒体原有节目方式及内容。2021 年，我院与正在打造品牌标杆的黄石阳新县融媒体中心合作，在阳新县建立专业实践与社会实践“双料”基地，联合开展了“红色阳新红土地 · 十个党员十面旗”大型主题采访暨社会实践活动，产生了五个方面的系列实践成果，记录实践活动的短视频《红土地的召唤》登上学习强国平台。

四、服务学生：培养能力，提升品质

（一）发展校内实践活动，提升学生“学、思、辨、行”的能力

为培养学生的创新意识，提升学生的实操能力，学院开展丰富多样的校内实践活动。从 2017 年起，开展学院新青年论坛，至今已开展四届，成为学院的品牌活动，每届遴选十名优秀的新传学子，通过演讲分享学习、工作经历，激励在校同学。除此之外，还有“体育嘉年华”“体操宝宝”“寝室文化节”“百生讲坛”“趣味运动会”等形式多样的学生活动，促进学生德、智、

体、美、劳全面发展。

(二)创新校外实践活动,提升学生“公、勇、诚、毅”的品质

从2015至2020年,每年暑假,学院都会组织学生前往湖北蕲春进行支教。学生秉持“奉献、友爱、互助、进步”的精神,认真负责地对待课程,鼓励并温暖着乡村学生。受志愿精神的感染,部分学生毕业后选择到西部基层贡献力量。2015级新闻学专业学生赵涵、2016级学生马杰,2016级视传专业学生付锦,2016级广编专业学生刘秀丽目前都在西藏基层工作。赵涵和团中央统战部一起做的系列宣传片《新时代 新西藏 新青年》,全网点击率超100万。他们开展基础教育、服务“三农”、医疗卫生、基层青年工作,用实际行动诠释对祖国和西部最诚挚的热爱。

二十年来,新闻传播学院勇担使命、砥砺前行,在国家需要的时刻、在人民群众需要的地方绽放绚丽之花,用实际行动践行着武体人“脚下有力量、肩上有担当”的大爱精神。

我校24名师生报道亚青会

这是我校与新华社协同创新的第一步，新华社江苏分社专门赠送锦旗，以示感谢

陈 茜

我校师生媒体运行服务岗位

张钢花	新闻教研室	五台山体育馆(乒乓球)
付晓静	新闻教研室	奥体中心游泳馆(游泳、跳水)
刘晓丽	新闻教研室	南京国际博览中心F馆(举重)
姜 欣	编导教研室	奥体中心体育场(田径)
李 敏	播主教研室	南京工业大学体育馆(手球)
艾险峰	专英教研室	南京国际博览中心E馆(击剑)
张圣锐	2012级研	五台山体育场(足球)
王剑飞	2012级研	江宁足球训练基地(足球)
周 烨	2012级研	龙江体育馆(柔道、跆拳道)
周 迪	2012级研	清凉山体校(足球)
周 洁	2012级研	五台山篮球场(篮球)
明凌翔	2012级研	江宁体育中心体育场(足球)
黄 珂	2012级研	中国网球学院(网球)
韩 笑	2012级研	亚青村(机动记者)
张艳华	2012级研	奥体中心壁球馆(壁球)
金玮婷	2012级研	亚青村(机动记者)
陈 茜	2009级新闻	方山训练基地(射击)
童敏媛	2010级英语	南京体育学院体育馆(羽毛球)
吕 鹏	2011级英语	青奥体育公园橄榄球场(橄榄球)
曾子轩	2011级英语	奥体中心主媒体中心(机动记者)
吕文政治	2011级英语	奥体中心体育场(田径)

为培养优秀的实践型人才，我院在媒体服务方面与新华社开展协同创新。

从2013年5月22日开始，一直到亚青会媒体服务工作画上完满的句号，我校共有24名师生参与了亚青会新闻服务工作。

5月22日，我校客座教授、新华社音视部主任、媒体运行专家陈越应邀来我校讲学，6月21日再次来我校招募亚青会媒体运行服务人员。

7月15日，曾经服务过北京奥运会、广州亚运会、深圳大运会等多个大型赛事，有着丰富的媒体服务经验的依涵老师来到武汉体育学院，为我校师生开展为期半个多月的业务培训。培训方式分为集中授课与分散学习等多种形式，培训内容主要包括媒体运行与新闻服务的核心理念、媒体运行服务的理论构架以及新华社媒体运行服务团队在多次大型赛事中所获得的经验与教训等。之后，我院师生在依涵的带领下完成了在武汉的赛前信息的收集与整理工作。

8月8日，赛前信息团队顺利抵达南京。随着比赛的临近，我院师生的职责和身份开始发生转变。作为亚青会新闻服务的记者主管，我们能够入驻场馆，获得关于各个具体项目运动队的第一手信息。经过在主新闻中心短暂的培训，我院大部分师生下沉到各竞赛场馆，开始对新闻服务的志愿者进行培训，并完成与场馆内部各部门的对接和赛前的相关准备工作。

从8月16日亚青会开幕到8月24日亚青会完美闭幕，在长达一周的比赛期间，我院师生带领由南京大学新闻服务志愿者所组成的新闻服务团队累计发表英文稿496篇，其中包括80篇赛事新闻、94篇综合新闻和22篇媒体通告。

我院新闻服务团队所取得的成绩得到了包括陈越等专家的认可，所刊发稿件在为记者提供有效的信息服务的同时，也被各大知名网站争相转载。

新华社打造的媒体服务核心团队有着丰富的媒体服务经验，但我院许多师生都是第一次真正参与这项工作。

亚青会结束后，新华社江苏分社向我校专门赠送锦旗，以示感谢。

（原载于《新传人》第9期，2013年9月23日）

张德胜出任CCTV体坛风云人总评委

张 磊

1月11日，我院院长、博士生导师张德胜教授应邀作为总评委，参加了在北京万事达中心举行的2013CCTV体坛风云人物年度评选总评投票，并出席了当天晚上的颁奖盛典。

CCTV体坛风云人物年度评选是由中央电视台主办，中央电视台体育频道承办，国家体育总局、国家新闻出版广电总局大力支持的一项年度体育人物评选。该评选的前身是创办于2001年的中国电视体育奖，是中央电视台的三大品牌活动之一，在体育界和社会上产生了广泛的影响。

据媒体评价，CCTV体坛风云人物年度评选是中国体育界年度规格最高、程序最严谨、结果最权威、社会影响力最大的评选活动和明星秀场，是中国体育的荣誉殿堂。

评选分为初评和总评两个阶段，普华永道会计师事务所全程担任本评选的独立计票机构。在初评阶段，初评评委从所有候选人中评选出各奖项的提名奖获得者，一共5人或5队；在总评阶段，由总评评委对提名奖获得者进行投票，每个奖项的得票最多者，即成为该奖项的唯一获奖者。

本次总评投票仪式在颁奖盛典当天下午进行，评选结果在当晚盛典上正式公布。李娜当选2013年度最佳女运动员，林丹当选2013年度最佳男运动员。

（原载于《新传人》第11期，2014年1月14日）

我院师生调研赤壁文化广场建设

周细琴

我院副书记叶涛(中)带领师生在赤壁农村调研　供图/胡俊

7月3日，受咸宁市委宣传部委托，我院叶涛、王广田、周细琴、胡俊、吕靓、张辉翔、吴中奇等师生奔赴赤壁市，以“赤壁市乡村文化广场建设情况”为主题进行了为期一周的调查。

3日，一行人来到了赤马港街道社区，不仅对市内最大的赤壁市人民广场进行实地调查，还对夜晚来此进行文化活动的市民进行采访。

此后几天，调查队先后对新店镇、赵李桥镇、赤壁镇、柳山湖镇、余家桥乡、中伙铺镇、官塘驿镇、茶庵岭镇等9个镇、1个乡和3个街道办事处进行深入调查。调查发现，一方面几个镇的文化广场建设力量有限，远不及街道办文化生活丰富。同时乡村文化活动条件不足，没有固定的文化场地。另一方面，政府资金支持力度不足，文化专任干部少，不能很好地满足基层百姓的文化建设需求。

调查过程中也发生不少有趣的事。调查队去了新店镇夜珠桥村，走访过程中，正巧看到两位大妈在自家厅堂里跟着电脑学跳广场舞。两位大妈比较拘谨，并不愿意多聊。为了让大妈们放松下来，调查队的男生跟着跳起来，手脚不协调引得大妈哈哈大笑，被指点一番手脚应该怎么摆放。气氛轻松有趣起来，大妈们也打开了话匣子。

新店镇夜珠桥村和湖南省岳阳市隔河相望。两个村子的舞蹈队经常相互交流，连接两个村子的是一座古石桥，只剩下光秃秃的石板和零星的石柱。由于我们采访的那户人家紧贴河边，队员要拍到合适的照片就不得不去桥上，走过大半座石桥，花一分钟拍完照片。对面的老乡笑着打招呼，队员们才意识到脚下踩的算是湖南的土地了。同伴互相开玩笑说："这趟调查真是超值了，花了一分钟跨省'旅游'了一番。"

这一周里，先是狂风暴雨，之后又是烈日骄阳，但队员们说：调查过程中始终热情高涨，因为深知能收获很多。只有深入乡村，才能实打实地感受到当地文化广场建设的情况，不虚此行。

我院师生在赤壁调研过程中，发生了很多有趣的事，现摘录部分，以飨读者。

5分钟相当于半小时

到达赤壁的第一天，我们就深刻领会到了什么是赤壁人的"5分钟时间"。

3日下午，我们要去汪家堡的赤马港街道办事处调研，到汪家堡后，询问办事处的具体位置时，一位约60岁的老人表示，沿着道路直走5分钟就到了。我们走了10分钟左右，还是没有看到办事处的影子，就问一位中年路人，他说继续走3分钟左右就到了，可我们又走了将近10分钟，还是没有看到。只好继续找人问路，一位中年女性告诉我们往前步行约3分钟就到了，我们又走了近10分钟才看到办事处！

随后几天，我们发现，当地许多人的"5分钟左右"是非常不靠谱的，一般等于20多分钟，甚至半小时！

明白了什么是"麻木车"

7月5日上午，我们从新店镇夜珠桥村乘坐中巴到砂子岭，后转乘中巴到赵李桥镇。到赵李桥镇时，已经是下午1点左右了，找地方吃完午饭后，我们准备到羊楼洞村去，这时我们才知道当天到羊楼洞村的客车已经没有了，倒是有出租车和一种叫“麻木车”的三轮摩托车，大约半个小时的车程。

出租车不开计价器，要价太贵。本着节约原则，我们选择了只要12元的“麻木车”。刚坐上去时大家还很兴奋，有说有笑，10多分钟后，双脚就被震得开始发麻了，于是大家调侃道，“今天总算明白为什么三轮摩托车叫“麻木车”了！”

（原载于《新传人》第13期，2014年7月15日）

张德胜长江讲坛说体育

周　洁

张德胜在长江讲坛演讲　供图/周洁

应湖北省图书馆馆长汤旭岩邀请，我院院长、博士生导师张德胜教授8月30日做客湖北省图书馆，为长江讲坛听众做了一场题为“狂欢的体育与我们的解读”专题学术演讲。

据悉，长江讲坛是湖北省图书馆举办的大型公益讲座，始于2013年3月14日，每周均有讲座，主题涵盖社会生活的方方面面，演讲者一般为社会知名人士或顶级专家，电视转播覆盖全省，已成为文化湖北的一张名片。

张德胜从刚刚结束的巴西世界杯赛事入手，向现场观众详细讲解了体育与游戏、狂欢之间的逻辑与表现，普通人如何解读体育，媒体如何解读体育等问题。

在说到中超豪门球队广州恒大足球俱乐部时，张德胜将恒大旗下产品推出市场的时机与球队中超、亚冠比赛时间联系在一起，具体剖析什么是

"恒大模式"。

张德胜认为,我国学界和政界的体育分类存在问题,过多强调学校体育、社会体育和竞技体育,缺乏对家庭体育和社区体育的建设与引领。

央视解说员杨健对伦敦奥运会男子 110 米栏刘翔的比赛进行了"直抒胸臆"的解说,并在赛后受到体育频道领导的表扬。张德胜对此持批评态度,认为解说员首先是一名记者,应将赛前所掌握的刘翔有伤的信息平和而对等地告诉观众,而不是一味煽情。

张德胜说,解说的本质不在于显摆,而在于服务,为嘉宾服务,为受众服务。但是,今天很多解说员为了博出位,无所不用其极,一些人失去了记者本位,慢慢演变成了表演者。

在讲座最后的问答环节里,现场观众们踊跃提问,张德胜机智应答,还与华师传媒学院播音主持专业教师农必全就体育播音人才培养问题进行了现场探讨。来自武汉科技大学城市学院的大三学生程雪夫接受记者采访时说:"我不是学体育专业的,但听了张老师的讲座后,学到不少东西,明白新闻报道要保持客观性与公正性是多么不易。"

湖北教育频道全程录播了本次讲座。

(原载于《新传人》第 14 期,2014 年 10 月 22 日)

我院与CCTV合拍《谁是球王》

王晔烽获校园足球解说员大赛华中赛区武汉站冠军

许慧琳

《谁是球王》校园足球解说员大赛中，王晔烽表现出色　摄影/谭硕

6月27日19时，华中赛区武汉体育学院站《谁是球王》校园足球解说员大赛决赛在科技楼五楼演播厅拉开帷幕。本次校园足球解说大赛由中央电视台和武汉体育学院主办，武汉体育学院新闻传播学院承办。莅临现场的评委有湖北电视台体育频道主持人张继峰、胡晓雷，武汉体育学院新闻传播学院院长张德胜、播音与主持艺术专业教师张佳和王子也。

经过初赛的激烈角逐，有9位选手对校园足球解说冠军的宝座发起冲击。决赛分为四个环节，分别是自我介绍与抽图描述、模拟情境即兴采访、足球知识快问快答、现场解说足球比赛。选手们各显身手，有了解足球、热爱足球的资深老球迷，也有妙语连珠、解说范儿十足的主持好手。最后，我院2012级播主专业王晔烽夺得桂冠，2014级播主专业王珂漠获得亚军，

2013级播主专业赵鑫鹏获得季军，潘赫奕、马腾、阎宇、高星宇、何明圆、陈希获得优胜奖。

据了解，《谁是球王》是中央电视台体育频道在全国范围内组织的一个校园足球竞赛活动，分区域、分层次进行一系列与足球相关的活动，并作为一个栏目播出。在大学这个层次上，华中地区以武汉体育学院为中心来开展，武汉体育学院的主要工作又是以新闻传播学院为主。这次与央视体育频道合作的足球解说员大赛致力于用校园文化体现大学足球的氛围和文化，也是对新闻传播学院的宣传，不仅会在栏目中展示我院学生参赛时良好的状态，而且有机会在栏目中播出学生们拍摄的有关大学校园足球文化的微视频。此外，央视体育频道主办的暑期足球比赛冠军的奖杯以及战袍的设计也都交给了我院广告专业的师生们。

我院副书记叶涛说，这种活动的举办非常有意义。学界与业界的结合是必然的趋势，可以达到相互促进的目的，学术理论的内容多了以后，需要有这样一个平台给师生们提供锻炼的机会；业界纯理论的内容少了一点，但是经验可以供我们学习。我院以后会推动和加深合作，努力去找到更多的合作机会，达到共赢的目的。

（原载于《新传人》第18期，2015年7月6日）

第十届全国少数民族传统体育运动会在鄂尔多斯圆满落幕

我院师生应新华社邀请全程报道

李 青

我院师生参加第十届全国少数民族传统体育运动会新闻服务工作　供图/黄晶

8月1日至18日，我院教师李敏、李菁、黄晶带领黄靖捷、柏茹慧、林炳昆等学生参与了在内蒙古鄂尔多斯举行的第十届全国少数民族传统体育运动会的新闻服务工作。全国少数民族传统体育运动会由国家民族事务委员会和国家体育行政部门联合主办、地方承办，每四年举行一届。该项赛事以其民族性、广泛性和业余性等特色，已成为全国较有影响力的大型综合性体育运动会之一。我院教师在全国少数民族传统体育运动会上的新闻服务工作，受到新华社媒体运行专家及组委会的高度赞扬。

李敏：彻底认识新闻服务的重要性

“新闻服务在赛前信息和赛事运行中都非常关键。萨马兰奇说过，媒体特别是文字媒体，是一届奥运会成功与否的最终裁判。”曾于2013年参与亚青会媒体运行工作的李敏如是说。通过两次参与新闻服务工作，她深刻地认识到了新闻服务在体育赛事中的重要性。

在本次运动会的新闻服务中，李敏、李菁、黄晶被分到一个场馆群。作为场馆群组长，李敏不仅负责几个项目的总体工作，还主动带领新加入这一团队的李菁和黄晶适应工作，帮助她们尽快进入工作状态。

"我们这次是文字记者，要深入新闻现场，尽可能多地获得新闻事件的各种信息，根据新闻专题需要进行采访和调查工作，在采访调查之后撰写相关的新闻稿件和报道文章。"李敏表示虽然很累，但也不觉得苦。她每天充满了激情，奔跑在场馆，穿梭在赛场，圆满地完成了采访报道任务。

李菁:一切和计划中的不一样

在赛事开始前，李菁被组委会调派做其他的采访报道，令她印象最深刻的是一次对鄂尔多斯市市委秘书长的专访。

李菁说，一开始她把采访的环境、形式都想象得很美好。但到了现场，一切和计划的都不一样。采访当天，市委秘书长作为大型活动部部长要指挥运动会火炬传递的演练，只能在工作间隙进行采访，而且现场环境嘈杂，人员众多，采访难度很大。

"虽然派给我的工作是专访领导，但在领导不便接受采访时，我在现场发现了其他新闻点。采访了参与文艺汇演的小朋友，收集到了新闻数据，还采访了现场的观众、保安等，多完成了几篇新闻稿件的任务。"

李菁表示，她在这次专访中收获很多，一切都是实战，而且全得靠自己。"今后的采访准备还应该更全面，做最坏的打算，做最好的准备。"

（原载于《新传人》第19期，2015年10月14日）

陈越：冬奥会信息服务有新变

卢雪莹

新华社英语电视新闻频道总监、媒体运行专家陈越介绍2022年冬奥会媒体信息服务工作的变化　摄影/周天竞

12月4日14:30，在西教学楼100教室，新华社英语电视新闻频道总监、主任记者、媒体运行国际专家、我校客座教授陈越，为2014级新闻学专业学生进行了题为“2022年北京奥林匹克信息服务”的讲座。

讲座过程中，陈越谈到互联网时代的体育传媒问题，并引用了全球知名体育解说员宋世雄的观点：“无论你是传统媒体，还是新兴互联网媒体，宗旨和原则是不变的。”

围绕这一点，陈越和同学们分享了自己的感悟，他说：“人活着必须要动，只有动才会产生各种各样的体育。新闻永远都不会死，不论方式如何转变，新闻都一定有自己独特的生存方式，只不过以不同形式存在。”陈越强调：从事体育新闻必须沉住气。做新闻需要冷静，只有保持冷静，才能准确地判断受众到底需要什么样的内容。互联网时代的体育传媒方式在改变，形式在改变，但新闻的核心不会改变，从事新闻的理念同样不会改变。

互联网时代中大型赛事的媒体信息服务有何变化呢？作为经验丰富的媒体运行专家，陈越围绕奥运会信息服务展开，具体阐述了北京2008年夏季奥运会与北京2022年冬奥会两个重要体育发展周期、北京申办冬奥会的历程、北京2022年冬奥会工作中所涉及媒体的重要变化等相关问题。

结合自己在北京奥林匹克促进委员会的工作经历，陈越向大家讲述了北京申办2022年冬季奥运会历程中的种种艰辛，强调举办一场成功的奥运赛事实属不易。

陈越告诉大家，北京冬奥会媒体信息服务工作将发生重大变化，具备更多的灵活性。第一，《媒体技术手册》将从2018年平昌冬奥会开始改名为《奥运媒体工作指南》。2022年只需按照其理念完成要求，并不做过多硬性要求。第二，媒体采访报道自由发生变化，主办国家和主办城市必须保障采访自由。第三，主新闻中心必须24小时开放，但面积要求比2008年北京奥运会下降很多。第四，媒体工作设施必须达到国际行业标准，安保、饮食等满足职业采访需要方面也要达到媒体服务行业的最低要求。

“奥林匹克信息服务是完全标准化的一种服务内容。以前国际奥委会和当地奥委会联合成立新闻信息服务，但从2018年开始，国际奥委会将全盘接管各大奥运赛事的信息服务。奥林匹克信息服务是专业的体育报道和信息服务，旨在为注册媒体提供信息服务，帮助他们对奥运会本身进行最好的报道。”陈越说。

讲座最后，陈越与同学们积极进行互动交流，耐心地回答了大家提出的各种问题。

（原载于《新传人》第20期，2015年12月25日）

志愿者:风里,雨里,我们等你

罗霈

2017年武汉马拉松比赛武汉体育学院部分学生志愿者合影 摄影/罗霈

4月9日凌晨4点,武汉体育学院的412名学生志愿者蓄势待发。他们分别负责2017年武汉马拉松比赛30公里、32.5公里和35公里处饮料食品喷雾站的志愿服务工作。记者本人作为一名小组长,参加了这次武汉马拉松(简称汉马)的志愿服务。

“风里雨里,汉马等你”,这是参加这次汉马的志愿者们说得最多的一句话。比赛当日,4点30分,志愿者们就已经抵达位于赛道30公里处的饮料站。昏黄的路灯下,大家伴着绵绵细雨,开始忙碌起来,卸物资、分物资、布置现场,一切井井有条。记者所在小组的主要工作就是把维生素饮料打开倒进纸杯里,供跑过的选手补充水分。

原本以为饮料站的工作很简单，实际上做起来并没那么容易，也需要体力和智力并用。每瓶饮料都需要很大力气才能拧开瓶盖，天气湿冷，伴着小雨，大家的手又冷又湿，拧三五瓶饮料就已经变得通红了。志愿者们不仅要把饮料倒进纸杯里，把纸杯隔空岔开放，还要考虑每杯倒多少，以方便选手们取用。

准备就绪，志愿者们静候着选手们的到来。经过一个半小时的等待，第一位选手率先通过。之后的两三个小时里，选手们陆陆续续经过这处饮料补给站。志愿者们不断给经过的选手加油鼓劲，递上一杯能量饮料，或者竖起大拇指鼓励在雨中奔跑的他们。

选手最多的时候也是雨最大的时候，志愿者们几乎没有时间擦去脸上的雨水，一直在不停地重复着倒饮料、递饮料、捡垃圾的工作。看似简单，却很有意义，大家都一心想为选手们创造更好的条件。

比赛结束，志愿者们清理赛道边留下的垃圾，收拾好各种物资。到离开时，已经是下午1点。在返校的大巴上，劳累导致的困意一阵阵袭来，大家享受着片刻的安静。

紧张的志愿服务工作圆满结束，大家都松了一口气，也忍不住感慨：在天公不作美的情况下，完成这次志愿服务，离不开团队的合作和每位志愿者的付出。风雨中，我们与汉马同在！

（原载于《新传人》第26期，2017年6月20日）

这一年，我为两大赛服务

左安柔

机缘巧合之下，我加入了学校青年志愿者协会这个大家庭，从此踏上了一条志愿服务的光明大道。

上大学以来，我已经参加了很多项志愿活动。我清楚地记得自己第一次参加的志愿活动：卖义报献爱心，帮助一名患有白血病的武汉大学生。作为体育院校的学子，我也在这个平台上与赛事结缘。这一年，我已经参与了在武汉举办的两大赛事的服务工作。

武汉首届水上马拉松，我为媒体人员服务

由于学习新闻学专业的缘故，我对赛事志愿服务有着浓厚的兴趣。我第一次参与大型体育赛事志愿服务，是在东湖举办的2017年武汉首届水上马拉松。

通过层层面试，我最终获得了贵宾接待这个岗位。由于这是武汉市首届水上马拉松赛事，各级领导都很重视。得知我们接待的对象有武汉市市长，我们这些志愿者都很激动。

比赛前期，我们做了各种准备：熟悉路线、使用工具、学会讲解等，各方面工作都由负责人带领我们学习。正式比赛当天，我们做了万全的准备。当然，市长在现场的时间很短暂，我们主要服务的对象是媒体工作人员。

在我的记忆中，最辛苦的不是前期准备，而是当天的忙碌。我们从早上站到下午，不停地讲解，还要提供餐饮服务。志愿服务过程其实很辛苦，但那天幸运的是自己身处一个温暖的团队。当拖着一身疲惫坐上回学校的大巴时，负责人给了我们真诚的肯定与感谢。身旁的人也在讲述着这一天的苦与乐，无论是委屈还是劳累，此时此刻，与大家分享都成了一种乐趣。

2018年武汉马拉松，我为参赛选手服务

2018年，我开启了志愿服务的新征程。尽管已经参加过武汉首届水

上马拉松的志愿服务工作，但2018年武汉马拉松志愿者服务对我来说仍然是一次巨大的挑战。

经历了层层选拔后，我最终获得了武汉马拉松志愿者的名额。这一次，我是在站点为运动员服务。

比赛当天，我们志愿者凌晨4点就在学校行政楼集合，统一着装坐上大巴出发。虽然起得很早，但是大家活力不减。在大巴上，志愿者们一个个激动不已，车内充满笑声与交谈声。我们带着满满的期待一路向前，一心想为选手们提供力所能及的志愿服务。

我负责的岗位是30公里饮料站。到了站点，我赶紧忙碌起来，着手准备工作。根据要求，前期的准备包括摆放桌子，铺好蓝色桌布，放置好饮料、纸杯、垃圾箱等，并且要现场练习举杯送水与饮料。

比赛于7时正式开始，我们也开始了漫长的等待。毕竟，30公里站点对于选手来说是个很大的挑战，无论是距离还是体力。

经过1个多小时的焦急守候，我所在的这个站点终于迎来第一位选手。这是一名黑人选手，但他没有喝饮料。

紧接着，多名选手跑到了30公里站点，我们大声欢呼，为他们鼓劲——“加油，加油，你们是最棒的！”我觉得“加油”一词过于单调，又在一旁补充道：“加油，你们已经很厉害了，坚持就是胜利，终点马上就到了！”我就像是打了鸡血，不停地为他们鼓劲，同时端起纸杯一一送到选手们手中。他们接住纸杯，跟我道了声“谢谢”，这时候，我觉得一切辛苦都值了。

在服务过程中，一名老兵听到我们的加油助威后，默默举起手给我们敬礼。30公里是个大挑战，一些选手在体力透支的情况下依然给我们竖大拇指、比爱心，暖心地说：“谢谢你们，大家辛苦了！”这种认同深深地打动了我，我的幸福感油然而生。

志愿服务过程中充满挑战，但来自人们的认可是支撑我前行的巨大能量。身为一名青年志愿者，我知晓了给予别人帮助真的是充满了乐趣与幸福。

武汉举办的各种赛事越来越多，未来，我依然会投身于志愿服务活动中，包括赛事志愿服务，希望能在其中贡献自己微不足道的力量。

（原载于《新传人》第30期，2018年6月18日）

我们陪 5 岁的武网一起成长

小林　王宣

9 月 29 日，武汉网球公开赛在光谷国际网球中心落幕，白俄罗斯新星萨巴伦卡在江城称后。经过长达上百个小时的赛事服务，忙碌了一周的 11 名武网新传人终于得以喘息，细细回味 WTA 顶级赛事超五巡回赛的魅力。

志愿者管理助理：熬了三个通宵，用崩三台电脑

今年 4 月，郑明明参加了武汉马拉松大学生记者团，因为表现优异、成绩出色，获得了直通武网的名额，成为志愿者管理助理岗位的一名志愿者。

和武汉马拉松只有一天的赛程不同，武网的赛期长达一周，许多工作任务都集中在赛期，工作量很大而且比较密集。郑明明和她的伙伴们需要拍摄和志愿者有关的照片、视频，为志愿者制作一部纪录片。

赛期每个岗位的志愿者都很忙碌，具体的工作时间也有所不同。每次拍摄前，郑明明都要事先做好协调工作，灵活安排时间，尽可能在有限的时间里做更多的事情。

为了在最后一个比赛日推出纪录片，郑明明和大家一起熬了三个通宵，甚至还因为视频素材过多、文件过大，用崩了三台电脑。

九天的时间，一个团队为了共同的目标一起努力，郑明明从中收获了很多："剪视频的技术水平提升了，修图更快了，拍新闻照片也更熟练了。"

新媒体助理：微博早发一分钟，开心一整天

9 月 30 日凌晨 0:59，热闹了一周的中央球场终于安静下来，场馆内的文字媒体工作间里，新媒体助理岗位的唐争鸣和林晓妍仍在电脑前忙碌：赛事通稿校对了没有？中英文官方图片更新了吗？帮忙找一下文章配图……作为新媒体岗位的志愿者，从 9 月 19 日开始，这样的忙碌是工作的常态。每天深夜离开媒体工作间，大家总会拿起手机拍摄工作间的计时器留念。手机相册中，最早的时间接近凌晨一点，最晚接近凌晨四点。

新媒体岗位工作繁杂，需要负责赛事中英文官网的更新、微博的实时更新、微信的编写以及赛事活动通稿的撰写，还要对接媒体老师，完成《武网快报》的编撰工作。

“现任世界女单第一哈勒普到武汉了，你赶紧去光谷希尔顿酒店写一篇消息稿！”刚坐下准备吃饭的唐争鸣接到电话，立马放下筷子，带着组员打车奔向哈勒普下榻的酒店，抢占有利的位置，观察整个活动的情况。活动通稿要求很强的时效性，还要保证质量，往往活动结束1小时之内要写出来，否则就只能直接采用公关公司的稿件，这样不仅会失去登稿的机会，一天的努力也会付诸东流。唐争鸣笑着说道：“突如其来的活动往往会让你不知所措，还要在很短的时间内，把无聊的事情变有趣，真的是一个很大的挑战。”

作为新媒体岗位少数懂网球的人员之一，除了更新微博，林晓妍还要帮助图片组确认球员、落实活动细节、校对微信文章……她总是团队里最忙的一个。早上九点，林晓妍准时来到工作间，到信息栏上拿一张赛程安排表和一张最新的签表，打开电脑，搜集、确认球员信息，从中提炼亮点，为每天的微博文字直播做准备。每场比赛，她都要时刻关注，根据场上比分走势编辑微博。林晓妍说：“场上比分如果很胶着，对阵的两名选手都有可能获胜，我就要编两条不同结果的微博，存在草稿箱，比赛一结束马上就发。”每次发完微博，她都会去看一眼“新浪网球”的发博时间，经常因为比它早发1分钟，而开心一整天。

唐争鸣和林晓妍去年就是新媒体团队的成员，当时刚刚从大一升入大二的他们在团队里只需完成主管安排的一些采访任务，及时更新微博，整个赛期相对轻松、愉快。今年，武网少聘请了一个公关公司，新媒体助理岗位的志愿者们需要负责更多的稿件任务。唐争鸣和林晓妍不仅要完成自己的稿件，还要协调团队成员的任务，帮助大家写稿、改稿，校对每日战报、前瞻，找文章配图，查资料，核实关键信息……每天凌晨一两点钟，他们还要辅助主管完成微信推文。“一过了12点，我就会觉得很累、很辛苦，无论是工作强度还是难度，都感觉自己要被压垮了。但一觉醒来，第二天又是崭新的一天。”唐争鸣说道。

谈到两次武网经历，两人不约而同地提到：对这项赛事了解得更加深入，涉及更加核心的事件时，遇到的困难会比想象得要多，压力会更大，但同时收获的锻炼也会多很多。

检票引导助理：从早到晚，每天要站10个小时以上

9月21日至22日是武网资格赛比赛日，中央球场没有安排比赛，只有少数几名球员在里面训练。为了提前适应工作环境，在赛程后半段面对大量的引导任务时能快速、正确引导观众，检票引导助理于蓝21日就开始上岗，对着一个空场子站了两天。

“我们每天做的就是很单一的工作，也没有什么技术难度，就是要一直很有礼貌地处理问题，比较琐碎、心累。”于蓝和另外7名志愿者负责VIP区域的引导，一个人一个位置，两个人一个区域，从早上九点直到晚上比赛结束，每天要站10个小时以上。

每年武网都会给在赛期过生日的志愿者举办生日会，邀请球员和大家一起庆生，9月26日生日的于蓝幸运地成为了其中一员。当时她已经站了一天，腰也酸，脑袋也疼，看到武网准备的生日派对，于蓝特别感动：“当时吃了一块蛋糕，就觉得很幸福。虽然工作真的特别累，但是真的很开心。”

马瑄也是检票引导助理岗位志愿者。她所在的公开赛一号场地，占地面积仅次于中央球场。她也深深感到，检票引导助理肩负的职责很重，作为交接、引导观众入座的重要一环，控制观众的进出场、维持场馆内的纪律成为她们工作的重中之重。

面对带小孩的观众和不懂得观赛礼仪、初次观赛的观众，马瑄和其他志愿者一而再，再而三地温馨提醒：“注意保持安静，比赛休局时才可入内，请您关闭手机等电子设备，关闭闪光灯，带小孩的观众切勿随意走动……”

“这一刻，除了学生这个身份，我们升华为一个充满使命感、责任感的成年人。我们更加体会到服务人员的艰难与不易，更加尊重每一份职业。”马瑄在志愿服务中感受到了自己的成长，自豪感油然而生。

武网已经走过五年，每年都有我校新传学子在不同岗位上忙碌，在实践中历练。他们绽放青春热情，在一项项任务中收获经验，与武网一起成长！

（原载于《新传人》第31期，2018年10月24日）

视传师生奔赴大悟绘制文化墙

李聪

实践队成员正在进行外墙美化　摄影/李聪

9 月 17 日，由武汉体育学院新闻传播学院视觉传达设计系师生组成的社会实践团队奔赴我校在湖北省孝感市大悟县的扶贫点，开展为期一周的社会服务工作，为大悟县丰店镇的民俗街和定点安置楼进行外墙美化。

本次社会实践团队共 24 名学生，由视传系张喆、张腾两位青年教师带领。队伍出发前，学校党委组织部部长王栋专门做了任务布置和工作动员。

经过一周的紧张工作，我校绘墙队共创作完成了 28 幅墙面画作。这 28 幅墙画分布在丰店镇的两个地方，一个是文化街，另一个是易地扶贫搬迁点。绘墙队在文化街描绘了十几幅社会主义核心价值观的图画；在扶贫搬迁点的 15 个墙面创作了田园风景画。

丰店镇党委书记付海波十分感谢武汉体育学院对丰店镇扶贫工作的

大力支持，同时表示画墙工作也是文化扶贫的体现。新闻学院师生们的吃苦耐劳精神令人感动，他们的艺术产品起到了美化环境、鼓舞人心的作用。

为了完成这次绘墙任务，视传师生克服了很多困难。据指导老师张喆介绍，由于县城都很难买到所需的颜料，开始几天，他们都是用油漆进行绘画，加之墙壁高度、宽度参差不齐，绘画难度不小。

绘墙队成员、2016级视传专业学生岳媛格说，他们每天都是从上午八点半开始工作，直到晚上十点半才收工。白天顶着太阳，晚上在幽暗的路灯下，有数不清的虫子，甚至偶尔有些许小雨，确实比较辛苦。在她15年的画画历程中，这次墙绘经历对她来说是一个全新的体验，累并快乐着。

我校驻丰店镇方岗村扶贫工作队为这次绘墙工作提供了力所能及的帮助，王良明、刘远、叶盛元三位同志非常关心绘墙队在丰店镇的工作与生活，始终与当地有关方面保持紧密联系，及时解决各种困难和问题。

9月20日，我院党委书记童铸、院长张德胜、党委副书记兼副院长赵露娜、副院长张钢花和视觉传达设计系主任吕金龙、党支部书记汪蓓、辅导员杨婷婷等一行，前往丰店扶贫点，看望在此工作的老师和学生。

据悉，第一阶段的工作已于9月21日完成，后续工作将在国庆节之后继续展开。

（原载于《新传人》第31期，2018年10月24日）

武汉台“为城市发声”试镜会在我院首演

李晓蓉

9月19日下午，“为城市发声”2018武汉广播电视台主持人全国选拔大赛试镜会(武汉体育学院专场)在我校科技楼5楼演播厅进行。我院播音与主持艺术专业学生踊跃参加，与来自中国戏曲学院、湖北大学、武汉体育学院体育科技学院的学生同台竞争。

本次试镜会要求选手进行自我介绍及内容表演，时间合计一分钟。试镜会上，选手们风格各异，选题新颖，力图在镜头前展现最好的自己。

我院彭颂晗、孙睿遥和许俊峰等同学参加了此次试镜会。其中，彭颂晗以蔡甸发生的一起家常事为选题，结合武汉方言，惟妙惟肖地进行表演，给人留下深刻的印象。孙睿遥和许俊峰则一致选择介绍自己的家乡，他们分别对新疆大盘鸡和兰州牛肉拉面做了生动有趣的介绍，丰富的语言和流畅的表达使听众画面感顿生。

来自湖北大学的郑畅以广告方式呈现表演，声情并茂地向大家介绍了其推荐的产品——金钻增高袜，幽默的风格令人眼前一亮。

选手们都很用心，选题各具特色，如台风“山竹”、女性安全，再如寻觅美食的火锅推荐、体操宝宝的故事……

这次试镜会是武汉广播电视台面向全国的一起重要活动，对于大学生起到了锻炼专业素养、增加实践经验的积极作用。

(原载于《新传人》第31期，2018年10月24日)

省政府就2019年全省“两会”《政府工作报告》征求各界代表意见

张德胜给省长提了三条建议

李聪

张德胜在大会上发言并向省长提了三条建议　供图/李聪

1月3日，湖北省委副书记、省长王晓东与教育、科技、医务等八大界别的9位代表，就改进政府工作和完善《政府工作报告(征求意见稿)》，广泛征求社会各界代表的意见与建议。副省长万勇主持座谈会。

我院院长、博士生导师张德胜教授作为教育界的两名代表之一，被安排坐在王晓东省长的正对面，并且第一个发言。张德胜说，政府工作报告构思全面，重点突出。但从张德胜本人的角度来看，有三个地方可做修改。

——关于办好第七届世界军人运动会，张德胜建议增加一句：“全力做好军运会的组织、运行和服务工作，充分利用各种媒体讲好中国故事特别是湖北故事。”他认为，评价一届大型综合性运动会成功与否的关键在媒体，建议多部门联动，从“耳熟能详”与“鲜为人知”两个视角讲湖北故事。

——关于办好公平优质教育，张德胜建议在“支持省属重点高校和特色优势学科建设”的基础上，增加一句“全面促进高等教育的‘四个回归’”。他认为，湖北高校具有“部强省弱”特点，“双一流”高校是国家和省建设的重点，但普通高校本科教育不能忽视，一定要贯彻执行教育部关于本科教育“回归常识、回归本分、回归初心、回归梦想”的号召，营造学生刻苦读书学习、教师潜心教书育人的社会风气。当张德胜阐释这条建议时，王晓东做了笔记。

——关于大力发展文化体育事业，张德胜建议在“推进全民健身，促进群众体育、竞技体育和体育产业协调发展”这句话之前，加上“以家庭体育为基础”。他认为，体育将成为国民经济的支柱产业，但当前工作重点几乎都在2020年东京奥运会的备战和2022年北京冬奥会筹办方面，从民间舆论来看，东京奥运会中国代表团输给谁都可以，就是不能输给日本代表团，这其实是一个非常危险的舆论信号。在日本乒乓球、羽毛球、体操全面崛起，而我们的优势项目举重可能被踢出东京奥运会，日本作为东道主还可以自主设置项目的背景下，夺金点此消彼长，届时日本代表团的金牌总数极有可能超过中国，与其届时反思竞技体育如何改革，不如现在夯实基础，做好家庭体育建设，因为家庭体育才是体育强国建设的出发点与落脚点。

9位代表一共提出了30条建议。对此，王晓东连说了三个“很”字：很感动，很有水平，很受启发。“这些建议，有些可以直接写进报告，有些对政府的工作有帮助。”王晓东说。

（原载于《新传人》第33期，2019年1月8日）

我院师生全面服务军运会

高 杏

我院参与第七届世界军人运动会服务的部分师生在武汉体育学院拳击项目场馆与吉祥物“兵兵”合影　供图/王婷

第七届世界军人运动会于2019年10月18日至27日在武汉举行。我院师生全面参与了这届军运会的服务工作。

众所周知,大型体育赛事是一个系统工程,牵涉安全保卫、竞赛组织、媒体报道、观众观赏等具体环节。我院师生全面参与到上述各环节的赛事服务中。

军运会首日,院长张德胜做客“长江直播”,从硬件、软件、活件三个视角,畅谈军运会对武汉城市建设的影响,并提出了“长江东湖是武汉的城市客厅”的独家看法。

武汉军运会的志愿者,人称“小水杉”。单个“小水杉”也许不打眼,但成百上千的“小水杉”有序站在一起,就成了独特的风景。这次军运会,在辅导员赵靖的带领下,我院共有近百名本科生参与志愿服务,其中2018级编导专业罗庆文参与的志愿服务,被央视《朝闻天下》所报道。

作为新闻传播学院的师生，参与军运会的媒体运行与新闻服务，最大限度地体现了“专业的人办专业的事”。

我院副书记兼副院长赵露娜带领10名本院学生，出色完成了拳击馆的电视转播协调工作；硕士生导师艾险峰负责每天与16位外籍专家统筹MPC新闻稿件的译审编辑工作；姜欣博士发挥自己的摄影专长，默默地用镜头记录了颁奖展示环节。

在读博士胡羽负责拳击赛场混合采访区的赛前计划和赛事运行，还独家采访过国际军体联拳击项目的高级官员；在读博士朱妍珏负责拳击竞委会的新闻宣传，成功召开4场新闻发布会；2017级研究生乐曲担任泰国代表团接待助理，累并快乐着；2018级播主专业的石余竞楠用她那清脆甜美的声音，现场播报了军运会的网球赛事。

客座教授王佐臣负责主媒体中心的规划、建设与运行，赛事结束后，还专门来校宣讲媒体运行工作经验。

本期报纸讲述了新传师生的军运故事，第2版是专家风采，第3版和第4版是教师风采，第5版是导员风采，最后三版是学生风采。遗憾的是，还有一些未能讲述的故事，如一直坚守在国际广播中心的王子也老师，至今仍忙于相关工作，无暇分享故事；2016级编导专业张煜霖作为市委外办工作人员，在礼宾中心担任贵宾主管，因签订保密协定而不能分享故事。类似的故事还有很多。

（原载于《新传人》第35期，2019年11月8日）

赵露娜一年转战数个团队

赵露娜

武汉广播电视台台长何伟(左三)看望转播团队,右三为赵露娜　供图/赵露娜

国际体育盛会军运会的到来,让武汉这座城市在各方面都得到了提升。本届军运会国际广播中心不仅向国际标准看齐,更是在人工智能及远程制作包括云存储和分发等创新领域,做了积极探索。我有幸成为拳击竞赛委员会新闻宣传处的一员,在武汉体育学院的拳击比赛赛场,见证着电视转播的每一个重要时刻。

在不同团队感受集体力量

一年来,我全程参与军运会拳击项目电视转播工作,赛前,完成执委会各项沟通衔接,积极与央视转播机构协作,完成包括车位、电力、功能用房、场地布局、场馆流线等项目在内的5轮场馆考察工作。协助军运会央视技术人员,航拍校园风景和比赛场馆,在央视5台播出30秒视频,对外宣传武汉体育学院。对接广电中心转播工程组需要的竞赛运行时刻表、体育展示播报稿、拳击项目训练时间安排表、拳击竞赛日程、颁奖仪式播报脚本等多项材料报送。同时，暑期我还参加了电视转播规划需求及赛时运行培训。

加入一个又一个不同的工作团队，为一个共同的目标努力奋斗，这段经历弥足珍贵。无论是央视转播团队、拳击竞赛委员会新闻宣传处团队，还是广播电视转播志愿者团队，都让我深深感受到集体的力量。

在赛事现场体验转播效率

赛时工作期间，我每天穿着清新色彩蓝白相间的运动服，与一群青春飞扬的学生们一起，恍若回到了大学时代。

我所在的广播电视转播团队有 10 名可爱纯真的学生，全都来自新闻传播学院。他们每天都会提前到岗，守着机位，保持微笑，有时一站就是几个小时。最忙碌的时候，我们从早上 8 时工作到凌晨 0 时以后。夜幕下的转播车和龟壳体育馆成为我记忆里一道亮丽的风景线。每天清晨，我看见志愿者们阳光明媚的微笑，每个深夜，我回家看到孩子睡梦中恬静的微笑，这是忙碌一天最幸福的时刻。

当代观众的观看习惯和方式发生了变化，这对赛事转播提出了新的挑战："最大的挑战在于如何用新技术讲述故事。体育比赛是否打动人心，电视画面会告诉你。"

为了呈现拳击比赛的精彩画面，广播电视转播团队在全场架设 8 个机位，每天制作 30 多个场次比赛信号，传送时长达到 5080 分钟。其中在 25 日、26 日决赛单元转播中，CCTV5 分别在 13:30 和 15:00 对拳击比赛进行现场直播。央视新媒体客户端及央视各档体育新闻栏目，每日多次采用公共信号对比赛进行报道，通过央视体育频道、军事频道、综合频道、新闻频道等军运会赛事直播时段播出，让全国观众都能通过电视感受拳击比赛现场的精彩。

让我印象深刻的是主播机构的效率。赛事转播使用了很多高科技的手段，如 UHD(超高清)、人工智能系统、远程运输等最新的技术。中央广播电视总台以 5G＋4K/8K＋AI 新技术手段为引领，对最新赛况、特色比赛进行全方位报道，以全媒体的传播方式，将军运会赛事现场的精彩动态，实时传递给全世界的观众。

军运会比赛已经圆满结束，我参与的电视转播工作也告一段落，重新回到学院办公室，回想这一年来的经历，我所体验的团队、效率、革新，一切都是那么有意义。

（原载于《新传人》第 35 期，2019 年 11 月 8 日）

唐慧菊的文秘新体验

唐慧菊

唐慧菊在拳击竞委办公室整理档案　供图/唐慧菊

五月底，我接到通知，进入军运会拳击竞赛委员会。几个月的经历带给我全新的体验。

不一样的职场体验

从8月底开始，除了上课，我就在学校体育馆的竞委会办公室，从早八点工作至晚六点。从9月21日赛前第一次综合演练到10月26日比赛结束，全体工作人员全部没有正常休息，甚至十一假期也无休，14个处室的工作人员和志愿者加班加点工作。比赛结束两周，封闭线早已撤除，只有我还在空荡荡的办公室里整理档案资料，眼前十几盒档案仿佛诉说着军运会还未结束的故事。

对写作的全新认识

我担任办公室文秘一职，周报、会议记录、会议纪要、活动总结是职责内的工作。我承担了多年应用写作课程的教学工作，实际运用时才发现“纸上得来终觉浅”。第一次跟会做会议记录，14 个处室发言的领导竟然有 10 个不认识，完全听不懂个别方言重的领导发言，有些领导语速快、句子散，记录起来完全不得要领，幸好提前做了录音准备，结束后费了很大工夫才整理好会议记录。正式比赛前两天，领导交给我一个写作任务，主要是介绍武汉体育学院和拳击比赛的准备情况，我在新闻宣传部和场地器材处找了很多相关资料，这个四百字的稿子修改四遍才通过。

不一样的师生关系体验

拳击项目比赛中有 674 名来自各院系的学生志愿者。表面上看，我们是师生关系，其实更多的是他们在照顾、帮助我，尤其是办公室的五位志愿者，有些同学国庆期间就开始上岗，将一份份文件编号、扫描、复印、归档，有了他们，我才能更好地完成工作。他们不再是“老师得力的助手”，而是一个个踏实认真的工作伙伴。他们灵敏又活泼，有了他们的陪伴和搭档，繁琐的工作似乎也没那么枯燥，他们就像一个个的小太阳，散发无限能量，温暖着彼此，也温暖着我。

“一流办赛”的赛事体验

拳击竞委会下设竞赛组织、颁奖展示、观众服务、安保等 14 个处室，赛时充分体现了团结合作的力量，观众看到的也许只是拳击项目的 15 块金牌，而我们眼里还有一支 1202 人的工作团队，它为了来自 58 个国家的 334 名运动员进行同场竞技而日夜奋战。为了 7 个比赛日的 319 场比赛，学校对拳击比赛主场馆、热身馆、训练馆和综合馆四座场馆进行维修改造，更新完善了拳击赛事专用灯光系统、扩声系统、消防系统、安防系统、信息网络系统等。

赛事的筹办和组织得到参赛各国代表队和运动员的一致赞誉，可以说，我们兑现了“办赛水平一流”的承诺。

（原载于《新传人》第 35 期，2019 年 11 月 8 日）

姜欣代表官方用镜头记录颁奖

姜 欣

姜欣(右)与另一名官方记录员高冉　供图/姜欣

当拳击场馆里最后一场91公斤以上级的比赛落下帷幕时,我和另一名官方记录员高冉紧绷的神经终于可以松弛下来,这也宣告了我们官方记录员的工作基本告一段落。

接受本届军运会官方记录员的工作是在今年6月底。受张德胜院长的委派,我进入本届军运会拳击项目竞赛委员会颁奖展示处,在我校艺术学院院长李芳教授、周咏梅副书记以及学工处李硕副处长的领导下,主要负责颁奖展示处的官方记录员的工作。

官方记录员的主要职责是在该项目冠军颁奖过程中分别给获奖的冠、亚、季军拍摄颁奖后佩戴奖牌、手拿吉祥物的个人照,冠、亚、季军的合影,以及冠、亚、季军与颁奖嘉宾的合照。

从拍摄难度上来看，我所负责的工作难度并不是太大，但是为防止出现意外情况，本届军运会赛事执委会还对所有项目的官方记录员进行了一次专门培训，并且要求所有项目的官方记录员都必须有两名，全流程参与赛前的演练。实际上，我和另一名记录员高冉也确实按照赛事执委会的要求开展工作。从整个官方记录员的工作安排来看，军运会赛事执委会对本项工作高度重视，各项布置不可谓不细致用心。

军运会正式开幕，我和高冉立即进入临战状态。虽然我们的拍摄工作实际上是在10月26日决赛才正式开始，但从拳击项目比赛的第一天开始，我们就必须天天早上签到参与演练。由于我们的工作不需要与其他部门进行过多的协调和沟通，在演练过程中，我和高冉轮流过了几次“颁奖嘉宾”的瘾，算是意外的小收获吧。

拳击赛事决赛当天，我和高冉早已轻车熟路，并没有遇到特别的困难和挑战，倒是免费看了一整天高水平的拳击比赛，着实过瘾。

还有一件小事让我感触颇深。半决赛当天，我演练完从场馆出来，被来自北京和青岛专程过来看比赛的拳迷叫住，让我给他们拍一张合影，我开玩笑地称赞这些拳迷很有眼光，“你们找的是一位教摄影的老师，还是本届军运会拳击项目的官方记录员。”他们高兴得像孩子，向我伸出大拇指赞叹道：“赛事组织很好，服务非常到位，武汉体育学院校园也很漂亮。”这一刻，我觉得我做的工作很有意义。

在拳击场馆内帮在军运会参与工作的老师、志愿者同学们拍了很多照片，遗憾的是照片实在太多，很多照片还没来得及发给他们。不过所有在赛场上给运动员拍的照片，版权归本届军运会执委会所有，不得留存或外传，比赛结束后已连同相机存储卡一并上交。这方面的图片无法提供给任何其他单位或个人，对此，也只能说声抱歉啦！

（原载于《新传人》第35期，2019年11月8日）

王婷甘做颁奖的"螺丝钉"

王 婷

王婷与武汉军运会吉祥物"兵兵"合影　供图/王婷

军运会从筹办到举行,从测试赛到正赛,耗费近半年的心血,终于在10月26日下午圆满收官。伴随最后一轮颁奖——公平竞争杯颁奖仪式的结束,大家悬着的心终于安定下来,此前的担忧、辛苦以及无数次演练皆化为两个字:值得!

我担任颁奖展示处的导演助理,前期参与播报脚本的撰写与修改工作,后期主要负责部门的文件收集、档案整理、信息传递等,并且承担整个团队的服务工作。这些看似繁杂的工作让我得以见证整个部门各个业务口的精心筹备与一丝不苟。

从进入部门的第一天起，李芳院长、李硕处长以及巡视的领导就无数次叮嘱我们：“颁奖展示处是一个在台前的部门，一举一动都会被放大，不能有一点闪失。”所以大家经常因为一个播报的词语而跟语言服务人员反复确认；将60个拳击项目参赛国，14个未参赛国家的旗帜，共216面旗帜对照旗谱一遍遍确认，细致到每一处花纹，每一个开角方向，大家都笑着说这是在玩“考眼力、找不同”；还根据设想的“运动员拒绝颁奖”“颁奖嘉宾迟到”等20种突发情况进行演练，即使其中个别情况如“颁奖台坍塌”的发生概率几乎为零，但宁愿赛前多付出一千分的努力，也要确保正赛万无一失。

直到10月18日，部门已进行近一百场演练。整个演练就是一个“去自我化”的过程，每个人所负责的事情就像一个固定的零件，在一次次的演练中，礼仪不断引导站位，旗帜业务口不断熨烫、整理旗帜，播报员反反复复念着已定的流程单。

刚开始，我并不太理解在这个过程中每个人的价值体现，因为细看每个人所负责的事情似乎都比较单一，且一次次的演练使这个动作近趋于机械化。

直到10月26日，连续16场颁奖井然有序地进行，包含国际军体主席赫尔维·皮奇里洛上校在内的32名嘉宾受到得体的引导，依次为来自中国、朝鲜、俄罗斯等24个国家共60名运动员颁发奖牌。那时我明显地感受到，单看我们每个人的工作，都是像“螺丝钉”一样，小且细致，但当所有的零件都高效地运转起来，且每一细节都在准确的时间与其他业务口完美地对接时，才形成一场井然得体的颁奖仪式，并能连续进行16场颁奖无失误。

溪流虽小，汇聚江河。每个人在自己的岗位上尽职尽责、全力以赴；各业务口之间紧密合作、精益求精，才得以成功举办这一国际体育赛事。在这场国际赛事中，我为成为其中一颗“螺丝钉”，并做出自己力所能及的贡献由衷地感到开心。

（原载于《新传人》第35期，2019年11月8日）

郑祥执裁田径A级赛事

郑 祥

第七届世界军人运动会刚刚落下帷幕，我有幸参加了田径比赛和马拉松比赛的执裁工作。世界军人运动会是我参加执裁工作中最大型的综合性运动会，荣誉感、使命感和责任感巨大。回想起这十多天的田径赛事执裁工作，我感触颇多。

在思想认识方面，我高度重视本次世界最高级别A级田径赛事的政治意义，对自身行为规范和思想品德提出了高要求；遵守世界军委会组委会的各项规定，严格约束自身行为，争做合格裁判员；认真学习最新田径规则及赛事规程，以积极主动的心态，不断改进裁判工作方法。

在执裁作风方面，我在比赛中发扬不怕苦、不怕累的工作作风，以高质量完成执裁任务为目标；服从国派技术官员的指导，组内裁判积极沟通，保证了全体裁判员和志愿者完美的精神面貌。

在现场执裁方面，本次大赛赛前培训各个岗位工作基本到位，共10个单元的比赛顺利，工作程序规范，时间把握精确到秒，无错判，零投诉，展现出我国裁判良好的精神风貌。

在起点发令组的全体国派、省派裁判通力合作下，我顺利地完成了所有执裁工作，做到无错判，零投诉，向世界展现了中国裁判的执裁能力。而我自己，也有幸获得了本次世界军人运动会的“优秀裁判”称号，并通过参加本次执裁工作，提高了自己的执裁能力。

（原载于《新传人》第35期，2019年11月8日）

胡羽专访尤瑟夫将军

胡　羽

国际军事体育理事会拳击项目委员会主任尤瑟夫·阿卡其姆准将与胡羽(左)合影
供图/胡羽

2019 年初我加入军运会拳击竞赛委员会新闻中心。接到任务的第一天，我便被告知："混采区是赛后的关键风险点，你一定要做好准备。"为此，我做了大量功课。

我的主要任务是负责混合采访区的赛前计划和赛时运行，协调与竞赛等部门的关系，落实混合采访区志愿者们的岗前培训、分工排班、媒体人员的引导、采访秩序的维护、语言服务的协调等工作。赛前，学校专门组织了 3 场演练，包括场馆运行、开幕式、竞赛组织和颁奖的全要素、全流程、全过程和全人员的联合演练。每次演练后，拳击竞委会及时召开总结会，查找实际问题并逐一沟通解决。赛期如约而至，我反倒没那么紧张，前期能准备的、能想到的，大都已明确，其余的便是考验临场应变能力了。

某日候场时和一位德国随队记者交流，他说这次感受最深的是主办方的考虑周密与细致。我对他说，这是因为我们的忧患意识比较强，比如他此刻所在的混合采访区，之前就模拟过数次遇到突发事件时，该如何做出应急处置。听我介绍后，他感叹道："Das ist toll(真棒)！"

六月份测试赛时，我受武体新闻中心委托，采访了国际军事体育理事会拳击项目委员会主任尤瑟夫·阿卡其姆准将。谈及武汉体育学院承办拳击赛事的意义，他说，承办世界军人运动会拳击比赛是推广拳击项目和文化的一次非常好的机会，会让大众更加关注拳击项目，发现拳击中的力与美，从欣赏拳击比赛到参与拳击比赛进而关注并传播拳击文化。此番正赛再次见到阿卡其姆先生，他笑着赞叹道："你们学校太棒了，这真是一次完美的赛事，各个方面都是。希望武汉体育学院把办赛经验继续传承下去，为今后你们学校再次举办世界性体育赛事打好基础。"

（原载于《新传人》第35期，2019年11月8日）

朱妍珏掌管新闻发布厅

朱妍珏

朱妍珏(左五)在军运会拳击项目场馆　供图/朱妍珏

作为拳击竞赛委员会新闻宣传主管、新闻发布厅主管，我的主要任务是统筹做好拳击竞委会的宣传和口径工作；协调官方新闻团队做好拳击竞委会的采访协调等工作；完善新闻发布厅设施，与竞委会负责人沟通运动员到达新闻发布厅的衔接工作，负责新闻发布厅的发布计划和赛时执行的组织和管理。

拳击比赛期间，中央广播电视总台、中央电视台体育频道、解放军新闻传播中心、新华社、中新社等中央媒体，俄罗斯、德国、印度、巴西等国官方新闻团队，湖北经视、武汉电视台、《湖北日报》、《长江日报》等地方媒体，共60家256名记者齐聚我校报道拳击比赛。赛时，拳击竞委会成功召开4场新闻发布会。拳击竞委会新闻宣传处借助媒体实现了全覆盖立体化传播，以及宣传效果的最优化。

我主要围绕军运会进行议程设置，准备新闻通稿、策划系列报道，集中展现学校和拳击项目，传播体育文化，弘扬武体精神。学校官方微博及时跟进全世界各大媒体对拳击比赛和我校的相关报道，提高了学校的影响力和传播力。

通过这次深度参与，我有三点体会。

一是媒体运行与新闻宣传截然不同。媒体运行提供服务，新闻宣传传播理念；媒体运行立足服务客户，新闻宣传立足新闻事实；媒体运行有固定的流程和标准，市场化空间大，新闻宣传专业性强，需要时间和实践的积淀。

二是专业体育媒体与综合类媒体需求截然不同。央视体育频道尉迟学敏老师从测试赛到正赛，都在学校体育馆进行报道。对于每一场关注的比赛，他都会从热身馆到媒体看台再到混合采访区，全流程跟进比赛过程，采写编评独立完成。综合类媒体需要更多的赛场花絮，关注面也更广。

三是新闻传播渠道和方式与传统需求截然不同。尉迟学敏老师和新华社王贤老师都提到，“整个时代都在呼唤全媒型人才”。全媒型人才得采写编评摄排，无人机、VR、AR样样精通，张口能直播，上网能挖数据，能谋事谋势，懂大局讲团结，还要人见人爱，花见花开……

感谢军运会这个实践平台。我深感在武汉体育学院这个凝心聚力的团队里，只要同心协力，一切皆有可能。

（原载于《新传人》第35期，2019年11月8日）

赵靖带“小水杉”给卢森堡队员庆生

赵　靖

赵靖(右)在比赛场馆工作中　供图/赵靖

作为军运会期间拳击竞委会人事与志愿者处室志愿者主管，我主要负责赛时674名志愿者的后勤保障工作以及志愿者宣传报道、微信公众号推文工作。

正赛期间，我们一共推文11篇，总阅读量30283，部分内容获得《长江日报》、《湖北日报》、新华网的报道和转载。其中军运会开幕式一篇推文——《特别生贺！来自军运会开幕式里的武体身影》阅读量突破1.2万，在全省高校军运会期间推文阅读量排第一，全国排第二十三位。

10月22日晚上，天空正下着雨，卢森堡代表团团长Gerald Storey与全团十多名队员一起，在志愿者之家做短暂休息。这是拳击竞委会志愿者之家第一次接待如此大规模的国外代表团，为了表示东道主的热情和友谊，在卢森堡代表团吃完饭后，我们安排志愿者代表给卢森堡代表团每人送上一份军运会所有比赛场馆的手绘地图。

刚开始，卢森堡代表团团长以为我们只是给他们送一份纪念品，于是很高兴地跟我说当天正好是他们的射击队员 Eiffes Pemy Jean 的生日，于是就把纪念品递给了后者。

得知卢森堡代表团有队员正好过生日，我通知志愿者之家的“小水杉”们立即行动起来，他们拿出纸质“皇冠”头套给 Eiffes Pemy Jean 戴上，然后与卢森堡代表团所有人员一起，现场唱中文和英文生日歌为他送去祝福，Eiffes Pemy Jean 感动地说：“这是我一生中最难忘的一个生日，谢谢你们！”

即将离开志愿者之家，卢森堡代表团团长 Gerald Storey 非常感慨地说道：“今天我们很高兴，因为我们获得了一枚田径奖牌，毕竟卢森堡全国只有 60 多万人，总共派出了 17 名运动员参加军运会，所以得到这块奖牌很不容易。而且，就像拳击赛场的志愿者一样，武汉人对我们都特别热情，以后有机会我们一定会再来，谢谢你们！”

（原载于《新传人》第 35 期，2019 年 11 月 8 日）

张德胜应邀赴延边为中国足协 A 级教练员授课

高 杏

5 月 18 日，我院院长张德胜教授应中国足协邀请，远赴吉林省延边市为中国足协 A 级教练员培训班学员授课。

张德胜主讲的专题是“足球教练与体育媒体的共生关系”。他用理论结合实际的方式，为来自全国各地职业足球俱乐部、地方足协的教练员讲解了媒体性质、足球的特点、足球教练与媒体打交道的方式、危机处理等规律性问题。王圣等学员在听课期间，和张德胜进行了很好的互动。

延边市是著名的足球之乡，也是朝鲜族的聚居地，这里诞生了一大批像高仲勋、高准翼这样的知名朝鲜族球员。

受邀为培训班授课的还有易剑东、王琳、王启荣、武雪松等知名学者，他们分别从足球俱乐部管理、足球运动损伤的预防与康复、运动营养、足球团队领导力等视角，做了专题讲解。

（原载于《新传人》第 36 期，2019 年 12 月 31 日）

我院参与拍摄全国教师节宣传片

小 新

恩施市龙凤镇龙马民族学校校长、全国模范教师吴艳锋(后排中)与学生参与拍摄全国教师节宣传片　供图/刘舒意

9 月 10 日，为庆祝我国第三十五个教师节，人民网教育频道播出全国教师节宣传片《教师的 24 小时》，我院 2017 级编导专业刘舒意和 2018 级编导专业刘祥祺参与该宣传片的拍摄和制作。

《教师的 24 小时》是由人民网频道主办、各高校联合拍摄的一部全国教师节宣传片，旨在展示全国各地教师的风采，为一线教师送上节日祝福。

9 月 3 日开始，刘舒意和刘祥祺以恩施市龙凤镇龙马民族学校校长、全国模范教师吴艳锋为拍摄对象，在当地进行了为期三天的采访拍摄，记录吴艳锋校长一天的教学工作和生活。作为拍摄导演的刘舒意表示，此次拍摄的目的是尽自己所能向外界真实客观地呈现一位普通乡村教师的一天，让大家关注并且重视乡村教育，让更多人听到大山里孩子们的读书声。

刘舒意分享了自己在当地与校长和孩子们相处时的难忘经历。她表示，吴艳锋校长非常负责任，兢兢业业，在这个普通但又不凡的岗位上践行着自己的人生价值，他心系这里的每一位学生和老师，翻山越岭前去家访，为有困难的孩子送去温暖的关怀；他热心帮扶支持，给和他一同坚守在当地的老师带去亲切的问候。

在与这些大山里的孩子们相处时，刘舒意也体会到一份别样的温情。孩子们为拍摄组搬运器材，为她讲述学校的历史和故事。在镜头前，这些孩子绽放天真无邪的笑容，单纯的眼神中流露出对山外世界的无限向往。

此次下基层拍摄全国教师宣传片，刘舒意和刘祥祺收获颇丰。他们亲身感受到了真实的乡村教育，也深刻体会到了教育对一个地区发展的重要性。“我发自内心地钦佩这些愿意扎根基层、心系孩子们的乡村教师，同时也希望借宣传片展示的机会，让外界关注到这些大山里的乡村教师和孩子，为乡村教育的发展尽自己的一分力量。”刘舒意说道。

（原载于《新传人》第36期，2019年12月31日）

我院三次组队巡防长江大堤

肖泽昊　杨 阳

校领导靠前指挥，现场督查，并与我院防汛队员合影(图片来源：校党委宣传部)

今年夏天，武汉刚从疫情中复苏，就迎来罕见的大洪水，长江水位一度逼近29米。我校根据抗洪指挥部部署，配合卓刀泉街道，共组织了15支抗洪队伍。新闻传播学院是第八支队伍，负责武金堤的巡堤和防洪工作。

一接到组建抗洪队伍的通知，张德胜院长就主动请缨，各专业辅导员、教师也踊跃报名，主动走向抗洪一线，参与巡堤查险工作。作为第一批次防汛队员，王创业从入梅以来就非常关心长江汛情，他说："2016年我在武汉，见证了当时的'看海'。今年雨水比较大，加上前期的疫情，武汉经历的灾难太多了。"王东林、杨虎两位老师已分别回海南和东北休假，当他们听说院里需要人上堤巡防，二话不说就放弃休假，第一时间赶回武汉。姜欣、陈强等老师连续三次参加上堤巡防。

7月13日上午，由张德胜率队，我院10名教职工组成的第一批次巡堤小组动身前往本次防洪工作地点——武金堤。根据安排，巡堤小组主要负责对武金堤其中长达250米的一段堤坝进行巡堤查险，从13日中午至14日中午，白天每半小时一次，夜里每一小时一次。“主要是看堤坝是否出现管涌、散浸、滑坡等有安全隐患的现象。”姜欣第一次上堤时就已经总结了工作要点。

谈到长江的洪水，作为土生土长的武汉人，姜欣印象最深的是1998年的特大洪灾。“当时我还是一名高中生，目睹了许多解放军舍生忘死、抗洪抢险。今天我很自豪能够做同他们一样的事情。当然，现在我们的防汛条件要好得多，我们巡查的大堤也坚固得多。校领导冒着高温深入一线，现场督查，学校的后勤保障也非常周到。”

巡堤任务看似简单，但在酷暑时日不分昼夜地巡堤查险非常考验体力和耐心。洪水仍在不停地将江面抬高，隐患悬在每个人的心上，谁也不敢大意。“不到一线，不知道真正抢险的艰难；不参与其中，不知道汛情的艰巨。大家都非常团结，相互照顾，年轻的巡堤队员身先士卒，勇于担当重任。赵靖、郑祥、杨虎、张喆和王子也老师主动承担了凌晨2点至7点的巡堤重任，非常辛苦。”王创业对此印象深刻。

险情随时可能发生，巡堤工作必须时刻提高警惕。13日上午，与我院负责段相邻的一段长达10米的堤坝突然发生了脱堤现象，急需增援。接到通知后，我院立刻派出以张德胜为组长的6人小组，迅速参与一线抢险，配合街道的工作。当时，堤坝退水时，出现一些小滑坡，抢险组员们需将防水无纺布盖在上面，然后一个接一个地用沙袋压上。一顿忙活下来，6位抢险组员共搬运和填补砂石400余袋。

当时洪水未退，防洪重担仍在，第一次防汛任务尚未结束时，大家已经开始积极报名参加第二批次防汛工作。王创业说：“一共报名了11人次，我们学院安排在27日上堤，大家都很踊跃，一些女老师也报名了，但大堤上的条件不方便，还都是选男老师上堤。”女老师们虽不能前往一线抗洪，但也对抗洪工作予以大力支持。学院副书记赵露娜和副院长张钢花为我院巡堤小组送行，并为他们采购了一些零食以及时补充能量；侯小琴老师也时刻关注着巡堤工作，为我院身在抗洪前线的男老师们发来线上慰问。

自7月中旬至8月上旬，我院教职工自觉自愿地服从支持学校党委和区防汛指挥部的安排，积极主动参加抗洪巡堤工作，齐心协力，顺利完成三批次防汛工作，为保卫武金堤做出了应有的贡献。

（原载于《新传人》第37期，2020年10月12日）

张德胜在线阐释“中国体育与公共外交”

朱妍珏

6月9日，应全球最大的中文慕课平台——学堂在线邀请，湖北省级教学名师、武汉体育学院新闻传播学院院长、博士生导师张德胜教授以“格斗女将张伟丽如何才能走得更远”为题，为2700名听众直播讲解了“中国体育与公共外交”，同时与热门慕课“体育与社会”广大用户展开互动。

3月8日，我国格斗女将张伟丽在美国拉斯维加斯险胜波兰名将乔伊娜，成功卫冕UFC草量级冠军，成为获此殊荣的亚洲第一人。张德胜在直播中回顾了这场堪称“UFC史上最佳女子对决”的比赛，他认为，张伟丽的成功卫冕，不仅奠定了她作为国际体育明星的地位，而且使她扮演起公共外交大使的角色。她给全球体育迷的直观印象是能打、会说、爱美，在八角笼里是一名坚强战士，在生活当中则是一个善解人意的邻家女孩，是名副其实的时代新女性，为广大青少年树立了励志追梦的榜样。

张德胜表示，包括张伟丽在内的中国优秀运动员，应该在做好训练、比赛的同时，努力融入经济社会发展大局，在我国全面建成小康社会的过程中，向全社会展示中国体育人的良好形象，讲好中国体育故事。在直播间歇，张德胜还为学堂在线用户推介了正在热播的慕课“体育与社会”。该课由武汉体育学院和学堂在线联袂打造，仅半年时间，就成功吸引用户近20万人，用户在网页的停留时长也名列前茅，成为今年最受用户欢迎的慕课之一。

“体育与社会”以每讲独立的专题形式，讲授体育与社会、政治、经济、文化、生活、未来这六个方面的关系。全课36讲，“体育与外交”是其中的一讲。目前，全国15个省区市的50多所高校开设了“体育与社会”课程。用户普遍反映，“体育与社会”内容有趣，很接地气；课程制作精良，图片、视频等穿插其中，寓教于乐。直播当天，不少用户当即申请了“体育与社会”课程认证证书。

（原载于《新传人》第37期，2020年10月12日）

疫情期间，张德胜逆行助拍的抗疫志愿服务专题片登上了中宣部主管的“学习强国”学习平台

全网1700多万人同做城市摆渡人

高杏

“七一”当天，我院院长、博士生导师张德胜教授出镜主持的电视专题节目《城市摆渡人》，登上“学习强国”学习平台首页。

《城市摆渡人》是由湖北省社会科学界联合会主创，湖北广播电视台新媒体平台——长江云制作的系列理论故事片《是这个理》的第3集。疫情期间，张德胜应邀作为此集节目主持人，在湖北省社科联指导、长江云支持下，完成节目的田野调查、文案创作、出镜主持等一系列任务，讲述了“抗疫”志愿者的感人故事，称他们是无私奉献的“城市摆渡人”。

该集节目6月20日推出后，被光明网、腾讯视频等迅速转发。“学习强国”平台转发3天就吸引了100多万受众观看与阅读，有近3万人点赞。湖北省社科联党组书记喻立平说，张德胜教授在本次活动中体现了“最美社科人”的担当、奉献、智慧和风采。截至10月28日，全网共有1733万人点击该专题片。该片还获得教育部“2020年全国教师风采短视频征集活动”入围奖。

飞往武汉的“口罩航班”

疫情初期，一段“机舱内空无一人，座位上却满载着货物”的客运航班短视频在网上走红，感动了无数中国人，被亲切地称为“口罩航班”。这架航班上的货物均是运抵中国的抗疫物资，足足有3000箱(其中包含捐到湖北的130箱)，由肯尼亚中华总商会捐赠。

“听说武汉疫情严重，我们第一时间发动同胞捐款。当得知武汉最缺各种防疫物资时，我们决定用全部捐款购买医疗物资，送回国内。”经肯尼亚中华总商会会长卓武介绍，在各方共同努力下，他们采购了500多万只医用口罩，由南航托运回国。由于当时飞机货仓全部装满，南航破例人货混装，让口罩“坐上”空余的乘客座位。

自带干粮参与救援的"蓝精灵"

应湖北省慈善总会邀请，民间志愿救援队蓝天救援队从1月26日起，接管了位于武汉天河机场附近的疫情防控捐赠物资联合应急仓库，走在武汉"抗疫"第一线。

不给武汉人民添麻烦是这群"蓝精灵"铁打的纪律。武汉封城，物资采购困难，没吃的怎么办？自己带。没地方住？搭帐篷。他们用行动支援武汉"抗疫"，以专业拯救生命。为了方便工作，他们夜晚和衣而睡；整天佩戴口罩，口罩绳把队员的耳朵勒得"血肉模糊"；徒手装卸，队员们常被沉重的物资砸得鼻青脸肿。

到3月25日仓库关闭，联合应急救援仓库共运行60天。这群"蓝精灵"累计接收并转运发放防疫物资4012万件，为武汉抗疫撑起一片"蓝天"。

周耀18小时为93个病人买了一车药

社区志愿者周耀所在的逸飞社会工作服务中心处于老旧城区，服务人群年龄结构偏大，药品采购需求较大。周耀每天凌晨两三点钟就去排队，平均每天花16个小时买药。

最辛苦的一天，周耀花了18小时帮居民买回93份药。那天，他开着车早早出门，把车后座都放倒，腾出地方装药。汉口大药房的工作人员也都陪着他，忙完了才下班。"对我来说，那一车药给人家送去的是生存下去的希望，是生命。"说起这些，周耀显得很平静。

据不完全统计，截至5月31日，湖北省共组织动员了130万名志愿者和下沉党员干部投身疫情防控各领域。

（原载于《新传人》第38期，2020年11月2日）

第六章 文化传承

DILIUZHANG WENHUACHUANCHENG

嘉年华增强体魄　读书会文明精神

汪　蓓

历经20载岁月积淀和时光打磨，武汉体育学院新闻传播学院逐渐形成了独具特色的学院文化："在读书中自悟"、"在实践中自省"和"在创新中自强"。读书育人、实践育人和创新育人三育并举，自悟、自省、自强逐渐内化为"武体新传人"的行为习惯和思维模式。文化的无形滋养和代代传承，建构了师生共同的价值取向和精神家园，"武体新传人"的认同感和归属感正不断增强，推动着新闻传播学院持续向前发展。

一、在读书中自悟

（一）再忙也要挤出时间来"读吧"

"书籍是青年人不可分离的生活伴侣和导师"，"读书是在别人思想的帮助下，建立起自己的思想"，"不读书的人，思想就会停止"……新闻传播学院的学子们坚信，一流的人读一流的书，并坚持读一流的书做一流的人。学院创办的"东湖读吧"营造了一个有书、有茶、有思想的空间。尽管张德胜院长倡导"不点名、不查人数、自由自愿"的理念，每个星期三小球馆三楼的会议室依然座无虚席。再忙也要挤出时间来"读吧"，逐渐成了师生们不曾明说但默默遵守的约定。在碎片化阅读日渐成为主流、视频逐渐取代文字的精神快餐时代，新闻传播学院的老师和学生们，却仍然珍视这种有温度、有内涵、有回味、有观点交锋和思想对话的面对面交流。

（二）最是书香能致远

从张德胜院长领读《新闻学原理》开始，《历史的观念》《乌合之众》《叫魂：1768年中国妖术大恐慌》《忧郁的热带》《体育神话是如何炼成的》等经典和原著陆续登场，万晓红教授、张钢花副院长、王创业博士，以及来自美国密苏里州立大学的周树华教授，华中科技大学的吴廷俊教授、李华君教授纷纷加盟，从社会学到传播学，从人类学到体育学，从社交媒介到男性统治，从数字劳工到体育神话……大家的学科涉猎范围越来越广泛，话题越来越多元，视野也越来越开阔。

作为读书会预告和读书内容集锦的平台，隶属湖北名师工作室旗下的“东湖读吧”公众号也渐具规模。以“湖北名师工作室”名义筹划出版的著作《东湖读吧经典精选精读》也即将上市，承担着继续传播学院文化的使命。

“最是书香能致远”，武汉体育学院新闻传播学院致力于通过“东湖读吧”等方式，为教师及学生搭建读书与交流平台，倡导全院师生在“读书中自悟”，争做智慧型人才。如今，读书已深深扎根于我院办学传统和师生日常中，读书文化也浸润着每一位师生的身心。

二、在实践中自省

（一）体育嘉年华是青年学子的最爱

实践既是检验育人的重要标准，也是育人的重要方式。武汉体育学院新闻传播学院始终坚持在实践中育人，通过体育实践、专业实践、社会实践等形式，建立“在实践中自省”的学院文化，培养学生的责任意识，实现实践育人目标。

自 2012 年以来，“体育嘉年华”成为新闻传播学院一年一度的盛大活动，在张德胜院长“参与体育赛事，锻炼专业技能”的号召下，新闻传播学院四个专业的同学在赛场内外挥洒汗水和激情，不仅拼运动能力，拼团队精神，拼努力拼坚持，也借机深度体验体育赛事的组织服务和媒体运行，演练体育新闻报道和体育解说评论的专业能力。这种活学活用、寓教于乐的体育实践方式，也大大增强了学生的专业认同感和自豪感。更值得称赞的是，在 2016 年“动族体育杯”武汉体育学院足球协会院系足球赛比赛中，院足球队点球获胜，问鼎全校冠军。这正是学院重视体育实践、十年磨一剑的成果。

（二）艺术节和新青年论坛别具一格

除了“体育嘉年华”，新闻传播学院的多场大型精品活动已成为全院师生每年都翘首以盼的固定节日。新传人艺术节为大家提供展示的平台、锻炼的机会，让全院师生在艺术中各美其美、美美与共。原创诗歌节让人人都成为诗人，表达对生活的热爱，对未来的憧憬，抒发心中最真挚的情感。每年的元旦晚会在辞旧迎新的氛围中如期而至，为全院师生带来视听盛宴，也让大家更紧密地连接为一个共同体。自2017年开始，学院每年举办新青年论坛，以学生之口讲学生故事，传授学生经验。该论坛旨在让优秀学生代表和往届学生讲述自己奋斗或奉献的故事。“超越”“成长”“致敬”……每一届交流会都如同它的主题，激励青年学生奋发进取、立志成才。这些具有仪式感的大型活动将一届又一届的学生凝聚起来，激发每一位学生的参与意识和责任意识，并内化成学院向上和向善的文化。

（三）课外实习实践已成体系

通过立体建构“一二三”式实践教学体系，实践育人的理念也深深地渗透在学院各专业的培养方案之中。“一”代表一个调查，我院学生在大一暑假就开始社会调查或专业调查，亲身接触社会，了解基层，培养社会责任感。2018级编导专业的学生罗庆文基于疫情期间的观察和体验，构思了原创抗疫歌曲《身着白衣，心有锦缎》，被新华社、央视新闻等国家级媒体和《长江日报》等省内主流媒体纷纷推送，这种青年学子的社会责任感正是新闻传播学院积极倡导的。“二”代表两个实习，即中期实习和毕业实习。不同于“毕业实习”作为终期实习的意义，“中期实习”的目的在于让刚刚结束大二学习生涯的学生熟悉媒体，让学生真正了解自己更适合何种媒体、何种岗位，能够找准自己的定位，更好地为大三选修专业课寻找方向，做到因材施教。“三”则指“创新、创业、创造”三创实践，使视野跳出课堂和学院，将理论与实践相结合，打造一个老师指导、学生主导、学院自有的全媒体集团，例如，创办院报《外新人》（2013年更名为《新传人》），运营学院官方网站“新传官网”，创建微信平台“新人专属”“伢视季”，成立微电影团队并推出《西递之恋》等影片，自办电视节目《挑刺体坛》，制作健康访谈栏目《健康跟我来》，与湖北之声合作推出“我爱运动家＋武体特别版”节目，打造全国首个校媒合作、协同创新、采编播合一、常态化直播的体育与健康类融媒体直播类节目。

此外，学院还通过加强实习、实践、实验教学基地与新闻传播学“双师型”师资队伍建设，探寻具有武汉体育学院特色的新闻传播实践教学体系。2012年，我院学生社会实践基地在黄冈市蕲春县檀林中学挂牌；2013年，我院与湖北广播电视台共建省级实习实训基地；同年，我院正式启动了大学生创新团队培育计划，在原有三个专业团队的基础之上，融合不同专业特色，整合优势，全面打造创新团队，体现专业特色、整合优势资源，成为提升我院大学生创新能力的孵化器，开创大学生创新团队百花齐放的新局面。2021年，我院与阳新县融媒体中心合作，完成“红色阳新红土地·十个党员十面旗”大型主题采访暨社会实践，践行“讲政治、下基层、懂体育、会传播”的理念。

（四）凡大赛必有武体新传人媒体服务团队

与此同时，学院积极发挥“体育＋传播”的特色优势，组织师生利用专业知识参加国际赛事服务，在高级别的社会实践中检验专业能力。2013年，我校共24名师生参与了南京亚洲青年运动会的新闻服务工作；2019年，我院师生全面参与到第七届世界军人运动会的安全保卫、竞赛组织、媒体报道、观众观赏等各个环节的赛事服务中……武汉体育学院新闻传播学院师生的身影频频出现在各大国内国际体育赛事现场。伴随着专业能力的提升，国际化视野的拓展，这种可贵的经历也转化成至高的荣誉，时刻感染和激励着每一位老师和同学。

经过上述种种努力，新闻传播学院实践育人的文化氛围逐渐形成，每位老师和同学们都相信：纸上得来终觉浅，绝知此事要躬行。正如2014年在我院举办的省级实习实训示范基地建设经验暨成果展示会上，时任中国广播电视学与新媒体研究会副会长、湖北省高等教育学会新闻与传播专业委员会会长石长顺教授所说：未来传媒人需要培养自身的核心竞争力。而武体新闻传播学院的核心竞争力正在体育实践、专业实践、社会实践的结合中得到检验。

三、在创新中自强

文化传承的最终目标是谋求发展，而发展的内驱力是创新。自建院以来，武汉体育学院新闻传播学院在校内就一直以创新著称，勇于创新、乐于创新、得益于创新。学院先后通过学科竞赛、学术研究、开放办学等多种途径进行创新式发展，事业取得了长足的进步。

（一）学生纷纷在国内外各种大赛中获奖

近年来，以赛促教、以赛促学的文化在新闻传播学院得到认同并被发扬光大。2012年，2010级播主专业张思梦在“挑战主持人”比赛中荣获一等奖；2013年，2011级播主专业钱彩虹荣获2013年环球国际小姐总决赛“梦想小姐”称号；2014年，2011级广告专业王超的作品荣获第22届时报金犊奖大陆区二等奖；2015年，喻珊等2013级广告专业学子的作品荣获第13届学院奖金奖；2016年，2014级编导专业学子的作品《倒糖“人”》在第9届中国大学生计算机设计大赛中荣获全国一等奖；2017年，2014级播主专业李明子摘得“2017中华小姐环球大赛总决赛”桂冠；2018年，2016级播主专业张琛在“第十届海峡两岸电视主持人大赛”全国总决赛中荣获金奖；2019年，2018级新闻学专业郑灵毓在第四届全国体育院校英语演讲比赛中荣获非专业组一等奖；2020年，2017级视传专业蒋聪颖的视频作品获得“第三届3·15消费者权益保护公益广告大赛”银奖；2021年，2018级视传专业李志明的平面作品在第18届学院奖秋季赛中荣获金奖……随着一个个奖项花落武体，新闻、播主、编导、视传，每个专业的师生都铆足了劲，学院在业界和学界的知名度也逐渐提高。

（二）教师在创新中获立一大批国家社科基金课题

在学术研究上，学院鼓励老师和学生依托学校特色，开辟兴趣领域。近年来，新闻传播学院先后承担了近20项国家社科基金项目，研究领域从体育外交到体育国家形象，从体育传播转型到体育危机处理……为学界和业界做出了较大的贡献，学院也逐渐形成了“以学术为志业”的文化。这与学院实行“请进来”和“走出去”的方针是分不开的。“请进来”是通过学术讲座、大咖见面会、工作坊等形式将一流的思想、前沿的洞见引入校园。时任华中科技大学新闻与传播学院院长博士生导师张昆教授，中国传媒大学博士生导师王灿发教授，中央体育中心高级编辑、《体育人间》节目艺术总监、我校客座教授师旭平，上海体育学院博士生导师肖焕禹教授等学界和业界大咖纷纷前来交流最前沿的理念和学术成果。央视“三剑客”蔡猛、童可欣、尤宁同时莅临新闻传播学院，解码奥运直播。著名网球运动员李娜带着自传《独自上场》做客新闻传播学院，与院长张德胜面对面“过招”，分享对于网球、亲情、慈善、媒体等话题的看法……“走出去”是鼓励老师和学生积极参加国内、国际各级学术会议，不仅分享研究成果、了解领域前沿，而且启发科研思路，同时重新评估自己。奥林匹克科学大会、体育科学大会、中国新闻史学会……新闻传播学院老师的身影出现在传播学、新闻学、体育学、艺术学等各类学术会议中。

（三）越来越多的课堂富有文化趣味

好的大学是没有围墙的，它不仅要将外面的优质资源引进来，而且应该发挥自己的特色，用文化力影响外面的世界。早在2014年，新闻传播学院就与华视传媒集团开展了战略合作，实行了开放办学、订单式培养、协同创新、奖学与奖教等方面的探索。之后，学院又与多家媒体合作，共同研发体育节目和媒体产品。同时，学院老师顺应互联网时代对教学方式革新的要求，纷纷探索线上课程，构建开放课堂。新闻传播学院的线上课程“体育与社会”一经推出，便受到广泛关注与称道，该课程融趣味性、知识性、延伸性、探索性、开放性于一体，吸引了全国 40 多万名学生在线学习，不仅提升了全国学生对体育社会价值的学理认识，而且极大地提升了体育院校和体育学科的社会影响力。

“新竹高于旧竹枝，全凭老干为扶持。下年再有新生者，十丈龙孙绕凤池。”文化传承是学院发展的命脉，无数新传人承上启下、薪火相传。“读书中自悟”“实践中自省”与“创新中自强”的学院文化凝结了 20 年的办学经验，并将为武汉体育学院新闻传播学院未来的发展指明方向。

《外新人》今天创刊，校党委书记黄浩军为本报题写报名

新外新报纸办起来

花洋洋　顾彬

6月1日，我院第一份自办报刊《外新人》正式与读者见面。学校党委书记黄浩军教授为本报题写了报名。

《外新人》为四开小报，每月一期，每期包括要闻新外、教研在线、众议苑、百家讲坛、尖峰时刻、赛生活、光影新外等八个版面。本报主要立足新外学院，关注院系发展的重大事件，探讨教学科研方面的成果、经验，反映我院学生的需求、想法，记录校园生活中的动人瞬间。

院长张德胜亲自撰写了发刊词，他希望这份报纸"是我们新闻传播与外语学院的窗口、名片或脸面"，"将其打造成全院师生互动交流的公共论坛"。

对于这份报纸，同学们充满了期待。

2010级播主专业容凯伦说："我认为，新外学院作为传媒人才培养的沃土，办报是非常有必要的。我希望《外新人》能够借鉴《南方周末》的办报风格，说我们真正想说的话。"

2010级英语专业骆舒云说："《外新人》能让非新闻学专业的同学也有机会参与，了解什么是新闻、怎样做新闻。这将是大学生活中非常难忘和重要的经历。"

来自新闻教研室的主讲采访、写作、编辑、摄影等课程的6名教师作为骨干负责报纸的筹备事宜。在面向我院所有专业的学生发布了招聘公告后，共有40多名同学报名，具体参与第一期报纸的稿件采写、版面编辑工作的同学达20多位。

（原载于《外新人》第1期，2012年6月1日）

“外星人”来了

——代发刊词

张德胜

纵观各大学的新闻院系，一般都有一种自己办的报纸。它既是新闻与信息发布的媒介平台，更是师生日常练兵的专业场所。您现在手捧的这份报纸，也许它晚到了几年，但它毕竟以全新的面貌问世了，而且它的第一声“啼哭”还不同凡响，一面世就是八个版面。

这份报纸是我们新闻传播与外语学院（简称“新外学院”）的窗口、名片或脸面，我们也想将其打造成全院师生互动交流的公共论坛。竭诚为全院师生服务，是我们唯一的宗旨。

新外学院是2011年12月成立的，其前身是2006年创建的体育新闻与外语系，再往前追溯，则植根于2001年创办的新闻学专业。岁月是一把无情的刀，用十一年的光阴，将一个无知婴儿雕刻成懵懂少年。

一个十一岁的少年该读小学四五年级，会做很多事情。会打酱油自不必说，农村的孩子能帮妈妈烧火做饭，城里的孩子开始网络交友或记日记，用文字记录少年的青涩。

同样，一个拥有十一年岁月沉淀的专业也可以自称老专业了。以新闻学专业为龙头，我们“一生二，二生三，三生万物”，先后于2005年创办了英语专业，2009年创办了播音与主持艺术专业和广告专业，2012年创办了广播电视编导专业。目前全校共有20个专业，我们新外学院就占了四分之一，为学校更名大学奠定了基础。难怪有人戏称前系主任张江南教授是“专业母鸡（机）”，说真的，我们应该向他致敬！

就像每一个新生儿都有一个响亮的名字一样，如何为这份报纸起名，我们也颇费思量：正统的称呼，可以称之为《新外新闻》或《今日新外》；亲切一点的叫法，不妨称之为《新外人》。不过，我们每一个人都是学院的主人，“新外人”易给人以“新来的外人”之嫌。踌躇之际，灵光乍现，“外新人”浮出水面，并获得高度认同。

因为“外新人”亦是“新外人”，且更朗朗上口。这“外新人”，除了阐明我院外语和新闻传播类五个专业之间的联系外，还与前后鼻音不分的湖北普通话中的“外星人”谐音。在这个茫然的宇宙中和孤寂的地球上，神秘的外星人令我们心驰神往。

我们希望用责任意识、专业精神和创新手法，办一份师生互动、实话实说、聚合人气、凝炼共识的专业报纸。但愿这一份报纸，能早日成为您愿意接近、邂逅乃至盼望的“外星人”。

“外星人”来了！

（原载于《外新人》第1期，2012年6月1日）

报纸是最好的学校

刘 娟

被誉为“美国记者的摇篮”的密苏里新闻学院创建于 1908 年，是世界上最早在高等教育中开设新闻学专业的开拓者。百年来，密苏里新闻学院始终站在新闻类院校的最前列，其毕业生一直是美国新闻媒体的中坚力量，多次问鼎包括普利策新闻奖在内的各大新闻媒体奖项。该学院卓有成效的人才培养模式，被总结为“密苏里方法”，其核心在于通过大量实践培养学生。

为了实行这一培养理念，密苏里新闻学院建立了完整的媒体线：报纸、电台、电视台、网站，所有的工作都由学校的老师和学生来完成。在毕业的时候，学生们已经是真正拥有多年媒体经验的成熟工作者，而不是仅仅谈论过这个职业的“菜鸟”。这就是密苏里新闻学院的毕业生总令那些招兵买马的媒体主管趋之若鹜的秘诀。

崇尚实践，同样是我院新任党政班子的基本办学理念。从 2012 年 3 月伊始，我院一直致力于校内自办媒体的创建与推广。迄今，已陆续创办了院报《外新人》和外新人电视台，全面更新了官方网站。

在上述媒体平台中，报纸受到了全院上下最大的重视。《外新人》的记者主要来自学生，而编辑则由老师们担任。这一份报纸从一开始就不同凡响，既锻炼教师，又锻炼学生，老师和学生一起摸着石头过河，这委实出人意料。

学生借助报纸练笔，不足为奇。但教师借助报纸练手，这在以往是说得多，做得少。因为“重学轻术”是中国大学新闻学教育的通病，我们也不例外。我院新闻学专业教师大多为“学院派”，少有媒体工作的经历，按照密苏里新闻学院的标准看，只是一帮仅仅谈论过这个职业的“菜鸟”。

《外新人》实行主编轮换制，每期一位主编。从策划，到组稿，再到排版、打题、校对、图片处理，几乎无所不包。以前，我们的教师也尝试过到媒体挂职锻炼，但在大多数情况下，因为眼高手低的天然因素，我们在媒体并不受人待见，最终几乎都变成了灰溜溜的“多余人”。

现在不一样了。《外新人》已出版六期报纸，产生了六位主编，她们都是清一色的娘子军。几乎每一个人都经历了这样的一段心路历程：从接手时的惴惴不安，到操作时的手忙脚乱，再到出报后的小有成就与留有遗憾，还想接着再试一期，因为做"老总"的感觉真好。

然而，鲜为人知的是，每次出报，这些主编、副主编、责任编辑们常常是在安顿好年幼的孩子后，挑灯夜战，半夜传稿与组版，而且没有怨言。有人做梦也在琢磨版面，套用一句俗不可耐的话，这就叫"累并快乐着"。

没有《外新人》之前，我们是在黑板上讲别人的新闻，讲新闻该如何采写编评，说实话，讲得再好，我们心里也没底。但是现在不一样了，《外新人》进入了我们的课堂，师生们能共同分享一期报纸的采编与生产过程，体验其中的酸甜苦辣，共同历练，共同成长。

一句话，通过办报，老师和学生被激活了。可以说，这是我院2012年最大的变化，一种内心正能量的聚集与裂变。这一变化甚至远远超过那些看得见的标志性成就的获得。

在古希腊，人们曾认为剧院是最好的学校，看戏是公民自我教育的最好方式，宣泄与熏陶能使人弃恶扬善。同样，今天的《外新人》也是我院师生相互砥砺的学校，也是一所没有围墙的校中校。

（原载于《外新人》第6期，2013年1月14日）

本报今起更名为《新传人》

程　可

在学校新一轮的院系调整中，原新闻传播与外语学院更名为新闻传播学院，原有英语专业与大学英语教研室分离出去，与武英合作3+1本科项目共同组建为国际教育学院。为适应院系调整的变化，本报从本期起更名为《新传人》。校党委书记黄浩军继续为《新传人》题写了报名。

本报将继续立足于新闻传播学院发展，关注与报道本院的重大事件，探讨我院教学科研方面的成果与经验，反映我院学生的需求与想法。

今后《新传人》策划、采访、编辑与排版过程将吸纳我院各专业更多的学生参与，并逐步建立教师指导下的学生负责制，使《新传人》成为培养学生新闻实践能力的最好学校与最佳平台。

（原载于《新传人》第7期，2013年4月18日）

今夜人人都是诗人

我院首届诗歌节圆满落幕，广体师生同台交流

梁 箫

历时一个多月的精心筹备，5 月 30 日晚，我院首届原创诗歌朗诵暨颁奖晚会圆满落幕。经过激烈的角逐，张戈等同学获得“新外学院首届十大诗人”的称号；在诗歌朗诵比赛环节，2010 级播主专业的卢瑶和李文龙同学激情朗诵的作品《枸杞花开》获得了一等奖。

本次活动的倡导者、我院院长张德胜说，诗人情怀是每个人与生俱来的天赋，他希望全院学生能通过文字表达对生活的热爱、对未来的憧憬，抒发心中最真挚的情感。他期望，在同学们的热情参与下，原创诗歌节能办成我院固定的精品活动。

原创诗歌节历时一个多月，吸引了 150 余名同学参加。这次活动分为两大部分。首先是以“更大，我们来了”为主题，向全院学生征集 119 篇原创诗歌。许多诗歌都表现了武汉体院的校园文化，同学们把对学校的爱、对学院的情完美地融入诗歌之中，诗歌内容从“马灯精神”到“五月的鲜花”，从张香花到程菲等，内容丰富。由此，专家评选出“新外学院首届十大诗人”。其次是诗歌朗诵比赛，经过两轮初赛，共有 8 组选手进入决赛。

在首届原创诗歌朗诵暨颁奖晚会上，专家精选了 3 篇原创诗歌进行展示。田志强同学创作的《满江红》大气磅礴，其豪迈的气势震慑了全场。

而诗歌朗诵比赛环节，梅媚朗诵的《山雀子噪醒的江南》甜美清新；卢瑶、李文龙朗诵的《枸杞花开》感人至深；梁亚楠、张戈朗诵的《青春恋歌》是对青春时期美好爱情的赞颂。

在大家紧张等待比赛结果的时候，广州体院副教授郑大新给同学们带来了精彩的朗诵与演讲。他那长沙话版的《卜算子·咏梅》赢得了大家一阵阵热烈的掌声和欢笑。而他的学生，来自广州体院的王佳杰则朗诵了《阿房宫赋》，其气势磅礴而又具有的悲怆情感，深深打动了在座的听众。

朋友来展示，主人也应表示一番。最后，我院王东林副教授分别用周

恩来、赵忠祥和宋世雄的声音特点即兴表演，博得满堂喝彩。

校宣传部部长姜劲晖、学工部长王凯军、校团委书记潘高峰、校团委副书记赵露娜、组织部副部长王栎、我院总支书记夏方智也出席了本次活动。

（原载于《外新人》第2期，2012年7月5日）

一个只想卖自传　一个不忘出“难题”

李娜张德胜“过招”面对面

曾令辉　刘侃

9月14日下午2时，我国著名网球运动员李娜带着自传《独自上场》做客我校，与学生们分享了自己对于网球、亲情、慈善、媒体等话题的看法，会场气氛热烈，从中不难看到李娜率真、幽默、不善与媒体打交道的一面。

当日中午12时，我校科技馆四楼就簇拥了很多球迷，他们手捧李娜的新书，希望能够尽早一睹“娜姐”风采。下午1时45分，李娜带着她的团队准时出现在现场，科技馆四楼报告厅内早已被围得水泄不通，只能坐下380人的会场挤了近600人。当李娜走进会场时，雷鸣般的掌声瞬间响起，“娜姐，娜姐……”学生的呼喊声不绝于耳。

我院是本次活动的主办方，院长张德胜亲自主持了交流会。此前，张德胜用了两天时间阅读完李娜的自传，希望能够挖掘李娜背后不为人知的故事，并不失时机地向“娜姐”提了不少有关新闻的问题。李娜也回答得犀利霸气，“你认为我不是网球巨星吗？”“难道我今天的状态不好吗？”“我为什么要哭，我是唯一一个进入决赛的中国运动员！”而对于一些“刁钻”问题，不是她机智地绕过，就是被台下的粉丝越俎代庖：“pass，下一个……”

李娜在华中科技大学学的是新闻学，当有同学问及中外媒体有何不同时，李娜说：“我在大学的第一堂课，老师就告诉我，记者必须具备的素质是实事求是，但是我却常常看到有些报道与事实相悖。外国媒体的记者一般问的都是关于比赛本身的问题，国内记者却过于关注个人隐私，这让我很难回答。”另外，她说自己也会在比赛结束后看重播，“不过，我一般都是关掉声音，只看画面，因为有些解说员自己并没有网球比赛的经历，却喜欢在比赛时妄自揣测运动员的想法”。

整个交流会持续了近1个小时，在最后的签名售书环节，我校学生有秩序地排起了长龙，很多人抱着三五本《独自上场》，不仅是他们自己的，还有亲友要求代签的。面对热情的学生，李娜非常敬业地签售完所有新书，在粉丝们“娜姐，加油”的欢呼声中离开我校。武汉地区各大主流媒体争相报道本次活动，国内四大门户网站纷纷转载相关消息。

（原载于《外新人》第3期，2012年10月8日）

学新闻的李娜误读了媒体

张德胜

[编者按]:2012 年 9 月 14 日,李娜携自传《独自上场》做客武汉体育学院。该校新闻传播学院院长张德胜教授主持了"李娜与武体师生面对面"的专场活动。之后,张德胜专门为这次活动撰写了评论文章。今天,我们重读这篇评论,依然觉得切中肯綮,它对于构建体育明星与大众媒体之间的共生关系,也许会有所裨益,故转发之。

平心而论,李娜能有今天,一是取决于她的成绩,特别是法网夺冠;二是拜媒体所赐,是媒体把李娜塑造成英雄,进而打造成吸金女王,吸引更多的国人热爱李娜,热爱网球。

没有媒体就没有李娜

今天的职业体育其实是媒体体育,它是一个环环相扣的链条,赛事资源、媒体资源、广告与赞助资源、受众资源"四位一体"。李娜的法网夺冠是起点,老百姓"买单"是终端,但媒体是枢纽,是操盘手。

如果没有媒体的扩散,没有央视"童可欣们"哽咽的解说,国人的情绪不会被煽动到极点,李娜的晕轮效应就不会形成。李娜口口声声说其不看国内电视网球,不读报纸网球新闻,不爱听央视的解说,只听英文解说,只想做普通人,不想做英雄,这恐怕口不应心吧?如果不是国内媒体把她包装成英雄,有谁会买她代言的产品?"国际娜"的英语再流利,她所代言产品的消费者主要还是不懂外语的中国人吧?不然,她也没必要抱病多日四处演讲与签售。

李娜误读了媒体

李娜受惠于媒体,却对媒体一再误读。在李娜刚学新闻的时候,她"希望自己将来可以成为一名体育记者,能够多站在运动员的角度为他们说话"。在她成名以后,她说:"我不懂得如何与媒体周旋,我不知道该怎么和他们交朋友,怎样让自己的意思明确地表达出来。"

在李娜看来，好的记者应该是球员的朋友。非也！记者与球员的关系，只是简单的工作关系而已，不可能也不应该建立私人朋友关系，因为记者不能成为某个球员或球队的拉拉队队长，否则，新闻就容易丧失公正性。

优秀的记者都会牢记：首先，他们手中的笔是为百姓特别是弱势群体传递信息和表达诉求的；其次，他们要为自己所供职的媒体负责，要坚持全面、真实、客观、公正、平衡的报道原则。

质疑是记者的职业天性，而核实则是记者的工作方法。如果记者质疑错了，你多解释两遍，也不会有什么重大损失。对于李娜来说，她完全可以平等、平和、坦荡地面对国内外媒体，因为她的生活很简单，也很透明，几乎没有任何负面新闻，她完全可以敞开胸怀，与记者友好交流，根本没必要死守“只谈比赛不谈其他”的所谓底线。

光谈比赛是不够的

对于媒体来说，光谈比赛是不够的，因为比赛本身的信息有限。如果你一盘连丢6局，记者肯定要质疑背后的原因。你就不能只说“不过是输了一场比赛而已”，然后拒记者于千里之外。长此以往，李娜与媒体的相互伤害还要继续。

还有，既然李娜能在书中大曝个人与家庭隐私，那为什么就不能当面或正面告诉记者呢？因为图书、报刊和广电都是大众传播。李娜大可不必把自己变成一只刺猬，见国内记者就躲，见尖锐问题就呛，更不能像手持长矛的唐·吉诃德一样，动不动就大战风车。

（原载于《广州日报》，2013年7月5日）

伦敦奥运前夕，蔡猛童可欣尤宁莅临我院推介新书《2012剑指伦敦》
央视“三剑客”解码奥运直播

胡彪

8月14日上午9时，中央电视台体育频道主持人蔡猛、童可欣、尤宁携新书《2012剑指伦敦》，来到我校科技馆三楼报告厅，与现场观众热烈互动。这是三位央视主持人第一次同时莅临我校，也是《2012剑指伦敦》一书继北京首发签售后的第二站。我院院长张德胜教授主持了整场见面会。

由于离伦敦奥运开幕式只有13天的时间，现场观众抓住难得的机会向三位即将参加中央电视台伦敦奥运赛事转播的解说员打探消息。童可欣坦诚地表示，因种种原因，她和白岩松搭档解说伦敦奥运开幕式已不可能，央视体育频道将派出沙桐搭档张斌解说开幕式。“不服气”的童可欣现场提问观众：“大家喜欢看俩男的搭档解说的请举手！”蔡猛老师插话：“我其实也喜欢看女的。”观众大笑鼓掌。

伦敦奥运会中国代表团能得多少金牌？负责解说乒乓球和马术等项目的蔡猛老师预测，乒乓球4金跑不了，马术夺金基本没戏。解说网球项目的童可欣对于备受瞩目的李娜的表现不愿过多预测，保守地表示希望李娜正常发挥。

作为未来的同行，我院播主专业的师生不失时机地向三位老师讨教解说技巧。“三剑客”从自己的从业经历出发，给出了一些建议。童可欣更开出了一长串“参考书目”勉励台下同学。

在主持人的要求下，尤宁以伦敦奥运刘翔再次退赛为假想情境进行了模拟解说。蔡猛老师搭档我院教师姜欣模拟解说了乒乓球男单决赛。现场观摩央视主持人即兴解说，观众反响热烈，报以掌声。

持续两个多小时的见面会，观众提问非常踊跃。见面会结束后，“三剑客”现场进行新书签售，大方地同热情的观众合影留念。

（原载于《外新人》第3期，2012年10月8日）

欧罗巴升起美丽的彩虹

——2011级播主专业钱彩虹荣获2013环球国际小姐总决赛“梦想小姐”称号

李长虹

中国小姐钱彩虹获世界梦想小姐　供图/钱彩虹

当地时间11月2日23:05(北京时间11月2日5:05),第40届2013环球国际小姐世界总决赛在阿尔巴尼亚法罗拉演艺大厅落下帷幕。来自全球46个国家和地区的选手历时13天进行了比基尼单项赛、才艺单项赛及舞蹈单项赛三场单项赛,决出6个单项奖,决赛颁奖晚会现场分别从国服环节、活力装环节、晚礼环节、泳装环节四个环节进行综合评分,由世界选美组织中国唯一授权执行机构深圳市蓝天碧海文化传播有限公司选派的中国小姐钱彩虹以优异成绩进入总决赛环节,最后经过国际评委现场的一致肯定,获得冠亚季军之后六个单项奖中的“梦想小姐”单项奖。钱彩虹是我院播主专业大三学生,目前,她已经签约蓝天国际文化产业集团,并会继续完成学业。

参赛之前，精心准备

为了参加这次国际大赛，钱彩虹从各方面进行了精心的准备，还得到了我校艺术学院舞蹈教研室胡雪副教授的大力支持和专业指导。

胡雪说，对于钱彩虹的参赛，主要从形体、礼仪、才艺及 T 台表演方面进行赛前指导，结合钱彩虹自身条件和特点来选择舞蹈，进行才艺展示，充分展现她的优势，对台步表现力及对服装的理解进行强化训练；精心挑选参赛华服，寻找能够代表中国元素和适合她本人气质的服装，并由专业设计师量身定制而成；进行赛前心理调控方面的疏导，减轻钱彩虹的心理负担和压力，使其保持良好的参赛心态，以相互交流学习为参赛目的，充分展现自己，享受整个参赛过程。

初次参赛，状况不断

10 月 22 日从武汉出发，钱彩虹经过两天的时间到达阿尔巴尼亚，由于接到比赛通知较晚，又因为公司在签证时失误，她比其他国家选手晚到参赛地，到达阿尔巴尼亚已经是午饭的时间。

钱彩虹在出国比赛之前已经感冒，不停咳嗽，嗓子沙哑，来到阿尔巴尼亚后，又因水土不服，她全身上下包括脸上都出现过敏症状，钱彩虹说："当时特别痒，第二天我就对组委会的人说，我要去买药，吃了药会好一点，但是，每天还是会很痒。"在国外的半个月，钱彩虹每天都是和药物一起度过的。

钱彩虹每天早上六点起床开始彩排，一直到晚上十点结束，凌晨一两点才能睡觉。钱彩虹说："刚开始就是一个适应的过程，第一个晚上和第二个晚上我都没有睡好觉，一是时差原因，另外就是我总在担心我第二天要做些什么。"

偶遇同胞，倍受鼓舞

钱彩虹在国外参赛期间，曾两次遇到祖国同胞，得到同胞很大的鼓舞。

第一次是在她彩排结束后，有一大群来阿尔巴尼亚旅游的中国游客围上来，她一听到中文，整个人就兴奋起来。在国外能看到一大群祖国同胞，而且和她说特别亲切的母语时，她说："觉得很有亲切感，很想说话。"

第二次是在比赛时，在钱彩虹站着的舞台左边有一个亚洲面孔，每当钱彩虹走台经过她旁边时，她就会大声地对钱彩虹说一声"加油"，并带头鼓掌，周围的观众就会跟着鼓掌，并大声喊着“中国！中国！中国！”，钱彩虹说：“每当这个时候，我就会微笑着对她点头，当你在舞台上的时候，能听到中文而且是自己的国人对你的鼓励，你真的会很感动。”

认识不足，放飞希望

回国后的钱彩虹对自己有了更高的要求，她说：“第一，我要马上去学校的健身房办一张健身卡，每天坚持去健身。因为，我认识的乌克兰选手身材特别好，而且，在乌克兰这个国家，体育运动是特别流行的，我平时不是特别爱运动，但是，这次出去我感觉到运动是每天必不可少的；第二，就是要学好英语，如果之后我还有机会出国去参加比赛的话，我不打算带翻译人员了，我想自己去锻炼，因为我觉得自己去和各国的选手进行交流是一种很美好的经历，而不是她们说一件事情，和我聊天的时候，我每一句都要问我的翻译，我不想这样，我想自己自由地和所有的人交流。”

（原载于《新传人》第10期，2013年11月20日）

2014 新传人艺术节圆满落幕

胡 俊

6 月 5 日晚 7 时，第二届新传人艺术节暨第三届原创诗歌朗诵节在我校综合馆隆重举行。

出席本届艺术节的有武汉大学、华中师范大学、华中科技大学、湖北第二师范学院、华中师范大学武汉传媒学院、华中科技大学武昌分校的教师和学生代表，还有我校宣传部部长姜劲辉、我院院长张德胜、书记夏方智、副院长万晓红及教师代表。

本届艺术节共分为四个环节。第一个环节是诗歌朗诵，来自我院的六件参赛作品同台竞技，它们分别是一号作品胡敬轩的《相信未来》，二号作品解益晨、柏辛文的《我的中国梦》，三号作品冯佳、张铭琴的《大明宫词》，四号作品姚洁的《在山的那边》，五号作品黄秋实、高璇的《蚁族》，六号作品王晔烽、周鸿志、丁广胜、武亚伟、罗齐、孙晓栋的《光的赞歌》。最后经过严格评审，共评选出三件优秀作品：第一名《光的赞歌》、第二名《蚁族》、第三名《相信未来》。第二个环节是嘉宾表演环节，来自华中科技大学新传学院的龚超老师为大家带来了精彩的诗朗诵节目。第三个环节是校际交流环节，来自武汉大学、湖北第二师范学院、华中师范大学传媒学院和武汉体育学院的代表同台进行了友好交流。最后一个环节是颁奖环节，张德胜为本届活动的获奖者颁奖，并给我院新评出的十大优秀文明寝室颁发了优秀证书。

本届艺术节在歌曲《祝福祖国》的歌声中圆满结束。夏方智说：“名次并不是活动的最终目的，最主要是要增进大家对诗歌的了解，提高对朗诵的兴趣，同时也是对大家专业水平的检验。活动本身是一个平台，为大家提供锻炼的机会。”

（原载于《新传人》第 13 期，2014 年 7 月 15 日）

有一个微信平台叫“新人专属”

西蒙侠

“新人专属”团队成员刘威、赵鑫鹏、王华康、杨皓程拍摄“真人秀” 供图/辛梦霞

“新人专属”微信平台是新闻传播学院实习实践训练项目之一，目前拥有粉丝900多人，这个数字还在继续增长。2014年4月至今，这个微信平台已由最初的14人小班教学平台成长为今天的新闻传播学院官方微信平台，包括2位指导老师和7个核心成员的团队也在一同成长。

初创——教学相长的平台

“我之所以做‘新人专属’，最初是为了教学能有特色。”谈及创立这个平台的初衷，指导老师辛梦霞这样介绍。她希望能够给学生提供一个实践平台，用实践带动教学。

辛梦霞是一位跨专业教学的老师，她在讲授2013级播音与主持艺术特色班的专业课时经常思考自己究竟有什么“特色”能够让学生有所收获。她想到了新闻实践。微信公众号平台是一个最好的练兵场，它传播快速便捷，易于操作，而且影响巨大。

辛梦霞将微信平台的运营当作一项学习任务布置，要求特色班全体同学参与。汪端洁提出用“新人专属”这个名字，副班长李聪负责申请与维护，班长曹菊负责组稿，内容就是同学们的作业，广告专业游佳和团队成员张益闻先后设计了 Logo。2013 年我校春季运动会中，微信平台推送的一篇新闻报道达到了 1000+的阅读量，越来越多的人知道了“新人专属”。

教研室主任肖宁获悉后也积极宣传推广。微信平台首先从 2013 级播主专业铺开，在期末文艺汇演中扮演了重要角色，被印上宣传海报并发布了电子邀请函。

转型——武体资讯宝典

暑期支教团队成员曹菊将其撰写的一篇反映支教生活的新闻稿发布在“新人专属”上，大家很快通过微信平台联结，商量要做“武体之声”电台并通过“新人专属”发布。其中一个重要选题就是新学期迎新。7 个核心成员分工协作，特意为新生准备了《武体攻略》《女生宿舍》《宿舍大揭秘》《潇涵益达爱唠叨》等节目，抓住迎新契机向新生宣传，利用军训话题采访，粉丝量迅速增长，很快就覆盖了我院各专业的学生。

开学伊始，辛梦霞召集学生开会，分工布置任务，撰写实习实践训练项目申报书，最终获得学院“官方认定”。团队成员也对“新人专属”进行了定位：“‘新人专属’力图打造一本移动电子版武汉体育学院‘校园宝典’，传播校园文化资讯，分享校园生活经验，汇聚青春正能量。‘新人专属’是一个资源整合的平台，是一个宣传展示的窗口，是一个教学互动的媒介，是一个实习实践的舞台。”

营销——日增 257 人

9 月 28 日，“新人专属”微信平台 QQ 群内异常活跃，武晓波、李聪、曹菊正紧锣密鼓地实施一项计划：在最短的时间内将全校新生都吸引到“新人专属”。他们第一时间下载了刚刚在校园网公布的新生课表，通过 QQ 截图方式，利用微信平台关键词自动回复功能，推出了“发送院系简称获得对应课表”的活动。完成微信平台的设置之后，“新人专属”的所有成员纷纷利用自媒体、社交媒体向外推广这一消息。李聪守在微信平台的后台，看着粉丝量直线上涨。仅 9 月 28 日一天就增加粉丝 257 人，9 月 29 日增加粉丝 165 人。微信团队做了一次漂亮的营销推广。

融合——团队作品发布平台

随着“新人专属”微信平台影响力逐渐扩大，“新人专属”越来越被学院认可。张德胜院长在一切可利用的场合不遗余力地宣传，夏方智书记、万晓红副院长、叶涛副书记也都成为“新人专属”的粉丝。我院实习实践训练项目各团队也聚集在此：侯小琴的视频新闻、李菁的《健康跟我来》、付晓静的网站人物专访、刘静的《挑刺体坛》、刘晓丽的《新传人》等都陆续登录。“新人专属”开始凸显其快速、便捷的特性以及强大的平台功能，就像一个浓缩的舞台，用文字、图片、声音、影像等多种形式全方位立体展现新传人的精彩。“新人专属”还开辟了“新传 showtime”板块，登载新传学院教师推选的优秀学生作业，并附上了精彩的点评，将课堂教学延伸至手机客户端，打破了课堂阻隔、专业限制、时空约束的局面，增强了师生互动。

争论——播音还是新闻？官方还是草根？

10月10日，我院正式挂牌“华视传媒学院”，“新人专属”微信平台连续三天推送相关报道。然而，这在“新人专属”微信平台内部却引发一场争论。辛梦霞慨叹播主专业学生撰稿能力有待加强，学生团队则认为自己的长项是播音与主持艺术，不能以短比长。

今年9月，辛梦霞参加了教研室实习检查工作，了解到学生在走向媒体行业时发现自己的采访与写作能力非常欠缺的问题。辛梦霞希望“新人专属”成为一个锻炼学生新闻写作能力的平台，但没料到这在学生中引起极大的反响。学生们很委屈，“我们7个人什么都要干，撰稿、采访、后期、策划、推广，可以说每个人都是‘全能’的……在专业技能上存在差距是肯定的，毕竟我们才大二，完全没有经过系统的历练，能做到现在的程度已经很不错了，我觉得老师更多的是要给我们鼓励而不是要求！”辛梦霞也反省，自己能提供给学生的资源确实有限，但这也正是创办“新人专属”的初衷所在：通过微信平台整合更多的教学资源，让学生在实践中收获更多，培养“全能记者”。

学生团队也提出了对新闻的不同见解。李聪认为，“新人专属”更多的是面向学生，年轻一代爱玩、爱闹、爱恶搞，不喜欢一本正经、端庄严肃的“领导去哪儿”的官方新闻。“自从有了官方性质，感觉都失去了初心，当初觉得微信平台就是好玩儿，可现在不停地强调官方！我们并不排斥官方新闻，只是没必要非要抢着发官方新闻。我们的‘新人专属’不是社会上的微信平台，我们只想做一个快乐的乖小孩！”

辛梦霞对此啼笑皆非:他们已经开始感受到“准确”“及时”的新闻工作压力,却又对新媒体触觉敏感,想要发出自己的独特声音,不愿被权威束缚。肖宁适时鼓励大家:“大家都是因为梦想和共同的兴趣聚到一起的,不要在意官方和非官方的划分,关键在于任何一个报道都要用准新闻人的要求去做!”

未来——永远是大学新鲜人

关于“新人专属”的名称,很多人觉得有点不妥,建议改名。当初团队成员做这个微信平台的时候都是新生,现在也主要面对新生,但团队成员已是学长和学姐了,粉丝早已涵盖各年级师生及学生家长。然而,团队成员坚持用这个名字,因为这是当初大家苦苦思索讨论的结晶,也是大家新人身份的历史标示和新起点。汪端洁认为,“新人专属”除了蕴含当初我们都是新生的意义外,还有一个鲜为人知的含义,即“新人专属”中的“人”和“专”合起来就是“传”字,“新人专属”也就是“新传属”,表明这是新传学院的微信号。其他团队成员认为,“在大学校园里,大一新生永远是最有活力、最有热情的一群人,如果我们永远延续大一新生时的这种状态,又何乐而不为呢?”

这是一个日新月异的社会,各种媒体层出不穷。但只要有一颗年轻的心,就能永远玩转新媒体!

(原载于《新传人》第14期,2014年10月22日)

彩虹学者搭桥，广告师生发力，历史就这样诞生

新传人首获大广赛等级奖

刘銮奎

11月16日，第六届全国大学生广告艺术大赛（简称大广赛）在北京全国政协礼堂举行。我院广告专业师生在本届大广赛中大放光彩，成绩优异，获得全国三等奖2项、全国优秀奖2项、湖北省一等奖1项、湖北省二等奖2项、湖北省三等奖3项以及湖北省优秀奖9项。他们用创意与汗水换来了奖杯与荣耀。

两千多所高校参赛　等级奖万里挑一

全国大学生广告艺术大赛，是由教育部主办的全国大学生四大赛事之一，与全国大学生电子设计竞赛、全国大学生数学建模竞赛等学科性竞赛齐名，湖北分赛区由湖北省教育厅主办。该赛事自2005年起举办，每两年一届（2013年后改为每年一届）。

本届大广赛共设有14个主题，涵盖6大作品类型，参赛作品的规模和质量均超过往年，全国2427所高校共14万余件作品参赛，其中网上提交作品达到110011件，最终选出的全国等级奖和优秀奖作品仅有2531件，获奖率尚不到3%，等级奖更是万里挑一。

教务处立项资助　彩虹学者提供技术支持

在教务处和我院的支持下，广告专业通过奖励补助、全程辅导、筛选优化等多种方式提高参赛作品质量，还专门邀请了我校彩虹学者、武汉大学城市设计学院教授、历届大广赛湖北赛区评委管家庆为学生做专题讲座。在讲座中，管家庆不仅和同学们分享了历届大赛的获奖作品，对历届获奖作品进行点评，还从评委的角度结合评选规律传授了很多实战技巧。同时，管家庆也对我校一些有潜力的作品提出了修改意见。

我校共选送73件作品参加本次大赛的全国角逐，包括平面类作品65件、影视类作品2件、微电影类作品3件、动画类作品1件、广播类作品2

件。其中，4 件作品获得全国奖项，15 件作品获得省级奖项，收获颇丰。

本届大广赛中，微电影类仅有 37 件作品获得全国等级奖，湖北省也只有 9 件作品获奖，我校共选送 3 件微电影作品，就有 1 件获得等级奖(另 2 件获得了省级奖项)，实为难能可贵。在报名最多同时也是竞争最激烈的平面类项目中，湖北省仅 4 件作品获全国等级奖，其中就包含我校推送的 1 件作品。

管家庆表示，武汉体育学院第一次正式组织师生参加大广赛就能获得两个全国等级奖，获奖的数量和质量甚至超过了他所在的武汉大学城市设计学院。

三个年级参与　各专业协同作战

2012 级广告专业是我校参加本届大赛的主创群体，也是获奖的中坚力量，在各类主题的奖项中均有不俗表现，累计获奖 10 余项，包括黄文爽、夏馨仪等同学获得的全国优秀奖和湖北省等级奖。

大赛亮点来自 2013 级和 2011 级。2013 级学生在大赛中锋芒渐露，张钰新团队创作的《唯一不变的是那暖暖的关爱》斩获微电影类全国三等奖。2011 级学生也抓住了大学最后的时光积极创作，何宇轩的平面作品《德国建筑水果篇》获得平面类全国三等奖，王超的平面作品《舌尖上的美味》则获得了省级一等奖。

此次大广赛，广告专业的老师们花了很大气力全程辅导。汪蓓透露，有一个多月的时间，她和其他辅导老师晚上 12 时还同时为七八个学生在网上进行辅导。

汪蓓说："广告专业不是一个人在战斗，比如在做广播广告的时候会邀请播主专业的同学帮忙配音，在拍摄影视广告的时候，会请新闻和编导专业的同学提供意见，所以这应该是全院共同的荣誉。"

(原载于《新传人》第 15 期，2014 年 12 月 16 日)

有一个编导团队叫“挑刺体坛”

肖 璇　易子洋

节目录制结束后,《挑刺体坛》团队成员合影　摄影/肖璇

武体的校园里,有这样一群神秘的人:他们行色匆匆,脚步稳健,却并不奔运动场而去;他们或手持相机,或怀抱文案,或伏于电脑之前;他们的名字见诸校内各大媒体,他们的努力全校师生都看在眼里。

10月10日,由武汉体育学院新闻传播学院与华视传媒合作的栏目《挑刺体坛》正式投放移动播放平台,并获得不错的评价。究竟是怎样的一支团队,缔造了这样一档节目?带着种种疑问,记者来到了《挑刺体坛》节目录制现场,探秘团队背后的故事。

“解放思想,问题还可以更尖锐一些”

11月23日,记者来到节目现场时,《挑刺体坛》栏目组正在录制第五期节目。刚刚出差归来的我院院长张德胜是这期节目的嘉宾。节目录制结束后,张德胜接受了记者采访。

被问到做这档节目的初衷时,张德胜谈到,拥有一档自己的栏目,是每个媒体人的梦想。几年前,他就有做一档体育评论栏目的想法,这次也算是圆梦了。他进一步谈到,在新闻节目中,评论节目是最难做的,《挑刺体坛》算是一个实验作品，也是一个非常好的尝试，为学生搭建了一个很好的实习实训的平台，同时也突出了编导专业建设的体育特色。

在谈到对前几期节目的感受和看法时，他表示非常欣慰，每一期节目都凝聚了编导专业师生的心血。他进一步谈到，“希望同学们解放思想，不要担心问题过于尖锐，还应该更尖锐一些”。

“虽困难重重，但仍感欣慰”

每次节目录制，都有一位老师忙忙碌碌的身影。她就是我院编导教研室主任刘静副教授，也是《挑刺体坛》栏目的总制片人。记者了解到，从栏目的初期筹划、人才选拔、节目策划到后期制作，都由刘静带领大家一同完成，她对这档栏目倾注了大量的心血。

记者随机采访了一位在场的学生，他说：“刘静老师几乎放弃自己所有的个人时间，和我们讨论栏目的大事、小事，为我们做专业指导，常常和我们一起工作到深夜，非常辛苦。”另一位大二的学生也说道：“初期，我们没有设备，没有导播间，在条件极差的情况下，是刘老师带领我们一一克服困难，走到了现在。”

对此，刘静认为，这档栏目初期虽困难重重，然而通过师生的努力，节目终于录制成功，她就如同看到自己孩子初生一般欣喜。她同时表示，节目处于初创期，还有较大的提升空间，除了升级硬件设备，栏目本身还要在体育专业性、增强节目看点上下功夫。

“作为第一届编导学生，我们要做的还有很多”

记者在录制现场发现，这期节目的主持人并不是印象中形象靓丽、字正腔圆的播主专业学生，而是2012级编导专业学生宋英男。据了解，他还是《挑刺体坛》栏目的策划部部长。原来，《挑刺体坛》栏目组分为四个部门，分别为策划部、摄像部、后期部和组宣部。其中策划部人数最多，工作最为繁杂。而宋英男是一名大三学生，面对学业和节目的双重压力，他说：“我并不觉得这是一种压力，反倒让我能够把学到的东西马上运用到实践中，我很享受。”

据悉，宋英男等这一批2012级编导学生，最初是以播主专业学生身份进入学校的。谈到怎样走上编导这条道路时，他概括为爱好。“因为上大学后，自己身形发胖，同时也对自己的声音条件不是那么自信，加之喜爱编导专业，于是就转入了编导专业学习。”宋英男坦言，由于自己是学校第一届编导专业学生，身上担负着榜样的责任，因此加入《挑刺体坛》，也期待拿出更好的作品和成绩。

“在好的平台，做我所爱的事”

《挑刺体坛》栏目组里也不乏多才多艺者，摄像部的部长谢奇峰就是其中之一。平日爱唱爱跳的他，一到节目录制现场就进入工作状态，一丝不苟。《挑刺体坛》目前录制现场共三台机位，谢奇峰主要负责摄像部的人员调度和现场摄像监控。

摄像工作是脑力和体力的双重挑战，谢奇峰说："虽然有时工作很累，但年轻人就应该不怕苦、不怕累。"记者发现，在录制结束后，他迅速前往医院看嗓子。原来，校园《十佳歌手》的决赛就要开始了，他是决赛选手之一。

“期待更广大的平台、更广泛的受众”

现场除了参与录制的同学之外，还有不少观摩的同学，他们都是这个团队的成员，目前这个团队有40多人。

记者得知，原来这个团队还有一个响亮的名字——461视觉创意工厂。“461”的创意来源于武汉体育学院所处地理位置——珞瑜路461号，表达了团队对武汉体育学院的热爱；“视觉创意工厂”则传达了团队的宗旨是为同学们搭建实习实践平台，为大家创造出更多的视听影视精品。同学们还纷纷表示，“我们期待更广大的平台、更广泛的受众”。

据了解，《挑刺体坛》是目前461视觉创意工厂的第一档栏目，不久的将来，会有更多、更丰富的作品相继被制作出来，让更多的同学能够亲身参与节目制作，将书本上的知识学以致用。

（原载于《新传人》第15期，2014年12月16日）

有一个播主团队叫“健康跟我来”

李菁

华视传媒集团宣传片中的《健康跟我来》栏目团队（视频截图），前排右三为李菁
供图/李菁

坐公交车时，很多武汉市民会看到正在播放的名为《健康跟我来》的节目。这档栏目由我院播音主持教研室青年教师李菁和她的团队于2014年秋季创办，由我院独立制作或与华视传媒联合制作，在湖北移动频道公开播出。

现在，让我们一起走近李菁和她的团队。

李菁：一个灵感催生了《健康跟我来》

我喜欢锻炼。但是有一天，我在锻炼时遇到了麻烦。我在原有的锻炼强度上自行加量，一次走十公里以上，连续走了五天。到第六天时，大腿酸疼难忍，小腿肿胀，走路、上楼梯都很吃力。原以为这是强度训练的正常反应，但爸爸得知后让我立即停止如此高强度的锻炼。他告诉我，快走、慢跑的最佳时间是1小时，根据我的身高、体重，公里数最好在6～7公里之间，最重要的还是坚持。

和父亲的这场对话好像一个健康访谈栏目。这段时间，正是我们学院实践实训创业团队申报时期，我的脑中突然闪出是否可以做一系列以体育运动、指导如何锻炼为主的健康类节目的念头。因此，我就马上投入项目申报中。

项目很快申报成功，我接下来考虑要做什么样的健康类节目。首先，要基于运动项目的普及和宣传。其次，要充分体现体育学院的优势，依托现有的资源，小成本制作。最后，要根据移动媒体或微信、微博平台播出的特点，制作时间短、节奏紧凑、画面丰富的节目。

思考过这些问题，也就确定了富有号召力的节目名称《健康跟我来》，以及明确的节目口号"为您提供最佳的健身方式，告诉您最正确的饮食习惯"。节目时长定为5分钟左右。

由于要赶在武汉体育学院华视传媒学院挂牌时播放，时间非常紧张，从项目获批到第一期样片的拍摄，总共不到一个星期。招兵买马之后，我就联系节目组主要成员一起吃午饭，大家在边吃边聊中提供了很多好的建议。当天下午，我又约了3位主要负责人一起在咖啡馆讨论了几个小时，确定运动项目、康复治疗以及健身房健身三个内容为节目初期拍摄的基本框架。就这样，节目开始运作了。

陈诚(2013级广告专业)：我们做到了与节目一同成长

参与《健康跟我来》节目已经快3个月了，在这段时间，我获益匪浅。一开始，我只是抱着试一试的心情参加这个节目。真正参与到节目制作中，才发现制作一档节目的辛苦与不易。在参与的过程中，我们遇到了许多困难，但大家都克服了，节目最终的成型，离不开所有老师和同学的努力。在这些日子里，我们做到了与节目一同成长、一同进步。我们后期组的同学在之后的节目中会尽自己所能为节目锦上添花，学习各大成功节目的后期制作方式，将我们的节目制作得更加精彩。

柏心文(2013级播主专业)：学会以更温和的方式与人沟通

电视从来不会让人从从容容、想得明明白白，更谈不上让人细细打磨、反复修改，所以我们大都是比较容易热血沸腾的人。因为以前有过几次录制节目的经验，所以这次录《健康跟我来》，我多了几分从容。要说感想什么的，真的不是很多，毕竟只录了一期节目，但是在整个团队合作中，还是有很多收获。

艺术作品是有生命周期的，但是它所传达出来的对人和世界的理解是不朽的，希望我们的节目也能够多多传达出这样的信息，去吸引更多的人。

刘美曦子(2013 级播主专业):要具备新闻人的敏感和敬业意识

我们做这个节目可以从中学到许多宝贵的知识。比如上次贺炜、童可欣和洪钢老师到学校演讲,李菁老师提醒我们邀请他们做视频以及街拍,对于邀请的语言、拿牌子的方式、与老师的沟通等细节都做了指导。经过这次街拍,我们又积累了一些经验,最大的感触就是新闻要靠"抢",我们要具备新闻人的敏感和敬业意识。当然,在整个过程中,我们也有疏忽,李菁老师说:"团队的工作不要推卸,要积极承担和自我检查。"老师教会我们很多很实用的技巧和方法,如不要用别人的图片,要自己去拍;积极做宣传,充分利用自身的优势,想出更多点子,比如转发微博、街拍,等等。

赵辉(2012 级播主专业):每一次都在成长

这是我第一次真正做一档能够达到播出效果的节目,虽然每一期都只有短短的 5 分钟,但需要我竭尽所能。

做节目不能想当然。录像时,每个镜头我都要反复琢磨。录这档节目时,我们每个人都力求做到最好。比如我们独立拍摄第一期时,一个开始的空镜头,拍了七八遍才算满意。做后期时,我也遇到了很大挑战。我以前只会简单的 edius,但是剪第一期时,电脑上的 edius 不能用了,我只能硬着头皮用还不熟悉的 pr 去剪。

通过做这几期的节目,我每一次都在成长,但自己的问题也暴露出来,比如对镜头的掌握能力不足、对后期软件的不熟悉等。尽快改善这些问题,是我下一步要努力的目标。

邱彬(2012 级播主专业):具体的实践让自己变得更加强大

能和一群志同道合的小伙伴一起做自己喜欢的事,是我一直期待的。《健康跟我来》正是给了我这样一个机会,也让我有了一项为之努力奋斗的"事业"。万事开头难,还记得做第一期节目时遇到的重重挑战:主题的确定、文案的策划、场景的选择、后期制作的困难……还有那些我们一起制作节目熬到天亮的日子,但最后的成品能得到认可,就觉得这些努力没有白费。随着不断的合作,大家的默契程度越来越高,越做越顺手,越做越开心。希望我们勿忘初衷,通过实践来增长能力,让自己变得更加强大!

罗齐(2012 级播主专业):优秀的集体总是有个主心骨

粗略算来,节目组已成立两个月有余了。我承认,困难比想象得多:我们大多数都是第一次接触一整套节目的流程，做策划、写分镜、拍摄、后期等都是不小的挑战。器材的缺乏、资金的缺位、时间的限制等都是实实在在摆在面前的难题。但是，我们还是奇迹般地做出来了。确实不容易，就像从来没有骑过自行车的人跨上车后被人从背后一推就颤颤巍巍地往前骑了起来，没想到骑得还挺好。大家都是生手，但都不畏惧，都大胆尝试，所以进步很快，更重要的是，大家认同这个集体。外出拍摄相互关照，有问题时相互指导，有想法时相互交流。所以出现的问题能在大家的合力下被很快解决。优秀的集体总有个主心骨，我们的主心骨就是菁姐。菁姐对我们有求必应，少设备、缺嘉宾、没资金，甚至渴了、饿了都能解决……我们向着一个目标共同努力和进步，才取得了今天的成果。

张悦(2013级播主专业)：一步步走上正轨，渐渐成长和进步

我一直认为做好一档栏目的首要条件是新颖的想法和大家团结一致、共同努力的心，有了这些后，优秀的设备与炫酷的场景都会有的。起初，我加入《健康跟我来》就是想丰富课余生活，还想尽可能地多学点知识。后来我发现，我收获的不仅是制作一档栏目的知识，更多的是和小伙伴们一起做节目时开心的心情。有时我们会因为拍摄忙到很晚，可大家并不觉得辛苦，记得的也只是NG时的笑声和从镜头里看见初成品时的喜悦。在节目从最初的策划到拍摄再到制作，一步步走上正轨，渐渐成长和进步的过程中，我想，这种每个人都在尽自己所能做好一件事的心情，这种所有人劲儿往一处使的力量，这种因共同热爱而日渐加深的单纯美好的友情，对我而言更重要，这些美好的情绪会让我难以忘怀。

(原载于《新传人》第16期，2015年1月20日)

我院微电影团队隆重推出处女作《西递之恋》，该片获得湖北广播电视台等单位技术支持

二十多位艺术大咖为首映式捧场

王 瑞 王威强

《西递之恋》宣传海报

4月19日15:30，我院学生原创爱情微电影《西递之恋》首映式在东教学楼第二报告厅举办。

出席首映式的主要专家、领导有中国广播电视学会副会长、湖北省新闻与传播教育学会会长石长顺，湖北省电影家协会副主席姜公映，中影幕微影城总经理段成钢；兄弟院校特邀嘉宾有武汉大学动漫发展研究中心主任陈瑛，湖北第二师范学院文学院副院长陈瑛；影视界专家代表有楚文化

学者、剧作家、文艺评论家柳隐溪，著名剧作家朱永山；媒体界嘉宾有《湖北日报》文化版主编黄斌，荆楚网频道运营总监黄松，武汉电视台制片人彭进军，湖北电视台资深导演罗骏等。此外，还有来自商界和文化界的名流：赛伯乐投资集团华中区总经理许伟，武汉勃邵文化传媒总裁黄梅香，武汉杨林文化传媒董事长饶丽和李伟、张虹、牛田、柯婷婷、吴君等人。我校教务处处长王志强以及我院院长张德胜、副院长万晓红也参加了首映式。

首映式上，张德胜致辞。他指出，新闻传播学院在发展中得到学校的大力支持，快速成长起来，成为湖北省试点学院之一。在试点改革中，已完成了新一轮的人才培养方案修订，大力提倡实践教学。我校还与湖北广电共建实习实训基地；学生创新创业在这一年内收获颇丰，有微信平台"新人专属"、体育评论类节目《挑刺体坛》、健康服务类节目《健康跟我来》等多个项目。《西递之恋》正是在我院改革背景下、学生实习实训的代表成果，在姚洪磊老师的指导下，学生自编、自导、自演、自制青春爱情剧，尽管稚嫩，但令人感动。

中影幕微影城总经理段成钢发表讲话，对《西递之恋》表示肯定与支持，并宣布在全国率先将武汉体育学院学生作品《西递之恋》纳入院线点播系统放映。

之后，《西递之恋》正片首映。这部电影讲述了青年男女恒、羽在西递因一段特殊的缘分而发生的美妙恋情。导演用双线的叙述形式展现影片，羽在现实中不断回忆五年前的美好恋情。编剧用细腻纯洁的爱情撩拨每位观众，触动每位观众的心弦。很多学生看到影片中熟识的同学不禁发出笑声，但看到这段绝美的爱情不欢而散时，大家的眼里都泛着泪光。

影片结束后，主创人员上台与观众交流互动，并接受各位专家老师的点评、建议及媒体记者的提问。现场气氛热烈，专家点评深刻，演员爆料频频，花边新闻不断。

（原载于《新传人》第17期，2015年5月5日）

有一个团队叫“新传官网”

刘渠杨

新传官网团队全体成员　供图/付晓静

新闻传播学院官方网站简称“新传官网”，是新闻传播学院实习实践训练项目之一。自从 2014 年 10 月改版运营以来，在学院领导的大力支持以及团队全体成员的努力下，原本“枯萎”的官网再次焕发生机，截至今年 4 月底，网站共发布新闻稿件和通知 295 条。目前，官网共开设 42 个板块，其中浏览量较多的为“通知公告”“学院新闻”“校园生活”和“专题”四大板块。

武体有“网”初长成

官网创新团队的成立源于指导教师付晓静一直以来的一个遗憾。作为承担“网络传播理论与实务”课程的教师，付晓静深感缺少一个平台让学生进行网络实践。2014 年 9 月，学院发布大学生实践训练计划的申报通知，付晓静想到借助学院的支持，将本院官方网站作为学生实践的平台。她立刻找到 2012 级学生刘逸伦，并联合了计算机专业的张成老师，三人经过数次头脑风暴后起草了策划申报书。经过其后的答辩，学院正式决定将新闻传播学院官网交给这个团队来运营。

项目批了，人马还得招募。9月下旬，2012级新闻学专业的魏剑芸、袁靖怡，2013级新闻学专业的茆明俊、王从润、杨皓程、陈瑶、刘銮奎等陆续加入，成为团队的核心成员。大家都有一股劲儿，要把官网办得有声有色。2014年10月10日，“华视传媒学院”挂牌那一天，对于新成立的团队是一个大考验。为了打好这一仗，刘逸伦给每个人精心分配了任务——写消息、做专访、拍照片、跟踪报道。挂牌仪式结束后，团队的几个人分两组在科技楼和行政楼两边跑。在战略研讨会的会场，成员们都有点紧张，毕竟没有任何经验就参与这么重要的报道对每个人都是一个考验。在这种情况下，团队成员还是很好地完成了各自的处女作。

10月末，团队赶上全校社团招纳新成员的末班车，由于官网团队第一次举办招新活动，准备得很仓促，也缺乏相关经验，招新活动一开始进行得并不顺利。加之武汉连日的阴雨天气，团队气氛整体很沮丧，但是受到付晓静和网站总监刘逸伦的鼓舞，团队成员互相加油，最终招到三十人。

这个“官网”并不官

“官网要充分发挥宣传展示的功能，同时更要抓住新传师生的关注点与兴趣点。”这是付晓静在网站建立之初的想法。她希望网站能够成为信息资源融合的平台，既能成为展现新传院形象的窗口，又能做出更多的独家新闻，发布更贴近学生的新闻。

官网一直秉承“官网不官”的定位和思想为新传师生服务。在“通知公告”板块上打破过去更新慢、更新少的问题，学校的政策、学院的通知、招聘信息、讲座通知等都会及时上传。“官网不官”还体现在网站立足新传院、放眼全武体的视野，希望能全方位报道发生在武体人身边的新闻。校园十佳歌手大赛、社团文化节、斯篮搏比赛、学校足球联赛等校园活动的现场都会有官网人的身影。

新传院体育节历时一个月，足球和篮球赛事接连不断，很多官网人连续一个月奋斗在赛场，做最新鲜的赛事报道；2013级新闻学专业的学生也同官网人一起合作，将“网络传播理论与实务”课程作业分为15个年度专题在官网上滚动播出，使课堂教学与实践紧密结合，激发了学生学习的兴趣。

官网人的机遇与挑战

时间的脚步迈进 11 月，校园各种活动接踵而来。校园十佳歌手大赛、体育节、社团文化节等活动安排紧凑，大量的新闻让官网人面临新的挑战。在这段时间，每个官网人不仅要快速而且大量写稿，还要保证稿子的质量符合网站刊登标准，每个人都铆足了劲儿，努力完成当日任务。记者团团长刘銮奎回忆说："当时没有什么想法，就是下决心把任务完成。"他在笔记本上写下记者团每个人的名字，然后综合估量他们的写作水平，针对不同的新闻事件，结合每个人的课程安排派遣记者。那段时间，他除了上课，所有精力都放在稿件上。他说在这个过程中，建设网站的同时也让自己得到了锻炼。2014 级新闻学专业的李奕凡说："这段时间我体会到了做记者的辛苦，每天都处在赶稿子的状态，不过，付出是会有收获的，我发现自己在采写方面有了很大的进步，虽然很累，但我已经喜欢上记者的这种工作方式了。"

经过近一个月的高强度实战报道，在 11 月底的武网传播与武汉城市形象建构高峰论坛上，官网人不负众望，出色地完成了相关报道。

不懈尝试，终获成功

新传官网的一大特色在于开设了"专题"栏目。"以深度报道和专题立站"是网站创建之初的目标，但时至今日，官网人仍没有走出一条成功的"专题之路"，而网站内部关于专题建设的讨论却一直没有中止过，其中不乏激烈的争辩。

一开始，专题部成员做了一些尝试，做节日的有关专题，比如在 11 月 8 日记者节那天推送《我们有话对您说——向记者致敬》专题，尽管内容出色，但没有影响力。成员经过讨论后，认为应该偏重时事类新闻专题，因此推出了专题讲座类专题报道，点击率略有提升。

11 月底时，网站专题迎来了大爆发的契机。"官网"团队与 2013 级新闻学专业全体同学合作推出大型年度专题，作为新传官网年末的新年献礼。付晓静将 2013 级新闻学专业学生分成 15 个组，要求每组分别完成一篇网络专题在官网上逐一推送，并以点击率作为课程考核的重要内容。专题部部长陈瑶找到新闻学专业老师甚至院长张德胜为每篇专题逐一点评，刘銮奎每天熬夜排版，在午夜 12 点前上传并进行校正，图片部魏剑芸和霍景景连夜讨论和设计首页宣传海报，每个官网人都积极参与专题的制作与推送，这次专题策划终于获得成功。

官网团队的多方合作

移动互联网时代，微信订阅号成为最受大学生欢迎的传播载体，它不仅贴近学生的生活，而且更加快捷。官网成员决定做官网的衍生产品——微信公众订阅号。

其实，在团队成员内部就有一个现成的微信平台——武体映画，它由三位2013级新闻学专业学生独立运作。经过协商，新传官网与武体映画决定建立合作关系。"牵手"后第二天，武体映画便与官网同步推送15个年度专题，不仅拓宽了官网内容的传播范围，而且使官网内容的展现方式得到了多样化的补充。

今年开学不久，武体映画再次改版，增加两个常设栏目"Pink Dog"和"撸撸撸"。其中"Pink Dog"是2014级编导专业学生的创新团队，而"撸撸撸"则是武体映画对电竞新闻报道的首次尝试。武体映画一直定位于做"最潮最in"的资讯平台，下一步要加强对学生身边新闻的报道，以质取胜。

官网也注重与新传院其他实习实践平台的合作。在武网高峰论坛上，官网团队与"新人专属"团队、"新传人"团队以及"新传视频中心"团队完美协作，共同完成全方位、多角度和多渠道的报道。官网下一步计划加强与《新传人》的合作，以提升稿件质量并增强内容的互补。

困难重重，但我们勇往直前

作为一个初生的校园媒体，官网的公信力远远不及《武汉体育学院报》和党委宣传部的"新闻中心"，导致在重大事件上的采访权大打折扣。面对斯篮搏比赛走进武体这一爆炸性的新闻事件，官网人也在摩拳擦掌，但迟迟没有门票，直到比赛开始前才艰难获得一张入场券，完成报道。校园十佳歌手决赛因搬进体育馆而让很多人无法一睹为快，经过多方周转，官网人才获得入场机会，完成稿件的创作并拍摄了现场图片。

官网是一个集体，有勤恳好学的李奕凡和周泽鹏，钟爱体育运动的刘圳展，机智多谋的王涛，活泼可爱的柯嫦女，创意无限的唐鑫磊，摄影女神赵紫涵，山东才女徐晓婷，温文尔雅的邹慧玲……这些都是官网未来的曙光，有这样的官网人，新传官网定会永远朝气蓬勃、奋发向上。

"尽管在形式和内容上做出了较大调整，但我们的网站在信息传播速度上还是相对落后于移动媒体。"刘逸伦说。在"拇指时代"到来的今天，互联网也已处于传统媒体的行业范畴，官网人仍会以梦为马、不懈努力，新传官网与新传人同在。

（原载于《新传人》第18期，2015年7月6日）

微电影《回》荣获第25届中国金鸡百花电影节三等奖

王　涛

导演张灿、主演罗幽诗在电影节走红毯　供图/张灿

9月20日，第25届中国金鸡百花电影节微电影展映单元及第五届(国际)大学生微电影盛典在北京隆重举行。

我院新闻教研室姚洪磊副教授指导大学生微视频创作实践团队原创的微电影《回》在近5000部作品中脱颖而出，荣获微电影剧情类三等奖。这是我院师生第一次获得国家级电影奖。

本次微电影展映以“东方梦”为主题，分为社会作品和大学生作品两个展映单元，倡导用微电影关注生态和谐，聚焦人文关怀。微电影《回》是一部穿越剧，在扑朔迷离的一重又一重梦境中展现人性。

(原载于《新传人》第24期，2016年11月9日)

我院实践教学结硕果，一个暑假荣获四项国家级奖项

全国广告大赛首夺金奖

张家湾

9月17日至25日，新闻传播学院新闻学、播主、编导、广告四个专业分别召开了暑期实习实践经验交流大会，分享暑期收获。其中，最大的收获是荣获一金、二银、一铜四项国家级学科竞赛奖励。

据悉，从今年暑假开始，我院第一次全面开展暑期实习实践活动，包括一年级社会调查、二年级中期实习、三年级毕业实习，以及各专业的学科竞赛。

广告专业首次荣获国家级一等奖

8月，我校广告专业继去年首次荣获两项大学生广告大赛国家级三等奖之后，今年又创新高，在刚刚过去的第十三届中国大学生广告艺术节学院奖的评选中，2013级广告专业学生取得了国家等级奖项2项、优秀奖6项、佳作奖7项的佳绩。

由曾兰平、汪蓓老师指导，喻珊等制作的《萃取天然草本“享瘦”健康人生》平面广告获“碧生源公益命题组”一等奖；由张喆、曾兰平老师指导，王欢等制作的《逐梦青春》网络微电影获“王老吉命题组”三等奖。

中国大学生广告艺术节学院奖由国家工商总局批准，中国广告协会主办，该奖项在全国各高等院校中深入人心，其影响已从高校延伸至广告行业，成为行业遴选人才、企业获取杰出创意的重要途径，每年都有数万件作品参赛。

编导专业首次荣获国家级二等奖

8月，在第八届中国大学生计算机设计大赛决赛中，经过激烈角逐，我校编导专业学生获得两项国家级奖项。由刘静老师指导，2013级编导专业学生郭思雅等创作的DV作品《套中人》和周珊等创作的微电影作品《北狮梦》斩获全国二等奖。这是我院学生首次参加此类赛事，创造了在这类

高级别赛事中的新突破。

中国大学生计算机设计大赛是由教育部高等学校计算机类专业教学指导委员会、中国教育电视台等多家单位联合主办的高级别赛事。本次决赛共有来自全国500多所本科院校的5000多人参与的1800多件作品，是历年来规模最大的一届。

播主专业学生首登央视解说足球

8月，在中央人民广播电台第四届夏青杯朗诵大赛中，播主专业外聘教师李俊钢指导的2013级播主专业学生刘美曦子和冯子方获得网络赛区成人组最佳潜质奖，李俊钢获得优秀指导老师奖。这是我校学生首次在国家级朗诵大赛中获奖。

7月，在央视《谁是球王》校园足球解说员大赛中，2012级播主专业学生王晔烽荣获华中赛区武汉站冠军，随后应邀解说《谁是球王》海南赛区的足球赛。9月，王晔烽与央视著名解说员贺炜联袂解说《谁是球王》初中组总决赛，由央视体育频道直播。这是我校学生首次在央视直播节目中解说足球。

近年来，乐视、腾讯等新媒体崛起，腾讯体育购买了未来五年NBA直播版权，去新媒体解说体育成为广大青年的梦想。2013级播主专业学生张帆现已成为腾讯体育的解说员，5月，他与著名体育解说评论员徐济成搭档，联盟解说了NBA2KOL北方区域总决赛。这是我校学生第一次在腾讯体育频道解说篮球比赛。

新闻学专业微电影团队再拍新片

这个暑假，新闻传播学院师生没有休息，在各实习基地均能看到我院师生的身影。由姚洪磊老师领衔的新闻学专业微电影团队，继去年拍摄的微电影《西递之恋》荣获湖北省电影家协会大奖之后，今年继续拍摄了令人期待的新电影《回》。

视觉传达专业学生第一次完成了皖南写生的任务，写生作品将于近期在校内展出。新闻学院还派出两支社会调查小分队分赴蕲春和团风开展支教与调研活动。

（原载于《新传人》第19期，2015年10月14日）

晒晒半岁"萌娃"伢视季

侯小琴

2015年10月，伢视季微信公众号正式上线。这个团队由武汉体育学院新闻传播学院2014级编导专业的18位同学和指导老师侯小琴共同成立。

伢视季微信平台团队成员大合影

这个微信平台的创建旨在为爱好视频创作的大学生提供一个原创视频交流平台，鼓励大学生"走出手机，走出寝室"，用镜头去观察、记录身边的人和事；平台强调与作者、观众、老师的互动交流。

目前，伢视季已经形成了自己的运作模式。每周六，推出同学们的原创视频；每周三，推出“作者说”——原创视频作者对于视频的解读，“导师说”——主要是老师在观看视频后的感想和对同学们的建议，“伢伢观众说”——同学们在观看原创视频后的一些感受和自己想说的话。其中，“作者说”以视频的形式呈现，“导师说”与“伢伢观众说”均以文字的形式呈现。

伢视季上线以来，在为新闻传播学院的学生提供一个新的锻炼和展示平台的同时，其影响力也在不断扩大，粉丝数量不断上涨。近日，本报记者采访了 2014 级编导专业的田雯，听她讲述伢视季的故事。

伢视季成长记

对于“伢视季”这个名字，很多人觉得很亲切又很有趣。“伢”，武汉话指孩子。“伢视季”，也就是学生伢用镜头看世界。岁月更替，不忘初心，我们致力于打造一个大学生原创视频交流平台。

初入伢视季的时候，它还只是个襁褓中的“婴儿”，由侯小琴老师领队，我们十八个小伙伴手拉手，心连心，共筑“伢伢家族”，培育呵护着伢视季茁壮成长，同时成长的还有我们这群乳臭未干的“伢伢们”。

第一期节目，我和四个小伙伴负责人物采访，要采访一位学长和一位学姐。但由于是第一次实战，缺乏经验，犯了好几个致命的错误：拍摄地选择了嘈杂的室内，背景杂乱；人物头顶也顶住了画框，构图出现明显缺点；加上本来与学长、学姐不熟，又不好意思和他们沟通，所以拍的视频显得生硬严肃，与之前预想的轻松幽默完全背道而驰；后期的初次剪辑也没有处理好，视频被侯小琴老师驳回了，根本不能用。可是，重拍已然不太现实，视频推送时间也步步逼近，怎么办呢？也只能将视频一剪再剪，再加上音乐和字幕的润色，最终勉强过关，完成了第一期节目的推送。

谈起这次经历，确实令人尴尬，我们在课堂上也学了不少关于视频拍摄的理论知识，可是到实际操作时，这些理论都被抛到了九霄云外，第一次实践错误连连，而“伢伢们”在拍摄过程中还自我感觉良好。但我也要感谢这次尴尬，老师的指点，还有同学们的建议，帮我认识错误，改正错误，这不是“丢了芝麻捡到西瓜”了吗？理论，终归是别人的思想结晶，只有与实践结合，不断犯错，才能积累、沉淀我们自己的经验。

12 月上旬，“互联网＋”时代的体育与媒体高峰论坛举办，这是新闻传播学院的重大新闻事件。“伢伢们”决定抓住这次机遇，挑战一下自己。于是我们进行了分组、分工、分配任务，进行了大量的视频报道和抢新推送。

记得当天晚上，为了抢新闻，寝室里负责推送的两个室友忙到凌晨一点多才睡，侯小琴老师更是彻夜未眠，原因是推送的文稿中把一个教授的名字打错了。这个错误还是被我们院长的火眼金睛发现的，这在新闻里应该算是禁忌之一吧？我们只得连夜重新推送并申明道歉。尽管第二天还有课，但是，做新闻最讲究的就是严谨。现在打错一个字可能没什么关系，但如果以后真正从事这个行业，还有谁会为自己的错误买单呢？还有谁会像院长和老师这样包容、指点自己呢？

论坛举办期间，我被安排写论坛综合新闻稿，其实当时我是懵的，对这个论坛我并不了解，也没有关注过；我也没有写过正式的新闻稿，只是课堂上练过手而已。但又心存侥幸，觉得听一听、记一记也可以蒙混过关。然而，是我想得太简单了，教授们的报告涉及很多专业术语，思想新颖深刻，而自己阅历又不够，听起来很费劲，很多都是一知半解。我想完了，这要如何下笔？写出来的新闻稿还能用吗？但是，任务已经分配，就得承担责任，抱着试试看的心态，我写了一下午，终于完成了。可是写出来的新闻稿存在很多问题。好在经过侯小琴老师的批阅修改，配上经历了多次剪辑调整的视频，一篇还算像样的新闻终于孕育出来了。也许，在很多人眼里，我们做的事微不足道，这点小小的成就更不值一提了，但在“伢伢们”眼里，这是一次历练，更是一次成长。

进入伢视季后，虽然感觉时间变少了，以前用来睡觉、打游戏的时间被拍视频、剪片子、写策划占据了，但我却感觉充实了很多。在这样一个团队里，每个人都很渺小，但每个人都很重要，所以，自己的事一定要做好，要有责任心。在这里，我明白了，永远不要把现实理想化，成功是一个过程，漫长而曲折，需要我们为之不懈努力。要不怕苦、不怕累、不怕犯错误、不怕丢脸，珍惜每一次实践的机会，将理论与实践有机结合。

感谢伢视季给了我一次追梦和锻炼的机会，“伢伢们”继续努力，继续成长吧！

（原载于《新传人》第21期，2016年3月21日）

第九届湖北校园金话筒总决赛暨颁奖晚会落幕

我院学子摘金夺银

李晨曦

比赛结束，我院参赛师生合影留念　供图/李晨曦

2015年12月13日下午2时，“黄陂·木兰杯”第九届湖北校园金话筒总决赛及颁奖晚会在湖北师范学院的莲花水上音乐厅拉开帷幕。这次比赛，全省共有60多所高校，1万多名选手参赛，经过两个月的激烈角逐，最后脱颖而出的十强选手终于站在了决赛的舞台上。

这个下午是属于武汉体育学院的，是属于武体新传学院播主专业每一位师生的。来自武体2013级播主专业的罗玮一路过关斩将勇夺金奖！银奖也被来自武体新传学院研三学生王瑞钦收入囊中，而同样来自2013级播主专业的胡敬轩则杀入第二轮收获第6名的好成绩。另外，2014级播主专业的李晨曦则获得了本次大赛的单项奖“最佳台风奖”。同时，我院党总支副书记叶涛、播音教研室的王子也、张佳老师与一众新传学院播主专业同学到场助阵！

第一轮比赛为自备栏目主持，将从十名选手中先选出前四名，直接晋级第二轮。4号选手罗玮踏着滑板，充满活力地登上舞台，顿时让现场评委和观众眼前一亮。

6号选手王瑞钦则讲述了自己的亲身经历。他曾经主持过一场特殊的运动会，这场运动会上的所有选手都是患有抑郁症、智力障碍或身体残缺的孩子们。

7号选手胡敬轩的《胡说体育》则以脱口秀的方式侃出了自己的风格。一开始，他以轻松的方式调侃中国足球在世预赛里错失出线的机会，又通过解说恒大夺冠时埃尔克森那关键一球的精彩瞬间燃起现场观众对于中国足球的希望，既有理性的分析又有情感的呼吁。

第一轮比赛结束时，来自武汉体育学院的这三名选手，王瑞钦、罗玮、胡敬轩率先晋级前四，而另一位晋级的则是来自湖北师范学院的李周圆。

根据比赛规则，剩余的6名选手将进行自我推荐，由媒体评审团选出得票最高的两位选手进入第二轮。最终，来自武汉大学的张盛楠与秦骋获得观众和评委的青睐，进入前六强角逐前三。

第二轮比赛为“即兴主持”，选手以第一轮比赛分数由低到高依次上台现场抽题并表演，限时90秒。选手现场抽题后即兴串词成句，充分展现了选手们的综合能力。

经过两轮比赛之后，最后的金银铜三奖全部出炉，罗玮以绝对优势斩获金奖，这是她第三次参加“金话筒”，一路走来，一路坚持，充满着感动与热泪。王瑞钦收获银奖。前三名中，武汉体育学院摘金夺银！

另外，胡敬轩收获第6名。李晨曦则获得了本次大赛的单项奖“最佳台风奖”。或许校园金话筒只有一个，但努力过，拼搏过，就为实现梦想积蓄了更为坚实的力量。青春永不言败，让我们期待来年更加精彩！

（原载于《新传人》第21期，2016年3月21日）

十年磨一剑，我院足球队点球获胜问鼎全校冠军

我们终于赢了

李奕凡

功夫不负有心人，新传队首次问鼎院系足球赛冠军　摄影/赵紫涵

4 月 21 日，2016 年“动族体育杯”武汉体育学院足球协会院系足球赛在湖边足球场圆满落幕，新闻传播学院队问鼎冠军。这也是新闻传播学院参与学校院系足球赛 10 年来的第一个冠军。

本次院系足球赛于 4 月 13 日开始，历时 8 天。参赛队分 A、B 两组，先采用小组赛单循环形式，按积分排列组名次，两组前两名的球队进入交叉淘汰赛阶段，交叉淘汰赛胜出者进行冠亚军比赛。新闻传播学院队（以下简称新传队）与经济与管理学院一队、国际教育学院队、武术学院队在 A 组进行比拼。三轮比赛过后，新传队以两平一胜的成绩获积分 5 分，在小组中排名第二，挺进四强。在半决赛中，以 4∶3 击败经济与管理学院二队，晋级决赛。在决赛中，新传队与健康队（全称健康科学学院队）对决，最终在点球大战中赢了健康队。

以球会友

新闻传播学院足球队由21个同学组成，他们来自新闻传播学院的各个专业，包含从大一到大四各年级。这支球队于院系足球赛之前才正式成立，他们大都是在平日踢球时认识的，现如今为了同一个目标而走到一起来。“我们经常在球场踢球也就熟悉了，而且都是一个学院的，自然联系也就更多，再加上我们自己的班级联赛、学校的院系联赛，大家需要在一起竞争、合作。可以说，我们是以球会友，因为同一个爱好，同一个目标，大家聚到一起来。”谈到与队友的相识，“院脚”李进如是说。

“院脚”是队友给李进起的绰号。李进是这个球队中资质最老的球员，他从大一开始就代表学院踢比赛，已经踢了4年。对于这个绰号，李进自己也觉得够形象、够幽默。他说：“在大四之前基本上我的业余时间都花在踢球上了。”已是大四学生的他，刚好在学校准备研究生复试和毕业论文，所以也就抽空参加了这次院系足球赛。出于对足球的热爱，即使再忙碌，他在一周之中还是会抽出三个下午的时间来踢球。

和李进一样，新传队队里的每一个成员都热爱足球，乐于在足球场上尽情挥洒汗水，乐于把自己最美好的青春献给足球。

对手很强大

在半决赛与决赛时，新传队分别对战经济与管理学院二队（以下简称经管二队）、健康队，两场比赛最后都以点球大战收场，对手实力可见一斑。最让队员们印象深刻的是新传队与健康队的决战。从往届的比赛来看，健康队并不被看好，甚至在这次比赛中他们差点连人都凑不齐，但是后来在半决赛中竟以黑马的姿态赢了经济与管理学院一队。李进回忆说：“决赛的时候因为时间和学校专修联赛训练发生冲突，为了不影响学校的教学活动，比赛场地不得不从八人制的场地改到了大足球场，这对我们双方体能都是严峻的考验。他们可替补球员少，我们实力也占优势，但是一直打不开局面，被逼到点球大战。上届比赛我们在三四名决赛里3∶0完胜他们。感觉这一年健康队进步很大，尤其意志力变得更顽强了。”

经管队是传统强队，曾是卫冕冠军，这一次虽然他们没有进入决赛，但实力不容小觑，李进分析道：“他们今年虽然由于处在新老交替期，成绩不佳。但是他们的组织纪律、球队氛围一直保持得很好。”

新传队实力取胜

“我们院队今年真的很强，大家也很齐心，比赛前就有直觉，我们今年一定能夺冠军!”夺冠，新传队早已志在必得。

新传队取胜离不开一个关键性人物——2013级新闻学专业的张家玺。作为新传队的队长，张家玺的职责是负责处理队内事务、商量比赛战术、团结队伍。而在比赛中，平时担当后卫的他在最后时刻被临时换为门将，在两次点球大战中，他连扑四个点球给对手施加不少压力，也对新传队的最终获胜起到决定性作用。张家玺没有专门训练过扑点球，只是高中时出于好玩的心理自己练习过守门。

谈到点球决胜时，张家玺说:“因为是胜负的关键，被临时换上守门的时候很紧张。但是对自己的技术还是比较有信心的，自己做守门员的经验也不少，当时相信自己的经验能帮助自己做出判断。”

一场球赛最考验的是球员的耐力，所以日常训练很重要，新传队没有因为要参加比赛而刻意安排训练，而是想踢就踢，队伍很自由、随性，但也保证了训练量。在大一成员黄铭看来，足球已经成为他们生活中不可或缺的一部分，他说:“我们平常会聚在一起踢野球，一踢就是两三个小时，虽然身体会觉得累，但心一点都不累!”

李进已经被录取为我们学校的研究生，他表示如果没有限制还是会代表新传院踢比赛。对于院队他还是有些担心，后备人才少是如今院队的一个劣势，他呼吁更多人加入这支队伍。而即将进入实习期的张家玺也很高兴地表示以后有机会还会加入院队参加比赛。

（原载于《新传人》第22期，2016年5月26日）

我院《倒糖“人”》获全国计算机大赛一等奖

张 晨

指导教师刘静(中)与获奖学生在颁奖现场合影　供图/刘静

经过5天的艰苦激战，8月7日，2016年(第9届)中国大学生计算机设计大赛微电影类的全国总决赛在北京语言大学落下帷幕。由我院2014级编导专业丁小艺、张欣晨主创，编导教研室主任刘静副教授指导的微电影《倒糖“人”》在激烈的竞争中成功突围，荣获本届大赛微电影类国家级一等奖。刘静指导的另一项作品《武贯中西》荣获三等奖。

中国大学生计算机设计大赛，是由教育部高等学校计算机科学类专业教学指导委员会、教育部高等学校软件工程专业教学指导委员会、教育部高等学校大学计算机课程教学指导委员会、教育部高等学校文科计算机基础教学指导分委员会及中国教育电视台联合组成的中国大学生计算机设计大赛组织委员会主办的，是国内公认的国家级奖项。

根据赛制，只有获省级一、二等奖者才能进入决赛。本届微电影决赛共有来自全国86所高校(其中985高校、211高校占50%以上)的187件作品参与竞赛。

参赛作品通过分组答辩、作品复议等环节决出奖项。《倒糖“人”》等12件作品荣获一等奖，《一座活着的老城》等62件作品荣获二等奖，《武贯中西》等109件作品荣获三等奖。

“倒糖人”，又称糖画，是一种在我国广为流传的民间技艺，但现在糖画师傅的身影在大街小巷逐渐消失了。这份传承了数百年的甜蜜味道被人们渐渐淡忘。《倒糖“人”》讲述的就是糖画世家、第三代传人——李三桥的故事，展现了中国民间传统手工艺——糖画的精湛技艺与文化传承，试图唤起大家对这传承数百年的甜蜜味道的记忆。

刘静说，从去年大赛动员，组建参赛队伍，到作品选题的筛选、创意设计、拍摄进程的跟进，到作品成品的修改，决赛答辩的演练，师生们并肩作战，这种以赛带练的过程促进了教学相长，也是新闻传播学院长期实践教学改革的结晶。

“从开始什么都不懂的‘小白’，到能够成为一等奖作品的主创人员，这不仅是我们自己的努力，更离不开老师日日夜夜的辛勤付出，也离不开学院对比赛的大力支持。”获奖者丁小艺说道。

据了解，这是新闻传播学院学生第二次参加此项高级别比赛，去年首次参赛就荣获了两个国家级二等奖，指导老师也是刘静。

（原载于《新传人》第23期，2016年8月24日）

金奖《倒糖“人”》背后的酸甜苦辣

周天竞

《倒糖“人”》剧照　供图/丁小艺

在2016年(第9届)中国大学生计算机设计大赛微电影类决赛中,由我院2014级编导专业丁小艺、张欣晨主创,编导教研室主任刘静副教授指导的《倒糖“人”》荣获全国一等奖。

怀念画糖画找到李师傅

“小时候过年,路边有位画糖画的老爷爷,人们里三层外三层,围着他看。糖画代表童年的味道与记忆,不仅是一门维持生计的手艺,更是一种文化的传承。如今,穿梭在大街小巷的糖画师傅日益稀少。但是,大家都很怀念这股甜蜜的味道。”于是,导演丁小艺建议把选题定为糖画。

从前期策划、写剧本到拍摄,再到后期剪辑,种种工作其实只有两名身兼数职的女生负责。选题确定后,她们认为如果单单介绍糖画的制作过程，片子必然枯燥无味，所以她们决定寻找一位有故事的糖画师傅，将人文与艺术结合，使内容更具情怀。

可是，要想在武汉这座现代化都市里寻找糖画师傅，相当不容易。两人上贴吧和论坛各种打探，最终在好心网友的提示下，很幸运地找到在户部巷卖糖画的李师傅，他一家三代都从事糖画生意。

“我第一次找李师傅，被直接拒绝了。”丁小艺回忆道。李师傅为人低调，不希望别人打扰他的生活和工作。于是，两人每周抽空就跑去户部巷，和李师傅聊天，最终打动了他。唯一的条件就是不影响他的正常生意，所以她们全程采用最客观的纪实拍摄，没有任何摆拍。

为了拍素材跑了四五十趟

拍摄期间最忙碌的一天是什么状态？“李师傅周末生意很忙，所以我们选上午没有课的周一去。”拍摄的那段时间里，每个周一早上七点，她们就和上班族一起挤公交，带着摄像机、三脚架、打光板等一路跋涉到户部巷，蹲在李师傅旁拍一上午，下午赶回去上课，晚上立马回宿舍挑选素材，重新剪辑，第二天早上拿给指导老师刘静检查。一周又一周，两人前前后后去了户部巷四五十趟。

丁小艺坦言，最困难的地方是技术方面的限制。由于武汉的天气过热，摄像机的电流声非常大，导致一段非常有意义的采访收音效果不佳。“我们在一天之内，火速学习了三个音频软件，但是，都没有办法解决。”当时，她们进退两难。最后，丁小艺想方设法把配乐和消音的音频融合，效果才有所改善。

张欣晨说，虽然之前也拍摄过很多小短片，但拍摄一部完整且具有故事性的纪录片还是人生第一次。她最大的收获就是学会在遇到问题时找到最快速的解决方法，以及更熟练地运用摄像机和PR、AU等软件。

坚信能获奖一遍遍修改

《倒糖“人”》在湖北省的评比中荣获一等奖，这让她们在兴奋之余，对冲击国家级奖项有了一些信心，也拿出更大劲头开始准备。

为了让作品能够与来自全国各地的优秀团队竞争，她们一次又一次来到户部巷，不惜花二十多天重新拍摄每个画面，并修改了故事结构。

让张欣晨感触最深的是到北京参加决赛。全国86所高校的187件作品一起参比，这种眼界是她们不曾有过的。比赛最后一天的作品展播中，很多优秀作品一帧一帧地在眼前闪过，体现非常鲜明的特色。张欣晨不禁自问:“如果我拍相同的题材,能想到这么棒的创意吗?”

在决赛前的深夜,刘静和她们挤在一间小屋子里,一遍又一遍地进行最后的答辩演练,模拟了很多可能出现的问题。直到进答辩室的前一刻,讨论依旧没有停止。

“很幸运,答辩的评委都很温柔。”《倒糖“人”》播放完毕后,一个评委对丁小艺说:“如果你们做得更细致,冲击国际奖都没问题。”这样的点评让她们悬着的心瞬间放下。后来,《倒糖“人”》被选入优秀作品展,离一等奖愈发近了。二等奖获奖名单宣布完后,“刘老师在远处向我们竖起了大拇指,”丁小艺回忆,“最激动的要数家长,立马打电话过来问结果。”

说起《倒糖“人”》团队,指导老师刘静的评价是“起点较低,但进步神速”。由于团队之前没有任何拍摄纪实类作品的经验,刘静看到初剪的片子后,从画面构图、剪辑基础开始一点一滴地给她们讲解,指导她们观摩经典纪录片,一个镜头一个镜头地分析,以便她们能尽快熟悉镜头语言。在接下来的几个月里,刘静坚持每周都抽空指导她们修改片子,“我惊喜地发现,她们每次都有进步。甚至到了决赛作品上传的前夜,片子又被改了两遍”。

半年的时间,从前期100 G的素材,到最后8分钟的成片,这两位编导女生在刘静老师的指导下,从上千个素材片段中选出最完美的画面放入作品,尽其所能做到最好、脚踏实地,这也许就是她们夺得国赛头奖的秘诀。

(原载于《新传人》第24期,2016年11月9日)

2016 年我院的篮球联赛、足球联赛由年级组队改为由专业组队

改制的新传联赛更好看

郭中正　罗霈

2016 年，我院一年一度的体育节进行了全方位改革，展示出与往年不一样的风采，为学院建设和发展注入新活力。

2016 年 12 月 28 日，记者有幸采访到了院分团委书记、2014 级辅导员徐希伟和院学生会体育部部长陈丹军。他们盘点了一年来学院的体育工作，也对来年的工作进行了展望。

回首：赛制改革成效明显

回顾 2016 年我院开展的各项体育活动，徐希伟感慨良多："今年学院主要的体育活动就是体育节，虽然只有篮球和足球两项赛事，但由于天气、学校的体育活动、场地等不确定因素太多，赛程安排得也非常紧密。"陈丹军表示，虽然少了羽毛球赛，但可以把篮球和足球两大赛事做得更细、更精。

陈丹军介绍，2016 年赛制有一个比较大的改革，就是打破以往按年级组队的传统，以专业为单位组队，同一个专业不同年级可自由组合，更能增强专业之间的融合和归属感。

徐希伟同时也看到了改革的一些阻力，比如球员跨年级组队后，沟通相对较少，球场上出现不默契的情况；大一球员刚入学，上场时间会受到一定限制。

难忘：那些激动人心的瞬间

谈及让自己印象最深的瞬间，陈丹军说："今年体育节的气氛让我十分惊讶，很震撼！新闻二队，每场比赛基本都会全员到齐为自己的球队加油；男篮总决赛，播主二队还派上了军鼓加油。"

徐希伟也对足球赛的那几场点球大战印象深刻："可以用惊心动魄来形容，因为点球大战比的是一支球队的凝聚力和耐心，当然也有运气成分。

我们每支队实力很接近，足球比赛是项团队运动，两只队要是踢到点球大战那输赢机会就是五五开。”

展望：实行“转会”制度

对于来年的工作，两位受访人都早有规划，陈丹军说：“2017年希望体育部的干事们都能继续成长，努力把专业技能和体育技能结合起来，办好我们新传特有的体育节，以集体项目为主，同时也可以办一些其他体育项目的比赛，不能把目光只局限在足球和篮球，像羽毛球和网球这类的趣味运动，我们也可以尝试一下。”

徐希伟甚至对明年的体育节有了大胆的畅想：“我们也可以像大型运动那样实行‘转会’制度，然后试着开一开类似的新闻发布会。这样的话，不仅可以使同学们对职业运动有更加深入的了解，也增加了体育节的趣味性，还可以为我院学生提供专业实践的机会。”

（原载于《新传人》第25期，2016年12月31日）

我院隆重举办2017年新青年论坛

张倩　罗霈

新闻传播学院成功举办首届新青年论坛　摄影/罗霈

6月11日晚7点，我院首届新青年论坛在科技楼五楼演播厅成功举行。四个年级共10组(12位)优秀学生荣获"十大青年"称号，并在论坛上分享了他们的大学故事。所有人全程脱稿，效果令人震撼。

莅临本次论坛的领导和嘉宾有武汉体育学院副校长张飙、监察处处长刘玉红、招生就业处处长刘丽艳、宣传部部长姜劲晖、科研处处长杨翼、国有资产管理处处长熊振宇、教务处副处长汪宇峰、校团委书记曹武平等，我院院长张德胜、书记夏方智、副院长兼副书记叶涛、副院长张钢花等。

张飙在致辞中指出，本次论坛是学生自己的论坛，以学生之口讲学生故事、传授学生经验，"因事而化、因时而进、因势而新"，落实习总书记在全国思想政治教育工作会议讲话中的精神，让学生充分参与其中，传递积极向上正能量。

"十大青年"依次上场，所讲内容或学习心得或实习实践或志愿服务等，精彩的讲述时常引发全场雷鸣般的掌声。

夏方智表示，"十大青年"积极寻找自己的方向，为人生绘上靓丽的一笔，希望我院学生以他们为榜样，相信努力一定会有收获。

汪宇峰认为，这次活动效果很好，选拔出12位有能力、有毅力让自己的梦想照进现实的优秀学生。同时，他希望以后能扩大“倾听者”的范围，让更多学生从中获得启示。

本次论坛采取推荐（自荐、年级推荐、教师推荐）、网络投票、教师线下投票、学院综合评定方式进行，最终评选出前10组（12位）学生当选本年度“十大青年”。论坛旨在按照团中央“一学一做”教育实践的要求，结合青年团员成长、成才的需要，深入挖掘我院优秀青年大学生，为全院学生树立可敬、可信、可学的榜样，更好地引导学生成长、成才。

（原载于《新传人》第26期，2017年6月20日）

我院获全省创新大赛一等奖

罗霈

2017年10月25日，2017年湖北大学生新闻传播教育创新实践技能竞赛获奖名单公布，我院学生9项作品获奖。

本次竞赛，在全省35所本专科高校参评的422项作品中，评审出一等奖40项、二等奖78项、三等奖80项。

由方俊指导的新闻采编类作品《大学生的"贷"价》和刘静指导的微视频《泥痴》斩获一等奖；由李菁指导的广告类作品《益禾堂燕麦牛奶》、郝斌指导的播音主持类《悦单驾到》以及刘静、方俊共同指导的微视频《初色》荣获二等奖；由李菁指导的新闻采编类《新闻进行时》和播音主持类《世说新语》、吕金龙指导的广告类《陪伴每一刻》、李保存指导的学术论文类《综艺节目的关注度和口碑》获得三等奖。

（原载于《新传人》第29期，2018年3月2日）

我院成功举办第二届新青年论坛

高凡荆

武汉体育学院党委副书记易三平(后排右六)等领导与我院2018年“十大青年”合影
摄影/张晓妍

5月3日晚,我院第二届新青年论坛在艺术楼一楼小剧场举行。我院四个专业共10位优秀学生荣获2018年“十大青年”称号,他们在论坛上讲述了自己精彩的大学故事,分享了学习与生活中的各种体会。

本次论坛以“超越”为主题,凸显一个“新”字。论坛旨在鼓励广大青年学生奋发进取、励志成才,以论坛作为平台,让学生告诉老师他们希望得到什么样的教育;让学生教育学生应该如何走“特色发展、自主成才”的道路。

当选本年度“十大青年”的10位优秀学生分别是李明子、周天竞、严堡丹、林炳昆、林孟雷、佘雯萱、刘圳展、宋英男、谢禹钦、张天翼。

莅临本次论坛的领导和嘉宾有武汉体育学院党委副书记易三平、党校办主任潘高峰、机关党委书记吕玲、学工部部长姜劲晖、宣传部部长曹武平、招生就业处处长刘丽艳、科研处处长杨翼、纪委副书记兼监察处处长刘玉红、体育科技学院党委书记夏方智、后勤总务总支书记叶涛、团委书记张广弟等学校相关职能部门负责人，新闻传播学院和相关兄弟院系的各级领导、老师也出席了本次论坛。

院长张德胜发表致辞。张德胜在致辞中表示，本次论坛主题新、主角新、形式新，将论坛办成类似于“新闻传播学院杰出青年励志大会”，富有浓郁的舞台效果。张德胜说，我院去年的论坛取得了圆满成功，今年的论坛要不断“超越”。他与大家一起回顾了我院新青年论坛产生、演变的历程，表彰了我院在过去一年取得的新成就，并对我院近年来的发展表示了肯定。

本年度“十大青年”依次上场进行演讲。在热情洋溢的演讲中，他们讲述了大学生活中的故事、创业经历、实习实践等，分享了自己的心得体会。其中，2014 级新闻学专业严堡丹还在现场一展歌喉，清唱了自己的新歌，获得了阵阵掌声。

论坛最后，易三平发表了讲话。易三平说，本届新青年论坛是自 2006 年新闻传播学院创办以来人才培养的最集中体现。易三平结合习近平总书记给高校学生提出的爱国、理智、求真等要求，围绕“奋斗”“阅读”“担当”三个关键词，对在座的青年学生提出期望。他强调，我们应该为民族复兴铺路架桥，为祖国建设增砖添瓦，为我校早日建成一流的体育大学贡献自己的力量。

本次论坛得到了《湖北日报》、武汉电视台等主流媒体的支持与报道。“十大青年”的精彩发言，详见本期报纸第 4 至第 6 版“特别报道”。

（原载于《新传人》第 30 期，2018 年 6 月 18 日）

2018年中国大学生计算机设计大赛结果揭晓，我院学子斩获4项大奖
《泰山皮影戏》获全国一等奖

周 佳　章馨元

2018年全国计算机设计大赛一等奖获得者张路宽（右）与指导老师方俊（左）　供图/张路宽

8月，2018年中国大学生计算机设计大赛、“讲诚信学征信守信用”湖北省大学生新媒体作品大赛结果相继揭晓，我院编导专业学子在两项比赛中皆夺一等奖。

8月4日，2018年中国大学生计算机设计大赛在南京邮电大学圆满结束。该项大赛由教育部高等学校计算机类专业教学指导委员会、软件工程专业教学指导委员会等单位联合主办，是国内影响力最大的计算机综合赛事活动。

我校4支顺利进入国赛的队伍与来自全国数百所高校的代表队同台竞技，经过专家评审和激烈的现场答辩，我院编导专业学生在本次大赛中获得1项一等奖和3项三等奖的好成绩。其中，由黄海老师指导，张路宽、

陈泽原制作的数字短片《泰山皮影戏》斩获一等奖，陕晋玮、郭娟孜、邓雨寒、钱莹制作的纪录片《京剧鼻祖余三胜》获得三等奖；由方俊老师指导，佘雯萱、赵羽桑、王璐思、罗贝制作的数字短片《穿越时空的钟声》，范西宇、谭嘉璇、刘青宇、杨阳、王虎制作的微电影《汉剧收藏芳华》，均获得三等奖。

8月底，再传喜讯。陕晋玮、邓雨寒、郭娟孜、李想、杨泞滔凭借作品《改变》，在2018年"讲诚信学征信守信用"湖北省大学生新媒体作品大赛中脱颖而出，荣获一等奖。本次大赛由中国人民银行武汉分行、湖北省发展和改革委员会、湖北省教育厅、共青团湖北省委共同举办，湖北广播电视台、湖北省广播电视学会高校广播专业委员会承办。

（原载于《新传人》第31期，2018年10月24日）

一等奖是摸索出来的

周 佳　张路宽

张路宽，来自山东，是我院2016级编导专业的一名学生。他与陈泽原合作完成的数字短片《泰山皮影戏》在2018年全国大学生计算机设计大赛中脱颖而出，成功获得一等奖。

作为获奖短片的主要负责人，张路宽表现得很谦虚，尽管自己为这次比赛认真准备了很久，“但这都不算什么。”他笑着说。回想这部作品的制作过程，张路宽很乐意分享个中滋味。

宣扬传统，精益求精

张路宽生于山东泰安，对泰山皮影戏有着独特的情结，这也是他毅然选择皮影戏作为短片主题的重要原因。对他来说，选择泰山皮影戏既迎合了大赛主题，也宣扬了家乡的传统文化，可谓一举两得。

谈起他的获奖作品《泰山皮影戏》，张路宽坦言：“作品的真实性是我们的优势，我们并没有刻意放大老人，而是老人有他自己的高度与独到之处。”短片中的范正安老人是非遗文化的传承人，采访他的人不在少数，早就见过不少“大场面”的老人在镜头前侃侃而谈的样子也为短片增添了不少亮色。

尽管这次参赛作品取得一等奖的佳绩，但是由于时间和精力上的限制，他们不能长期跟随老人拍摄生活，使得短片缺少了“生活气”。“我们与老人并不是很熟悉，因而缺少一些纪实性的镜头。”对张路宽来说，这是本次拍摄最大的遗憾。

不负青春，砥砺前行

每每提起一等奖的头衔，张路宽总表现得很谦虚：“这点成绩不算什么，虽然自己一直在认真准备比赛作品，但一等奖确实是意料之外的。”

在参加本次大赛的团队中，四五人成队的居多，团队内部有分工，讲配合，既保质又保量。《泰山皮影戏》这一作品只有张路宽与陈泽原两人完成，虽然团队小，但张路宽有自己的想法："人多思路也会变多，可能会因为观点的不同而影响作品拍摄进度。"相比其他团队而言，他们的小团队看似是短板之处，却恰恰呈现出最为精巧的作品。

成功总是来之不易，获得一等奖是光荣的，而为了一等奖而忙碌的日子却并不好过。对此，张路宽感慨颇多："自己并不擅长使用剪辑软件，但为了这次比赛，私底下请教过很多同学，下了不少功夫。"

在拍摄过程中，团队也遇到一些或大或小的麻烦，例如，机位不足、采访片段不完美等。为了呈现更完美的短片，张路宽只好多花时间和精力来弥补。没有细细耕耘，便没有最后的收获。

不忘初心，感念师恩

张路宽的成功离不开他的坚持与努力，也离不开老师与同学的帮助和鼓励。

这次获奖作品的指导老师黄海教授于去年由湖北电视台调到我校任课，这是他第一次带领团队参加全国计算机大赛。虽然缺少大赛经验，但在纪录片的制作上，黄海绝对是个行家。在这次比赛中，黄海为张路宽一组同学提供了不少指点和帮助。

提起学生张路宽，黄海毫不吝啬赞美之词："这个孩子非常努力、认真，身上有股'拧巴劲儿'，对待作品总是一丝不苟，精益求精。"而对于指导老师黄海，张路宽也道出了心里的感激："很感谢黄老师，黄老师对我们学生指导耐心、细心，对每一帧画面、每一行字幕都看得非常仔细。"

有些时候，我们做事不求目的和利益，而只为那份初心，也正是因为这份初心，张路宽才得以付出努力，取得成功！

（原载于《新传人》第 31 期，2018 年 10 月 24 日）

一等奖是合作出来的

陕晋玮

《改变》创作团队成员，从左至右依次为：李想、邓雨寒、郭娟孜、陕晋玮、杨泞滔　摄影/周佳

2018年“讲诚信学征信守信用”湖北省大学生新媒体作品大赛中，我院2016级编导专业的学生陕晋玮、邓雨寒、郭娟孜、李想、杨泞滔凭借《改变》从240余件作品中脱颖而出，荣获一等奖。

灵感来自生活，题材通俗易懂

“当时校园贷的信息非常多，辅导员讲有不少人因为还不起校园贷而被通知家长，身边也有同学做兼职时被骗了押金，退不回来，就想着把两件事糅合在一起，提醒大家注意一下。”在谈及视频中的故事灵感从何而来时，负责人兼导演陕晋玮说道，“受专业影响，就和几个志同道合的同学拍了这个视频练练手，也是想提醒刚入学的学弟学妹们。”

作品《改变》的主题反映了主角张小飞前后的变化，从一开始的抽烟、给女朋友买礼物，把重点放在赚钱、交女朋友这些方面，到最后在图书馆里学习，沉淀自己，改变自己。陕晋玮觉得，教育题材没必要那么深刻，所以就选择了这个题材，通俗易懂。郭娟孜说道："这是大学以来的第一部作品，参加演员都是班上同学，题材选择也是我们熟悉的身边事，很贴近生活，也很有意义。"

拍摄设备不足，后期耐心处理

"当时我们刚大一，没有专业课，就几个同学发挥各自特长。"回想拍摄经过，陕晋玮说道，"当时只有三脚架和单反，很多设备都没有，拍到一半觉得不行，需要一些移动镜头，然后就自己投钱去买设备，再去拍摄。"拍摄时也难免会遇到一些意见相左的情况，他们就会坐下来各抒己见，在商议中找到更好的解决方案。

他们拍摄视频花了一个星期的时间，自拍自导自演自备器材，在学校就地取景，利用一切可利用的资源。有时拍摄的细节没做好，后期就需要很耐心、细心地处理。陕晋玮觉得这是一个不断学习的过程："后期处理时，会感觉到有一些细节没有拍到，然后就会抽空出来补镜头。"郭娟孜说："当时看了这个比赛，就对片子进行加工，再处理，然后以这个主题参加比赛。"

团队处女作，不断在努力

"第一次拍的作品难免会有不足，但好在立足大学生群体，取材于我们身边的事，简单易懂，能起到一定的警醒作用。为拍出更好的片子，我们在努力。"经历种种困难，视频剪辑完成，看到成品的时候，大家都舒了一口气。

"这就是我们的青春啊！"主演李想拿到获奖证书时，不禁感慨，"《改变》这部片子是我们大学期间的处女作，创作思路也很简单；当时的拍摄很开心，大家合作得很愉快。一起拍摄、创作真的让我感受到乐趣，希望以后我们在不断的学习中能拍出更好的作品！"

"当自己面对困难、挫折、挑战的时候，只要肯相信自己，不断努力付出，哪怕现在的人生是从零开始，都可以做得到。"郭娟孜说出了这个团队每位成员的心声。

（原载于《新传人》第 31 期，2018 年 10 月 24 日）

这是继李明子荣获2017“中华小姐”桂冠之后，
播主专业诞生的又一个标志性学生

张琛斩获全国主持人大赛金奖

李聪

张琛荣获全国电视主持大赛金奖，与评委鞠萍(右)合影　供图/张琛

2018年11月16日，在福建平潭举行的“第十届海峡两岸电视主持人大赛”全国总决赛落下帷幕，我院2016级播主专业学生张琛荣获金奖。这是我校乃至湖北地区选手首次在这项国家级赛事中获金奖。

据悉，此项大赛由中国电视艺术家协会、福建省文联主办，各省、市、自治区电视艺术家协会等单位协办，被列为国台办对台交流的重点项目，迄今共举办十届。该项赛事旨在培养选拔电视主持艺术后备人才，推动海峡两岸青少年的文化交流，促进两岸电视艺术互鉴互荣，增进两岸同根同源的意识，参赛选手以高校大学生为主。

本次大赛共有来自内地、香港和台湾地区一万多名选手报名参加，创历届大赛之最，最终由来自海峡两岸的6名电视主持新人分享大赛金奖。这是我校学生首次参加该项大赛，张琛首次参赛即获金奖。

比赛分为预赛和总决赛两个阶段。预赛由各省份负责，每个地区共遴选出 3 名选手参加全国总决赛。在湖北赛区预选中，张琛以优异的表现突出重围，拿到了代表湖北省参加全国总决赛的门票。

总决赛于 11 月 12 日至 16 日举行，由央视著名主持人鞠萍、韩乔生、彭坤，中国台湾地区著名主持人唐从圣以及中国传媒大学教师赵若竹担任总决赛评委。

总决赛历时五天，分为三轮。残酷的赛制要求选手既要关心时政，了解海峡两岸热点话题，还要精心准备多种节目，有良好的临场应变能力。决赛轮中，张琛在即兴主持环节大胆“吐槽”评委韩乔生老师，收到意想不到的效果。韩乔生在点评时说，张琛的设计非常有意思，很有胆量，表现得也很好。

我院播音系主任郝斌在接受记者采访时说，张琛是继李明子荣获 2017 年凤凰卫视“中华小姐”环球大赛总冠军之后，播主专业诞生的又一个标志性学生，希望他未来能够进入我校艺术硕士专业继续深造。

（原载于《新传人》第 32 期，2018 年 12 月 12 日）

“东湖读吧”半年读八次

章馨元

我校“楚天学者”讲座教授、美国密苏里州大学教授周树华（右一）领读第三期读书会

一流的人读一流的书，读一流的书做一流的人。“东湖读吧”汇聚志同道合的学友一起分享读书心得。在这里，有书，有茶，有思想；在这里，可交流碰撞思想，可激扬文字，涤荡心灵；在这里，遇见最美好的你，读最合适的书。

“东湖读吧”创办，推动读书氛围

“东湖读吧”的创建也算是机缘巧合，张德胜院长在清华大学见到中国新闻史学会会长陈昌凤教授时，听说陈昌凤教授要参加读书会，便起意要创办读书会。张德胜觉得：“陈昌凤教授这么大腕儿的一个人都在读书，我们有什么理由不去读书呢？”张德胜一直也在寻找机会做这件事，遇见陈昌凤教授参与读书会促成了“东湖读吧”的开展。

“东湖读吧”公众号的运营是属于湖北名师工作室名下的，以学术沙龙、学术工作坊为核心,汇聚志同道合的学友。创办的主要目的是在学生中间推动形成读书氛围。学院开展这种活动,就是想提高大家阅读的积极性。

领读效果良好,思想交流碰撞

截至2019年,“东湖读吧”已经做了八期。“从目前的情况来看,应该来说效果还是非常好的。”王创业说道。

每个星期三,小球馆三楼会议室座无虚席,老师与同学都在认真聆听领读者的读书心得。读书会需要人去领读,去助读,带着大家一起去读书。这种领读的方式主要目的是让我们去读书,强调它能为我们所用,在知识的积累和学术上提供一些帮助。王创业强调:“读书时的思想的碰撞和交流,都可以在读和思的过程中产生”,“在读的过程中,可以让大家更快地接触到书的核心内容”。

读书坚持到底,过程不能省略

“退一步说,即便到最后只有几个人,哪怕是只剩一个人,还是要坚持。”王创业谈及对这个活动的感想时说道。读书会是开放的,不存在强制性。“每一次我看到几十个学生,甚至老师都在积极参与,我觉得还不错。”王创业说,“我们下一步的想法是让学生们来领读。”这种从老师到同学的过程,就是为了以这种方式去鼓励学生们读书。

现在碎片化、电子化的阅读已经成为大众的阅读方式,对于这种现状,王创业也给出了建议:“读书还是要读经典的,大浪淘沙过的还是非常有价值的。”现在电子媒体很发达,可以检索到很多内容以及一些零散的知识,“这些都是别人的知识,并没有转化成自己说的。”王创业认为,读书就是和作者对话的一个过程,这个过程不能省略,每个人都可以读出自己想要的东西,或者自己感兴趣的东西。“东湖读吧”已初见成效,不仅为读者提供了交流的平台,也为学生们读书营造了良好的氛围。“东湖读吧”会因为同学与老师的参与,变得越来越好。

(原载于《新传人》第33期,2019年1月8日)

“东湖读吧”小记

王创业

“东湖读吧”吧主王创业领读第四期读书会　摄影/陈铜

戊戌岁末，恰值西历圣诞，“东湖读吧”第一季在一片欢声笑语中结束。倏忽间，“东湖读吧”已历经八期，整整两个月，八位读者，九本原著，历历在目，让人记忆犹新。

回望来时，犹如昨日。

读书会是张院长念兹在兹的一件事情。偶有闲暇，便要找我谈书，娓娓道来，脸上写满了兴奋。一读到好书，读到兴奋处总要与我们分享。我也乐于偷师学艺，暗下里记了不少精华。但他并不止于此，心怀忧虑：书要多读，要带动学生和老师参与，形成读书氛围。

于是……

“创业，读书会要办！……”

“创业，给读书会想个名字吧！……”

“创业，读书会要读好书呀！……”

……

每次，他虽然这样安排，却事无巨细，要一一费心：“东湖读吧，一语双关，读吧，读吧！这个好。”其实他开始最为中意的是“东湖读书会”这个名字，当我告诉他此名已被注册，他依然很兴奋，认为我们的选择是对的。

他跟我约定，读书会要自由，不点名，不查人数，秉持自愿原则，哪怕只有一个人，我们也要坚持。这也是他对读书的一种执念。

第一期如期开始，他一口气读了两本书——《新闻学原理》和《新闻十大基本原则》，他精心准备了提纲，发给学生。像平时一般，激扬文字，现场气氛渐入佳境，一片欢声笑语。原来书可以读得这么有趣味。

花姐、美国密苏里州大学的周树华教授、湖北第二师范学院的黄芙蓉教授、付晓静教授、万晓红处长、姜欣老师，从社会学、新闻学、社交媒体到体育学，个个精彩。我也由主持人临时客串了一把，大呼过瘾。毕竟独乐乐不如众乐乐，是否读懂并不那么重要，而要来分享，则完全不同，读书也不能囫囵，非要理出脉络来。这或许也是姜欣老师读完时告诉我，如果可以，下学期他还要再来读的原因吧。

每次读书会，均座无虚席。张院长高兴地告诉我：“成了!”我也跟着开心。毕竟，“东湖读吧”声名远播，“外人”也开始多了起来。

读书并非苦差事。张院长每次插科打诨，花姐恐怕是最“受伤”的一个。不仅是读书，我们还有很多的“八卦”可做谈资；不仅是读书，我们还有许多的同伴，可一路相伴；不止是读书，我们还可以从中感悟，享受岁月静好……

第八期帷幕已落，但是第八十期、第八百期的蓝图也早已绘就。以“湖北名师工作室”的名义筹划出版的《东湖读吧经典精选精读》也将与大家见面，敬请期待。

“八”和“九”在中国都有着极好的寓意，这也预兆着我们的读书会将“飞龙在天”“蒸蒸日上”。

（原载于《新传人》第33期，2019年1月8日）

我院隆重举办2019年元旦晚会

吕 浩 欧笑晗

新传学院举办2019年元旦暨迎新晚会 摄影/周伤

2018年12月16日晚,“2019年新闻传播学院元旦暨迎新晚会”在新艺术馆小剧场举行。

晚会主题是“新逢千禧初长成,传声弦歌改革年”。校组织部部长王栎、副部长胡彦侠及和潇天、校宣传部副部长朱妍珏、校团委书记张广弟、学生工作部部长姜劲晖、招生就业处处长刘丽艳、后勤党总支书记叶涛、图书馆馆长戴红霞、艺术学院党委书记姜长林、运动训练学院党委书记徐法、经济管理学院党委书记吴坤,我院书记童铸、副院长张钢花、副书记赵露娜等莅临现场。

动漫社炫丽的WOTA艺表演拉开晚会的序幕,童铸致新年贺词。童铸提到,在即将过去的2018年,我院师生在各个领域都取得了出色的成绩,包括全国计算机大赛、主持人大赛、广告艺术大赛等,更值得一提的是我院2016级播主专业学生张琛摘得第十届海峡两岸电视主持新人大赛金奖。这一年,硕果累累,此时更是丰收的时刻。

晚会上,我院学子纷纷拿出“十八般武艺”,为大家带来了一场视听盛宴。

歌曲串烧《没有理想的人不伤心》一开场就将现场气氛推向高潮,乐队用他们独特的风格重新演绎了大家耳熟能详的歌曲，扎实的唱功再现了十佳歌手的风采。

《夜上海》则用海派的怀旧风格，将观众迅速带回车水马龙的老上海。多种风格的舞蹈也给同学们留下了深刻印象；小品《当外卖来敲门》以外卖员送餐过程中的搞笑趣事让我们切身体会到外卖师傅送餐的不易，手指随意滑下的一个差评可能会让他们丢掉工作，而将心比心、宽容对待则是对他们最大的尊重。

舞蹈节目《大鱼》将唯美的舞蹈与动听的歌声相结合，让观众身临其境；歌剧表演《世上没有尤丽狄西》用美声将紧凑的剧情与剧中人物性格刻画完美结合，运用浑厚有力的唱法刻画出真实而生动的人物形象；舞台剧《时间都去哪了》用精湛的演技让我们明白，年纪会老，皱纹会增加，但父母的爱永远不会减少。

大一学生带来朗诵《少年中国说》，铿锵有力的声音加上极具感染力的动作将全场气氛推向顶峰。2018 年，恰逢改革开放四十周年。作为历史的见证者，每个新传学子都应"赞祖国盛世，展武体风采"。

晚会还为优秀教师张喆、王创业、黄海、郝斌，先进集体视觉传达系大悟实践队、"助力蕲春，圆梦新传"暑期实践队，先进个人张天翼、刘羽西、张路宽、张琛以及本届嘉年华足球赛男足冠军 2016 级新闻和篮球赛男女篮冠军 2017 级播主、2017 级新闻颁奖。

晚会在一片欢声笑语中落下帷幕，领导嘉宾及工作人员上台合影留念，为本次晚会画上圆满的句号。

（原载于《新传人》第 33 期，2019 年 1 月 8 日）

我院成功举办第三届新青年论坛

易三平出席，并为“十佳青年”颁发荣誉证书

卢 琪

校党委副书记易三平（左六）为我院第三届新青年论坛“十佳青年”颁发荣誉证书 摄影/欧笑晗

4月24日，新闻传播学院第三届新青年论坛在科技楼五楼演播厅隆重举行，校党委副书记易三平同志出席了活动，聆听了“十佳青年”的成长故事，并为他们颁发了荣誉证书。

新闻传播学院新青年论坛始于2017年，本届论坛为第三届。每届新青年论坛确定一个主题，今年的主题为“成长”。

新闻传播学院院长、博士生导师张德胜教授做了论坛开场白。张德胜说，我院在每年“五四”青年节前夕举办新青年论坛，邀请十位优秀青年来讲述他们的动人故事，旨在让学生感染学生，让学生告诉学生应该如何读书、实践、创新，以及毕业生应该如何适应职场竞争和社会生活。

与前两届不同，本届论坛分别邀请了五位在校生和五位毕业生，这十名演讲者的学历背景涵盖新闻、播主、编导、视传四个本科专业，演讲者的分布体现了校内与校外结合、本科生与研究生结合。

在五名毕业生中,《长江日报》记者张希祉生动地讲述了陪母抗癌的感人事迹,湖北经视主持人梅媚分享了从优秀记者蜕变为主持人的“记而优则主”的成功事例,湖北电视台财经节目负责人张歌报告了从编导到股东的奋斗经历,中国网记者张正朋回顾自己曾因两字之差而差点下岗的教训,英国驻华大使馆签证官、伦敦大学博士学位候读人肖瑶驰展示了“走遍天下,最爱还是读书”的风采。

在五名在校生中,播主专业朱静茹成为连续三届都受邀论坛发言的第一人,今年她分享了“志愿服务是如此美丽”。播主专业张琛活灵活现地复盘了“海峡杯”全国广播电视主持大赛金奖的斩获过程,退伍军人、播主专业路雯登赢得了最多的现场掌声,因为他在 2017 年中印“洞朗对峙事件”的英雄行为令人肃然起敬。编导专业张煜霖堪称英语达人,雅思考试 7.5 分、连续出席哈佛大学模拟联合国大会和剑桥大学的国际交流活动,令同龄人望尘莫及。新闻与传播专业研究生赵鑫鹏用亲身经历诠释了自己对于体育的酷爱和对媒体的忠诚。

播主专业的张琛和付凡格幽默大气地主持了当晚的活动,其中,付凡格和路雯登还同时考取了今年本校的研究生。

王栎、姜劲晖、杨翼、徐霞、万晓红、熊振宇、张广弟、朱妍珏、王晶、陶山等职能部门领导,袁志勇、徐法、吴鲲、叶涛、冯婵等相关院系党委领导,新闻传播学院党委书记童铸、副书记赵露娜以及一百多名师生出席了论坛活动。

网络媒体汉动力全程直播了论坛活动,为广大师生在线收看提供服务。

（原载于《新传人》第 34 期,2019 年 6 月 28 日）

我院《寻访岳家拳》上了央视 app

杨阳

《寻访岳家拳》获计算机音乐创作数媒微电影银奖　供图/李倩

8月26日，由我院选送的学生创作的纪录片《寻访岳家拳》在全国一百多所大专院校参赛的大学生计算机设计大赛中脱颖而出，获得计算机音乐创作数媒微电影银奖。获奖作品在10月21日被新华网报道转载，并作为优秀获奖纪录片登上《人民日报》app播放。

《寻访岳家拳》的制作团队由我院2016级编导专业学生李倩、蔡华芳、毛易媛和艺术学广播电视编导研究生黄沁怡组成，指导老师为编导系教授黄海。

辗转奔赴三地拍摄素材

李倩和其他几位成员是好友，决定参加比赛后，在众多备选题目中最终敲定以“寻访岳家拳”为主题，前往浙江嘉兴和湖北武穴、黄梅三地，拍摄影片素材。

由于时间紧迫，满满的行程安排让团队成员面临体力不支的巨大挑战，蔡华芳为扛机器甚至导致肌肉拉伤。“当时白天拍摄，晚上就坐车辗转赶路，那段日子真的是非常苦，但我们都熬过来了。”李倩直言。

拍摄中一再遇到意想不到的困难，团队成员的毅力与智慧都面临着考验。比如，拍摄过程中非常重要的航拍机意外出现故障，无法使用。由于当时无法及时修补，为了不耽误拍摄，只能通过人力拍摄：一个人站在梯子上，另外一个人爬上高楼去取景。好在由于前期分工明确，提高了后期制作的整体效率，最终作品圆满完成。

虽然经历了种种曲折，李倩依然强调“更享受过程”。“都是大家倾尽全力的心血，做的时候也没有想着会去获得什么样的荣誉，想做就去做吧。”李倩说道。

岳家拳国家级传承人再现雄风

据悉，张业金作为岳家拳第二十六代传承人、国家非物质文化遗产传承人，他创办的岳飞武校宣传、弘扬了岳家拳，培养了一批又一批岳家拳弟子，将岳家拳的传承发展推向全国乃至全世界。

张业金非常配合她们的拍摄，亲自展示岳家拳，再现当年武穆雄风。当得知她们需要拍一个多人方阵练拳的镜头时，提前两个星期带学生练习准备，最后呈现出来的效果非常令人满意。

从前期拍摄到后期制作，黄海老师一直在鼓励、敦促她们。前期师生间的反复沟通，给了团队很多灵感；拍完回校后，白天要上课，晚上要剪片，学生快坚持不下去的日子里，黄海不停敦促，一帧帧地提供建议与帮助，使作品日臻完善。

获奖后，李倩对学弟学妹们说：“想做的事情就去做吧，反正我们还年轻，只要路是对的，就值得我们去搏一把。”

（原载于《新传人》第36期，2019年12月31日）

四个人四个月磨出《指塑春秋》

杨　阳

《指塑春秋》制作团队与指导老师唐玥蘅合影(右一)　供图/杨阳

8月26日，在浙江音乐学院举办的第12届中国大学生计算机设计大赛进入最后的颁奖环节，在颁奖典礼宣读获奖名单的最后一刻，大荧幕上出现了武汉体育学院的校徽以及我们的作品名《指塑春秋》，是的，我们拿到了全场最后一个一等奖，悬着的心终于在此刻落地，那些为比赛忙碌奔波的时光碎片逐渐串联在脑海中。

机会常眷顾虔诚者

从一开始，困难就接踵而至。

在拿到比赛细则之后，选什么内容作为这次的拍摄题材是我们首先考虑的问题。在去年拍摄了汉剧之后，我们这次将目光投向了传统工艺。于是，我们便开始了“地毯式的搜索”。我们通过搜索网络、翻阅地图等方法，找到了诸如木雕、汉绣、黄梅挑花等许多很好的题材。那时，我们几乎一下课就跑去汉口探路以及咨询，可惜的是，由于传统工艺传承人大多年事已高，无法进行后续的拍摄，这些很好的题材最后都与我们失之交臂。在这之后，唐玥蘅老师提供给我们一个阳新布贴的新路径，但当我们准备买票前去拍摄时，对方以时间紧张为由拒绝了我们。我们的创作过程陷入了停滞状态。

当我们再次前去咨询时，意外收获一位面塑老师的联系方式，我们很快与他取得了联系，但是他以身体抱恙为由婉拒了我们，我们的创作再次陷入窘境。

眼看距离校内评审时间越来越近，无奈之下，我们在半个月后，再次联系这位老师，并直接递上了我们的策划案，表达我们想与之合作进行拍摄的诚心。也许是因为我们这种执着的热情，最后，这位老师接受了我们的邀请，成为我们短片中的主人公——刘洁。

起初刘洁老师只肯给我们一天的时间拍摄，我们连夜赶制拍摄方案，为争取老师的信任，我们高效率完成了第一天的拍摄任务。刘老师在第一天结束时说：“拍不完没事，你们周三、周五也可以过来拍。”这时，我们知道，刘老师已经完全接受了我们。

此次的“三顾茅庐”让我们明白，机会总是垂青于真诚和有准备的人，但凡我们在这个过程中轻言放弃，便不会有这次美好的相遇和成长的机会。

打破陈规现奇效

我们这次组成了一支“视传＋编导”的队伍，分别利用各自专业的优势，期望能够发挥“1＋1＞2”的效果。而在这次参赛的过程中，我们四个人也在不断的磨合中成长。在拍摄方面，谭嘉璇和陈秀艺扛起了大旗；在后期制作上，杨阳和徐卓凡的美术功底大放异彩；在情节设置以及作品谋篇布局的讨论中，我们集思广益，迸发出灿烂的火花。

面塑作为一项具有悠久历史的传统工艺，其造型各异、色彩丰富、制作精美，对画面呈现极富表现力。我们恰恰是抓住了这些特点，运用多种剪辑手法和特写镜头，展现了一个个栩栩如生的面塑作品。

在校内评审中，面对比往年多出两倍的优秀作品时，我们感受到了前所未有的压力。但当我们的作品在演播厅的屏幕上播放时，我们听到了许多惊叹的声音，看到了各位老师和同学目不转睛的神情。后来它作为优秀作品之一进入省赛并获得了省级一等奖，可以说，最后的丰收离不开我们团队每个人的付出。

念念不忘，必有回响

在国赛上，面对来自数百所高校选送的上千件优秀作品时，我们并没有畏惧，而是始终相信，我们精心制作的作品会有一个好的结果。决赛答辩前夕，在唐老师的悉心指导下，我们四人在酒店模拟答辩现场，排练了整整一天，为答辩做了充分的准备。在答辩时，我们深知，肩负着大家对我们的期望，这四个月汗水的总结，更是我们想为学院争光的决心。我们将最好的一面呈现在评委面前，赢得了各位评委的认可。

从开始到结束，从校内评选到中南地区赛再到最后的国赛，我们一路过关斩将，最后站在了领奖台上。当一等奖的奖牌和奖状被我们捧在手中，走出颁奖典礼礼堂时，下午的阳光洒在身上，我们四人相视一笑，在落日的余晖中散去。也许只有经历过地狱般的折磨，才会有征服天堂的力量吧！

（原载于《新传人》第36期，2019年12月31日）

郑灵毓获体育院校英语演讲比赛非专业组一等奖

卢　琪

郑灵毓(左二)获第四届全国体育院校英语演讲比赛非专业组一等奖　供图/郑灵毓

12 月 7 日，由全国体育院校外语教学研究会主办、北京体育大学和河北体育学院承办的第四届全国体育院校英语演讲比赛在张家口崇礼云顶滑雪场圆满落幕。本次比赛共有来自全国 13 所体育院校的选手参加，我院 2017 级新闻学专业郑灵毓最终荣获非专业组一等奖。

在 2018“外研社杯”全国英语演讲大赛校级初赛中，郑灵毓获得一等奖，由此得以参加此次比赛的校内选拔。经过定题和随机抽题的演讲比赛后，郑灵毓以优异表现获得此次代表我校参赛的机会。

本次英语演讲比赛以“北京2022年冬奥会与年轻一代”为主题，分为定题演讲、即兴演讲、冬奥知识问答三个部分。

郑灵毓为准备比赛付出了很多时间和精力。“有的院校甚至在放暑假期间就进行集训”，不甘落后的郑灵毓充分利用课余时间，一遍遍地与国际教育学院的程瑾瑜、蔡璇等老师进行商讨，不断修改，直至完成一篇令自己满意的演讲稿。

在比赛途中，郑灵毓积极地与其他参赛选手交流，非专业组的她在与专业组同学交流的过程中，也收获了一些有利于比赛的知识。“在比赛中我没有很紧张，算是一个平稳的发挥。”郑灵毓说。

当提及为何对英语演讲感兴趣的话题时，郑灵毓说道：“小时候我英语成绩很差，但由于一个契机遇到了好老师，我开始喜欢英语；从看英剧美剧、听英文歌、学习西方文化开始，努力学习英语。”不仅是英语，郑灵毓对韩语、粤语也有浓厚的兴趣。除此之外，郑灵毓还表示，英语演讲是展现个人魅力的一种方式，可以用英语去表达自己的观点，也是提升自己的好方法。

对于获奖，郑灵毓没有感到意外，也没有为此骄傲，因为这是她努力的结果。为了这次比赛，郑灵毓甚至放弃了双学位考试。演讲比赛于她来说就是背水一战，只能竭尽所能。与此同时，郑灵毓也在比赛中遇到了很多出色的对手，让她看到了自己的不足。“以后还会在英语演讲的领域中不断地学习，不断地听别人如何用英语表达，也还要去参加更多英语演讲比赛，充实自己，使自己成为一个优秀的人。”郑灵毓说。

（原载于《新传人》第36期，2019年12月31日）

罗庆文写给护士妈妈的歌爆红网络

小　新

4月14日，罗庆文(左)和数月坚守在战疫一线的妈妈相见

5月12日是国际护士节，新华社、央视新闻等国家级媒体和《长江日报》等省内主流媒体纷纷推送了原创MV《身着白衣，心有锦缎》，当天点击量接近140万人次，广大网友们深受感动。歌词作者罗庆文是我院2018级编导专业学生，她将这首《身着白衣，心有锦缎》作为礼物送给当护士的妈妈，也送给所有奋战在抗疫一线的医务工作者。

罗庆文的妈妈是华中科技大学同济医学院附属同济医院护理部副主任黄丽红。2020年1月中旬，黄丽红奔赴同济医院中法新城院区战疫一线，罗庆文独自在家照顾80多岁的爷爷和奶奶。“妈妈每天都会工作到凌晨两三点，我们之间的交流就像隔了时差，当了好几个月的‘网友’，视频通话时都可以看到她脸上被护目镜压出的勒痕依旧清晰。可当我在央视新闻上看到母亲的画面时，我深深地为她感到骄傲。我也知道，所有在一线奋战着的人们，都是在为我们的‘岁月静好’而‘负重前行’。”4月14日，同济医院中法新城院区为最后一批援鄂医疗队北京协和医院医疗队举行送别活动。罗庆文凌晨三点就起床去医院，和妈妈见面，并给妈妈送上自己绘制的防护服。

就在妈妈奋战在战疫一线的这段时间，爱好音乐的罗庆文萌生出给妈妈写歌的想法。“2020年对我们武汉所有人来说都很特别，我们有忧虑、担心，但还是满怀希望。”罗庆文说。妈妈和她的同事们每天在一线与病毒竞速、抗争，拼尽全力和死神抢人，可想而知压力有多大。“所有医护人员都拥有‘身着白衣，心有锦缎’的高尚品质，感谢他们为我们的安康负重前行。”

罗庆文与武汉音乐学院大三学生李松添合作，用一周时间构思完成这首原创抗疫歌曲。《身着白衣，心有锦缎》通过第一人称的视角，描绘医务工作者在疫情期间奋战的坚定和对待病人、对待生命的态度。在疫情之初，面对无穷无尽的压力，她们不退缩、不言弃，始终相信阴霾终会消散，阳光会到来，万物都会复苏。心怀坚定信念，她们用一双双温暖的手抚慰每一位病人脆弱的内心。“这首歌既是写给妈妈，也是写给所有的医护人员和与疫情抗争的人们。我最喜欢的歌词是‘我很简单，不留遗憾’，脱下防护服的医护工作者都是普普通通的人，但也正是他们的担当和勇气，让他们不平凡。”

这首歌曲被新华社转载后点击量当日破百万，罗庆文感到很欣慰：“可以用自己的力量，去鼓舞、激励更多的人，告诉大家，‘就算荆棘都铺满，前路忽明忽暗，也会很短暂’。习近平总书记说过，‘青年兴，则国家兴；青年强，则国家强’。身为当代大学生，我们更应意识到自己的社会责任和历史使命，并投身于实践中，继续精进专业所学；身为未来的传媒人，应以青年之梦想，融入国之梦想，用青春之色彩、青春之梦想、青春之才干，去发挥我们的光与热。”

（原载于《新传人》第38期，2020年11月2日）

蒋聪颖获中广协公益广告大赛银奖

小 视

11月14日，第27届中国国际广告节国家市场监督管理总局第三届3·15消费者权益保护公益广告大赛优秀作品发布仪式及颁奖典礼在厦门国际会展中心隆重举行，我院2017级视觉传达设计专业学生蒋聪颖斩获银奖。

由国务院直属机构国家市场监督管理总局举办的3·15公益奖和由中国广告协会举办的公益广告黄河奖，作为公益广告的两大标杆赛事，旨在强化公益的影响力，为传播社会正能量做出应有的贡献。

3·15消费者权益保护公益广告大赛由国家市场监督管理总局主办，网络交易监督管理司承办，中国广告协会执行承办。作为中国国际广告节的重要组成部分，3·15消费者权益保护公益广告大赛一直关注消费热点，贴近当前消费市场，传递主流价值。

中国广告协会会长张国华表示，3·15消费者权益保护公益广告能够让更多消费者认识到消费维权的意义，能够引导消费者更好地保护自己，其存在意义不仅仅是广告本身，还对全行业的科学可持续消费升级具有更为深远的积极作用和影响。

在王雷教授的指导下，蒋聪颖创作的视频类广告作品《“责任”与“担当”》斩获国家级银奖，短视频类广告作品《打“假”大会》、平面类广告作品《请给我打上马赛克》荣获国家级优秀奖。

据悉，国际广告协会全球副主席、中国广告协会会长张国华，北京大学新闻传播学院书记、副院长、教授、博士生导师陈刚，鲁花集团品牌总监初志恒，Loong创益人龙杰琦等业界大咖参与了终审评选，由学界和业界混合评选，从3105件作品中选出优秀及以上作品264件，包括4个金奖、8个银奖、13个铜奖以及239个优秀奖。国家市场监督管理总局领导及中国广告协会副秘书长、《现代广告》杂志社社长赵华为蒋聪颖颁发了大赛银奖奖杯。

（原载于《新传人》第39期，2020年12月31日）

18 新闻吕浩，这个小伙特能说！

王星宇

比赛结束，吕浩（后排左三）和“优酷体育”直转播团队的老师及其他校园解说合影　供图/吕浩

3 月 13 日晚，2021 年中国大学生篮球联赛（CUBA）全明星之夜，各路球星大秀绝技，校篮战火瞬间引燃。当晚，许多不能到达现场的球迷通过“优酷体育”观看直播，现场的解说员们迅速捕捉比赛的每一处细节，将赛事和氛围一一描述给大家。他们中间有一位声音富有磁性、行事老练沉稳的解说员，是来自武汉体育学院新闻传播学院 2018 级的学生吕浩。

现场解说，以赛促学

2020 年 11 月 30 日，“优酷体育杯”第三届“全国高校体育解说员、主持人大赛”武汉赛区的比赛在武汉体育学院举行，吕浩凭借优秀的表现成功进入了复赛。同年12月20日，吕浩在“优酷体育杯”第三届“全国高校体育解说员、主持人大赛”总决赛中获得二等奖、篮球单项解说第一名，并获得前往重庆现场解说2021年中国大学生篮球联赛（CUBA）全明星之夜的机会。

“以赛促学，经历了这次比赛，我能够更敏锐地捕捉到比赛的热点和观众的兴趣点，也看到了自身的短板和今后努力的方向，这是我的最大收获。”比赛中，吕浩和来自清华大学、中国传媒大学等53所高校的649名选手同台竞技，他自信大方、沉稳冷静。

CUBA全明星之夜的解说是吕浩的第一次现场解说，也是在“优酷体育”上的首秀。准备解说的时候正值寒假，吕浩在家反复观看每一场CUBA比赛录像、给每一位球员做笔记，认真分析他们的特点和表现，以便灵活应对瞬息万变的赛场。

真正坐到解说席上，吕浩用“平常心”三个字概括自己的赛场表现：“调整好心态，用心捕捉细节，做好互动配合，勇敢自信地展示自己就好了。”赛后，“优酷体育”的一位评委老师在点评时说，吕浩的表现出人意料，这得益于他的刻苦努力、专业素养和丰富的经验，他总是乐呵呵的，很有观众缘。

种下梦想，精进不休

小学时期，吕浩就爱上篮球，经常在中午放学后和同学一起打球，一有空闲就会在CCTV5频道收看赛事和《体坛快讯》，解说员杨毅、于嘉、苏群等老师的侃侃而谈让他耳濡目染，从那时起吕浩就对解说产生了浓厚的兴趣。高考选报志愿的时候，吕浩说他既喜欢体育又喜欢新闻，来到武汉体育学院学新闻便成了他的不二之选。

“新闻传播学院院长张德胜是引导我走上解说之路的老师，他讲授的《体育解说评论》《体育社会学》两门课对我影响很大，从老师那里我学习到一个解说员应该具备的基本素养，并对如何解说一场体育赛事有了清晰的思路和方法。”通过学习，吕浩对解说比赛细节的把控更加成熟。

在学习专业课的同时，吕浩还参加了学校的篮球裁判协会和篮球研究协会，虚心向教练员学习战术布置，向裁判员了解判罚规则，跟着队员一起训练，了解他们在球场上的心态和状态。“在武体学新闻有着得天独厚的优势，在这里我不仅可以从一个媒体人的角度去看待比赛，还可以运用专业知识多维度地解读比赛。”吕浩说。

2018年，吕浩参加了由武汉体育学院新闻传播学院播音教研室的王子也老师创办的实践平台——汉动力体育。两年来吕浩跟着实践团队东奔西走，参与武汉各大体育赛事的现场解说，积累了很多赛事经验与体育知识。他还在“虎牙直播”“企鹅直播”等有赛事版权的体育平台直播，锻炼自己的实战能力，并根据网友的评论查找自己的不足。因为他对解说的喜欢和热爱，这个开朗的男孩慢慢获得了球迷的认可，他也从中感受到解说带来的收获和快乐。

一样的梦想，一样的追求

吕浩在实现解说梦想的道路上，遇到了一批和他志同道合的学长，他们是吕浩拼搏路上的动力，也是他梦想航行的指南针。

“在参加初赛、复赛的过程中，赵鑫鹏学长、张天翼学长和我分享了很多经验。”吕浩提到的新闻传播学院2013级学生赵鑫鹏和2016级学生张天翼，均获得2018年首届全国高校体育解说员、主持人大赛二等奖。

说起与解说的渊源，吕浩表示张天翼对他的影响很大。大一刚进校时，吕浩加入了新闻传播学院的体育部，策划“新生杯”赛事，在师生对决的邀请赛现场，张天翼现场解说。“当看到张天翼的解说时，我觉得他特别酷！虽然不能成为一名职业球员，更没办法打CUBA，但是能通过解说奔走在自己的热爱里，也是一件幸福的事。”

赛后，吕浩主动找到张天翼，向他请教关于解说的问题，一来二去，他们成了无话不谈的好朋友，后来张天翼毕业去了“爱奇艺体育”，成为一名职业解说员，在实践方面给了吕浩更大的帮助。

毕业于武汉体育学院2018届新闻学专业的刘圳展对于吕浩来说是师兄也是偶像，刘圳展在大三下学期去了北京，成为“腾讯体育”篮球直播组的一位实习生。在实习结束后，刘圳展得到了一次面试解说员的机会，之后一战成名，开始解说2017年NBA夏季联赛。自此刘圳展圆了自己的梦想，成了一位篮球解说员。

“刘圳展的经历让我认识到厚积薄发的重要性，平时的积累和坚持会在关键时候发挥重要作用。”吕浩说。

谈及未来的规划，吕浩说，准备通过考研充实自己的专业功底，将来成为一名职业解说员，将更精彩的赛事解说带给观众，让大家感受到体育的魅力。

（原载于《新传人》第40期，2021年5月4日）

第七章 国际交流

DIQIZHANG GUOJIJIAOLIU

走出去求学问道　请进来送宝传经

付晓静

《国家中长期教育改革和发展规划纲要(2010—2020年)》明确提出扩大教育开放,加强国际交流与合作,引进优质教育资源,提高交流合作水平,为我国教育的国际化之路指明了方向与路径。新闻传播学院以国家战略为指导,始终坚持“请进来、走出去”的举措,积极推进国际交流,开展多层次、宽领域、全方位的对外交流与合作。廿年峥嵘,乘风起势,我院先后选派出一批批优秀的教师和学子,在全球化的浪潮中走出去,放眼世界,和国际接轨;同时邀请了一批行业翘楚来我院指导教学,吸纳了多位优秀留学生来我院学习。

一、立足教师专业发展,打造过硬“国际化”教师队伍

“师者,传道受业解惑也。”教师肩负着培养社会栋梁的责任,他们的眼界也许会影响未来一代人。新闻与传播学院建立的20年间,如果说前10年的发展是立足本地、夯实基础,那后10年就是放眼世界、寻求突破。2001年我院创办专业后,受到各方面办学条件限制,还无法充分开展国际交流,2011年后,随着国家与学校的支持力度加大,我院国际交流与合作也迎来了发展的契机,先后送出大批教师前往国外进行交流,美国、英国、韩国、加拿大和德国,都有我院教师访问、学习的足迹。

2012年7月10日至17日,时任新闻传播学院副院长的杨梅教授代表学校前往夏威夷大学和佐治亚州立大学进行友好交流访问,了解国外同类型专业的发展。同年8月,我院万晓红教授和王雷副教授前往英国苏格兰格拉斯哥参加了伦敦奥科会,在会上做了口头报告,获得了一致好评。

育人先育己,提一盏明灯,以一灯传诸灯,终至万灯皆明。新传学院多年以来,一直鼓励教师申请国际交流项目,开阔视野,不论是短期还是长期,都给他们提供强有力的支持。2011年3月,辛梦霞老师前往韩国,以汉语教师身份在韩国湖南大学工作一年,在传播中华文化的过程中也展现

了武体教师的风采。2011 年 10 月,曾兰平老师远赴英国,在朴次茅斯大学进行了为期三个月的学习交流,充分体验到英国式教学对实践的重视。2014 年暑假,王雷老师受学校选派,赴加拿大英属哥伦比亚大学进行了为期 31 天的学习交流,在这所名校,她了解到先进的教学理念,体会到灵活教学带给课堂的活力。2017 年暑假,播主专业李菁老师和编导专业周榕老师作为学校教师暑期交流团成员,赴加拿大阿尔伯塔大学进行了为期 2 周的交流学习,"将教研和社会服务紧密结合"是她们此行最大的收获。

2017 年,刘静老师获得国家留学基金委公派项目资助,前往美国阿拉巴马大学信息与传播学院访学一年,成为新闻传播学院成立以来首位申请获得国家公派留学资格的教师。其后,我院多位教师受到留学基金委资助出国访学。2019 年,付晓静、周细琴、张钢花三位老师同时前往世界上第一所新闻学院密苏里大学新闻学院访学一年,亲身体验了著名的"密苏里教育方法",将我院教师出国访学交流推进到新阶段。

访学路上,收获满满。新传学院老师将国外访学所得运用在回国后的教学实践与科研实践中,有力地促进了我院的学科建设与教学发展。

文化因差异而精彩,因传播而永存。2017 年 6 月 26 日,书法禅研究会副会长、我院副教授姚洪磊博士受邀参加在德国哥廷根大学举办的"全球化视野下的佛教理论与实践"国际学术会议,并发表了题为"佛法与书法的融合及'禅意书法'在当代的发展"的演讲。同时,姚洪磊在中欧国际文化学术交流中心总裁汪楠女士引荐下,拜会了德国享有盛誉的书法家、文化学者波特教授,两位学者对书法理解的思想碰撞,擦出了跨国界的文化火花。

通过"走出去",新传学院多位老师了解了国际前沿,将自己所学、所感、所见融入新传课堂,带给一批又一批学子正向积极的激励。他们用学用识,夯牢育人之基。

二、扩展学科发展前沿,邀请优秀"国际化"师资坐阵

将知名国际学者"请进来",是国际化办学的重要举措。我院不断邀请有经历、有学识、有建树的港澳台及国际学者来讲学,聚焦全球媒体发展前沿,回应社会热点,帮助学生开阔眼界,为教师打开视野。

多年以来,在我院开办讲座的港澳台及国际学者已不胜枚举。如美国传播学学者迈克尔·肯特博士、澳大利亚塔斯马尼亚大学教授 Elizabeth Lester、美国布里奇波特大学(University of Bridgeport)余燕敏教授、中国

台湾学者薛志弘等。他们从不同视角分别介绍了社交媒体、体育战略传播、广告与公共关系等前沿研究内容，拓宽了师生的研究视野。20年来，一位位国际专家学者汇聚武体，举办一场场讲座，汇聚中外智慧，为我院老师和同学带来了国际化资讯与研究思维。

2015年，经过湖北省教育厅审核与批准，美国阿拉巴马大学传播与信息学院副院长周树华教授获聘为我校新闻传播学专业"楚天学者"讲座教授，聘期5年。这也是2015年度全省高校新闻传播学唯一获批的"楚天学者"特聘教授。周树华教授的获聘，标志着我院国际化战略再上一个新台阶，是我院和国外新闻传播教育界建立密切联系的桥梁。5年间，周树华教授与新闻传播学院在人才培养、师资培训、科学研究以及学科建设等方面开展了广泛合作。周树华教授每年都会来校开展为期2～3周的学术周，内容包括给本科生、研究生授课，与教师进行学术交流与学术探讨。周树华教授还与我院多位教师合作开展了项目研究，其所在的阿拉巴马大学信息与传播学院和美国密苏里大学新闻学院成为我院青年教师访学的重要基地。

三、汲取国际力量，新传学子出国留学成规模

2011年之后，伴随着教育国际化的趋势，陆续有毕业生申请国外高校的研究生，其中不乏一些英美的名校，他们在异域环境中努力学习，提升个人的能力，追求着自己的梦想。学生留学目的地遍布全球各地，如在英国、澳大利亚、美国、法国、韩国、日本等国的校园内，都有武体新传学子的身影。仅2020、2021年两年，就有34人获得境外高校的留学offer。

英国爱丁堡大学是排名苏格兰首位、英国第五位的名校，曾培养出16名诺贝尔奖获得者和3位英国首相，是英国第四难进的大学。我院历年来有不少优秀学生被这所学校录取。如2010级广告专业的王伟被英国爱丁堡大学设计与数字媒体传播专业录取，他本科就读时非常用功，参加过各类全国性广告大赛，屡次获奖，为他成功申请这所英伦名校奠定了基础。澳大利亚墨尔本大学是澳大利亚排名第一的大学，全球排名第35左右，申请难度也相当大。我院2010级播主专业的耿钰皓本科期间通过武汉大学双学位学习，提升自己的专业能力和学术水平，最终被这所名校的传播专业录取。另外，2013级新闻学专业的陈秋竹被美国宾州滑石大学(Slippery Rock University of Pennsylvania)新闻传播学专业录取，她矢志向学，在学术严谨的美国大学里努力奋进。类似这样优秀的学生不胜枚

举，他（她）们学成归国后在各行各业都找到了满意的职位，做出了自己的贡献。当然也有一些同学在国外发现了自身对于科研的兴趣，从而一心向学，从硕士读到博士。2013 级新闻学本科生武岳就是其中的一位典型代表。他本科毕业后进入英国卡迪夫大学攻读数字媒介专业硕士，其后又以优异成绩申请进入全球百强大学格拉斯哥大学攻读传播学博士。

新闻与传播学院院长张德胜跟学生说过："新闻学院要培养的人，一定是社会人。"理论结合实践才能为学生所用，经历是宝藏，也是最美的时光。张煜是我院 2013 级新闻学专业学生，从 2015 年到 2016 年，志向远大的她申请了多份实习实践岗位。从新华社到凤凰卫视，从联合国大会到华盛顿世界银行再到纽约贫民窟，步履不停。她在联合国大会和潘基文进行过交流，也在纽约贫民窟进行过调研。我院为她提供了往返美国实习的机票，领导和老师的鼓励和支持也让身在异乡的她内心无比温暖。毕业后，她申请进入美国著名的约翰斯·霍普金斯大学攻读国际关系专业研究生，开启了人生另一段征程。

一代代新传学子始终秉持着武汉体育学院的校训"公勇诚毅，学思辨行"，把自强融入血脉，将担当扛在肩上。我院也自始至终坚持国际化发展的特色之路，采取各种措施为学生提供国际化课程，支持学生"走出去"，多角度将学生打造成能适应全球传媒发展需要的国际化人才。

四、感受中国文化，国外学子留学新传有收获

共赢来自合作，交流促进认同。新闻与传播学院不仅鼓励学生多"走出去"，也为国外留学生提供了良好的学习条件与学习环境。多年以来，我院吸纳了来自津巴布韦、美国、越南的多位国际留学生，让他们在武体新传学有所成、学有所获。

来自美国明尼苏达州的金瑞彬是一位典型的留学生。他热爱中国文化，于 2016 年 9 月份来到中国读书，第一年在华中师范大学做预科生，后转到武汉体育学院新闻传播学院读本科。他喜欢体育，上课很认真，经常与授课教师交流专业问题，时刻注意提升自己的中文水平。除了正常的上课与学习外，金瑞彬的爱好也很广泛。武汉体育学院为他提供了很好的学习平台。从打篮球、踢足球到喝茶、听音乐，金瑞彬充分浸润在武体文化氛围中，还通过对茶文化的了解，对中国传统文化有了更进一步的认识。大四毕业后，受疫情影响，金瑞彬不能回到中国，他利用自己的语言优势，在美国从事双语翻译工作，未来他计划再回到中国攻读研究生，继续他的中

国文化探索之旅。

从本科生、研究生，到博士后，我院接受海外留学生的层次近年来在不断提升。2021年，埃及本哈大学体育学院体育管理与娱乐系讲师艾哈迈德·奥玛成为我院院长张德胜教授的博士后，两人在更丰富的视角上进行科研合作，必将产出更多值得期待的成果。

国际交流与合作，是学院办学达到一定层次后的必然选择。受益于新闻传播学学科建设的跨越式发展，受益于武汉体育学院办学实力的持续提升，更受益于国家推进对外交流与国际化办学的战略宏图，新传学院发展20年，国际交流已渐成气候，取得了丰硕的成果。20年来，一届又一届新传人与时代共命运；一批又一批新传教师与祖国同呼吸，“请进来”“走出去”，积极推进国际交流，提升国际化办学水准。过往的故事和现在的成就相映生辉。岁月流转，时光荏苒，所有的日子都会被铭记，所有的未来都已在被期许。下一个10年，值得期待。

二十年风雨不了情

华 梅

五位教授合唱俄语歌曲《我们举杯》。左始依次是张江南、谢雪峰、李双成、汤起宇、唐宏贵

追忆当年梦想，亲述留学趣事，分享20年人生感悟，拉起手风琴重又吟唱起经典的《我们举杯》。

2012年12月3日16时，东教学楼第三报告厅。在此起彼伏的掌声和笑声中，我院隆重举行了纪念张江南、谢雪峰、汤起宇、唐宏贵、李双成五位教授留学俄语国家——俄罗斯、乌克兰——归来20周年恳谈会。

参加恳谈会的谢雪峰说："20年了，我们五个虽然常常见面，但是齐齐相聚这是第一回！"

20年前，五位老师作为武汉体育学院最早赴俄留学人员前往莫斯科体育学院、基辅体育学院深造。如今，在他们五位教授中，有四位成为博导，还有一位是国内著名田径教练。

20年前，选派教师集体留学，是武体的一大创举，也体现了武体人敢为人先的精神。五位老师学成归来后，也为武汉体育学院服务至今。

"爱祖国、爱学校、爱学生，"唐宏贵说，"我可以毫无愧色地说，留学就是为了报国。我们这些人做到了从一而终，服务学校。留学海外也给了我们自我实现的契机，否则也许不会有今天的成功！"

身在异国他乡，老师们始终铭记自己的使命。留学期间，虽然经历了苏联解体、东欧剧变，老师们还是克服种种困难，完成了学业。

苏联系统化的教学体系和研究成果让老师们获益匪浅。他们中的大多数人在这期间找到了学术研究的重点和方向。

谢雪峰是国内著名的体育人文社会学研究专家。汤起宇是国内体育管理领域最早的研究者。唐宏贵是全国优秀教师，立志要在社会体育领域有所作为。

作为武汉体育学院新闻传播学院的奠基人，毕业于俄语专业的张江南说："留学让我感觉到语言只是一项工具，要在学术上有发展必须果断转型。"

回国后的20年，老师们身体力行，在各自的岗位和研究领域取得了巨大的成就，为武体的发展做出了应有的贡献。

忆起当年的理想和今天的成就，汤起宇说："很多的思想和理念在后来的工作中并没有贯彻好。虽然终身无悔，但留有遗憾！"

时年68岁仍然担任教练工作的李双成说："有人说过，既不聪明也不笨的人，一生只做一件事。我就是这样，一生做教练，培养出拿过全国第二的短跑名将，也算收获不小。我热爱自己的工作。"

面对满场年轻的师生，谢雪峰鼓励说："年轻人要立志，要加强人文素养教育。"他印象深刻的是，虽然俄罗斯的经济地位大不如前，但是街头的出租车司机都能谈论普希金和托尔斯泰，这样的国家不容小觑。

时光走过20年，俄罗斯的风光仍然历历在目，留学的往事仿佛就在昨天。张江南夫妇先后到乌克兰和俄罗斯留学，留学期间，两人一共写了整整一百封"两地书"。

在主持人一再恳请下，张江南朗读了其中的一份书信。一个女学生在讲座散场后，跟张江南说："听了你们夫妻之间的家书，我又重新相信爱情了。"

恳谈会结束时，张江南拉起手风琴伴奏，五位老师激情合唱了俄语歌曲《我们举杯》。

恳谈会主持人、我院院长张德胜说："人生没有几个20年，从五位留俄老师的经历中，我们真切体会到家庭、社会、国家的巨大变迁。"

此次会议由我院主办，院党总支书记夏方智以及我院部分师生参加了会议。健康学院院长黄志剑也全程参加了恳谈会。

（原载于《外新人》第5期，2012年12月12日）

那一年，我去留学

张江南

1991 年，张江南在莫斯科红场　供图/张江南

20 世纪 90 年代初，当大多数人对西方的物质文明顶礼膜拜，对曾强盛之极的俄罗斯不屑一顾时，我对生长着秀美的白桦树、哺育过普希金和托尔斯泰的俄罗斯情有独钟。

武汉体院正是在这时与乌克兰体育大学签订了两校友好交流、共同发展协议。在校际交流的协议中，互换学者、教练一款，让我深得优惠。于是，我背起行囊，别妻离子，走出国门，只身前往乌克兰体育大学学习。

20 年前出国时，我没有什么具体的目标，只因本科专业学了俄语，工作后多做翻译，所以对那个讲俄语的国度充满了好奇。她对我来说就是一个梦，一个从我刚认识第一个俄语字母开始就孕育着的美丽梦，也是一个追求的理想，一种文化的寄托。那个曾经的沙俄帝国随着十月革命的一声炮响变成了苏联。

尔后，称霸世界70年，在社会主义大家庭以老大哥自居的苏联，随着波罗的海三国的离去，纷纷作鸟兽散，蜕变为一个个独立的共和国，各施其政，但还是有一个独联体名称维系着表面的统一。1992年的独联体国家，经济完全处于崩溃，物资极度匮乏，货架空荡，人心涣散。很多人对这个国家都是避而远之，我却勇敢地冲去了。当时真没有什么事业目标和宏大的人生规划，正因为懂俄语，所以初生牛犊不怕虎：天涯何处无芳草？再苦也少不了我的一口饭，况且先前已有四位老师勇往直前。

我何惧后继?！那一年，我去留学了……

1992年6月10日，我从北京坐火车出发，七天后才到莫斯科，然后转车到达乌克兰。当基辅披着1500多年岁月的尘埃，带着昔日华丽的痕迹出现在我的眼前时，它的古朴，它的安详，它那沉稳典雅的气质，含而不露的矜持，一下子让我怦然心动。

尽管冰天雪地，物质奇缺，但这丝毫没有妨碍我满足自己的好奇心。在苏联长达70年的历史中，这个庞大的国家形成了最好的教育机制。我在基辅受到了良好的俄语再教育，我这二十年中时常跟着学校领导出访，出席国际学术研讨会，当各种翻译，都与当时的学习分不开。

生活的艰辛并没有冲淡留学生活的幸福和努力，我的好奇心在这里得到了极大的满足，在乌克兰、俄罗斯的亲身经历，一直在我梦中萦绕：斯拉夫人后裔的文化、艺术、音乐、文学都是世界文化史中的奇葩。在那么艰苦的日子中，人们依然保持着对艺术的向往，东正教文化无时不在影响着国家的一切，经典的芭蕾不论什么时候都是满场。尽管我也听不懂俄罗斯歌剧，但我也去“附庸风雅”，因为那种艺术的氛围很让人享受。

当时市场经济的大潮已开始冲击独联体国家，莫斯科已羞涩地蒙上了金钱的纱幔，但基辅却依然是淡妆素裹的古典美人。它比莫斯科更具有欧洲风格，它周身散发着欧洲文明的气息，以独特的自然魅力和典雅的历史文化氛围，吸引着全世界的目光。俄罗斯人和乌克兰人都是典型的斯拉夫人的后代，他们的天性中有快乐的元素，乐善好施，他们可以拿最后的一个戈比招待客人，然后明天再去挣钱。

好奇心成就了我后来的人生规划，成就了我后来给自己设置的一个个人生目标，促使我一步步去努力。回国后，我退出了纯语言的工作环境，开始摸索我能做的事——从事与体育活动相关的研究，当然，没有完全脱离俄语。

俄罗斯民族性格独有的两极性、俄罗斯文化的东西方特征和俄罗斯体育运动中的二律背反定律，至今还是社会学、文化学、体育学研究的热点，我也一直在做这些事，翻译了大量相关的书籍和论文。我不敢说自己有多么成功，有多大成就，但我敢说，我是在苏联教育的影响下，在俄罗斯文化的熏陶下，实实在在地走过来的。借用现在比较时髦的一句话来说，即当初的好奇把后来的理想全部照进了现实。

那一年，我去留学时才三十多岁，如今已是花甲之年。后来我又去了不少国家，有些地方一迈过去就忘掉了，唯独基辅成了我记忆中的永恒。20 年的风风雨雨我都不记得了，20 年的俄语情还真是忘不了。

每每提到这段经历，没有任何沧桑感，美好的经历永远年轻。这一段留学的经历，对我来说意味着一种精神的品味：那一年，我去留学……

（原载于《外新人》第 5 期，2012 年 12 月 12 日）

曾兰平的英伦之旅

胡彪 肖雨薇

提到朴次茅斯，我们会想到美丽的海滩、繁忙的港口、威风的英国皇家海军，还有伟大的小说家查尔斯·狄更斯。而位于这座海滨城市的朴次茅斯大学，以其优良的学习环境与排名全英前列的学生就业率为外界所称道。那么，现实中的朴次茅斯和朴次茅斯大学真如我们所想象的那样吗？带着种种疑问，我们采访了 2011 年 10 月远赴英伦，在英国朴次茅斯大学进行了为期三个月学习交流的曾兰平老师。

学生眼中的曾兰平是一名优雅知性、博学平实的老师。我们比她早一点到约定地点。初次见面就感觉曾兰平非常平易近人，她一见到我们就微笑地表示歉意，并招呼我们“随便坐，不要客气”。

没围墙，大学设在社区里

谈及在英国学习的感受，曾兰平告诉记者，首先在学校外观上有些不同：自己所在的朴次茅斯大学是没有围墙的。学生和居民没有明显的界线隔开，就像是生活在一个社区一样，非常开放和自由。“不仔细看建筑物上的标识，还真不好确定自己是在学校里还是在学校外。”

谈及在课堂教学上的差异，她告诉记者，虽然体院的学生也有很多爱学习的，但是在学习方式上确实与朴次茅斯大学的学生有很大的不同。朴次茅斯大学的学生非常善于利用图书馆资源，从上午 8 时至午夜 12 时都是人来人往的。他们在课堂上也是非常活跃，常常跟老师进行交流。由于是小班教学，通常一个班只有 20 人左右，老师们可以有针对性地辅导学生。

“我自己本来在教学中就非常注重实践，不过在这里学习后我将会在今后的教学过程中更加注重实践，而且会尽量调动学生们主动学习的热情。”

租房难，满街都是洋葱味儿

谈及在英国经历的困难，曾兰平觉得找房子是最困难的事情了。

她告诉记者："我才在那里待了三个月，结果找房子就花了几个星期。英国的房东不喜欢短期出租，要租就租半年以上，可自己只需要租用三个月，而且还要考虑一些细节问题，包不包'bill'(指水电账单)、有没有电视、有没有网络都要事先商量好，最好签个合约，否则很容易出现问题。"当地房租一般在每月400～500英镑，折合人民币为4000～5000元。

说起那里的饮食，曾兰平称，洋葱和土豆是他们的主食也是他们所钟爱的食物，甚至在大街上都能闻到一阵阵刺鼻的洋葱味。食物价格也挺贵的，比如一份普通的在国内大约只要20多块的麦当劳快餐在英国却要5英镑。不过因为那里有专门卖中国东西的超市——"中超"，所以曾兰平每天自己做饭。"适应那里的生活倒不是什么问题，只是英国的生活消费水平很高，给了自己很大的压力。"

环境好，松鼠一点儿不怕人

谈到当地人的性格，曾兰平告诉记者，让她感受最深的是英国人彬彬有礼、热心助人。即使自己是一个外国人，当需要帮助时，当地的英国人会主动地上前帮助自己，这一点让她非常感动。

曾兰平告诉记者："英国人平时工作也挺忙的，不过到了周末会非常放松。"年轻人会聚在一起出去玩，老年人会相互搀扶着在大街上悠闲地散步。散步的居民在公园里随处可见，还有松鼠在公园的树上跳来跳去，一点儿也不怕人，感觉那里的人们和大自然相处得很好。

曾兰平感叹："三个月时间确实太短了，还想时间再久点儿，自己能够学习到更多的东西。"

(原载于《外新人》第6期，2013年1月14日)

辛梦霞的访韩记忆

杨晨　谷欣橙　孟钟毓

2011年，在冬去春来的三月，辛梦霞收拾好行囊，前往木槿花开、喜鹊欢鸣的国度——韩国。2012年初，她作为汉语教师在韩国湖南大学工作九个月后回到了武体，并向我们讲述了在韩国交流的那段日子。

首先，辛梦霞表示还是回到体院的感觉好。接着她告诉记者，自己所去的韩国湖南大学里面有700余名中国留学生，并且汉语在那儿很热门，学校环境也非常漂亮。“韩国人对土地的利用要比我们做得好一些，韩国湖南大学的每一寸土地都是被合理利用的。”

见了老师就鞠躬

说起韩国的学生，她告诉记者，韩国保留了浓厚的传统文化气息，韩国人十分注重礼节。韩国学生对老师是十分尊重的，不论是本土的还是外地的，只要他们看见了你就都会鞠躬向老师致意。

“即使还离老师很远，学生还是会停下来向老师鞠躬表达敬意。好多时候也许学生对你鞠躬了你都不知道。”

辛梦霞说，即使自己仅是一名没什么资历的年轻外国教师，也丝毫没感觉受到学生的“怠慢”。韩国学生和老师之间不像我们这边一样总是保持着一定的距离。韩国湖南大学每个班每学期都会举行“开讲party”和“终讲party”，师生在学期始末会在一起吃饭喝酒。party上大家都可以非常随意地交谈，师生距离一下子就拉近了，而且韩国的酒文化非常兴盛，所以韩国人也喜欢以酒会友。

“韩国师生之间相处可以很随意，我刚去那儿就感受到了大家的热情，好多女孩子还会经常挽着我的胳膊和我撒娇嘞。”辛梦霞说。

上课喜欢照镜子

谈及课堂上的差异，辛梦霞沉思了许久之后，缓缓说道：“我非常遗憾没有充分挖掘出他们的表现力。”

她告诉记者，韩国学生普遍具有较强的舞台表现力，能歌善舞且开朗大方。他们的课堂非常轻松活跃，学生可以直接“插话”提出自己的疑问，进行交流。上课过程中，如果遇到哪里不懂或者讲得太快了，他们都会提出来。每节课75分钟，而前10分钟是一个非常有意思的环节叫“发表”，学生通过ppt的形式演讲，根据老师布置的“话题”，自己拟定内容，允许学生自由发挥，该环节占据学生成绩的10%，所以非常受重视。

辛梦霞说：“我有些后悔没能让他们的‘发表’变得更有趣一些，应该让‘发表’成为展现他们才艺的一个舞台，如果他们能把歌唱等形式与‘发表’结合起来，那效果会更好。”

“回来后我反复思考了这一问题，也给了我启发，我希望在体院的课堂上给学生更多才艺展示的机会。”

谈及在韩国的教学，辛梦霞印象最深的是那边的学生都非常爱美。“他们上课都非常喜欢照镜子，”她笑着称，“刚开始去的时候我还很不习惯，感觉这样是对老师教学的不尊重，也曾制止过，不过后来问了别的老师，他们却告诉我这很正常。”

小小卡片表深情

九个月的交流，辛梦霞和韩国学生结下了深厚的师生情谊。谈及最让她感动的事，她说是一名学生夹在作业本里给她的一张小卡片，上面写着“我觉得没有老师，就没有现在的我”。

“我的教学比较严格，平时作业也布置得挺多，一开始经常能听见学生的抱怨，因为汉语本来就比较难学。但是当我看到卡片上学生对我说的话后，我真的非常感动。”在离别的时候，她还收到了大四学生送给她的毕业礼物——一条蓝色的围巾。“回忆十分美好，我将把它永久珍藏。”

最后，辛梦霞告诉记者“江山信美，终非吾土”，在韩国经历的这一切是人生中一段美好的回忆。

（原载于《外新人》第6期，2013年1月14日）

Wayne:媒体运行应呈国际视野

李　典

本次媒体运行服务暨体育解说高峰论坛会议，在新闻传播学院张德胜院长的力邀下，有着25年体育赛事媒体运行工作经验的Wayne造访武汉体育学院，带来了一场具有国际视野的精彩学术报告。根据自己多年的工作体会，Wayne认为体育赛事的媒体服务包括媒体工作间、电子资源、资格认证和通讯社以及安全工作等。

报告中，Wayne和大家探讨了许多知名案例。从媒体运行服务开始出现的2000年悉尼奥运会，到备受好评的2004年雅典奥运会，再到遭遇“语言麻烦”的北京奥运会以及2012年的伦敦奥运会。从这些鲜活的案例中，Wayne既介绍了其他国家大型赛事媒体运行的成功经验，又总结了这些赛事中存在的问题与不足。在中国，Wayne曾参与北京奥运会、广东亚运会等大型体育赛事的媒体运行工作。对于中国的体育赛事媒体运行工作，Wayne表示虽然中国接触大型赛事媒体运行的时间并不长，但中国在这一领域所取得的成就是有目共睹的，尤其是北京奥运会的媒体运行给业界树立了一个标杆。报告中，他也对中国媒体运行服务提出了一些具体的意见和建议。例如，Wayne认为在大型赛事中，赛事组委会应该对注册记者以及参赛运动员分别进行相应的培训，这样能让来自不同地区的注册媒体与参赛运动员能够更好地融入本地文化。同时，他希望中国大型体育赛事的媒体运行工作在今后能更加成熟、更加完善。

（原载于《新传人》第10期，2013年11月20日）

美国专家上门讲“对话”

路　炜

美国迈克尔·肯特教授正在演说

4月2日上午10时，西教207室，来自美国的迈克尔·肯特博士应邀做了题为“Social media and dialogue（社交媒体和对话）”的讲座。本次讲座由我院主办，张钢花副教授主持，万晓红副院长以及我院师生参与了此次活动。

讲座刚开始，迈克尔·肯特博士就向在座的师生提出了几个问题：什么是社交媒体？互联网是怎样从Web 1.0发展到现在的Web 3.0？信息流通飞速的现在，我们如何避免个人隐私受侵犯？他在阐述Dialogue对我们现在生活的重要性时举例说道：“对话不是我现在向你们演讲，而是你们向我提出问题，我来进行思考再反馈给你们，这才是‘dialogue’。”

紧接着，迈克尔·肯特博士延伸介绍了对话的公共关系、对话和文化语言的关系、传统对话的模式和全新对话模式的对比。不同的异国见解和思维为在座的老师和同学们都带来了不同的思考。

在最后提问环节，大家踊跃发言，同学们蹩脚的英文丝毫没有阻碍思想的交流，直到主持人不得不打断同学们的提问，讲座才真正进入尾声。

（原载于《新传人》第12期，2014年5月15日）

澳大利亚专家来校讲留学

洪见骁

澳大利亚 Elizabeth Lester 教授和我院学生交流

4 月 11 日下午，来自澳大利亚塔斯马尼亚大学社会科学学院教授 Elizabeth Lester 在我校举行了一场新闻传媒专业发展讲座。

Elizabeth Lester 用生动的图片介绍当地风土人情，一下子吸引了大家。她介绍："我校的新闻传媒专业在澳大利亚处在领先地位，学生入学后会接受专业学习指导，认清媒体形势，建立良好的认知方式。"

同学们对塔斯马尼亚大学有浓厚的兴趣，特别是在学生能力的培养、学分的认可、就业情况、语言通关标准、奖学金设置等方面踊跃提问。

据悉，Elizabeth Lester 此次来访的主要目的是积极促成同我院的合作项目。我院播主和编导两个专业的学生将有机会通过与塔斯马尼亚大学合作的"2+2"办学模式开展国际交流学习。

（原载于《新传人》第 12 期，2014 年 5 月 15 日）

加拿大哥伦比亚大学访学记

王　雷

运动健康专业组与授课老师合影(右一为王雷)　供图/王雷

2014年暑假，我受学校选派赴加拿大英属哥伦比亚大学(University of British Columbia，UBC)进行了为期31天的学习交流，在教学、语言和文化交流等方面收获颇丰。

被森林和海洋包围的大学

UBC是加拿大顶尖的研究型大学，位于温哥华市郊，坐落在大洋岸边，三面环海，是世界上最美的校园之一，被誉为加拿大西海岸的明珠。走在校园里，感觉森林与海洋就在身边。尤其是校园内设有专门的自行车和慢跑道，方便教师和学生们休闲锻炼。

灵活有趣的教学方式

我所选的运动健康专业要求主修运动心理学和运动生理学两门课程，通过结业考试后方可获得学分和结业证书。

课堂上每位教师治学严谨，给我留下深刻印象，每次课都有随堂作业和网上作业以及下次课的预习要求，老师们都会认真批改作业，于下次课下发。

老师们在课堂上说得最多的是“Any question?”和“For example”，通过丰富的案例让学生切实掌握所学知识，并经常以分组形式通过游戏、比赛等加强课堂上的互动性与参与性，让学生在趣味中更加主动地进行学习。尤其是运动生理学老师，每次课的前半部分讲述理论知识，后半部分进行相关理论部分的实验，并亲自当被试，使理论与实践的结合直接在课堂上得以实现。

精彩纷呈的课外生活

UBC课堂注重互动性、实践性，教学形式以全英文讲授，由于每天课堂上全英文教学长达6小时，这种以英文思考、英文讲述、英文写作的强化训练，让每个学生都在听、说、写方面大幅度地提高了英语水平。

课堂外，学校组织了美术馆、科技馆、实验室、医院、棒球比赛和国际文化交流研讨会等观摩活动，使学生大开眼界，在交流中丰富了专业知识。

另外，加拿大一年一度的烟火比赛和同性恋游行使我们进一步加深了对加拿大的文化了解。当然，结业考试和跨文化交流论坛等方式也传播了我国的传统文化，展现了我校师生良好的精神风貌。

通过此次研修，我深感视野开阔之余，也更深入了解了国外先进的教育理念和灵活的教学方法，这对今后的教育教学很有启发。同时，建议我院的教师多多走出去，把更多更好的教学与科研经验带回来！

（原载于《新传人》第14期，2014年10月22日）

窦光华赴台湾地区参加学术交流

于 华

10月2日,我院新闻教研室教师窦光华受邀去台湾世新大学,进行了为期五天的“2014海峡两岸数位汇流下的新闻与传播学术研讨会”。

此次研讨会的全称是2014海峡两岸数位汇流下的新闻与传播学术研讨会暨第十届传播管理发展与趋势学术研讨会,是由世新大学主办的大型学术研讨会。湖北省仅武汉体育学院、武汉大学、华中科技大学三所高校的教师参会,窦光华的论文《网络零售机构品牌构建策略研究》博得学术界一致好评,不仅在研讨会上口头发表论文,更被打印成抽印本,被永久保留在世新大学图书馆。

谈及在研讨会上的感受,窦光华说:“在这样一个专业性非常强的学校,与境内外传媒界的大腕儿们交流讨论,收获颇丰,更是一种享受。”

(原载于《新传人》第14期,2014年10月22日)

21 天游走美国西海岸

陈秋竹

2015 年春节前夕，北京的好友邀请我参加他们大学的赴美调研项目。经过一个多月行前准备，我终于顺利拿到美国签证，踏上了为期 21 天的美国西海岸之旅。

进寄宿家庭

1 月 21 日，我怀着激动的心情，登上了北京至底特律的国际航班。在底特律经过短暂的停留后，我们再次登机，辗转前往传说中的天使之城——洛杉矶。到达洛杉矶时，已经接近黄昏，迎接我们的是美方协调员。她带领我们前往一个叫作尤卡帕的美丽小镇，和我们的寄宿家庭见面。

美爸 Tim 和美妈 Jenny 是地道的美国人，非常和蔼可亲。在经过简单的自我介绍后，我们幸福地坐上美爸的大皮卡车，向我们在美国的家进发。

美国小镇的夜晚非常静谧，当皮卡四平八稳地停下后，映入眼帘的是被小彩灯装饰得五彩斑斓的屋子轮廓。根据美爸发来的地址，我们出发前曾在谷歌地图上搜索过。眼前的景象和我们在谷歌地图上看到的如出一辙——宽阔的房子，有小型的游泳池，后院还养了三只狗、三匹马、一些鸡和一头猪。家里超大客厅的墙壁上挂满了家庭成员的照片，非常温馨美好，还有两把老式手枪挂在墙壁最高处。美妈把我们领到早已收拾得干净整洁的卧室，继而给我们一一介绍浴室、厨房、洗衣房等各种设施的使用方法。一切安顿好后，我们把带来的中国礼物送给美爸美妈，他们十分惊喜和感动。我们也收到了他们为我们准备的礼物——两只特别可爱的布娃娃狗。

自己准备外带的午餐

美国人的生活习惯是自己动手、丰衣足食。我们每天都要外出活动，午餐是要早上做好带出去的。第一晚，美妈把各种食材所在的位置告诉我们了，表明需要什么自己随便拿。我以为美妈会做好早餐给我们，什么也不用管。但第二天早上，却发现什么也没有，只能自己动手。由于我不会做饭，每天就是夹起两片吐司往炉子里加热，再涂上果酱，给自己倒杯牛奶。早上吃三明治，中午也这样吃。

坚持了一个星期后，我实在吃不下了，又开始尝试燕麦泡牛奶等黑暗料理。虽说早、中餐很简单，但我们的晚餐却非常丰盛，美妈每天换一个花样，墨西哥卷、意大利面、蝴蝶面、烙饼包肉馅等，各式各样，给我们带来了很多惊喜。

丰富的调研实践活动

此次调研，每天安排的活动很丰富。我们调研了当地的医疗机构、警察局、消防局、公路局、政府机构等，还走访了加州的几所名校。每天上午是课堂讲授形式，美方协调员会给我们做些 workshop，下午是实践参观，让我们更加深入地了解美国体制机构，收获颇多。

我对加州名校的感触都很深刻，尤其是加州大学洛杉矶分校 UCLA。UCLA 是美国公立大学排名第二的学校，也是享誉世界的名校，坐落在洛杉矶的西木区，有着非常安静的学术氛围，校园风景如画，都是呈淡黄色的罗马式建筑，在阳光的映衬下，显得古典洋气。学校里青春洋溢的学生们，大部分都穿着带有学校 logo 的校服，步履匆匆地走在赶课的路上。偶尔也有穿热裤的金发美女或穿着有嘻哈风格的潮男们戴着耳机背着包，闲适地在校园里徜徉。也有很多如我们这般的参观者，老老少少来此都是为了一睹名校风采。

一路行走看风景

在电影里经常能看到洛杉矶的风景，好莱坞、莫妮卡海滩、比弗利山庄、迪士尼、环球影城等，我都有幸一睹了它们的容貌，欢快地享受视觉和听觉的盛宴。

在前往旧金山的旅程中，我们经过了一个叫 Solving 的丹麦小镇，极具欧洲风情。激情狂野的涂鸦在房子外墙随处可见，金门大桥霸气地跨立于两山之间，曲折盘旋的九曲花街迎来了樱花的绽放，海鸥在渔人码头悠扬的布鲁斯音乐中尽情飞翔，威严挺立的文化宫遗址印证着历史的进步，一角的硅谷无声地彰显着电子科技的革新，华人街的中国风情并未因为地域的变迁而沉寂。

（原载于《新传人》第 17 期，2015 年 5 月 5 日）

我在美国的第一次月考

陈秋竹

对于已经开学半个月的我，经历了最初几天的疯狂换课和各种踌躇恐惧，生活也逐步进入正轨，一切开始正常运作。

演讲是基础

我选的课程中有一门叫作 public speaking。9 月 2 日的作业是 2005 年乔帮主（指乔布斯）在斯坦福大学的演讲以及相关问答题。几年前我就浏览过这篇演讲，当时只是感叹于乔帮主的不羁人生，并未领悟到其演讲深藏的寓意。在美国，演讲常为生存之道，基础得不能忽视。所以 pubilc speaking 作为一门必修课，是每个美国大学生的最基础的课程。我想选 arguementation 课程却不够资格，因为必须要上过 public speaking 这类基础课才能选，就这样心不甘情不愿地来到了 public speaking 的课堂。

作为全教室唯一的外国人，虽说学了十年英语，但和这些母语为英语的人相比，还是相差甚远。好在我并不怯场，胆儿也够大。大方磊落地来段英文演讲对自己而言虽说是一种挑战，但就如同我的偶像杨澜一般，我自信成熟、娓娓道来、有条不紊地表达自己的想法，并感染听众从而获得认同。但随着课程进阶的学习，从最初的 2～3 分钟演讲到最后结课的 8 分钟的 persuasive speech，也真是十足的压力山大。

为完成作业，我很认真地把乔帮主的演讲翻来覆去看了几遍。虽说乔帮主早已驾鹤西去，但不得不承认他睿智的人生哲理和探索求知的精神凌驾于千万人之上。也难怪乔帮主曾在苹果新品发布会上说过这样一句：在看过苹果手机后，人们已经忘记了从前的手机长什么样。看似狂妄，实则又无不在理。在演讲结束时，我用乔布斯的一句名言总结道：stay hungry，stay foolish。很多网友将其文艺地翻译为：求知若渴，虚怀若愚。但结合整篇演讲来看，融入自己的情感色彩，我自作主张地将其理解为：保持饥饿的状态，脚踏实地地做事。一个餍足的人，最想做的无非是休息。能保持饥饿的状态，就能保持清醒。大智莫过于装愚，很多事情靠小聪明很难混过一世，还是得脚踏实地地做事。

选课自由、公平

刚刚经历了来美学习的第一次月考，结果还未知。但总体感觉很艰难，艰难的本身不在于考试的难度，而在于考试的全面性，可谓细枝末节面面俱到。

出于对于国际学生的照顾，事先和老师协商后，老师允许我在考试过程中使用电子词典，但仍存在阅读障碍的我，做题一般都很慢。考试开始十分钟后，大部分同学很迅速地完成答题离场。以至于到最后，我交卷时，全班只剩下我。教授一声不响地坐在前面，直到最后一个同学交卷结束考试。

从自主选课到正式上课的开学头一个星期，每门课的第一节课上，教授会发给学生一个叫作 SYLLABUS 的讲义，涵盖了教学大纲、考试评判标准、成绩考核标准、每堂课安排以及几次作业的详细要求。学生可以了解到这门课的全面情况，决定是放弃还是继续学习，选课很公平、自由。

由于选课不同，身边的同学会不停变换。最初我很担心，一人不识，英语不好，害怕处于听不懂、无法交流的尴尬境地。实际上，只要放开胆子，扔下面子，一些友好的人会给予帮助。对于这种情况，作为过来人，我能给予的最好意见是，初到全英文课堂，最好留下周边朋友的 Facebook 或联系方式。这样不仅可以通过社交媒介拉近距离，当不明白上课内容或要求时，还可及时求助。

第一阶段的适应性学习已结束，我也结交到一些非常友好的美国朋友，他们经常帮我解惑答疑，让我很感动。对于不严谨且拖拉的自己，在美国这个学术很严谨的国家，闹过几次乌龙，让我很自责，也认识到了自己的缺点，并努力将其改正。希望自己在下一个阶段，能够努力过得更充实、更有意义。

（陈秋竹为新闻传播学院 2013 级新闻学专业学生，在 Slippery Rock University of Pennsylvania 学习新闻传播学。）

（原载于《新传人》第 19 期，2015 年 10 月 14 日）

美国专家谈战略传播的新模式

余娟娟

美国乔治梅森大学传播系终身教授 Carl Botan 为学生做报告

10 月 30 日上午，国际著名公共关系战略传播专家、美国乔治梅森大学传播系终身教授 Carl Botan 先生来到我校，为新闻传播学院的研究生上了生动的一课。

Carl Botan 以“战略传播的新模式”为主题，讲授了体育作为子学科在公共关系传播策略中如何建立与公众的联系并运用其传播战略达到公关目的，尤其是对战略传播中的“Grand strategy/Strategy/Tactics”的三个层次进行了深入浅出的阐述，说明不同计划及策略在宏观及微观上的双向影响。他认为，新闻传播学研究生尤其要掌握公共关系的传播策略，传播策略研究不仅服务于国家或者市场利益相关者，未来在媒体的从业中也是必不可少的。

Carl Botan 介绍了自己在实践研究美国反恐传播策略中的一些成果，

分析了恐怖组织ISS在传播策略中要吸纳的目标受众的特征，这让研究生们感到新奇又有趣。

Carl Botan是个不折不扣的“中国迷”，在课堂上谈到了著名的《孙子兵法》和吴国的军事谋略，多次以军事策略举例说明公共关系中的传播策略的运用，并指出“最早从国家高度提出国际传播大策略的是中国，但中国学生对此都知之甚少”。

讲座结束，Carl Botan与研究生进行了互动交流。针对有同学提问“美国新旧的反恐策略有何不同”，Carl Botan认为，新的反恐策略在不断升级，由于互联网时代传播无孔不入，靶向受众明确，反恐难度比以往增大了许多，尤其要警惕网络反恐。

参加此次讲座的研究生们都表示眼界大开，收获很大。

讲座由新闻传播学院副院长万晓红教授主持，研究生梅翔同学担任同声传译。

（原载于《新传人》第20期，2015年12月25日）

向培凤：美国媒体融合之路

周天竞

向培凤在论坛做主题报告

2015 年 11 月，向培凤跟随中宣部媒体融合考察团前往美国，参观了美国将近 20 家媒体和 4 所高校。此次大会报告中，向培凤结合收集到的各类数据，畅谈他此次美国之行所理解的媒体融合。

向培凤用哥伦比亚大学教授的话展现美国媒体融合的格局——“这是一个媒体动荡的时代，也是过程坎坷的探索之路”。美国新闻业依旧在寻找出路，目前还没有一家媒体被认为是媒体转型的成功范例。

向培凤介绍，美国全国有 3500 份报纸，报纸生存陷入困境，传统媒体从 10 年前就开始数字化转型，哥伦比亚大学教授的结论是美国传统媒体数字化转型的出路和盈利模式还没找到，无法将点击量转化为经济收入。从业人员总数持续下降、报道力量的削弱导致开展深度报道、调查报道等信息不足。美国几乎所有报纸都进行数字化转型，24 小时全媒体发稿，文字、图片、视频齐上阵，纸质订户人数向数字订户迁移。广告和订阅费成为报纸主要收入来源，报社通过社交媒体全面传播信息。向培凤一一介绍《纽约时报》《时代周刊》《华尔街日报》《今日美国》等做出的示范性改革。例如，《纽约时报》除纸质版外，还开辟了数字报纸；《华尔街日报》采取信息分期传播模式，所有信息在《财经快报》首发时仅一个标题或导语，15分钟后在网站推送，晚上还组织相关人员进行有效追踪。

谈到美国电视界现状，向培凤引用了NBC主管的一句话："在美国电视界有句话叫'电视无处不在'。"他分析，美国电视面对的压力或是危机远远没有报纸那么大，但广告收入放缓，受众规模相对稳定却出现下滑趋势。社交媒体目前在美国使用率很高，人数增长很快，且社交媒体在新闻发布方面的影响力不断上升。他也看到了当前发生的变化，"电视和互联网形成互补，差距正在不断缩小"。

高等教育如何面对媒体融合呢？向培凤介绍，美国所有大学的新闻学专业均开设了数字制播的业务课程，要求学生必须会制作视频，掌握大数据分析、数据库、编程、社区调查等知识。向培凤强调，高等教育必须要有培养目标，现在的新闻与以往完全不同，新闻教育要顺应媒体发展现状和趋势进行改革。

嘉宾点评：陈力峰

如今媒体人纷纷离场，阿里、京东等公司大量的社会资本涉足新闻业，新闻改革风生水起，也引发内部的系列斗争，这一系列事件真实地体现了当下传统媒体的困惑和希望重整的诉求。中国媒体应该从美国媒体融合的路径和转型的探索中获得启示。

（原载于《新传人》第20期，2015年12月25日）

从首尔到新华社，张煜追梦而行

卢雪莹

张煜(右四)在韩国和国际朋友在一起　供图/张煜

2015年10月，张煜拖着重重的行李箱，风尘仆仆地从首尔大学游学归来；2016年1月中旬，张煜又拖着重重的行李箱，前往新华社实习。对她来说，两个多月的游学和已经开展了两个月的实习，时间虽短但意义深远，生活平淡却暗藏惊喜，酸甜苦辣一应俱全。今天，就让我们坐下来一起倾听我院2013级新闻学子张煜的故事，分享她在韩国以及新华社的难忘经历。

韩国旅游促发游学之行

这次游学并不是张煜第一次去韩国。由于张煜对韩语有着独特兴趣并通过自学掌握了韩语，所以大一刚开学她就有了去韩国留学的想法，并在去韩国之前收集了很多相关资料。

2014年到韩国旅游的经历给了张煜很多感触。“最让我惊讶的要数韩国人的礼貌了。”张煜说。韩国人总是给人很有礼貌、很爱干净的感觉，街道上基本不会有垃圾。虽然在韩国待了没多长时间，对张煜影响最大的要数韩国人的礼貌。“刚回来的那会儿见着谁说‘谢谢’，都习惯性地鞠躬。对，真的是这样的！”张煜感叹着韩国人对传统文化的重视程度。

张煜不禁回忆起第一次去韩国坐大巴车的经历：也许是受中国儒家文化的影响，所有乘客在上车时都会对司机说“你好”，而司机也会不厌其烦地对每位乘客都说“你好”。不仅是大巴车，连市区普通公交车情况基本也是一样，乘客们下车的时候都会跟司机说一句“你好”再走。记得有一次乘公交车时，有一个大爷在后门下车，距离司机师傅很远，但他在下车之前还是很大声地和司机师傅说了声“你好”。张煜很感慨地说：“虽然中国公民们在礼仪方面也慢慢有了良好的意识，但是和韩国比起来还存在很大欠缺。这样的现状发人深省。中国素因‘礼仪之邦’而骄傲、自豪，儒家文化原本就是从中国传出去的，那些传统美德源自中国，身为中国人，我们还没有把它保护好、传承好；相反，在韩国还有日本却把这些这些传统文化传承得更好。这才是我们中国人最该努力改变的！”

这一次旅游的经历促发张煜下定决心到韩国留学，更好地感受韩国的文化。

上课可随时举手提问

这次游学，张煜进入首尔大学国际班。“我们那个班所有同学关系都很好。课余时间大家还会一起聚会，一起去吃韩国小吃。因为是国际班，同学们来自世界各地，不同的文化、不同的信仰相互交织是件很有意思的事。”张煜的话匣子一下就打开了。

国际班的课堂氛围很活跃，同学们有什么不明白的问题会直接向老师举手提问。反观国内，平时课堂上其实有些同学想回答老师问题，但由于大家都不举手，自己也只好作罢。而在首尔大学国际班里，所有同学都处于一种不知道就要问的状态，完全都没有思想包袱，这才是一个大学课堂应有的状态。那么，韩国普通大学的课堂又会是什么样子的呢？带着这个疑问，张煜询问了一个韩国朋友，了解到韩国普通大学的课堂和中国的大学课堂并无太大区别，课堂也是以较严肃的形态出现。“可能是我所在的国际班有很多外国学生，所以我所体验到的韩国大学生活并不具有韩国普通大学生活的代表性吧。”

张煜还说，韩国的中国留学生很多，以至于班上一些外国人学韩语的同时还学了几句中文，甚至有时中文说得比韩语都顺。因为国际班差不多有三分之一都是中国人，为了顾及周围外国同学的感受，有时两个中国留学生用韩语交流，这也别有一番风趣。

与韩国朋友结下"革命情谊"

在韩国游学的日子里，张煜和韩国朋友们因共同的理想相聚，不知不觉建立了深厚的"革命情谊"。

想起回国时临行前分别的场景，张煜有些哽咽。朋友们因不知以后能否再见，为张煜办了很多场送别会。"当时我走的时候是凌晨的飞机，半夜三更还在下雨。有两个朋友来帮我打包行李，之后又来了两个朋友冒雨开车送我去机场。有些情谊真的可以让我温暖很久很久。"

"我最大的收获就是身边的朋友们，可能大学课堂上你学的东西都远不如你在身边朋友们身上学的东西多。"张煜所在的国际班有很多会四五国语言的同学，对不同语言的运用熟练程度可以达到可信手拈来、随意切换的地步。朋友是最好的老师，和足够优秀的人在一起待的时间长了，自己会不自觉地想靠近他们，想变得和他们一样优秀，就会耳濡目染地跟上他们的步伐，在不知不觉的靠近中自己也会得到提升。张煜说："我一直相信，在大学里让你真正能学到东西的往往是你的同学，你得到最多的财富就是你的朋友。"

敲开新华社北京总社的大门

"我从小就下定决心做一名记者，包括我现在做的任何事情都是追随这个梦想走的。"张煜说这句话的时候表情格外坚定，"要做就要做到极致，实习当然是要去自己最想去的地方，对于梦想我不愿将就。"怀揣儿时的梦想，张煜自韩国游学回来不久就提交了去新华社北京总社的实习申请。

众所周知，想去新华社这样的媒体实习当然不是随便想想就能做到的，其中的种种困难大家可想而知。张煜告诉记者，当时和她同期申请实习的竞争对手不少是来自中国传媒大学、北京大学、人民大学的高材生，还有一大部分是研究生学历。然而，面对如此大的竞争压力，张煜不仅没有退缩，反而斗劲十足。

功夫不负有心人，凭借着优秀的英语成绩、扎实的专业知识、去韩国游学的丰富经历，坚持不懈只为梦想的精神，张煜最终打动了评审老师。

2015 年寒假，张煜终于如愿以偿，满怀期待地敲开了新华社的大门，开始了在新华社北京总社实习的生活。

在演播厅给主持人打下手

新华社的实习工作繁重琐碎，虽有疲惫却时刻充斥着新鲜刺激，总让人欲罢不能地想学更多东西。

张煜向记者简单介绍了实习期间每天的工作内容。一是负责准备演播室的话题内容，二是做演播室的直播监棚。“第一项工作就是给演播室的主持人找话题，要学会发现生活中的新闻点，留意每天发生的新闻，找到新闻突发点。”张煜回忆道，“演播室的直播监棚工作，说白了就是给主播、主持人打下手，我们负责选访谈话题、准备采访资料、写主持词、写解说什么的。”

让张煜感触最深的要数新华社所特有的工作氛围：紧张严肃但处处充满温情。“很多事，只有团队才能做得更好！”张煜永远都忘不了第一天上班时带实习生的老师对大家说的这句话。整个栏目组所有工作人员无所谓前台幕后，无所谓前辈新人，无所谓小有名气的当家主播还是在外奔波的一线记者，一起工作就像是一个大家庭。有时候加班晚了，带实习生的老师会关心组员累不累，组长还经常请大家一起吃饭。

大家对待工作的态度也永远都是一丝不苟，没有丝毫松懈。“主持老师每次在录节目之前总是会一直特别认真地备稿，一直不停地在读在背稿子，有时候甚至读一两个小时也不休息。”张煜感叹道，“主持老师有这么多年的工作经验，而且现在已经走到主播这样一个有高度的位置，却还这么努力，我们这些新人还有什么理由叫苦叫累呢？我们还差得很远，比起那些前辈，我们做的还远远不够啊！”

在新华社北京总社的实习要到4月底才结束，张煜因为这段实习日子里的难忘经历，对自己的生活又多了些许新感悟。“人总是会累的，有时候要实习又不能耽误太多功课，还有双学位以及很多考试没搞定，事情多到做不完，也会累到好想哭。真受不了了，我也只会让自己偷偷哭一下而已，眼泪还是要自己擦，该做的事一样也少不了。”

（原载于《新传人》第21期，2016年3月21日）

讲好故事是国际性难题

周天竞 李奕凡

周树华(中)与播主专业教师合影

2016 年 6 月初,美国阿拉巴马大学传播学院副院长周树华教授受邀来到我校,在新闻传播学院、健康科学学院、国际教育学院开展讲座。6 月 3 日至 7 日,周树华走进我院四个专业的课堂,并与我院各专业教师代表进行座谈,为我院师生带来不一样的学术视界。

媒体人要学会讲故事

6 月 3 日上午,在西教学楼 307 教室,周树华给 2014 级新闻学专业的学生以“什么是新闻”为主题展开探讨。

“新闻采编人员有各自的信仰与价值观,这就间接承认了信仰与价值观在新闻报道中的作用。”周树华坦言,当今新闻界报道愈发重视提倡平衡与公正,毕竟绝对客观无法达到。周树华把重点放在硬新闻上,强调了硬新闻的特性之一——戏剧元素的重要性，“媒体人要学会讲故事，否则没人看。”他举例说，电视新闻中很难直接表达通货膨胀的现状，但通过讲述一个普通人生存状态的改变足以体现通货膨胀的影响，这就是讲故事、拟人化的表述方式。

新闻报道有哪些主题可供选择呢？周树华列出五个类别，即现象与现实的对比、小人物与大人物的对抗、正义与邪恶的抗衡、有效率与低效率的区别以及常规与独特的不同。选择具有冲突性的角度报道新闻恰好呼应周树华之前提及的新闻特性之一——戏剧元素。

那么，记者热衷于报道什么样的新闻？选择是否报道需要考虑哪些因素？“每天有成千上万的事情发生，但真正被报道出来的新闻只占很大基数上的一小部分。”周树华分外因和内因两个方面谈。“众所周知，受众是否感兴趣是第一要素。”周树华表示是否拥有采访权、报道成本是否符合预算、技术是否达标、时间和空间的限制都影响着新闻的产生。他介绍，美国很多媒体之前都采取建立海外代理的模式获取新闻动态，互联网技术发展后，就直接委托当地记者，可节约大笔开支，但也导致不少新闻没有被报道出来；还有媒体自身的要求，如对血腥画面一带而过。

周树华认为，新闻如何被呈现与记者的专业素养有关。“记者并不是专家，意味着他们需要依赖被采访者。问题是有时记者采访某某领导，领导并不清楚具体情况，而本来最有发言权的基层或下属人员没有机会发言。”他不赞成在专业知识缺乏的情况下，记者依旧倾向于采访而不是到图书馆查资料的行为。他称，讲求传播效果就得学会讲好故事，把握故事结构，这种呈现方式容易提高受众的关注度。

主播要有自己的风格

6 月 3 日下午，周树华在科技楼五楼演播厅围绕中美传媒文化之间的差别与 2015 级播主专业的学生进行学术交流。

“技能是基础，最重要是怎样解决问题。”周树华通过自己在美国的生活见闻，与学生们分享了美国人对待问题的看法。学生们对美国大学的教学流程很感兴趣，周树华介绍：“在美国，大学一、二年级阶段，学校非常重视英语、数学、科学等基础知识，学生们到了大学三年级自主选择学习方向，最后一年外出实习。”对比中美两国研究生的培养方案，周树华认为，美国更重视研究生科学性（数据）的能力培养，可能国内更多的是观点、体系的锻炼。

回归播主专业的话题，周树华说：“作为主播，最重要的是有说服力，有自己的风格，不能说假话。"姚明刚进 NBA 时曾受到不少人质疑，美国 TNT 电视台的 NBA 解说员查尔斯·巴克利便是其中之一。后来，姚明用实力反驳怀疑者的看法，还闹出了著名的"巴克利亲驴屁股"事件。周树华说："在美国比较娱乐化的氛围里，巴克利这种肆无忌惮的解说员恰恰形成了一种巴克利式的解说风格，国内就很少见了。"谈及中国的体育解说员，他称最了解宋世雄和王泰兴，简称"北宋南王"。"宋世雄老师用激情感染观众，王泰兴老师则是娓娓道来，让听众感觉很舒服。"

周树华说，到美国阿拉巴马大学任教后，他从学校的橄榄球队里仿佛看见新世界，从喜欢足球转变为热爱橄榄球。那么解说员如何让观众喜欢橄榄球呢？他建议，解说员需要具备橄榄球方面丰富的知识、观看比赛的洞察力、分析比赛局势的判断力等，"得自己先爱上橄榄球，才能让更多观众爱上这项新兴的运动"。

给性感推销打问号

6 月 7 日上午，周树华做客 2015 级视传专业的课堂，在西教学楼 403 教室展开题为"Can Media Sex Sell Commodities（媒体可以用性感形象推销商品吗）?"的专题讲座。

周树华谈到，如今很多广告商都会用女性性感、美好的身体形象来推销产品，那么就有两个疑问："用性感形象真的能达到推销商品的效果吗？假如是有用的，那么对哪一个产品更有效果？"他提到，广告中并不是女性穿得越少吸引力就越大，研究表明，只有在美感更高的时候才更具吸引力。比如，推销香水时，将女性的性感形象放在合适的地方就会有好的效果，针对不同背景的人推销达到的效果也不同，用女性性感形象推销衣服、美容产品等效果更佳。

广告商用性感形象是如何表现的？周树华说，有很多广告都是将女性描述为装饰品，甚至只作为"性"的信号，没有将女性看作使用者，这对女性极不尊重。他进一步谈到，用性感形象做广告有肢体暗示、语言暗示、肢体接触等 3 种类型。他曾经通过观察 4 个电视网络所播出的广告，研究性感形象推销在所有的广告中所占的比例，他发现，有 1%用语言挑逗，7%是肢体接触类型，8%有性意味的动作。

之后，周树华对"用性感形象推销商品是否真的有用"进一步做出分析。他说，心理研究表明，用性感形象做广告，确实能增加观众的注意力，更吸引眼球，但很大程度上并没有办法让观众记住所推销产品的名称。同时，用性感形象推销商品能否产生好的效果还与卖的产品是否符合广告中的性感形象相关，与观众的性别相关。他最后总结道，尽管性感形象带来一定关注度，影响个人的认识，但有时还是会带来负面影响，特别是产品没有与性感形象对应时负面影响更大。

看新闻要透过表面看本质

6月7日下午，周树华走进2014级编导专业的课堂，在东教学楼504教室围绕“电视广播新闻的制作、功能和效果”的主题展开讲座。

讲座一开始，周树华就说道，谈新闻制作，必须要明确新闻历史、新闻界定、新闻传播媒体、新闻从业人员、新闻价值观这几个概念。他列举了种族中心主义、个人主义、中庸之道等新闻价值观，来说明每个人的价值观都受个人家庭背景、教育程度等因素影响，而这些个人的价值观会在下意识的情况下对新闻报道产生影响。周树华提醒同学们，看新闻要透过表面看本质，看新闻时多看看我国新闻报道有什么共性，就可以分析出我们这个民族重视什么样的价值观，这些是新闻从业者很少去注意的，我们可以深入去研究。

周树华谈到，新闻具有环境监视、社会化、社会控制、民族主义等功能。在社会控制功能方面，他提到，电视广播播放有关犯罪报道，一是警示想要犯罪的人三思而行，二是告诉社会群众，有法律在保护着他们，但如果不守法就会和那些罪犯一样的下场。

周树华还提出了几个新闻效应：王寇效应、鼓动效应、知识效应、行为效应和象征效应。其中，他通过讲述美国总统竞选的一些趣事，着重讲解了王寇效应，认为新闻报道对一个人的政治成功非常重要。随后，他简单分析了报道中的环境、规则、时间、空间、从业人员、技术等影响因素。

有同学对应该如何进行体育报道进行提问，周树华认为：“体育报道和其他类型的新闻报道是相通的，目的就是‘讲故事’。不管是做体育新闻还是做其他方面的新闻，还是做制片人，最主要的是怎么看待问题、判断问题、解决问题，还要带有批判性。”

（原载于《新传人》第23期，2016年8月24日）

广告要增强说服力

王威强

余燕敏教授为我院视传学生开展讲座　供图/汪蓓

5月31日，在我校东教学楼第二报告厅，美国布里奇波特大学(University of Bridgeport)余燕敏教授应邀做了题为“广告与公共关系中的说服力”的讲座。讲座由视觉传达设计教研室副主任汪蓓主持，我院副院长万晓红教授与该专业师生一起聆听了讲座。

余燕敏是布里奇波特大学大众传播学系主任，主要研究方向是媒体与社会、媒体与政治、媒体与对外政策、媒体与国际关系、跨文化交流等。她三次获得美国富布莱特学者奖，在埃及、以色列、澳大利亚和塞内加尔做学术研究，并获美国新闻研究所梅尔顿学者奖、布里奇波特大学杰出教授奖。曾任美国华人社科人文教授协会会长、中国政治研究学会理事。

讲座中，余燕敏旁征博引、娓娓道来，就如何增强广告与公共关系中的说服力进行了深入浅出的阐述。

她认为，广告应当传递受众需要的重要信息，针对性地说话，努力吸引受众的眼球；偶尔适当地反传统、标新立异，反而更能让受众记住，使人对产品感兴趣。比如，在车展中，策展商可以借助车模来提升车的认知度，吸引参展人员的注意力。

当看到一条广告的时候，受众是如何处理信息并被说服的呢？余燕敏表示，首先是关注产品，然后会经过思考，对比同类产品，进而提出问题，最后才会做出决定——这些都是在很短的时间内完成的。因此，广告中要有实实在在的信息，不要拼凑而成，要想有说服力，就要懂得你的受众要看的是什么——形式还是内涵？

在互动交流环节，学生们提问踊跃，余燕敏对学生的问题一一进行了回答，现场气氛热烈。最后，万晓红做了总结发言并对余燕敏的精彩讲座表示感谢。

（原载于《新传人》第23期，2016年8月24日）

媒介要重新定义

周天竞

杨志弘教授畅谈媒介的发展与变革　摄影/王涛

传播产业身处困境，亟待创新和变革。在这个时代大背景下，如何重新定义媒介，成了摆在传媒人面前的难题。5 月 13 日上午，北京大学文化产业研究院教授、台湾传播管理研究协会理事长杨志弘博士与我院师生们分享了自己的心得体会。

“你们身处一个幸运的时代。工业化社会即将结束，信息化的进程不断加快。你们迈入职场的时候，正好大展拳脚。”杨志弘一开场就给我院学子们打了一针“定心剂”。

讲座从“当你们遇到问题时，首先会找谁求助”的互动提问开始，“百度”是大多数人的回应。杨志弘说：“没错。有了百度、Google、Siri，答案点指可得，便捷，廉价。”他分析，人类历史即寻求答案的过程，后来人们渐渐发现时代缺少的不是答案，而是好的问题。通过珍贵稀缺、追踪、接近使用、分享经济、去中介化、效应、产业等多个关键词，杨志弘切入主题，大量罗列与大学生息息相关的实例，层层递进剖析，解读媒介的现状与变革。

他认为，人们通过电视、广播、报刊等非常便宜地获取信息，但必须消费有限的时间，涉及注意力经济。“人的行为就是一种数据，追踪数据即可掌握彼此行踪。”杨志弘举例，年轻人习惯用 app 叫外卖，app 会根据浏览或订单记录，制定个人专属的美食 DNA，每天推送相应信息，吸引用户注意力，这是注意力经济的另一个侧面。从互联网到物联网，架构起人与人分享、人与物分享和物与物分享的矩阵，大数据分析被广泛运用于实践。“到底是你使用手机，还是手机在使用你？”他感慨道。

我国台湾不少大学的图书馆日益呈现出购买电子书多于纸质书的趋势，书商可通过大学图书馆的数据库分析出纸质书的调拨数量与价格。大数据时代让使用权重于所有权，正如电子书的阅读。杨志弘说：“音乐、报刊、书和视频等，接近数据库即可共享，这是共享经济。”

与共享经济截然不同的分享经济是将剩余资源拿出来获取报酬。除了 Uber、滴滴打车等便利生活的日常运用外，分享经济在传播产业有怎样表现呢？杨志弘举了《华盛顿邮报》的例子。曾享有盛名的《华盛顿邮报》进入互联网时代后，也面临重重危机。2013 年，亚马逊正式收购《华盛顿邮报》，亚马逊 CEO 杰夫·贝索斯在不到 3 年的时间里，彻底改变了这家拥有 140 年历史的老派报纸的面貌。他在互联网公开征稿，吸引了各路知名记者和专栏作家。杨志弘介绍：“他们分布在各个地区，自发自愿地采访报道，用剩余的知识、价值甚至不计报酬，以登上《华盛顿邮报》为荣。”目前，《华盛顿邮报》每天发布的报道达到 1200 篇，包括突发新闻、长篇报道以及趣味组图。

传统媒体正在退场中，未来媒体该是什么样子呢？“媒介正在被重新定义。如果说传统媒体是信息传播的中介，那么现代媒体就该走去中介化的发展道路。”杨志弘引入了 VR（Virtual Reality）、AR（Augmented Reality）和 MR（Mixed Reality）的概念。他认为，未来的媒体将凭借高新科技，让用户有置身现场、亲临体验的效果，同时广告从内容形态营销转变为一步到位的体验式营销。

最后，杨志弘强调，工业化正在卸妆，新的社会已经闪亮登场，一切都准备好了，而且发展速度很快，在这个过程中，我们需要去掌握新的技术和能力。

（原载于《新传人》第 23 期，2016 年 8 月 24 日）

四教师登上巴西奥科会舞台

张若欣

里约奥科会武汉体育学院代表合影(图片来源:武汉体育学院校园网)

2016 年 8 月 31 日至 9 月 4 日,巴西里约奥运会科学大会在巴西桑托斯市成功举办。我院张德胜、王雷、曾兰平、叶涛四位老师随学校代表团远赴巴西参加了此次会议,在国际体育界最高级别的学术舞台上充分展示了新传人形象。

据悉,奥科会是国际奥委会、国际残奥委会、国际运动医学联合会和国际体育科学与教育理事会 4 个国际组织于每届夏季奥运会举办前后,在奥运会举办国联合召开的国际体育科学、教育和医学大会,是世界上最大规模的体育科学大会,体现了奥林匹克运动与全球体育科学研究的最高水平,也是奥运会的重要组成部分。

张德胜、王雷、曾兰平分专题做了口头发言,叶涛进行了墙报交流。其中,张德胜发言的题目是“体育解说评论的基本特征”;王雷发言的题目是“大数据时代中国体育品牌自主创新研究”;曾兰平发言的题目是“针对网球运动模糊消费群体的营销传播策略”;叶涛的墙报交流题目是“大型体育赛事新闻资源挖掘策略”。

我院四位教师的参会论文，都是各自长期关注的学术问题，在世界范围内也属于前瞻性问题。与会者表示，通过参会交流，增强了我们自身的学术自信。

参会的间隙，与会者充分体验到巴西民族的多样性和文化的包容性。四位教师还走访了桑托斯足球俱乐部，这家俱乐部培养了贝利、罗比尼奥、内马尔、玛塔等著名球星，从这家俱乐部的荣誉展示，能深切感受到巴西足球文化的先进性和厚重感。

(原载于《新传人》第24期，2016年11月9日)

梦之旅：张煜国际化的这两年

张 煜

联合国秘书长潘基文与各国青年代表会面　供图/张煜

2015—2016年，回头看看，从新华社到凤凰卫视，从武体到哈佛大学再到哥大（哥伦比亚大学的简称），从联合国大会到华盛顿世界银行再到纽约贫民窟。那些只有自己体会过的艰辛，在这一刻显得格外珍贵。

在韩国，我见到了潘基文

参加联合国大会，到现在犹觉如梦一般。我从小喜欢英语，大学时自学了韩语，我一直相信机会到来时，只有做了充分准备的人才能抓得住它。

国际会议要求参会者具备流利的英语能力，凭借着刚结束的新华社财经部门实习经历，加之此次会议是在韩国召开，2015年5月我以韩语优势成功申请到以中国青年代表的身份参加联合国新闻部非政府组织大会的英文面试机会。为确保面试万无一失，我仔细研读了会议相关信息并做了大量笔记。功夫不负有心人，联合国大会的门，终于向我敞开！

2015年5月30日，在正式大会演讲前，联合国秘书长潘基文有一个小规模的见面会。按理说没有被邀请是不允许入内的，抱着试试的心态，我用韩语与工作人员表明了来意。或许是出于一个外国人说着韩语的亲切感，工作人员竟然让我和同伴进入了会场。更有幸的是，我在这里与潘基文进行了面对面交流，当我用韩语表述着我们这些来自中国的年轻人带着怎样的责任感参会时，他亲切地握着我的手对我说："努力加油啊！"

生活就像是一盒巧克力，你永远不知道下一颗是什么味道。

在哈佛，我见识了以世界为己任

大三时，我便在线上申请过哈佛大学的研究工作，但是当时的资历浅，做的准备也不是那么充分，并没有被录用。直至2016年夏天，我终于以研究员的身份迈入哈佛大学进行研究工作。那段日子过得很辛苦，我每天啃着三明治和汉堡，连胃都跟着抗议。

而工作的强度之大，令我往往凌晨三点才得以入睡。早已记不清楚哭过多少次，直到一次的惯例性研讨会中，我听到这样一段话："这个社会上有很多人做事情时不知道做它的原因和意义，往往只是因为谁谁谁也这样做！但你知道这里是哈佛大学，是知识与力量的世界前沿。你们中任何一个都可能成为未来的领导者，如果你们不思考，谁将去思考？"这种以世界为己任，不畏权威、敢于质疑、敢于创新的想法，让我醍醐灌顶，深感震撼。

在哈佛大学，我有幸与NBER（National Bureau of Economic Research，美国国家经济研究局）的研究员们进行交流，他们对科研的热忱与执着让我过去拥有的那些功利性想法变得不堪一击，他们对科研的执着以及讨论时激动的眼神让我深受感动。

哈佛大学的工作告一段落后，由于丰富的国际交流经验，我再次通过选拔作为APEC（Asia－Pacific Economic Cooperation，亚太经济合作组织）下属青年组织的中国青年代表之一，赴华盛顿世界银行，参加全球中小企业大会。

在哥大，我见证了美国总统大选

华盛顿的金融会议之后，时值美国总统大选。由于我在武汉大学辅修了国际经济法学，在新华社和凤凰卫视实习的方向是财经和国际时政新闻，以此知识储备为支持，获得了哥伦比亚大学政治系教授专业学术指导的机会。我们对美国大选常识、两位候选人政治立场进行学习和研究，进一步确定分组研究主题并撰写研究报告。亲临其中，也让我为凤凰卫视写下的大选相关新闻更加鲜活真实。

在这个研究项目中，大多数都是美国同学，我深深体会到国内与国外教育培养出的学生有很大不同：他们表现得更加懂得质疑、敢提问，思维尤为灵活。他们上课时经常与老师有讨论不完的话题，即使有的问题看起来并不值得发问，他们也敢于大胆地表达。

在这一次的调研中，我不仅倾听教授的介绍，更走上街头对群众进行了采访，在浓厚的学术氛围中，将课堂理论与实践相结合，自己取材作为最终报告的素材。不知是责任感还是那股不服输的劲儿，熬了几个通宵，最终我作为小组长带领小组拿到了第一名！

在哈佛大学和哥大工作的那段时间，我与其他几名小伙伴完成了对美国 KIPP school 系统为何如此成功的调查研究。KIPP（Knowledge Is Power Program）意为知识就是力量，是美国的特许学校集团。KIPP school 系统类似于国内的希望工程，是在美国贫民窟中的公益性学校，秉着教育公平的目的，让来这里学习的孩子通过知识改变命运、摆脱贫困。我联系的学校坐落在纽约的黑人聚集的贫民窟，没有种族歧视的意思，只是传说那里一直存在安全隐患。考虑再三，仍然决定前往。利用工作的空余时间，我先后去了三次，终于完成了基本调研。

在旅途，我得到了四面八方的支持

每个人都有自己的梦想，可我不能让自己的梦想成为家人的负担。我想去看更大的世界，想去见识更多优秀的人，所以我利用自身可以提供的资源发起众筹。很多人对此误解，而我的众筹是支持，并非捐赠。我提供自己在国内外工作中的学习资料和笔记、线上工作的资源信息，并在闲暇时教授外语等。忙碌之余却觉得更有意义，双向的收益，让我更加有信心走下去。“只要你的梦想足够伟大，全世界都会来帮你。”武体新闻传播学院为我的美国之行提供了往返机票，领导和老师的鼓励和支持，让曾在异乡的我每当想起，内心都无比温暖。

“世界上没有任何事物可以取代坚持。才华不行，那些有才华的人不能成功的实例太常见；天赋不行，‘没有回报的天赋’都快成一句俗语了；只有教育也不行，这个世界到处都充满了教育失败的人。但只要你坚持，你就无所不能。”用这句话结尾，肯定一下自己一路上的坚持，也感谢自己从大一开始就在不断尝试或是不断试错，让我努力成为更好的自己。其实，最重要的是我一直知道自己要的是什么，并坚定地朝那个方向不偏不倚地走。

（原载于《新传人》第 25 期，2016 年 12 月 31 日）

熊兆胜男一路“放养”到英国

张倩

2017届毕业生熊兆胜男，没上过形形色色的特长培训班，没报过五花八门的培优课程，从小到大无拘无束轻松自由，为何能顺利进入谢菲尔德大学攻读国际新闻硕士?

“放养”教育中，成为守约之人

“不希望我的孩子过分乖巧，社会也不需要精致的利己主义者。”熊兆胜男的父亲熊振宇在女儿的教育上秉持“放养”式原则，只有一个规矩：遵守约定。走读时只有作业做完才可以做其他事，就算熬到深夜作业也必须完成；高中离家较远需住校，既然已做出决定就要坚持……在家遵守与父母的约定，在校外自然而然便会遵守其他约定。

面对今后人生走向的单选题，熊爸爸依旧给女儿足够自由。“放开孩子的手让她自己走，家长要做的是树立榜样、引导方向和后勤保障。”熊兆胜男从爸爸那里获得判断选择必要的信息，结合自己的想法，做出了留学的最终决定。

在父母的“放养”式教育下，她每一步都走得踏实，也想得很清楚。

亲历现场，成长为“社会人”

刚入校，张德胜院长说“新闻学院要培养的人，一定是社会人”。熊兆胜男对“社会人”有自己的理解。

大一暑假，熊兆胜男抓住机会到《楚天金报》实习，高温下去过火灾现场、大暴雨的夜晚采访过路人、深入过垃圾场般的新闻现场。她说：“社会人就是进入社会，了解、观察，逐步变成一个真正的新闻人的过程。”

旅行是熊兆胜男进入社会的又一办法。她去过很多地方：香港“占中”期间，看到混乱的旺角和尖沙咀、颓丧疲累的人们；台湾大选期间，感受到不同派别的人们眼中的警惕；“岁月号”一周年，在冷冷清清的光华门，目睹人们静坐只为真相……她深切感受到，只有经历才会感知、入眼才知真实，走出学校的围墙，是在触摸真实的世界。

留学，期待遇见更好的自己

熊兆胜男的大学生活很精彩：一次性通过四、六级，四年平均成绩 90 分以上，获国家级奖学金，自学修图剪辑软件，参加校学生会、广播台、青年志愿者协会等。但她深知，申请国外研究生仅有这些还不够。

她选择进入具有国际背景的康泰纳仕实习，充分利用资源，向顶尖的媒体人和编辑学习，“在这里得到了很多启发，编辑或撰稿人会告诉我怎么排版，怎样写文章，有些是自己琢磨不来的”。

“留学是到更好的氛围中学习的一个选项，但绝不是备选项。”即将开始新的求学生涯，她相信会遇见更好的自己。

（原载于《新传人》第 26 期，2017 年 6 月 20 日）

姚洪磊赴德交流书法文化

吴　茗

姚洪磊(右)将现场创作的行书《和而不同》横幅赠送给波特教授　供图/姚洪磊

6月26日，书法禅研究会副会长、我院副教授姚洪磊博士受邀参加在德国哥廷根大学举办的“全球化视野下的佛教理论与实践”国际学术会议。同时，姚洪磊在中欧国际文化学术交流中心总裁汪楠女士引荐下，拜会了德国享有盛誉的书法家、文化学者波特教授，两位学者对书法理解的思想碰撞，擦出了跨国界的文化火花。

姚洪磊在会议上发表了题为“佛法与书法的融合及‘禅意书法’在当代的发展”的演讲。他认为佛教典籍文本给书法创作增添了新的书写元素，大量写经书法，成为艺术史上的宝贵遗产。姚洪磊基于黄庭坚时代的书法，研究了禅学与书法的关系。他指出，在黄庭坚和释惠洪的时代，禅宗佛法与书法艺术实现了高度契合。姚洪磊沿承“文字禅”余绪，提出“书法禅”的概念，致力探索禅法与书法的融合与发展。他指出，禅宗慧旨与书法艺术互为体用，如以禅法为体、书法为用，可谓“书法禅”；如以书法为体、禅法为用，可谓“禅意书法”。

在与波特交流时，他们谈到中德书法的异同。姚洪磊认为二者和而不同：德国书法基于德国文字的书写，中国书法基于汉字的书写，虽然形式不同，但是中德书法都是由笔墨线条体现人们心灵深处的风采和神韵，书写个人的性情心志。姚洪磊强调了书法是一个人精神的形象和心灵的写照，他提出了“书为心印”的观点。

与波特交流后，姚洪磊有了更多的体会。他认为，德国现象学哲学理论和中国佛学在方法论方面有异曲同工之妙，东西方在思想、文化领域有很多契合点，同时也存在着不可逾越的鸿沟。

姚洪磊指出了东西方在思维方式上的区别，西方以逻辑演绎、思辨等为研究方法，而东方哲学讲究“得意忘言”的美。

姚洪磊表示，波特以及德国学术界对古代东方文明都抱有好奇和敬仰之心。他在本次交流活动中，与波特联合创作了“书为心画”的书法作品。与此同时，他还将与波特进行中西合璧的书法联展。

最后，姚洪磊对本次德国交流进行了总结。他表示，这是中德书法的思想碰撞，是一次跨国界的文化交流之旅。

（原载于《新传人》第 27 期，2017 年 11 月 30 日）

周树华教授讲述马拉松地貌

陈　强

我校“楚天学者”、阿拉巴马大学传播与信息学院教授周树华做主题发言

2017年11月22日上午，在我院主办的“2017马拉松与城市传播国际论坛”上，我校“楚天学者”讲座教授、美国阿拉巴马大学传播与信息学院教授周树华为与会者做了题为“Marathon Communication and Its Many Terrains(马拉松传播地貌说)”的英文专题报告。

周树华说，马拉松传播是一项比较新的研究领域，这是他第一次参加专门研究马拉松传播的学术大会，他以“What is marathon communication?（什么是马拉松传播?)”“How do we place marathon communication in the greater picture of communication itself?（我们怎样在传播学大背景中看待马拉松传播?)”两个问题开启了发言。

马拉松是一项参与人群广泛的运动，跑者、观众众多，值得关注。在马拉松传播研究领域，存在着多方位的机遇，具体包括媒介事件、文化分析、马拉松与广告、马拉松与乐趣、组织与管理、数字时代的新闻报道、马拉松与性别、马拉松与城市(国家)形象等。

周树华认为,诸如世界杯、超级碗、美国肯尼迪总统遭遇暗杀、“9·11”恐怖袭击之类的媒介事件的共同之处,在于观众都分享了同一体验,这种“sharing(感同身受)”是非常值得研究的。从文化角度分析,为什么30年前、20年前、5年前马拉松赛事并没那么重要,而如今突然间就如此火爆?

通过反思,我们可以得出人们的生活、文化发生了变化这样的结论,人们开始追求健康与快乐。对马拉松来说,理想的产品是什么?我们生活在一种促销文化中,马拉松是一种挑战人类极限的运动,马拉松的背后是以毅力与成功为主题的真实的人们、真实的英雄、真实的故事。

马拉松乐趣是以快乐为中心,对对手和成绩做出的是情感反应。乐趣在于,思考选手及比赛所展示出的美好、优雅、卓越。我们需要进一步去思考影响乐趣、情绪、满意度、技术等的因素。

周树华进一步指出,在美国,马拉松赛事是由商业化组织来运作的,因为马拉松可以带来利润。那么,在中国,马拉松赛事的组织结构及管理形式是怎样的?组织的参与者是哪些?组织与民众如何互动的呢?在数字化时代,马拉松报道应该如何演进?在马拉松赛事报道中,男性和女性是否不同?女性特质是如何构建的?女性是否遭遇性别歧视?报道中是否出现性别标记?这些都值得学术界进一步思考。

马拉松赛事能够成为一个城市或者国家的名片,必须要具备创造性、归属性、简约性、鼓舞性、相关性、重要性等属性。

在周树华看来,现在是一个激动人心的时代,马拉松赛事传播的研究对于跑者、新闻从业人员、观众、研究者来说,都具有十分重大的价值与积极的意义。目前国内外学术界对马拉松传播的研究比较零散,缺乏系统性研究,但其研究前景广阔。我院作为第一家举办马拉松传播国际论坛的单位,意义重大,应当使此类学术大会常态化。

(原载于《新传人》第29期,2018年3月2日)

体育无处不在的加拿大阿尔伯塔大学

李 菁

周榕(左三)、李菁(左四)等团队成员与体能训练教练合影 供图/李菁

2017年暑假,我和编导专业的周榕老师作为学校教师暑期交流团成员,赴加拿大阿尔伯塔大学进行了为期2周的交流学习。

阿尔伯塔大学为我们安排的参观和学习课程大多与体育教学、体能训练、体验运动项目有关。通过学习和交流,我们了解了加拿大人的包容与平和、阿尔伯塔大学教职人员治学严谨的态度和阿尔伯塔大学学生的独立,并深刻感受到了北美人对运动的热爱。

无运动,不北美

团队到达学校时是晚上9时,住的地方是学校内的国际交流部,对外的宿舍和学生的宿舍都在同一栋楼里，同时一楼还有一些运动场馆，我们有机会近距离接触学生们，也可以直接观看学生的各类比赛。

运动场有很多同学在进行球类运动，我们随机观看了一场精彩的躲避球比赛。让我们印象深刻的是，参加运动的并不完全是体育专业的学生，准确地说，他们没有专业的体育院系，参加运动的是各个学院的学生。“会运动，才会学习。这也是一种很好的社交方式。”接待我们访问团的学生负责人告诉我们。

开始学习的第一天，接待我们的老师就带我们办理了健身卡，可以去学校任意一个健身房、游泳馆、攀岩场地等，也是证明身份的 ID。健身场馆关门时间较晚，中午也是开放的，我们随时随地可抽空锻炼。在阿尔伯塔大学的校园里，下午 1 时、晚上 9 时，校园中、健身房里都有学生在锻炼，锻炼已经成为他们的一种习惯。

教师以教学和社会服务至上

交流中，我们团队的老师就教师晋升职称问题向阿尔伯塔大学的教授们请教。

教授告诉我们，他们的教师有讲师、助理教授、教授、终身教授等级别，每晋升一个级别都有科研要求，但不拘泥于按照文章篇目打分。比如，某一时间段内，某位老师的科研主要是专著或专利，有资质证明以及受到同行评议认可，就可以作为他的科研成果提交评审。运动队的教练晋升职称则有一套符合教练员的要求。

该校对教师的考核重点在于教学和社会服务，教学和社会服务不达标会被一票否决，无法参与职称评定。他们认为老师的主要任务就是教学，特别注重教授授课的课时量，还要注重服务社会。

我们的第一堂课是生理生化课程。教授提到，他每年都有接待国外访问团、国内中学生的参观实验室的任务，这个就属于社会服务。他们认为，在大学做的科研不能仅仅是科研，还要转化为为社会服务并且有用的内容，如转化产品或培养初中生的兴趣。初、高中学生在进入大学实验室参观后，就会对肌肉、细胞、训练等概念有一定的认识，有利于他们培养兴趣。在今后的学习中，感兴趣的同学就会主动钻研，当然就会有报考该校的愿望。

该校医学院在加拿大的排名靠前，康复专业的师生会帮助社会残障人士进行康复训练，一般为免费或低价。他们在提供社会服务的同时也收集了大量的样本，把科研和社会服务紧密结合。

学校体育产业市场化

北美的大学都有各个项目的联盟，以比赛促进交流和训练，同时也为大赛选拔合适的人才。阿尔伯塔大学金熊队（男子）和熊猫队（女子）在加拿大大学体育活动中非常活跃，其中男女冰球队都是加拿大大学中最强的。

学校分别以金熊、熊猫为男、女球队的队标，各种体育项目以教练负责制组队，负责训练以及商谈联赛事宜。球迷们可以在学校的图书馆、商店、市内的指定商店等地方买到球队的定制服，从婴儿装、童装到成年装都能满足球迷们的需要。服装是与阿迪达斯公司合作，由其定制生产。

学校还设置了暑期和寒假班，针对5～16岁的少年儿童进行各类体育项目的训练，一个班15人左右，配备2～3名老师，主要由在校大学生担任老师，负责学生的全天训练。如此一来，学校不仅为大学生勤工俭学提供岗位，而且让学生服务社会。学校发展训练队的同时将体育产业学校化、市场化。

（原载于《新传人》第29期，2018年3月2日）

王建台解析台湾体育媒体

陈雨竹

台湾树德科技大学运管系专任教授王建台为2016级新闻专业学生开展讲座

11月7日上午9:30，东教102教室，我国台湾体育运动史学会荣誉董事长、东北史学会副会长、台湾树德科技大学运管系专任教授王建台以“台湾的体育传播”为主题，为我院2016级新闻学专业的学生开展了一场精彩的讲座。新闻系书记刘晓丽主持了讲座。

王建台以丰富的学识和经验侃侃而谈，从历史溯源到当今的环境和经验教训等不同方面展开介绍，引导大家认识和了解我国台湾新闻以及台湾体育新闻的现状、历史发展，引人深思。

谈及当前我国台湾新闻传播媒体发展现状，王建台主要对电视台和平面媒体进行了详细介绍。他展示了行前特地拍摄的台湾影响力大的报纸头版，如《中国时报》《联合报》等，并结合案例详细地介绍了这些报纸的创办历史、发展现状、主要特点等。

对于台湾体育新闻传播和新闻传媒专业教育，王建台不断援引实例，分析了台湾专业体育媒体如《丽台运动报》等，并详述了台湾真理大学运动信息传播学系、台湾体育运动大学运动信息与传播学系等相关专业的发展。

台湾的体育媒体现状如何？王建台认为，目前台湾体育媒体普遍存在一些现实问题，如体育媒体数量缺失、信息失实、报道类型单一等。他以幽默的语言和广博的见闻，让在座同学了解了台湾体育新闻的整体环境，更直观地认识了台湾的新闻传媒界。

与王建台一同前来的台湾树德科技大学罗志勇教授，也介绍了对于台湾体育媒体发展的一些思考，让大家进一步认识台湾的体育新闻环境和风土人情。

在讲座的尾声，同学们踊跃发言，与两位嘉宾积极互动，探讨了台湾女性新闻工作者的工作环境、新形势下体育新闻如何调整等问题。最后，王建台鼓励同学们坚守本心，承担起未来新闻工作者的责任。

（原载于《新传人》第32期，2018年12月12日）

从硕士到博士,武岳的留英跨越

周 佳

武岳近影 供图/武岳

他叫武岳,是我校2013级新闻学专业学生,现就读于英国卡迪夫大学,攻读Digital media and society专业硕士研究生,并顺利得到全球百强大学格拉斯哥大学的博士录取资格。

"选择留学是因为最好的哥们大三的时候去了爱丁堡大学,所以我也想出来看看。"刚刚提出留学的想法,武岳的父母就表明了支持的态度,"他们觉得和国内考研一样都是读研,既然我可以,并且愿意出国,他们选择无条件支持我。"

但出国留学从来就不是个简单的事情,尤其是对英语的要求很高。为此,武岳花费了半年的时间考雅思,他坦言:"雅思真的挺难考的,本身能用来做的题库就比较少，而且考一次试也很贵，所以那段时间脑子里想的就只有这件事。"武岳凭借较好的英语基础和坚忍的毅力顺利得到英国卡迪夫大学 offer，他的留学生活也就此开始。

武岳到英国已接近一年，生活上早已适应。出国之前，武岳就在学习和生活上做了充足的准备。英式教育让留学的他也有了不小的收获。"真正了解了学术应该是什么样，对待学术的态度应该是什么样。我不太了解国内，我接触到英国的大学对待学术都很是尊重、很认真的，所以不由得对待学习也比以前认真很多，还有就是高压的论文和课程逼得自己更有耐心。"面对繁重的学习压力，武岳会选择课余时间用游戏来放松和减压。除此之外，武岳还是个超级球迷。他曾利用假期时间做过大学生足球联赛记者，甚至博士生的研究课题也与足球有关。

站在回国就业还是继续求学的分岔口，他果断选择了后者，并顺利得到了全球百强大学格拉斯哥大学的博士录取资格。

他打趣道："你说我都在远方了，能不追求一下诗吗？"当然，真正让他留学海外的原因不止如此。"一是研究生成绩还不错，而且我对学术产生了一些兴趣；二是因为没想好找什么工作，就想接着读，读到博士回国或许还能去个不错的大学当老师；三是因为还想在英国再待一待，多看看世界。"

对于对留学心怀期待的学弟学妹们，武岳很诚恳地说："如果决定要留学，就要做好准备认真对待，留学从来都不是一件轻松和玩乐的事情。它有着巨大的压力，不过'亚历山大'的背后，有一个比希腊还要精彩的世界在等你！"

（原载于《新传人》第32期，2018年12月12日）

一个美国留学生的新传生活

周　佳

美国学生金瑞彬很享受武体生活　供图/周佳

初见金瑞彬，就被他略带羞涩的笑容感染，高挺的鼻梁，深邃的眼睛，一头卷发，典型的欧洲人长相。但不同于想象中热情开放的欧洲人，金瑞彬的性格更像是一个传统的中国人。

来自美国明尼苏达州的金瑞彬是我院新闻学专业本科生，于2016年9月份来到中国读书，第一年在华中师范大学做预科生，后来到武汉体育学院读本科。

每一天学习都面临挑战

“我选择来到中国学习的主要原因是我的大哥。他对我的生活有很大影响，他会说汉语，而且说得很流利。是他推荐我来中国读书，因为在这我不但能学习不同的语言，而且能融入新的文化，学到新的东西。”在大哥的鼓励下，金瑞彬选择了来中国读书，迎来了新的生活和挑战。

所谓的留学生活并没有如他想象的顺利，初来中国的金瑞彬因为语言和文化的差异没有交到一个朋友，在经历了各种孤独与不适后，他花了半年时间才逐渐适应了中国的环境和饮食，“我原来不能吃任何带骨的菜，但现在我能慢慢地吃了”。

“我的中文说得还可以，但还是有很大的进步空间。我听课时不能完全听得懂，但我跟朋友们一起交流什么的都没有问题。”听不懂中文时，金瑞彬会寻求别人的帮助，让他们翻译成汉字。

为了学好中文，金瑞彬私下也费了不少功夫，“我会练听力，不断地听课文，然后我感觉我都懂了之后就看下一篇课文。但是主要的还是复习，如果我没有复习就很容易忘记新学习的内容。”

除了正常的上课与学习外，金瑞彬的爱好也很广泛，从打篮球、踢足球到喝茶、听音乐。金瑞彬对学生社团也很感兴趣，笑称：“我参加过一个拳击社，感觉很好玩，但之后觉得打拳很危险就没有再去。”

对于金瑞彬来说，最享受的时光莫过于去茶室和朋友们喝茶聊天，或是周末去华中师范大学看他的两个好朋友，和他们一起做饭、逛街和学习。

毕业后想留华工作

不同于初来中国时的孤独与无助，现在的金瑞彬已经交到了不少中国朋友，他与朋友们常在茶室聊天，也借此来提高自己的中文水平。

“我在中国学习的这两年感觉自己融入了一个新的文化，学到了很多新的东西，我现在已经习惯吃中国各种各样的菜，包括火锅、鸭肉、羊肉、烧烤等，”金瑞彬已经越来越适应中国生活，“我以后打算留在中国，感觉这里还是挺好的。对我来说，在这里我能找到我想要的工作。”

即将迎来期末考试，金瑞彬又投入紧张的期末考试复习中。所谓成长，不过就是不断地学习与挑战。对于金瑞彬来说，选择不远万里来中国学习与生活，选择离开熟悉的家人和朋友，尝试着融入新的集体，就是一种成长的方式。

（原载于《新传人》第32期，2018年12月12日）

刘静留美归来分享教研心得

王琪琪

6月20日上午9:45,新闻传播学院广播电视编导系主任刘静副教授在东教学楼k301室,举行了一场留美访学汇报交流会。新闻传播学院党委书记童铸、副院长张钢花,各系部分老师以及2017级编导专业的学生参加了此次汇报交流会。

刘静给大家详细介绍了自己在美国阿拉巴马大学信息与传媒学院留学一年的学习与生活的经历和体会,主要从留学访问项目的基本情况、访问学校的特色与实践教学、访学期间的国际交流、访学取得的科研成果等四个方面展开。

作为目前新传学院唯一一位获得过国家留学基金委(CSC)全额资助访问学者项目的老师,刘静毫无保留地分享了自己申报此项目的宝贵经验。刘静也介绍了美国阿拉巴马大学作为一所美国著名的公立研究型大学,在实践教学与国际科研方面具有的优势特色。阿拉巴马大学的橄榄球队 Crimson Tide 因多次获得全美橄榄球赛冠军,在全美享有盛誉。

在谈到此次美国学习生活的深刻体会时,刘静感慨于国际合作导师周树华教授治学的严谨与科研的勤奋,激励着她更加自觉、刻苦地投入教学与科研工作。

之后,刘静与参会的老师和同学们进行了互动交流。刘静与李菁就“国内外导师教学风格差异”“国内外学生自主性学习实践的差异”等问题展开了交流讨论。

刘静也鼓励同学们积极考研和出国深造:“我们现在处于全球化时代,大家应该放眼看世界,开拓国际视野,将来才能更好地为国效力。”

(原载于《新传人》第34期,2019年6月28日)

第八章 党的建设

DIBAZHANG DANGDEJIANSHE

抓党建牢记使命　创标杆不忘初心

童 铸　赵露娜

从2001年到2021年，武汉体育学院新闻传播学院党委始终坚持党的教育方针；坚持以中国特色社会主义思想为指导，秉持“不忘初心、牢记使命”的信念，结合学院“讲政治、下基层、懂体育、会传播”的办学理念和专业特点，带领党员干部坚定不移跟党走，做到党的建设与专业建设、学科发展有效融合，同步推进。

一、党建工作的基本内容

多年来，我院的党建工作都是高标准高起点，目前，对标高校党建标杆院系建设，积极开展各项创新工作。学院党委下设4个教师党支部和4个学生党支部，共有教师党员41人，学生党员90余人。教师党支部书记均由副教授或博士以上学历专职教师担任，学生党支部书记由专职辅导员担任。

为完成立足立德树人根本任务，把正确政治方向贯穿于办学育人的全过程，学院以党建工作为引领，围绕学院中心工作，通过建立健全治理体制和决策机制，强化思想引领、作风建设、优化效能建设等举措，不断加强党建工作实效。

多年来，学院以党建为引领，重视学科建设，新闻传播学专业获批国家一流本科专业建设点，设有体育人文社会学二级学科博士点和体育新闻传播学二级学科硕士点、新闻与传播专业学位硕士点；贯彻为党育人、为国育才的教育方针，助力学生成才，为“西部计划”“三支一扶”“选调生”“大学生村干部”输送大量优秀毕业生；打造专业特色党建品牌，积极培育标杆院系，如总结出“四心”工作法，形成“三双式”实践教育体系。

二、党建工作的开展情况

学院聚焦党建引领，强化党对各项工作的全面领导，将思想政治工作贯穿教书育人的全过程，围绕基层组织建设、干部人才队伍建设、党风廉政建设等方面，将党建与教育教学管理的各环节有机融合，真正将党建工作落到实处、做到深处，确保党的路线、方针、政策不折不扣地得到贯彻落实，进一步推进学院教育高质量内涵式发展。

（一）落实主体责任，加强全面从严治党

充分发挥党组织领导的核心作用。一是坚持每周一上午党政联席会议、每月一次党委会和中心组学习，及时传达部署、认真贯彻落实上级党组织决议，学院党组决策议事规则清晰规范、执行到位。二是充分发挥我院党组对党建工作的主导作用。有关干部任用、党员队伍建设等工作，由党组织会议研究决定。充分发挥党组织对重大事项的把关作用，涉及办学方向、教师队伍建设、师生员工切身利益等重大事项，党组织先研究再提交党政联席会议决定。三是学院班子成员工作职责明晰，集体领导、党政分工负责、协调运行的工作机制顺畅，围绕学院改革发展稳定和涉及师生切身利益的重大事项统筹谋划、科学决策，推动事业发展取得显著成绩。

（二）强化学习教育，党员培养落到实处

不断加强思想政治理论学习。一是坚持理论中心组学习制度（每月一次）、教师党支部和学生党支部理论学习制度健全完善（每月两次，集中学习、自学相结合），扎实推进习近平新时代中国特色社会主义思想进教材、进课堂、进头脑。二是定期调研分析党员和师生思想政治状况，加强师生理想信念教育，强化党员日常教育培训，坚持党政主要负责同志每学期讲党课和思想政治理论课制度。三是加强和改进新时代思想政治工作，结合专业设置，深入挖掘思政元素，师生思想政治工作亲和力和针对性强。

（三）严把政治关口，深抓意识形态工作

严格落实意识形态工作责任制，在教学科研管理等重大事项中，坚持正确的政治立场、政治方向、政治原则、政治道路。一是意识形态工作体系健全、制度规范、责任明晰，落实到岗到人。二是网络意识形态责任落实到位，注重增强风险防控意识和能力，对学院官网、新媒体平台“武体新传人”等有关媒体平台要加强网络阵地管理，做强正面思想舆论，做好舆论引导、舆情应对工作。三是在教师引进、课程建设、教材选用、学术活动等重大问题上把好政治关，程序规范、责任明晰、成效突出。

（四）打造党建品牌，积极培育标杆院系

学院根据新时代党的建设任务，结合"对标争先"建设计划，制定学院党建"双创"工作方案，成立由学院党委行政一把手牵头负责的双组长制"双创"工作领导小组。结合学科特点，大力推进习近平新时代中国特色社会主义思想进课堂、进教材、进头脑。

一是进课堂，充分发挥"课程思政"主渠道作用，实施学院党委委员听课100%全覆盖工作，组织各系教学负责人全面研读十九大文件，把相关精神实质和核心要义融入教学方案，引导各门课程用最新理论成果充实完善教学内容、调整教学大纲、修订教材讲义，通过集体备课、教学培训和业务研讨等方式，积极主动地把十九大精神和各项工作的部署要求融入课程教学中，实现"知识传授"和"价值引领"的有机统一。二是进教材，编印一批有料有味的学习参考资料，开展主题征文，举办系列理论研讨活动。在学院新媒体平台上开设专栏专题，充分发挥微信、慕课、app等新媒体矩阵作用，采用喜闻乐见的方式，增强学习实效。三是进头脑，将习近平新时代中国特色社会主义思想纳入中心组学习、教师思政培训、支部组织生活、主题教育、社会实践等工作或活动中，抓好党史学习教育活动，邀请专家、学者来院讲学，覆盖全体师生，确保教师思政工作质量。整合学科优势和人才优势，重点围绕习近平新时代中国特色社会主义思想及高等教育相关主题，积极申报校级、省部级党建与思想政治教育研究课题，组织骨干力量开展研究，力争形成一批高水平、有影响的理论成果。

三、党建工作取得的成绩

学院党委在基层党建工作中与时俱进、开拓创新，不断完善体制机制建设，积极拓展党建的形式、内容和载体，党建工作屡创佳绩。

（一）抓好建设，提高工作推动力

各专业党支部为建设特色支部，提高党建工作的实效性，创建各具特色的工作方法，如播音系教工党支部在工作实践中总结出来的"四心"工作法，即"同心、用心、谈心、暖心"。同心即加强学习、统一认识；用心即工作勤动脑，以育人为己任，服务播主专业中心工作；谈心即与学生交心谈心常态化；暖心即点滴关爱暖人心。

（二）专业结合，党员学习教育效果显著

一是我院教师张德胜教授作为主讲人参与由湖北省社科联、长江云联合推出的系列理论故事节目《是这个理》第三期“城市摆渡人”的录制，并被“学习强国”收录，最终助力《是这个理》荣获2021年第三十一届中国新闻奖二等奖；二是黄海老师带领学生拍摄微电影《智扶》获湖北省委组织部一等奖，被“学习强国”采用；三是视觉传达专业师生为我院扶贫点作画，为美丽乡村建设贡献力量；四是播音系师生送文化下乡，开展普通话推广，深入扶贫点小学开展教学活动。

（三）搭建平台，积极营造育人环境

依托组织建设、教育教学、科学研究、社会服务、创新创业等工作，搭建多个教师和学生成长平台。

一是与湖北省委宣传部共建武汉体育学院新闻传播学院。用习近平新时代中国特色社会主义思想铸魂育人，把新闻传播学院建设成为以马克思主义新闻观为引领，以新文科理念为发展方向，能够熟练运用现代科学技术手段开展教学、科研，着力培养党的优秀新闻宣传工作者、新闻教育和研究人才，国内一流、国际知名的高水平新闻传播学院；建成湖北省新闻宣传、县域融媒体人才培育和体育新闻事业发展的重要阵地；建成湖北省新文科实践示范基地，推动新闻传播学与体育学、心理学等学科的深度交叉融合；建成2～3个交叉前沿学科，形成高等新闻传播教育与新闻传播实践相互贯通、深度融合、协同发展的新格局。

二是与国际篮联（FIBA）中国区签署合作协议，在新媒体运营、赛事转播、学生实习实训等方面开展合作。

三是与湖北省广播电视台合作创办“我爱运动＋”。

四是辅导员赵靖、王婷创办“武体新一帧”辅导员抖音工作室。

五是开展丰富学生课余生活的“体育嘉年华”（篮球、足球、排球等）系列活动。

六是举办讲述身边优秀事例，激励学生成长的新青年论坛。

七是创办全媒体中心，发挥专业特长，真正让学生做到理论与实践结合。建立师生互动长效机制，形成“三全育人”工作平台。

（四）创新路径，形成“三双式”实践教育体系

武汉体育学院新闻传播学院是湖北省首批高校改革试点学院，其研究性总结《新闻传播类专业“三双式”实践教学体系的构建与实施》被评为

2018 年第八届湖北省高等学校教学成果奖一等奖。实践教学体系由四大实践教学序列构成:一是暑期实习实践序列,包括一年级暑期社会调查、二年级暑期中期实习、三年级暑期毕业实习;二是课内外验证性实习、实验、实践序列;三是学科竞赛序列;四是创新创业序列。

(五)党团共进,丰富活动助力党建飞跃

学院团委设书记一人、副书记二人(其中专职青年教师兼职一人),有一大批充满活力、实心任事的基层团干部。

一是积极完成上级任务,创新工作方式,细化人员分工,每次都快速完成团费收缴、青年大学生学习情况统计等工作。入党、入团宣传工作,详细安排引导都由专职部门负责。

二是创新团会开展方式,提高团会参与热情、影响程度,经常召集全院团的学生干部开展工作研讨会,分享各个年级专业先进经验。

三是文娱生活两手抓,全面发展,学院每年都组织体育嘉年华、新年文艺晚会丰富学生文体生活,强化体育健身意识,而且打造出“校园之星主持人大赛”品牌活动。

四是发展志愿服务,不负青春韶华,新闻传播学院至今已连续七年赴黄冈市蕲春县檀林中学开展支教帮扶工作,受当地居民和学校教职工一致好评。

(六)抗击疫情,充分发挥支部堡垒作用

面对突如其来的新冠肺炎疫情,全体党员众志成城,同舟共济,让党旗在疫情防控第一线高高飘扬。

一是全体党员教师坚守岗位,充分利用网课资源,“停课不停教、不停学”。2020 年疫情期间,省级教学名师、省级“楚天学者”特聘教授、党员张德胜带领播音系支部党员李菁、辛梦霞、王子也以及系主任郝斌等人,推出了慕课“体育与社会”,两年来选课人数高达 40 万人,用户覆盖 23 个省份的 142 所高校,被《中国教育报》《中国体育报》等主流媒体广泛报道,播主系教学团队被评为“省级教学团队”。

二是在疫情蔓延期间,应省社科联邀请,张德胜调研策划与出镜主持了 15 分钟的抗疫志愿服务专题片《城市摆渡人》,讲述抗疫志愿者无私奉献的感人故事。该片 2020 年 7 月 1 日登上中宣部主管的“学习强国”平台,荣获教育部“2020 全国教师风采短视频征集活动”入围奖,全网点击量超过了 2000 万人次。省社科联党组书记喻立平评价说,“张德胜教授在本

次活动中体现了最美社科人的担当、奉献、智慧和风采”。张德胜被评为湖北省首届“最美社科人”(2020 年)之后，还被评为“腾讯体育 2020 年抗疫新闻先锋”。

三是播音系党支部师生共同开展“众志成城 抗击疫情”组织生活会，通过分享抗疫故事来传播正能量。其中，张德胜教授关于疫情防控与冬奥筹办的建议，通过新华社内参被国家高层采纳，同时，他关于疫情期间的居家健身和家庭体育建议，通过新华社客户端广为传播；党员李保存在山东购买医疗物品捐给校医院，学生张琛为家乡录制抗疫宣传语等。通过事迹分享，党员们积极申请下沉社区，参加各种志愿服务。

四是弘扬抗疫精神，学院与武汉市委网信办、武汉音乐台合作，联袂评选“2020 武汉战‘疫’十大金曲”，并成功举办了武汉战疫云上音乐节颁奖典礼，引起社会高度关注，湖北省人民政府在“热点关注”中，评价该活动具有使“抗疫精神永存”的重要作用。

五是师生党员齐心协力，共克时艰。我院多名教师和学生不惧危险与艰难困苦，以大无畏的精神投入疫情防控的战役，辅导员赵靖加入体院社区作为一名社区志愿者，参与为社区群众发放食品、消毒、安全登记等工作；2018 级播主专业学生明国华同学在疫情期间主动请缨，奔赴一线，积极参与疫情防控工作，承担了大量艰难细致的工作。2017 届校友秦天本科毕业后赴英国攻读硕士研究生，毕业回国后赶上疫情暴发，第一时间投身南漳县卞和社区和襄阳市草草义工协会的疫情防控工作，连续 70 多天奋战在救灾物资转运的第一线；2021 年被评为“全国抗疫先进个人”的 2009 届校友倪晶依，现中央广播电视总台记者，在 1 月 21 日以后为了报道发热门诊的情况以及就诊流程，和团队穿着普通的隔离衣，戴着口罩就进入了发热门诊。近 5 个月，她一天都没有休息过，早上采访，下午写稿、编片、回传，晚上报选题、沟通第二天采访，全部处理完已经凌晨。

(七)献礼百年，党史学习实践中“小我”融入“大我”

时值中国共产党建党 100 周年，学院将党史教育与红色教育相结合、专业实践与社会实践相结合，7 月 12 日至 15 日与黄石市阳新县融媒体中心联合开展了“红色阳新红土地，十个党员十面旗”的大型主题采访暨社会实践活动。冒着近 40 摄氏度的高温，10 个报道小组 43 名师生，跋山涉水，深入县乡镇村，分别采访了阳新县近期被全国和省市级表彰的 10 名优秀共产党员。同年 9 月，还将其中的 2 名被访对象请进课堂，给 2021 级新生进行乡村教育。

此次实践活动完成了“五个一”的活动目标:一套人物专访(“红色阳新红土地·十个党员十面旗”)、一份社会实践报告、一部微视频(《红土地的召唤》)、一册图片集(《火红的记忆》)和一门社会实践一流课程(“榜样的力量”)。

这次大型采访活动,不仅磨炼了学生融媒体报道的能力,更是一次红色榜样对心灵的洗礼,是一堂社会实践中生动的大思政课,也是学院将党的建设与专业建设相结合的一次成功尝试。

红色小分队支教到蕲春

周 鑫　万伶俐

7月1至7日，新外学院"红色蕲春，传递关爱"社会实践队18名成员身着红色队服在该院分团委书记方伟、副书记徐希伟的带领下从武汉体育学院出发，前往湖北蕲春县檀林镇进行了为期一周的暑期"三下乡"社会实践活动。

来到檀林中学后，支教队受到了学校全体师生的热烈欢迎。"红衣姐姐""红衣哥哥"是同学们对支教队成员的亲切称呼。想和"红衣姐姐"们一起玩，想跟"红衣哥哥"们学打篮球是小朋友们对支教队队员的肯定和期待。支教队为檀林中学的学生们开设了丰富多彩并带有武体特色的课程。素质拓展、普通话教学、趣味实验、篮球教学等，为山区孩子带来新奇的体验。在教学过程中，队员们通过做游戏、补充趣味知识、一对一交流等丰富多彩的形式，不仅让孩子们真正感受到了支教队的热情与真诚，而且传递了很多课外文化知识。

有个小男孩儿叫思蕲

支教队除了上课外，还组织了家访。在家访过程中，家长们很热情地招待老师，他们会询问自己孩子在学校的表现好不好，听不听话，希望孩子在学校里可以学到东西。

有一位叫陈思蕲的小男孩给小分队留下了深刻的印象。小思蕲今年上初二，他的学习成绩很好，总是年级第一，是个爱笑爱闹、乐观开朗的小男生，大概是家里条件有限，营养跟不上的原因，上初二的他看起来确实又小又瘦，一点儿都没有中学生的模样。

当队员们来到小思蕲的家时，展现在他们眼前的是几间砖砌的简陋瓦房。小思蕲的父母在外打工，所以他就和爷爷奶奶在一起生活，思蕲的奶奶不能说话，只能发出一些含糊的音节，当队员们和奶奶打招呼时，小思蕲在一边不停地比划，奶奶才理会了意思。

在家里坐了一会儿，小思蕲带着队员们来到田里去找正在劳作的爷爷，在和队员们交谈时，思蕲爷爷放下手上的农活，听着队员介绍情况，耐心地回答问题。当我们的队员表扬思蕲的学习成绩时，爷爷更是流露出会心朴实的笑容，不住地点头，摸着思蕲的头，说思蕲是个好孩子，平时不用爷爷奶奶操心，有空的时候还帮着他做农活。

老百姓抱怨看病难与看病贵

七天中，实践队员兵分两队。一队赴檀林中学进行暑期支教；另一队深入农村开展关于新型农村合作医疗（简称新农合）改革的社会调查。当地人都很配合同学们的调查，还有些人陪着大家挨家挨户地走访檀林镇多个村落。调查发现，虽然新农合已经推行了四五年，但由于宣传和落实的力度不够，广大村民对新农合制度也存在着一定程度上的不理解。很多老百姓仍然面临着看病难、看病贵的问题。最令群众头疼的，莫非医药报销制度和小孩子的医疗条件。特别是小孩子看病，由于村里的小诊所药品种类少，设备落后，小孩子有个感冒发烧的，还得往镇上的医院跑，十分不方便。

而后，我们的队员也就调查展开了讨论，就调查的问题和结果撰写了调查报告，为完善新农合制度提供了参考依据。

最是伤心离别泪

除了支教和做社会调查，队员们还参与了其他事情，例如，帮村里的农户干农活，帮学生做饭、做家务、大扫除等，有了许多平时不曾有过的经历。队员们表示，结束的那天，大家都很不舍，都是发自内心地喜欢这里的孩子们，七天的时间，实在太短暂了。

一位支教班的学生对着大家说："虽然你们没给我们带来太多的东西，和我相处的时间也很短暂，不过你们给我带来了爱，我从小就缺少爱，是你们给了我温暖，给了我爱。"

听到这句话的时候，好几名队员再也忍不住，潸然泪下。

（原载于《外新人》第3期，2012年10月8日）

我院支教队三回蕲春关爱留守儿童

谢奇峰

支教接近尾声，当地的孩子与支教队队员丁震依依不舍　摄影/谢奇峰

7 月 1 日，我院 18 名身着红色 T 恤衫学生成员，在方伟、徐希伟老师的带领下，乘坐大巴，历时 4 个多小时，抵达湖北省蕲春县檀林镇檀林中学，开始了为期 6 天的“筑梦蕲春、新传有爱”暑期支教活动，这也是我院支教队第三次回到蕲春开展暑期支教活动。

在本次支教活动中，支教队的队员们精心准备了丰富的课程，包括声乐、舞蹈、历史、摄影等在内有九门课程，不仅使队员们能够学有所用，而且使孩子们了解到大山外的新鲜事物。课堂上的欢声笑语体现了孩子们的热情，拉近了支教队队员与孩子们的距离。

在课堂上，支教队员们灿烂的微笑和精彩的课程无不吸引着孩子们。丁震的历史课为同学们介绍了电影的发展史，丰富的短片资料和诙谐的教学风格使得课堂气氛十分活跃。在袁瑞海的自然科学上，他带领同学们一起动手做起各种小实验，让孩子们在实践中了解生活中的自然科学现象。最吸引孩子们的要数秦梓翔的摄影课，在课堂上，孩子们对从未见过的单反相机和摄影产生了浓厚的兴趣，支教队队员不仅教授孩子们摄影方面的一些常识，而且会把单反相机交给孩子们，让他们去尝试，去亲身体验摄影的快乐。

为了更加深入地了解孩子们的情况，支教队队员们组织了家访活动。深入、细致的家访进一步拉近了“红衣哥哥”“红衣姐姐”和孩子们的距离，使队员们更深入了解到孩子们的家庭情况和生活情况，帮助支教队更好地完成后续的工作。

7 月 6 日，我院暑期支教实践队圆满结束了为期 6 天的支教活动，并在校会议室进行了汇报表演，展示了这 6 天的成果，得到了田野校长的认可。

让关爱延续下去，是我院支教队最大的活动目的，关注留守儿童，让爱充满蕲春，也彰显出我们的支教口号——筑梦蕲春，新传有爱。

（原载于《新传人》第 9 期，2013 年 9 月 23 日）

全校红歌赛我院得第二

周天竞

2016年12月26日，“纪念红军长征胜利80周年大学生歌咏比赛”在我校举行。经过全校十一个学院依次登台呈现精彩表演，进行激烈角逐，最终运动训练学院摘得桂冠，新闻传播学院和武术学院获得二等奖。

我院的节目一开场就让人眼前一亮。节目以2015级学生杨俊峰朗诵《青春中国》开场，那雄厚的气势仿佛将现场观众带到了红军抗战的前沿阵地。随后，我院学子唱响了《飞跃大渡河》和《致主席》两首经典红歌。合唱中挥动的花朵随着歌曲进程有层次地错落出现，舞蹈表演时而舒展柔和，时而富有生机与力量，场上多种色彩融合展现，各种细节的处理也都很用心。

此外，坐在观众席的我院后援团也十分“给力”，他们适时的呐喊助威声和掌声是对比赛选手最大的支持。

时间紧、任务重，此次歌咏比赛是2015级辅导员赵靖入校以来首次接手的大活动，他说：“比赛中完美的呈现，是同学们前期一遍又一遍练习磨合的结果。临近期末，大家愿意挤出课余时间参加排练和比赛，为学院争光，精神可嘉。”

比赛结束，我院总支副书记兼副院长叶涛给予大家很高的评价：“新闻传播学院同学和老师们的大力投入是取得好成绩的最大保障。同时，节目很有创意，很好地体现了长征精神。”

负责比赛排练的老师樊文表示，这是他来到体院组织多次排练以来，第一次越排越想排。虽然一次排练需要将近两个小时，就在上场之前他们还在排练，但是所有的付出都有收获，不管是节奏、表情还是声音，比赛现场学生们的表现是最棒的一次。

（原载于《新传人》第25期，2016年12月31日）

我院荣获高校麦王争霸赛最佳组织奖

周　佳

我院荣获“最佳组织奖”，我院党委书记童铸（中）代表学院领奖　摄影/周佳

6月13日，“2018武昌区红色巴士一日游之高校麦王争霸赛”决赛在武汉广播电视台举行，我院荣获大赛“最佳组织奖”，我院党委书记童铸代表学院上台领奖。

本次活动由中共武昌区委、武昌区人民政府、武汉广播电视台联合主办，中共武昌区委宣传部、武昌区文明办、共青团武昌区委、武昌区文体旅游发展委员会及武汉广电天汉传媒有限公司共同承办。武汉市文联副主席、武汉戏剧家协会主席、国家一级演员周锦堂，国家一级演员、著名表演艺术家李晋峰，武汉广播电视台副总编辑、新闻综合频道总监柳莺担任决赛评委。

本次大赛预赛已于5月20日在我校科技楼503演播厅举行。经过预赛的角逐，来自湖北大学的2017级播主专业的郭鹏举和我院2016级播主专业的张琛获得了直通总决赛资格，共有八位选手最终挺进决赛。

总决赛分为两轮，选手按抽签顺序分为两组，每组四位选手上场演讲，然后逐一进行才艺表演。根据评委和观众综合得分，前两名的选手进入第二轮辩论环节，并由评委根据选手综合表现评选出冠军。

首位出场的张琛以“爱心武昌”为题，回忆自己对武昌这座城的初印象，并通过讲述“爱心午餐”活动以及“星期一”大姐免费为老人理发的故事来展现武昌这座城市的独特魅力。在才艺展示环节，张琛凭借一首动感十足的 rap 充分展现了当代大学生的青春与活力。

来自其他高校的七位决赛选手各显神通，同样呈现了精彩的表演。

最终，经过三位评委的综合考量，来自华中科技大学的李超然获得“2018 武昌区红色巴士一日游之高校麦王争霸赛”冠军，张琛获得三等奖。本次大赛圆满落下了帷幕。

（原载于《新传人》第 30 期，2018 年 6 月 18 日）

院党委书记童铸为新生上党课

李晓蓉

9月29日下午，我院2018级新生军训颁奖仪式暨入党启蒙教育活动在艺术馆小剧场举行。

院党委书记童铸，党委副书记、副院长赵露娜为新生军训中的先进个人及内务优秀寝室颁奖。随后，童铸为全体新生开展了新学期第一节党课——入党启蒙教育。

本次党课主要从对中国共产党的基本认识、端正入党动机和按照党员标准严格要求自己三个话题展开。

首先，童铸结合习近平“中国共产党始终把为人类作出新的更大的贡献作为自己的使命”的阐述，引出中国共产党的理论基础。

其次，他讲述了中国共产党成立以来带领中国人民取得的三次伟大飞跃：中共诞生后的“站起来”、改革开放以来的“富起来”、新时代下的“强起来”。

再次，他讲解了关于入党动机的问题，并针对大学生入党提出建议。

最后，童铸指出了大学生应具备的时代品质以及获得优良时代品质的有效途径，期望新生做到四个“学会”：学会做人、学会做事、学会学习以及学会生存。

（原载于《新传人》第31期，2018年10月24日）

童铸赵露娜赴大悟慰问贫困户

杨婷婷

新闻学院党委书记童铸(右三)等赴大悟县走访慰问贫困户　摄影/赵露娜

10 月 17 日，是中国第五个国家扶贫日，我院党委书记童铸、副书记兼副院长赵露娜等一行赴大悟县丰店镇方岗村走访慰问贫困户，并看望在当地参与扶贫项目的视传专业师生。

当日，在我校驻大悟扶贫工作队队长王良明的陪同下，新传学院党委与扶贫工作队一行先后来到贫困户谈德来和谈德绪家中，送去米、油等慰问品，转达了新闻传播学院党委对他们的关怀。童铸详细询问了贫困群众的生活情况、身体状况和脱贫情况，鼓励他们以积极乐观的心态面对眼前的困难，要相信在党和政府的帮助下日子会好起来。

随后，他们一起看望了在当地开展扶贫项目的视传专业师生。由我院视传专业师生组成的文化扶贫团队，正在为当地民俗街和定点安置楼进行为期一周的外墙美化工作。这是他们第二次应邀来到丰店镇。目前，丰店镇外墙美化工作已经全部完成。

(原载于《新传人》第 32 期，2018 年 12 月 12 日)

院党委同省红十字会等联合开展主题党日活动

王 婷

5 月 31 日，新传学院全体学生支部书记在院党委书记童铸、副书记兼副院长赵露娜的带领下，与湖北省红十字会、武汉大学魔法教室团队等社会团体一同前往英山县东汤河小学开展了“爱心接力传递，谱写乡村教育新篇章”的主题党日活动。

东汤河小学位于黄冈市英山县，是一所农村寄宿制完全小学。现有专任教师 8 人，学生 132 人，其中留守儿童 86 人。

据了解，该校校长柯坤是我校 2011 届毕业生，毕业后多次放弃调往基础条件更好的中小学任职，选择扎根在条件落后的寄宿制学校服务留守儿童，从一线教师开始一干就是八年。在柯坤的积极努力下，学校的软硬件得到一定程度的改善，学校的各项工作也得到了英山各界的广泛认可，柯坤奉献农村基础教育的精神非常感人。

为了增添节日仪式感，让留守儿童感受到社会的温暖，我院四个学生党支部发动党员和全院学生一起为东汤河小学捐款 4600 元，主要用于购买学生的餐盘和暖水瓶。当天，老师们与留守儿童一起欢庆“六一”节日，观看文艺汇演，并为新进少先队员佩戴红领巾。

看着孩子们朝气蓬勃的笑脸，童铸表示，爱心传递还将继续，希望通过此次活动，让生活在贫困家庭的孩子们，尤其是农村留守儿童，感受到社会的温暖和爱；同时希望能通过这样的主题党日活动为国家教育扶贫助力，增强支部书记的社会责任感和现实担当。

最后，童铸一行还前往罗田县胜利镇烈士陵园，缅怀了革命先烈。

（原载于《新传人》第 34 期，2019 年 6 月 28 日）

我院党员教师赴大悟开展党建活动

王创业　陈雨竹

新传学院党员教师走访大悟县方岗村贫困户　供图/石余竞楠

为强化党建活动的教育引导、规范指导和宣传传导作用，4 月 29 日至 30 日，我院 30 余名党员在院党委书记童铸、副书记赵露娜的带领下前往大悟县方岗村扶贫点开展党建活动。此次党建活动得到了全院党员教师和民主党派人士的积极支持和热烈拥护。

29 日下午，我院党员教师在我校驻方岗村扶贫点工作队陪同下走访了贫困户，并为贫困户送去了大米、食用油和牛奶。童铸表示，脱贫致富是习近平总书记提出的伟大奋斗目标，我校驻方岗村的扶贫工作在王良明同志的带领下取得了积极成效。据悉，方岗村的贫困户在湖北省委组织部和武汉体育学院的帮扶下，已经实现脱贫。在“一点三片”的总方针指引下，我校已经帮助方岗村村民建立了一片小龙虾养殖基地。一片油茶种植基地和一片养鸡基地。现在方岗村的贫困户都有了稳定的经济收入，人均年收入可达5000元。

在扶贫点驻地，童铸、赵露娜向方岗村捐赠了8800元的扶贫款。童铸说，这笔钱是我院教师自愿捐赠，代表了武汉体育学院新闻传播学院党员教师的一片心意，看到村里的扶贫工作有序开展，贫困户也都纷纷脱贫，为大家的辛苦付出和努力工作感到由衷的高兴，也深刻领悟到习近平总书记提出的“精准扶贫”决策的英明。方岗村村主任谈硕表示，感谢武汉体育学院新闻传播学院的资助，他们将妥善使用这笔捐款。首先，将按照村里的贫困人口进行分配；其次，将剩余部分将用于村西边河道绿化。

29日下午，我院党员教师参观了丰店镇扶贫安置点，对视传专业学生的精美墙绘赞不绝口。

30日上午，党员教师参观了省委组织部扶贫示范点金岭村，大家对以农家乐带动当地村民发家致富的扶贫策略印象深刻。国家提出的全面推进乡村振兴战略五年规划《乡村振兴战略规划(2018—2022年)》，为乡村振兴提供了方向性的“行动指南”。“美丽乡村”建设惠及金岭乡村民，帮助他们发现乡村价值，实现价值，并共创和共享价值。

通过这次党建学习活动，许多党员教师都表示收获颇多，深刻认识到党建不仅仅是学习文件，还要通过实地走访、考察和学习，真实感受党的政策实实在在地落地生根发芽。“这次党建活动让我深受教育和感染，我们的党是伟大的党，正确的党，是真真正正为老百姓办实事的党。同时，我也感受到扶贫工作的不易和辛苦，我将向奋斗在扶贫一线的同志学习，加倍努力工作，报效党和国家。”新闻系党员教师吴丹说。

(原载于《新传人》第34期，2019年6月28日)

我校开展“不忘初心，牢记使命”主题教育活动，校党委书记彭道海、副校长刘彦博到我院调研 彭道海指出“三个转”

秦 天

9月17日上午，学校党委书记彭道海教授、副校长刘彦博研究员到我院调研。彭道海强调指出，“不忘初心，牢记使命”主题教育，要以解决问题为导向，“学校要围绕院系转，院系要围绕教师转，教师要围绕学生转”。

我院党政领导、各系负责人和教师代表共9人出席了校领导的调研会，他们分别从人事改革与定编定岗，职称分类评审与评聘分离，本科教学与系成实体，硕导遴选先行先试与三年后的学位点评估，学生管理与“三全”育人等角度，各抒已见，畅所欲言，说出了他们对学校改革的期待。

彭道海指出，每次到新传学院调研，都能深切地感受到学院班子谋事创业、奋勇争先的激情，新传学院取得令人瞩目的成绩并非偶然。学校支持新传学院继续深化试点改革，在本科生教育、研究生教育和院系治理改革等方面闯出一条学院办大学的新路。

彭道海进一步指出，二级学院是学校办学的基石，教学系或教研室是二级学院建设的基础。学校工作的重心，要围绕院系、围绕学生来转。

刘彦博说，主题教育的核心是为党育人、为国育才，希望新闻传播学院继续沿着“入主流、有特色”的办学思路，培养德智体美劳全面发展的高素质人才。

学校党政办公室主任潘高峰陪同调研。

（原载于《新传人》第36期，2019年12月31日）

我院与卓刀泉街联组学习有成效

张小华

我院党委与卓刀泉街党工委理论学习中心组联组学习　摄影/秦天

12月30日下午，我院党委与卓刀泉街党工委理论学习中心组在学校小球馆三楼会议室开展了一次别开生面的联组学习。

据悉，武汉市有两三百个行政街道，卓刀泉街早在2011年就斩获“最具有奥林匹克时尚街”的殊荣，荣膺“江城十大特色街”。

为促成这次联组学习，我院与卓刀泉街在半年前就学习形式、学习主题和学习内容做了充分的策划安排。我院党委书记童铸主持会议，介绍了学院“不忘初心，牢记使命”主题教育进展情况。

与会人员一起观看了武体军运会宣传片。我院院长张德胜做了“开放办学、服务社会”的主题发言。近年来，我院通过打造大型赛事媒体服务团队、坚持对口扶贫工作、积极开展暑期支教、发挥高校咨政功能等形式将专业建设与地方发展需求紧密结合，不断扩大社会影响力。在2019年武汉军运会举办过程中，我院师生广泛参与到竞赛组织、媒体报道、志愿者服务等工作环节中，以专业服务社会。

卓刀泉街党工委委员、办事处副主任罗列以“传承中华优秀传统文化、丰富居民业余生活”为主题，分享了街道落实习近平总书记继承与发扬中华优秀传统文化的各项要求、打造文化名片、组织开展社区文体活动的各项举措。

与会者就本街的卓刀泉寺、关公文化、三国传说以及奥林匹克文化街等文化名胜传播问题，展开了热烈讨论。有与会者表示，虽然我们身处卓刀泉街，但对于本街区宝贵的历史文化知之甚少，存在“灯下黑”的现象。我院愿意发挥师生人力资源优势，加强院街合作，倾情参与、持续关注卓刀泉街特色文化的文创推广工作。

卓刀泉街党工委书记彭军说，联组学习主要是为了促进校地双方互相学习、互相借鉴、互相融合，希望以这次联组学习为契机，以文创项目为抓手，扎实推进校地合作与院街合作。

（原载于《新传人》第36期，2019年12月31日）

新传党员助力基层治理
文明创建共护美好家园

赵启栋

我院下沉党员助力基层治理　摄影/申彦

为推进第六届全国文明城市创建工作，落实学校党委关于组织全校党员干部下沉社区的决策部署，充分发挥党员干部“走在前，做表率”的示范作用，8月30日上午，我院开展了“爱卫同行　‘净’待归来”主题党日活动，刘彦博副校长、学院党委书记童铸、学院院长张德胜、各支部教师党员及校外单位下沉体院社区党员共28名同志参与了该活动。

本次活动清洁范围为家属区22栋，共有4个单元。上午8时30分，党员志愿者集合完毕。根据安排，以支部为单位，每个支部定点负责其中一个单元的清扫工作。

领取了劳动工具后，党员志愿者立即开工，打扫地面、擦拭扶手、清洁花坛、铲除墙壁“牛皮癣”，各项工作有序进行。其中最难以清理的就是墙壁上的“牛皮癣”，卡片小、黏性强，难以手动清除，直接铲又容易损坏墙面，党员志愿者们铆足耐心、一点点细致清理，力争不遗漏楼道的每一个角落。同时，他们还给居民们科普一些卫生知识，号召大家身体力行，共建文明校园、文明城市。经过一个半小时的打扫，大家已汗流浃背，但22栋的面貌焕然一新、干净整洁。

下沉基层，为民服务，主动作为，奋勇当先，此次活动不仅助力了文明城市创建工作，也切实为人民群众排忧解难，以实际行动践行党员的初心使命。学院党员将持续贯彻“奉献、友爱、互助、进步”的志愿服务精神，充分投入社区志愿服务工作中，实现党员下沉工作的常态化、长效化。

（原载于《新传人》第37期，2020年10月12日）

抗疫期间各系积极开展组织生活会

卢　琪

刘彦博副校长参加新闻系党支部组织生活会并发言

为深入学习贯彻习近平总书记关于疫情防控工作的重要讲话和指示批示精神，应学校党委《关于在疫情防控期间党支部开展组织生活的意见》文件要求，3月下旬，我院各系教工支部和学生支部联合开展了“众志成城　抗击疫情”组织生活会，班子成员按所联系的院系参加。

新闻系教师党员和学生党员在防控疫情的严峻斗争中，挺身而出，扎实工作。学生党员陈雨竹介绍了自己参加志愿服务工作的经历和体会，教师党员付晓静、王雪莲、王创业等结合在线教学、生活和工作状况进行分享。

刘彦博副校长参加新闻系支部组织生活会，在发言中谈到三点深刻体会：“第一，就是坚强领导，制度自信。没有坚强的领导，没有我们制度的自信，很难取得这么重大的胜利。第二，就是众志成城，同舟共济。总书记在讲话中说到，武汉人民识大体、顾大局。我们也看到，这也是全国人民识大体、顾大局，行动一致，思想一致。第三，就是要尊重科学，做好自己。我们相信,全国医务工作者对新冠病毒的研究不断深入,将为我们人类健康做出更大贡献。我们个人观察、判断和分析问题的能力也非常重要,要做好自己。”

播音系举行了抗疫分享会。辅导员杨虎积极参加学校志愿活动;李保存老师准备了一些医疗物品,回到武汉后捐给了校医院;张琛同学为家乡录制了抗疫宣传语、公益的抗疫广告并策划了欢送援鄂医疗队的直播。

张德胜院长说道:“在疫情期间,我首先做好了自身防护,其次积极参加抗疫,在学院的学习建设上跟老师沟通协调,做了疫情期间的专业调查并进行教学动员。在家隔离期间发挥自己的专长,受新华社的邀请,我就疫情影响北京冬奥会测试赛开展,如何引导国际媒体的话题,以及家庭体育、居家健身的专题提供了评论和建议,最近也在思考拍摄疫情防控专题片的选题。”张德胜希望大家专心学习,克服困难,带着问题去学习总会有收获,要传播正能量,传递党员的精神。

编导系学生支部党员大多为应届毕业生,同学们就今年因疫情影响而改变的就业、升学形势进行咨询,辅导员赵靖对编导系升学就业情况进行通报。老师们结合新闻业内工作及教学经验进行了指导、答疑。

童铸书记就毕业生就业和升学情况提出建议:就业方面,希望学生如应聘到合适、满意的工作岗位一定要先就业,因为未来的就业形势会更加严峻;升学方面,如按照往年录取形势以及今年报考院校排名情况,没有较大希望录取到志愿院校以及专业的同学,一定要积极寻找调剂。同时,他督促各系主任、书记、辅导员抓实毕业班学生就业工作。

视传系支部书记汪蓓对各党员的情况进行介绍,大多老师表示疫情会带来一些不便,但仍保证了教学工作正常运行,并在力所能及的情况下进行了志愿者活动。

(原载于《新传人》第38期,2020年11月2日)

院党委赴大悟开展主题党日活动

杨婷婷

我院视传专业学生在大悟县丰店镇方岗村绘制文化墙，助力美丽乡村建设

11月2日，新闻传播学院党委组织各系教师党员，赴我校扶贫驻点孝感市大悟县丰店镇方岗村，看望在那里进行墙绘的视觉传达设计专业学生并开展扶贫慰问及主题党日活动。

抵达大悟县后，学院领导和老师首先看望了正在进行乡村墙绘工作的视觉传达设计专业十名学生。在雪白的墙壁上，学生们精心设计、绘制了各种精美的图案。自2018年以来，受当地镇政府的委托，由我校党委组织部安排部署，新闻传播学院充分发挥各专业优势，广泛动员青年师生，积极参与文化扶贫，通过主题墙体彩绘、举办普通话推广活动等多种方式开展助力脱贫攻坚的社会实践，用实际行动书写了精准扶贫生动的一页。

驻村扶贫队队长许超向大家详细介绍了我校工作队在方岗村的扶贫情况和决战脱贫攻坚的12个举措。我院党委书记童铸代表学院全体党员，向贫困户捐赠了 3950 元现金和食用油等生活物资。

2020 年是脱贫攻坚决胜之年，我校对口扶贫点孝感市大悟县丰店镇方岗村已于 2019 年脱贫。学校党委及扶贫工作队、各部门全体党员都做出了积极贡献。

在金岭村党员活动室，学院党员通过重温入党誓词，回想入党之初对党和人民的庄严承诺，牢记为人民服务的使命。铿锵誓言在党员活动室内久久回荡，现场所有党员更加牢记自己的庄严承诺，永守入党初心，时刻以党员的标准严格要求自己，时刻以党员的先进性鞭策激励自己，坚定理想信念，为教育工作贡献自己的力量，以实际行动兑现对党的庄严承诺。

（原载于《新传人》第 39 期，2020 年 12 月 31 日）

微电影《智扶》登上“学习强国”平台

肖泽昊　曹欣怡

学生团队在大悟拍摄微电影《智扶》　供图/陕晋玮

11月7日，“学习强国”平台以“决战决胜智慧担纲——微电影《智扶》：一个真实的扶贫创新故事”为题，深度报道了武汉体育学院奋战脱贫攻坚一线的真实故事。这部扶贫题材的微电影由我院学生团队深入大悟县方岗村历时十天拍摄完成，被评为2019年全省党员教育电视片一等奖。

赴大悟实地考察确定选题

《智扶》以武汉体育学院驻村工作队员为原型，以队员帮助村民还债为切口，生动地展现了武汉体育学院十年如一日贯彻落实中央决策部署和省委要求，注重扶贫同扶志、扶智相结合，助力国家决胜2020年脱贫攻坚战的信心和决心。该电影的指导老师是我院编导专业黄海教授，2016级编导专业陕晋玮担任导演，团队成员还有张如意、陈昕怡、黄沁怡、邓雨寒、郭娟孜。

2018 年，陕晋玮团队通过黄海了解到武汉体院的扶贫故事，随后前往鄂东北这一贫困村进行实地考察。在当地，拍摄团队目睹了我校开展的有力的扶贫工作为村庄带来各种变化，决定将体院为扶贫工作所付出的艰辛与努力用影像记录下来。

根据真人真事进行艺术创作

在拍摄过程中，黄海引导学生进行框架构造和纲要整合，循序渐进地提升学生专业能力。拍摄扶贫题材的作品，使命感下的重压推动着拍摄团队进一步完善短片，不能辜负村民和学院的期待。

为了更好地呈现扶贫成果，拍摄团队齐心协力共同克服了种种困难：稳当地使用无人机拍摄、与几乎没有面对过镜头的演员们配合、最大限度地还原故事真实性……面对真人真事改编的题材，陕晋玮秉承“艺术来源于生活”理念，在不破坏原有情节故事性的前提下进行生活化的加工，将生活素材转化为审美意象，加入的抒情式镜头感人至深。

影片中介绍的智慧扶贫思路也得到各大媒体点赞，《人民日报》、新华网、《湖北日报》等报道了武汉体育学院的扶贫工作。所谓“智扶”，是结合当下时代背景，将扶贫与互联网结合的新模式。我校扶贫队针对具体情况，为方岗村研究出了一套“4＋”（学校＋合作社＋养殖大户＋贫困户）的生产销售模式，并通过建立“微信直销群”以销售带动生产。该模式以养殖户为主导，工作队为辅助，在关键环节上给予技术指导和帮助，推动“输血式”帮扶向“造血式”帮扶的转变。

黄海指导学生团队不断打磨作品，他认为，此次拍摄体现出的开拓精神和创新方法，是提升贫困村吸引力，进一步开展推广经验和做法、扩大号召力的重要举措，同时有助于提升武汉体育学院的社会影响力。

（原载于《新传人》第 39 期，2020 年 12 月 31 日）

我院成功举办“百年党史红旗扬，新传学子心向党”演讲比赛

郭向宇

4月29日19时，新闻传播学院“百年党史红旗扬，新传学子心向党”主题演讲比赛复赛在东教四楼第三报告厅举行。

本次比赛旨在深入学习领会习近平新时代中国特色社会主义思想，以党史学习为重点，将党史学习与个人成长相结合，更加自觉地以习近平新时代中国特色社会主义思想武装头脑。经过初赛的筛选，共8名选手进入复赛。

院党委书记童铸、党委副书记赵露娜和各专业辅导员应邀出席本次比赛。新闻系书记刘晓丽、编导系书记侯小琴、视传系书记汪蓓、播音系王东林老师担任评委。

在一个多小时的比赛中，选手们围绕主题，娓娓道来。在这些动人的故事中，既有老一辈人的奉献，又有青年一代的担当，无不由衷抒发了对党的炽热情怀，以富有感染力的精彩表现触动着现场观众。

2020级新闻学专业黄煜涵讲述了一名氢弹研究安保人员无私奉献的往事。黄煜涵动情地说：“我特别为我姥爷骄傲，也想让更多的人听到我姥爷的故事，更深入地了解和接触红色文化，非常感谢老师们给我这次机会，希望姥爷的故事能够影响一代又一代人，让我们接过前人手中的接力棒，向前向前再向前！”

经过评比，黄煜涵获一等奖，王雨晨、董晓晴获二等奖，郭向宇、金嘉垚、万正阳获三等奖。童铸以及评委老师们为获奖选手颁发了证书并合影留念。

（原载于《新传人》第40期，2021年5月4日）

图书在版编目(CIP)数据

坚守本色与彰显特色:武体新闻传播教育 20 年的改革与创新/张德胜,童铸主编.—武汉:华中科技大学出版社,2021.10

ISBN 978-7-5680-7595-4

Ⅰ.①坚… Ⅱ.①张… ②童… Ⅲ.①武汉体育学院-新闻学-传播学-教育研究 Ⅳ.①G219.2

中国版本图书馆 CIP 数据核字(2021)第 217129 号

坚守本色与彰显特色

——武体新闻传播教育 20 年的改革与创新　　张德胜　童　铸　主编

Jianshou Bense yu Zhangxian Tese

——Wuti Xinwen Chuanbo Jiaoyu 20 Nian de Gaige yu Chuangxin

策划编辑:周晓方　杨　玲

责任编辑:林珍珍

封面设计:原色设计

责任校对:张汇娟

责任监印:周治超

出版发行:华中科技大学出版社(中国·武汉)　　电话:(027)81321913

武汉市东湖新技术开发区华工科技园　　邮编:430223

排　版:华中科技大学惠友文印中心

印　刷:湖北恒泰印务有限公司

开　本:710mm×1000mm　1/16

印　张:32　插页:16

字　数:556 千字

版　次:2021 年 10 月第 1 版第 1 次印刷

定　价:169.00 元

本书若有印装质量问题,请向出版社营销中心调换

全国免费服务热线:400-6679-118　竭诚为您服务

◆我院全体教职工合影（2021）

◆我院 2005 届毕业生合影

◆我院 2006 届毕业生合影

◆我院 2007 届毕业生合影

◆我院 2008 届毕业生合影

◆我院 2009 届毕业生合影

◆我院 2010 届毕业生合影

◆我院 2011 届毕业生合影

◆我院 2012 届毕业生合影

◆我院 2013 届毕业生合影

◆我院 2014 届毕业生合影

◆我院 2015 届毕业生合影

◆我院2016届毕业生合影

◆我院 2017 届毕业生合影

◆我院 2018 届毕业生合影

◆我院2019届毕业生合影

◆我院 2021 届毕业生合影